新文科复合型人才培养系列教材

数字货币概论

主　编　郑冠群
副主编　毛立强　徐　妍　逄嘉宁
主　审　柴　建

西安电子科技大学出版社

内 容 简 介

本书分上、下两篇，共十三章。上篇为数字货币理论基础，包括前七章，主要为数字货币内容的总体介绍，详细阐述了货币演化与数字货币起源、数字货币的发展历程、数字货币的分类、三大类数字货币(加密数字资产、稳定币、央行数字货币)的原理与实现，以及数字货币的应用与监管；下篇为典型数字货币与交易所，包括后六章，详细介绍了几种典型数字货币(比特币、以太坊、泰达币、天秤币、数字人民币)以及加密数字资产交易所。

本书适合作为高等院校经管类专业本科生、研究生的数字货币入门教材，也可作为相关领域从业人员以及普通读者学习数字货币知识的基础性和专业科普读物。

图书在版编目(CIP)数据

数字货币概论 / 郑冠群主编. --西安：西安电子科技大学出版社，2023.7
ISBN 978 - 7 - 5606 - 6885 - 7

Ⅰ. ①数… Ⅱ. ①郑… Ⅲ. ①数字货币—概论 Ⅳ. ①F713.361.3

中国国家版本馆 CIP 数据核字(2023)第 080403 号

策　　划　李惠萍
责任编辑　阎　彬
出版发行　西安电子科技大学出版社(西安市太白南路 2 号)
电　　话　(029)88202421　88201467　　邮　　编　710071
网　　址　www.xduph.com　　　　　　电子邮箱　xdupfxb001@163.com
经　　销　新华书店
印刷单位　陕西天意印务有限责任公司
版　　次　2023 年 7 月第 1 版　2023 年 7 月第 1 次印刷
开　　本　787 毫米×960 毫米　1/16　印张 23.5
字　　数　425 千字
印　　数　1~2000 册
定　　价　59.00 元
ISBN 978 - 7 - 5606 - 6885 - 7/F

XDUP 7187001 - 1

前言 / Preface

　　从 2009 年比特币问世至今，数字货币已经蓬勃发展了十多年，如果算上密码学先驱前期所做的理论探索，数字货币的历史至少可以追溯到四十年前。如今，大量的数字货币币种在市场上交易、流通，与之相关的数据资料和新闻报道铺天盖地，但这些零碎、随意和杂乱的资料并不适合用来系统学习数字货币。虽然市面上也有不少关于"比特币""区块链""加密货币"等话题的畅销书，但其中一些仅聚焦某种特定的加密货币，一些过于浅显，另一些则侧重底层技术，真正适合作为"数字货币"入门教材的读物几乎没有。基于这种现状，我们觉得有必要编写一本内容全面、深浅适宜的数字货币入门读物，这是本书首要的写作目的。

　　围绕数字货币这一主题，本书共设计了十三章内容，分为上下两篇。上篇为第一至第七章，第一章从货币史开始谈起，根据货币形态和价值内涵的演化规律探讨了数字货币产生的必然性。第二章梳理了数字货币从技术积累到发展成熟、从私人数字货币到主权数字货币、从加密数字资产到数字金融生态的发展历程。第三章至第六章是上篇的重点，从货币分类的经典模型和数字货币的关键特征入手，提炼出一个数字货币分类框架，并着重介绍了"加密数字资产""稳定币"和"央行数字货币"三大类数字货币的设计思路、技术原理、细分类别以及实现形式。第七章简要讨论了数字货币的应用场景、经济效应以及监管问题。下篇为第八至第十三章，其中，第八章至第十二章介绍了三大类数字货币中最典型和最具影响力的币种，按照"产生与发展—技术框架与运行机制—现状与前景"的脉络，分别介绍和讨论了比特币、以太坊、泰达币、天秤币和数字人民币。第十三章介绍了加密数字资产交易所的产生与发展历程、特征与分类，以及几家最具代表性的中心化和去中心化交易所。

　　本书主要具有以下特色：

　　一是科学严谨。尽管数字货币资料繁杂，但本书主要参考各种数字货币的白皮书、技术文档等一手资料，以及由一流学术期刊、国际金融组织及权威机构公开发表的论文和报告，且所有资料都是在经过深入研究、消化、辨析后方才引用的。

二是跨界融合。本书内容横跨金融学、密码学、信息技术等多个领域，既有对货币金融史的辩证思考，也有对区块链等复杂技术的详细探讨，既包括数字货币的概论性知识，也包括典型数字货币的设计细节。

三是贴近现实。理论是灰色的，而实践之树常青。本书并没有过多讨论数字货币背后的密码学原理、数学公式或算法细节，而是详细介绍各种典型数字货币币种，用相对友好的方式讲解实现特定货币功能所需的技能点，以及它们是如何串联起来的。

此外，值得一提的是，本书在各个章节均安排了 2 至 3 个专栏，这些专栏或节选了相关书籍、报道、访谈，或介绍了经典理论、最新发现，或提出了值得思考的问题，它们既增添了阅读的趣味性，也拓展了本书的边界。

总体来说，本书是一本通俗易懂、读者面广泛的数字货币初级读物，读者既可以借此了解数字货币全貌，也能够将它作为深入研究数字货币的起点。我们希望本书能对三类人发挥作用：第一类是金融工作者和投资人士，他们可以通过本书系统了解货币领域正在发生的巨大变革，从而不至于错过滚滚向前的时代浪潮所赋予的历史性机遇；第二类是货币与金融领域的研究者，他们可以从本书展示的货币变革实践中发掘理论问题、实证假说和交叉学科研究方法；第三类是大学生和研究生，本书可以帮助他们拓宽眼界，培养学术兴趣，也是对枯燥而沉闷的理论学习的一种调剂。当然，不同阅读目的的读者可以有不同的阅读顺序和阅读重点，我们建议有志于从事相关领域研究的读者按照本书的章节安排顺序阅读，而对于仅作科普性了解的读者可先阅读上篇的第二、三章，然后选读下篇的各个章节。

本书的研究与写作历时两年，其间获得了来自各方的无私帮助。在前期资料收集和整理过程中，西安电子科技大学金融科技与大数据团队的张仪琳、任培瑜、杨喻博、牟浩天、许游、朱利虹做了大量工作；在后期校对和书稿完善过程中，王洁睿付出了很多心血；西安电子科技大学出版社李惠萍女士对本书的出版给予了诸多帮助。借本书出版的机会，向他们表示真诚的谢意！

最后，尽管书中的论据和资料是经过仔细考究的，观点和结论也是经过认真思考的，但是片面与疏漏恐在所难免，对来自各方的批评和指正，我们致以诚挚的感谢。

编　　者
2023 年 2 月 28 日

目录/Contents

上篇　数字货币理论基础

下篇　典型数字货币与交易所

上 篇

SHANG PIAN

数字货币理论基础

第一章　货币演化与数字货币起源

谁控制了石油，谁就控制了所有国家；谁控制了粮食，谁就控制了人类；谁掌握了货币发行权，谁就掌握了世界。

——基辛格（Henry Alfred Kissinger），著名外交家、国际问题专家，前美国国务卿

货币，对于我们来说既陌生，又熟悉；既有形，又无形。以史为镜可以知兴替，真正理解货币需要将货币还原到历史演化进程中，发掘货币演化的原因、规律和未来趋势。货币演化或者说新型货币的产生都是从两个方面进行的：一方面是货币形态的改变，另一方面也是更重要的则是作为价值保证的货币内涵的变化。

1.1　货币形态的演变

正如希克斯（John R. Hicks）所说，"货币理论附属于货币史"，货币形态的变化是人们在经济发展过程中对承载货币职能的事物提出新要求的具体体现。总体来看，货币形态的演变经历了四个主要阶段：商品货币阶段、金属铸币阶段、信用纸币阶段、虚拟货币阶段。商品货币将交换媒介、价值尺度等货币职能固定于特殊载体上，剥离了一般等价物的使用价值；金属铸币的出现意味着铸币权的产生，铸币权是法币、货币体系以及经济活动管理的基础；信用纸币的出现使货币脱离商品范畴，推动了以国家信用为基础的世界货币体系的形成；虚拟货币的出现则反映了经济活动数字化转变的需求，进一步将货币抽象为纯粹的电子记账工具。

1.1.1　商品货币

通常认为，商品货币是在"以物易物"的交换活动中自然产生的，是社会生

产力水平和社会分工得到初步发展的产物。在距今约 6000 年至 7000 年的新石器时代，河姆渡原始居民和半坡原始居民能够制造和使用磨制石器、木器和骨器，开始种植水稻和饲养家畜，进而出现了以物易物的直接交换行为。随着生产和交换活动的扩大，粮食、皮毛、牲畜、农具以及渔猎工具等成为充当交换媒介的一般等价物。但由于这些物品并未从商品世界分离出来固定地充当一般等价物，所以从严格意义上讲它们还称不上是商品货币。

海贝被普遍认为是最早出现和被广泛使用的商品货币，也是世界上使用时间最长的货币。海贝体积小，便于携带，不易磨损，而且具有光泽，本身也是美丽珍贵的装饰品。考古学家在仰韶文化、龙山文化、大汶口文化等远离海岸线的远古文化遗址中多次发现了产自南方暖海的海贝，这意味着我们的祖先使用海贝的历史至少可以追溯到公元前 3000 年至公元前 2000 年期间。不过，这一时期的海贝主要用于装饰或者作为社会地位的象征，而不是充当货币。

那么，海贝是什么时候成为货币的呢？从文字演化的角度来看，我们所使用的汉字中，凡是与财富和交换有关的字，例如"财""贵""買（买）""賣（卖）""贡""账""赠""赊""赎"等，往往都与"贝"字相关，这意味着在这些文字被创造出之前，海贝就已经具有了货币的职能。从考古发现和文献史料来看，河南二里头夏文化遗址出土的原始货贝（齿贝，背面磨平，或钻一穿孔）是目前最早的实物贝币；西汉时期桓宽所著的《盐铁论·错币篇》记载有"弊（币）与世易，夏后以玄贝"。这说明夏代已经开始使用黑色的海贝（或者把海贝染成黑色）作为交换物资的一般等价物，即海贝已成为贝币。

商周时期，贝币的使用已经非常广泛。在商周铜器铭文和甲骨文上常见用贝作为赏赐的记载，墓葬发掘出土的陪葬品中也有大量贝币。例如，殷商《宰椃角》铭文记载"易（锡）贝五朋，用乍（作）父丁尊彝"，《小臣邑斝》铭文记载"王易（锡）小臣邑贝十朋，用乍（作）母癸彝"，《戍嗣子鼎》铭文记载"王商（赏）戍嗣子贝廿朋，才（在）阑宗，用乍（作）父癸宝蒚（鼎）"。可见，商代已经将贝币作为主要的流通货币，并且已经将"朋"（将货贝顶部磨出一个小孔，然后用绳子穿起来，每十枚为"一朋"）作为贝币的计量单位。

商代中晚期之后，由于人口增长，农业和手工业进步，频繁的商贸往来使贝币的需求量猛增，按天然海贝形态仿制的石贝、玉贝、骨贝、蚌贝、陶贝以及少量金属仿制贝也进入流通环节。公元前 221 年秦统一六国，中原地区正式废除贝币，但少数边远地区仍然以贝作为商品交换的媒介。《新唐书·南蛮上·南诏上》记载："以缯帛及贝市易。贝之大若指，十六枚为一觅。"可见云贵地区的南诏国（公元 739 年成立）曾大量使用贝币，而这些海贝出自印度洋和太平洋水域。云南地区对贝币的使用一直延续到明末清初。1648 年，孙可望、刘文秀领导的大西农民军进入云南，颁布"铸兴朝钱，禁民用贝，违其令者则剜"的规定，才终结了贝币在中国的使用历史。图 1-1 展示了几种典型的中国古贝币。

注：第一行为海贝；第二行 1～4 为石贝，5～9 为玉贝；第三行 1～5 为骨贝，6～10 为鎏金铜贝。

（资料来源：西泠印社拍卖有限公司网站）

图 1-1　中国各类古贝币

在中国之外，贝币也是早期世界其他地区的通用货币。唐代政治家、史学家杜佑所撰《通典》记载："西与大秦、安息交市海中，或至扶南、交趾贸易，多珊瑚、珠玑、琅玕。俗无簿籍，以齿贝为货（币）。"英国历史学家哈威在《缅甸史》中引用唐大中五年（公元 851 年）波斯旅行家对下缅甸地区的记载："居民市易，常用海贝，以为货币。"元代民间航海家汪大渊所著《岛夷志略》也指出，在朋加喇（孟加拉国）、北溜（马尔代夫群岛的马累）、罗斛、暹罗、大乌爹、放拜等南亚次大陆或东南亚靠海地区都以海贝为货币。

贝币在欧洲本土使用的广泛程度远不及金属货币，但欧洲人在印度洋地区以及美洲和非洲地区也曾大量使用贝币。在 15 世纪至 17 世纪的大航海时代，欧洲船队出现在世界各地，葡萄牙和荷兰等国商人把马尔代夫的贝币带到印度以及美洲和非洲等地，并广泛用于奴隶贸易。格林·戴维斯（Glyn Davies）在《货币的历史》一书中介绍，在 18 世纪末贝币第一次被引入乌干达地区时，仅需要两枚贝币就能在最偏远地区买到一名妇女；随着贸易量和贝币流通量的扩大，1860 年时这一价格变成了 1000 贝币。直到 20 世纪初，乌干达政府还接受贝币纳税，而西非地区甚至在 20 世纪中叶仍然可以使用贝币购买低价值的小商品。

在北美印第安社会中，广泛流通的是一种用蛤蜊壳打磨制成的类似贝币的商品货币，称为贝壳串珠(wampum)。有趣的是，这种串珠也被美洲的殖民者所接受。1637 年，马萨诸塞州宣布串珠为法定货币的一种，6 颗白色串珠或 3 颗黑色串珠的价值与一便士(penny，1 英镑＝100 便士)相等。

另外两种只在局部地区使用但极具特色的商品货币是斐济群岛的抹香鲸牙齿(或称之为坦布亚(tambua))和雅浦岛的石币。在斐济群岛，坦布亚具有非常高的价值和很强的神圣属性。人们将它的货币职能与社会地位、宗教含义紧密联系在一起，以至于在 1874 年斐济成为英国殖民地之后，当地官员甚至拒绝接受白银和黄金，而是要求以抹香鲸牙齿来支付报酬。雅浦岛的石币也有类似属性，石币在雅浦岛不仅是钱财，也是地位和威望的象征，并且具有宗教和仪式意义。这种被称为"费(fei)"的石头来自于 260 英里之外的帕劳或更远的关岛，它们被磨成圆盘形之后就成为了当地居民最愿意接受的货币。雅浦岛石币直到 20 世纪 60 年代中期仍被作为货币。有趣的是，由于雅浦岛石币的流通规则与比特币记账方法的设计理念有异曲同工之处，它也被称为最早实物化的比特币。

1.1.2 金属铸币

以金属作为货币材料充当一般等价物，是世界各国货币形态演化的必然趋势。卡尔·马克思在《政治经济学批判》中对贵金属作出了经典论述："金银天然不是货币，但货币天然是金银。"这表明，金银虽然最初只是普通商品，但由于具有体积小、价值大、易携带、能储存、质地均匀、容易分割等优良属性，最终取得了固定充当一般等价物的特权。随着金属矿藏的发现和开采、冶炼技术的发展以及第二次社会大分工的完成，金属在交换中逐步成为了主要币材。

中国是世界上使用金属铸币时间最久的国家。从春秋时期金属铸币开始广泛使用一直延续到清朝时期，金属铸币在中国流通的时间长达 2000 多年，涵盖了整个封建社会时期。我们最熟悉的金属铸币是方孔圆形铜钱，如西汉元狩五铢、唐初开元通宝等，但最早的金属铸币是模仿天然海贝制成的铜质仿贝。《管子·山权数(轻重八)》记载："汤七年旱，禹五年水，民之无粮有卖子者。汤以庄山之金铸币，而赎民之无粮卖子者；禹以历山之金铸币，而赎民之无粮卖子者。"《史记·平准书》记载："虞夏之币，金为三品，或黄，或白，或赤；或钱，或布，或刀，或龟贝。"根据金属冶炼技术的发展脉络推断，这里的"金"并非黄金，而是黄铜、青铜等铜合金。从这些典籍中可以看出，我国夏代早期可能就出现了铜质仿贝，不过从考古发现来看，在河南省安阳市大司空村商代晚期(公元前 14—前 11 世纪)墓中出土的铸造铜贝是世界上现存最早的金属铸币。商代晚期至战国时期，铜贝是主要的流通金属铸币，但其形制特征也发生了一些变化。例如，商代晚期主要以形态重大、铸造精整的无文铜贝为主；西周时期以形体小、分量轻的小孔式铜贝为主；战国早期出现了包金铜贝、鎏金铜贝等新型形制，以及将文字铭于钱面的"蚁鼻钱"等有文铜贝。

除了以蚁鼻钱为代表的铜贝之外，先秦时期广为使用的金属铸币还包括布币、刀币和圜钱。布币的形状类似于后世的农具铲子，所以也被称为铲币，主要流通于燕齐之地（即今日的河北、山东一带）。刀币的形状类似于农业林业生产中使用的朴刀，主要流通于三晋地区（即今日的山西一带）。布币和刀币最初与作为工具的铲和刀大小相近，后来逐渐变轻，变薄，变小，币身完全成为片状，专门充当交换媒介。战国时期最小的布币仅重十余克，最小的刀币也只有三四十克。圜钱也称圜金或环钱，为圆形且中央有圆孔（后改为方孔），正面铸有铭文，主要流通于战国时的秦国和魏国。

公元前221年，秦统一六国，普及秦制。秦的圜钱流通于全国，刀、布、贝币陆续退出了历史舞台。《史记·平准书》记载："及至秦，中一国之币为三等，黄金以镒名，为上币；铜钱识曰'半两'，重如其文，为下币；而珠玉龟贝银锡之属为器饰宝藏，不为币。"至此，法定货币只有黄金和"半两"圜钱两种，前者主要用于大额支付、供奉、封赏等场合，后者则广泛用于民间的交易往来。这种不同材质金属铸币并行的流通形式和方孔圆钱的货币形制此后沿用了两千余年。

秦朝灭亡后，西汉初期仍沿用秦制半两钱，但由于民间私铸、将旧钱剪边导致货币失衡，汉武帝推行了数次币制改革，并于元狩五年（公元前118年）"废三铢钱，改铸五铢钱"。五铢钱枚重五铢，形制规整，重量标准，铸造精良，是中国货币史上使用时间最长的货币之一。从汉到隋，铸造流通的五铢钱包括蜀汉的"直白五铢"，北魏的"太和五铢""永平五铢""永安五铢"，西魏的"大统五铢"，萧梁的"大样五铢"，北齐的"常平五铢"，以及隋朝统一后的"开皇五铢"。元鼎四年（公元前113年），汉武帝下令禁止郡国铸钱，把各地私铸的钱币运到京师销毁，并由中央政府成立专门的铸币机构。

另一类重要的方孔圆钱是"通宝"，其流通时间覆盖了从唐初到清末的1300多年，是我国货币史上使用时间最长的一类金属铸币。在唐代之前，以"半两"和"五铢"为代表的钱币均是以重量命名，而唐代不循旧规，改变了秦、汉以来钱币以重量命名的习惯。《旧唐书·食货志》记载："（唐）高祖即位，仍用隋之五铢钱。武德四年（公元621）七月，废五铢钱，行开元通宝钱，径八分，重二铢四絫，积十文重一两，一千文重六斤四两。"钱文由书法家欧阳询书写，面文"開元通寶"，形制仍沿用秦方孔圆钱。开元通宝简称开元钱或通宝钱，"开元"意指开辟新纪元，即开国奠基之意；"通宝"表示流通的宝货，反映出当时人们对货币认识的提升。开元通宝流通之后，"十钱为一两"的新的十进制度量衡便由此产生，二十四进制的铢两制逐渐退出历史舞台，这种新衡制为后续商品经济发展带来换算便利。在钱币铸造的形制和重量上，开元通宝也成为唐代以后各代"通宝"铜钱的铸币标准，包括唐朝时期的"建中通宝"等，辽宋金时期的"天赞通宝""天显通宝""宋元通宝""太平通宝""天眷通宝"等，元朝时期的"至元通宝""至正通宝"等，明朝时期的"大中通宝""崇祯通宝"等，以及清朝时期的"康熙通宝""乾隆通宝""光绪通宝"等，均以开元通宝为标准铸造。除此之外，开元通宝也是东亚、东南亚许多国家早期金属铸币的原型，例如日本的"万年通宝"，琉球的"大世通宝"，安南的"大平兴宝"等。

当然，除了铜币之外，金和银作为贵金属也是金属铸币的重要材料。黄金虽然很早就以金贝的形式被作为货币使用，但在后续年代实际商贸流通中的使用并不太多，通常需要将其兑换成银钱或者铜钱后使用。特别是在魏晋南北朝之后，黄金因其稀有性更多地被用于价值贮藏，是战乱年代重要的避险资产。虽然铸币的出现可追溯至春秋战国时期，但直到唐代之后才开始广泛使用，到明代中期成为主流货币，并形成银（两）本位制的货币制度。

图1-2展示了东周时期至清朝时期几种典型的金属铸币。

注：从左上至右下依次为：① 东周平肩空首布，重18.8克，长65毫米，宽35毫米；② 秦半两钱，重10克，直径为33.7毫米；③ 西汉五铢（穿下横纹），重4.3克，直径为26.2毫米；④ 唐乾元重宝铜钱（背上云纹），重3.5克，直径为24.1毫米。⑤ 唐开元通宝大钱，重17.7克，直径为43.1毫米；⑥ 南宋"出门税"六两银铤，重231.6克，长74毫米，束腰宽35毫米；⑦ 元至正通宝，折十大钱，重33克，直径为47毫米；⑧ 明崇祯通宝大钱，重18.2克，直径为43.2毫米；⑨ 清道光重宝宝源局母钱，重5克，直径为24.1毫米。

（资料来源：中国钱币博物馆）

图1-2　中国历代主要金属铸币

　　与中国封建社会时期以铜作为主要币材不同,古典时代和中世纪的欧洲诸国多以金币和银币为主要流通货币。大英博物馆 1904 至 1905 年在小亚细亚海岸以弗所的阿耳特弥斯神庙遗址发掘到 93 枚琥珀金币,金币正面印着作怒吼状的狮首,背面为两个方形压印,其金属成分大约为三金一银。结合一同出土的大量可作为断代标尺的珠宝、象牙等其他文物,考古学家认为,这些金币利用天然的金银混合矿粒铸造而成,来自于公元前 6 世纪的古希腊城邦吕底亚王国,是目前出土的世界上最早的金币,也是西方货币体系中最古老的金属铸币之一。吕底亚狮子公牛银币被认为是世界上最早的银币,产自于吕底亚王国克洛伊索斯时期(公元前 560 年至公元前 547 年)。据传,在生产出琥珀金币后不久,吕底亚人掌握了金银分离技术,并利用琥珀金制造出纯金币和纯银币;但一些货币史学家通过考证金属称量货币单位的演化历史提出,该时期出现的纯金币和纯银币所需的金银原料并非主要从琥珀金中提炼得到,而是使用了原有的冶炼方式和社会储存的黄金与白银原料。

　　公元前 6 至 5 世纪,与古希腊比邻并立的还有著名的古波斯帝国。公元前546 年前后,在大流士一世的努力下,古波斯将版图扩张到中亚及西亚大部分,建立了横跨欧亚非三洲的波斯第一帝国。大流士一世借鉴吕底亚币制,对波斯货币制度进行了改革,并铸造了名为“大流克(Darique)”的波斯金币。大流克金币重约 8.4 克,正面为一个年迈的国王头戴芒冠手持弓箭和矛半跪侧面像,这也是世界上最早的帝王像金币。在波斯帝国,由于金币的铸造权为皇帝特有,大流克金币的含金量始终维持在 97% 左右。因此,在整个波斯阿契美尼德王朝时期(公元前 550 年—公元前 330 年),大流克一直是商贸领域最基本的流通货币,在波斯国内和欧亚其他地区被广泛使用。除大流克金币以外,波斯还铸造了价值相当于大流克金币二十分之一的银币,称为“西格勒斯”银币(Siglos,也译作“辛格罗”),其主要流通于地中海中部和东部沿岸地区以及接壤国家。

　　公元前 336 年—公元前 323 年,亚历山大大帝征服了古希腊全境、古波斯帝国等地区,建立了庞大的马其顿帝国,并仿照古希腊币制铸造发行了亚历山大金币。该金币含金量达 99%,重约 8.5 克,正面印有智慧与战争之神雅典娜的头像,背面则是胜利女神奈姬的站像。亚历山大大帝去世后,马其顿帝国分裂成安提柯王朝、托勒密王朝和塞琉古王朝,直至公元前 27 年,“奥古斯都大帝”屋大维建立了大一统的罗马帝国。在马其顿帝国分裂到罗马帝国建立期间,正是古希腊文明大放异彩的时期。虽然地中海地区处于分裂状态,但不同国家、不同时代的铸币都受到希腊文明的影响而逐渐统一，形制、称量单位和图文均比较接近。

罗马帝国初期（公元前 27 年—公元 300 年）实行的货币体制主要是由屋大维制定的币制，基本货币包括"奥里斯"金币（Aureus）、"第纳里乌斯"银币（Denarius）和"赛斯特斯"铜币（Sestertius）。屋大维规定了不同金属铸币间的兑换比例，例如：一枚奥里斯金币可兑换二十五枚第纳里乌斯银币。这一体系虽然维持了近三百年，但实际从公元 64 年开始，第纳里乌斯银币的含银量就开始下降，最终甚至不足 5%，这使得金银币兑换关系彻底破裂。公元 301 年，罗马帝国皇帝戴克里先（Diocletian）颁布币制改革法令，按照 100∶1 的比例将旧第纳里乌斯银币置换为新第纳里乌斯银币，同时铸行新的高纯度金币"苏勒德斯"（Solidus），该金币重 1/60 罗马磅（约 5.4 克）。由于黄金储备不足，且金银铜币兑换比例不合适，戴克里先的币制改革效果并不理想，少量铸造的苏勒德斯金币都被人民贮藏起来。公元 312 年，君士坦丁大帝（公元 306 年—公元 337年在位）再次进行币制改良，将苏勒德斯金币的含金量降至 95.8%，币重降至 1/72 罗马磅（约 4.5 克）。新苏勒德斯金币被广泛运用于各项经济事务，并逐渐取代银本位制，形成以新苏勒德斯金币为本位币的金本位制。

图 1-3 展示了包括大流克金币在内的一些其他国家的金属铸币。

注：从左上至右下依次为：① 大流克金币；② 西格勒斯银币；③ 亚历山大金币；④ 奥里斯金币；⑤ 第纳里乌斯银币；⑥ 赛斯特斯铜币。

（资料来源：Agora Auction、MA Shops 等）

图 1-3　其他国家典型金属铸币

新苏勒德斯金币以恒定的重量和纯度持续发行了近 700 年，币值极其稳定，在整个地中海地区乃至欧亚大陆享有盛誉，被后世学者称为"欧洲中世纪的美元"。不仅如此，罗马帝国或者拜占庭帝国的货币文化在欧亚大陆产生了深远影响。西欧地区在 7 世纪至 11 世纪以 Denier 银币为主要货币，其名称来自罗马时代的 Denarius。如今，英国的便士（Pence）、德国的芬尼（Pfennig）都以 Denier 为词源，英国的先令（Shiling）、法国的法郎（Franc）则是从 Solidus 一词演化而来的。

随着拜占庭帝国的衰落，新苏勒德斯金币也逐渐没落。13 世纪之后，欧洲大陆的新生国家发展出自己的铸币体系，例如神圣罗马帝国（德意志第一帝国）的"奥古斯塔尔（Augusale）"，意大利半岛佛罗伦萨的"弗罗林（Florin）"，威尼斯的"杜卡特（Ducat）"等。

1.1.3　信用纸币

从金属铸币转向信用纸币，是币制演化历程上的一次重大突破。尽管历史上金属铸币权大都由王权掌握，货币的贵金属含量和价值某种程度上也是获得官方背书，但纸币的出现和使用，使货币价值彻底摆脱了币材的影响，仅依靠纸币发行人的信用流通。

一般认为，北宋时期出现的"交子"是中国乃至世界上最早的纸币，而西汉时期的"白鹿皮币"和唐代的"飞钱"则是纸币的先驱。白鹿皮币是西汉武帝元狩四年（公元前 119 年）发行的货币。《史记·孝武本纪》记载："其后，天子苑有白鹿，以其皮为币，以发瑞应，造白金焉。"《史记·平准书》亦有记载："白金为中，赤金为下，今半两钱法重四铢，而奸或盗摩钱里取镕，钱益轻薄而物贵，则远方用币烦费不省。乃以白鹿皮方尺，缘以藻（一作紫）缋，为皮币，直四十万。王侯宗室朝觐聘，必以皮币荐璧，然后得行。"可见，白鹿皮币以宫苑的白鹿皮制成，每张一方尺大小，其价值由皇帝规定，每张价值 40 万钱，远远超过了币材本身的价值。白鹿皮币主要用于皇室宗族进贡，并未进入流通领域，并不能算作真正的纸币，发行不久后便废止。"飞钱"也称"便钱"，是唐代出现的一种类似现代"承兑汇票"的汇兑券。《新唐书·食货志》记载："（宪宗）时，商贾至京师，委钱诸道进奏院及诸军诸使富家，以轻装趋四方，合券乃取之，号飞钱。"意思是，唐代商贾为了避免铜钱运输不便、易遭抢劫的麻烦，在一地将铜钱换成某种证明，然后在异地凭证明换回钱款。虽然飞钱也不算流通货币，但《宋史·食货志》记载："会子、交子之法，盖有取于唐之飞钱。"这意味着，飞钱对宋朝出现的交子、会子等纸币的发明有重要的启发意义。

北宋初期，贸易和商业活动发展迅速，传统的金属货币已经很难满足商业需求。例如，四川地区使用的铁钱重量大、价值低，买 1 匹绢需要近百斤铁钱。

川地商人因此发明了"交子铺户"的商业模式：存款人将金属钱币交付给交子铺户，铺户把存款数额填写在用楮纸制作的纸卷上，再交还存款人，并收取一定保管费。这种基于商业信用的楮纸卷不仅可以用来兑换金属钱币，而且能够直接用于支付货款，逐渐具备了货币的流通职能。1004—1007 年，益州知州张咏对交子铺户进行整顿，规定交子铺户由 16 家富商专营。宋仁宗天圣二年（1024 年），设立益州交子务，以本钱 36 万贯为准备金，首届发行"官交子"126 万贯，准备金率为 28%。短短数十年里，宋代不仅发明了纸币，而且完成了从商业信用纸币到政府信用纸币的转变，这比西方国家纸币化进程要早六七百年。

由于缺乏对纸币的深刻认知，交子不可避免地掉进了货币滥发和贬值的陷阱。最初的官交子以铁钱为钞本（储备，备兑），但到宋仁宗庆历年间（1041—1048 年），北宋政府开始发行没有钞本的官交子。宋神宗熙宁五年（1072 年）以后，官交子严重超量发行，并导致了中国历史上第一次纸币贬值。在随后整个宋金时期，陆续发行了"钱引""关子""会子""交钞""贞祐宝券""元光珍货"等纸钞，均以严重滥发和贬值结局。据一些学者考究发现，南宋和金晚期的纸钞贬值是中国货币史上最严重的纸币贬值案例之一。另外，南宋末年还出现了一些地方性纸币，例如分别在两淮地区和湖广地区流通的"两淮交子"和"湖广交子"。

元朝发行过"中统元宝交钞""中统元宝钞""至元通行宝钞"等纸币，其中的"至元通行宝钞"及配合其发行而颁布的《至元宝钞通行条画》影响最大。《至元宝钞通行条画》明确规定宝钞为唯一法偿货币，严禁金银铜钱流通，这是世界上最早的不兑换纸币条例。此外《至元宝钞通行条画》对票面、发行、流通、换易等诸多细节都有明确规定，且强化了政府对准备金的管理，要求每半月检查一次储备情况。遗憾的是，尽管《至元宝钞通行条画》已经十分前沿且完整，但仍不能避免超发和贬值。到元末时期，元政府恢复了历代旧钱的流通。

明清时期，纸钞的使用范围不广。明洪武八年（1375 年）发行的"大明通行宝钞"，其名称和形制维持了两百七十年，但民间仍以铜钱和银两作为主要通货。清朝除了顺治年间短暂发行使用过"钞贯"，咸丰年间发行过"宝钞"以外，政府再没有发行纸币。不过，明清时期在民间设立的当铺或钱庄发行有"钱票"或"银票"，可用于兑换铜钱和银两。

图 1-4 展示了北宋、元朝和明朝时期三种重要的纸币。

注：左为北宋"交子"拓片，中为中统元宝交钞（壹贯文），右为大明通行宝钞（壹贯）。

（资料来源：辽宁省博物馆、中国钱币博物馆）

图 1-4　中国古代三种纸币

清朝末年和民国初期，由于政局动荡，纸钞的发行和使用极其混乱。1914年国民政府颁布的《国币条例》开启了统一银本位货币的改革，规定："以库平纯银六钱四分八厘为价格之单位，定名曰元。""国币计算均以十进，每元十分之一称为角，百分之一称为分，千分之一称为厘。"不过《国币条例》并未明确如何处理流通领域的银两，使得银元和银两并行流通。

真正标志着中国进入纸币本位制时代的事件是 1935 年国民政府推行的法币（法定货币）改革。国民政府财政部在公告中要求："自本年十一月四日起，以中央、中国、交通三银行所发行之钞票定为法币。所有完粮纳税及一切公私款项之收付，概以法币为限，不得使用现金。""凡银钱行号商店及其他公私机关或个人，持有银本位币或其他银币、生银等类者，应自十一月四日起，交由发行准备管理委员会或其指定之银行兑换法币。""为使法币对外汇价按照目前价格稳定起见，应由中央、中国、交通三银行，无限制买卖外汇。"这次改革后，纸币的发行权收归中央政府，中央政府发行的纸币为唯一法定货币，纸币不可兑换金银，其流通价值完全以政府信用为支撑。

新中国成立前夕，中国共产党组建了中国人民银行，负责法币的发行。1948 年 12 月，第一套人民币（中国人民银行券）面世。之后，通过迅速收兑各解放区的各种货币，同时禁止金圆券、银圆券等其他党派发行的货币流通，并打击金银外币投机、驱逐外币，我国确立了人民币在流通领域的主动地位。截至 2021 年，中国已发行五套人民币，形成纸币与金属币、普通纪念币与贵金属纪念币等多品种、多系列的货币体系。

相比之下，西方国家出现纸币要晚得多。从 10 世纪到 14 世纪中叶，整个欧洲都处在绵延无尽的战事中，加之 14 世纪末的黑死病大流行使得欧洲人口增长长期停滞。15 世纪初西欧地区爆发的金银荒似乎就要催生纸币，但随着 15 世纪末"大航海时代"序幕的拉开，非洲、美洲的金银大量涌入欧洲，再次减少了西方国家对纸币的需求。1609 年，阿姆斯特丹银行成立，其以吸收金属货币存款并以此为担保发行"银行票据"作为主要业务之一，这是欧洲纸币的雏形。其他地区和城市也纷纷效仿阿姆斯特丹，成立银行发行纸币。例如，1661 年瑞士银行发行纸币；1694 年英格兰银行成立并在同年发行英镑；1716 年法国成立劳氏银行，发行纸币；1745 年成立于 17 世纪的瑞典皇家开始发行纸币；1768 年俄罗斯在圣彼得堡和莫斯科建立两家"分配银行"，用以发行纸币；1791 年美国开始尝试建立中央银行发行纸币。

1.1.4　虚拟货币

20 世纪 40 年代电子计算机的诞生拉开了信息时代的序幕。计算机的高速计算和大容量存储特性引起了银行界的高度重视，电子信息技术开始被用于会计记账、利息计算等单项事务处理。数据库和计算机网络技术的快速发展使得账户数据的存放、处理以及跨地区传递成为可能，为货币形态虚拟化创造了条件。人们意识到：作为不可兑现的信用货币，纸币可以摆脱其物理形态，仅以电子数据的形式存放于计算机存储器中，并以电子数据传输代替纸张流动完成资产的转移。我们将这种脱离了纸质媒介，通过计算机技术和通信技术手段，以电子数据(二进制数据)形式存储在计算机系统中，并通过网络系统以电子信息传送形式实现流通和支付功能的货币统称为虚拟货币。

早期的虚拟货币也被称为电子货币，主要指以储蓄卡、信用卡为代表的支付工具。1952 年，美国加利福尼亚州的富兰克林国民银行作为金融机构首先进入发行信用卡的领域，1959 年美洲银行也在加州发行了美洲银行信用卡。这种以塑胶为基质的电子货币很快受到社会各界的普遍欢迎，迅速在美国、加拿大、日本以及欧洲各国流行开来。20 世纪 70 年代以后，香港、台湾、新加坡、马来西亚等发展中国家和地区，也开始广泛发行和使用信用卡。1993 年 4 月，时任中共中央总书记的江泽民提出全民使用信用卡的倡议；同年 6 月，国务院启动了以发展我国电子货币为目的、以电子货币应用为重点的各类卡基应用系统工程，即"金卡工程"。金卡工程的实施带来了诸多好处，例如：大大降低了伪钞的制造和使用带来的经济和民生问题，促进市场进一步繁荣，降低现金管理成本和风险，为国家经济数据统计和经济管理提供便利等。由于储蓄卡、信用卡等是由各银行以自身信用背书发行的,以维萨(Visa)、万事达(Mastercard)、美国运通(American Express)、银联(UnionPay)等为代表的卡组织在跨银行兑付结算中起到了关键作用。

随着互联网电子商务的快速崛起,以第三方支付为代表的新型虚拟货币交易结算方式应运而生。电子商务的一个基本特征是交易标的的流转验收需要一个过程,货物流和资金流异步分离导致存在信用缺失的问题。第三方支付公司以居间身份存在,可以解决异常交易带来的信用缺失,通过线上和线下渠道完成从消费者到商户以及金融机构间的货币支付、资金清算等过程。1996 年全球第一家第三方支付公司在美国诞生,随后涌现出 PayPal、Amazon Payments 等第三方支付公司。截至目前,PayPal 是最成功的第三方支付公司之一,在全球范围内拥有超过 4 亿的活跃用户,可以在 203 个国家以 26 种货币进行交易和结算。中国最早的第三方支付公司是成立于 1999 年的北京首信和上海环迅,但凭借"淘宝"电子商务平台兴起的支付宝和依托移动社交平台"微信"兴起的微信支付成为了目前第三方支付领域的头部玩家。

虽然电子货币或网络货币取代传统纸币和硬币作为主要交易和支付工具已经成为一种不可逆的发展趋势,但严格地讲,这些虚拟货币并不是传统意义上的货币,它们只是承担了货币的部分职能,是对现存货币进行支付的电子化工具,更像是一种虚拟钱包和自动转账系统;而电子信号背后由国家信用背书的不可兑换信用法币才是真正的货币。2008 年,比特币的问世重新定义了虚拟货币。以比特币为代表的加密数字资产具备独立的信用内涵,越来越多地被人们以一种价值尺度、交换中介甚至价值贮藏手段所接受,并且与传统法定货币建立了兑换关系。"数字货币革命"这一现代货币体系的重大变革正席卷而来。

1.2　货币内涵的演变

关于货币内涵或本质的理论,主要有四种:一是认为货币的本质是一般等价物。詹姆斯·德哈姆·斯图亚特(James Denham Steuart)在《政治经济学原理研究》中,以及卡尔·海因里希·马克思(Karl Heinrich Marx)在《资本论》中都有经典论述。货币作为一种特殊商品从众多商品中脱颖而出,固定充当一般等价物,承担价值尺度、交换媒介等职能。二是认为货币的本质是债务关系。约翰·梅纳德·凯恩斯(John Maynard Keynes)在《货币论》中指出:"记账货币随着债务的产生开始存在。"持有这一观点的学者认为货币就是一种负债,货币的流通等同于债务关系的转移。三是认为货币的本质是信用。格奥尔格·西美尔(Georg Simmel)在《货币哲学》中从信任的角度对金钱的本质做了解释，他指出，金钱给人带来的安全感是对社会信任的最集中和直接的形式和体现。四是认为货币的本质是契约。罗杰·E. A. 法默(Roger E. A. Farmer)在《货币与契约》一文中从契约角度对货币属性进行深入剖析，认为货币是一种所有者与市场关于购买权的契约，根本上是所有者相互之间的约定。

上述四种解释远远没有穷尽关于货币内涵的讨论，但它们有着比较清晰的发展脉络和历史演化逻辑。伴随着货币形态的变化，这些理论的拥趸在各自的分析框架下反复思考货币内涵假说的可靠性，以及货币内涵的演化。

1.2.1　一般等价物本质

商品的本质是一般等价物这一观点对于货币起源、早期实物货币向金属货币的形态转变最具解释力。马克思的货币理论提出，货币不是天然存在的，而是商品生产和商品交换发展的产物。如果交换双方物品的使用价值互补，简单的物物交换就能够满足双方需求，不需要借助任何媒介。但是"需求的双重巧合"矛盾限制了物物交换的范围，从而出现了以牲畜、粮食、布匹、贝壳、珠玉等特殊商品充当等价物的交换形式，这类等价物又逐渐被金属材料取代。在商品交换的过程中，价值形式由简单价值形式发展为扩大价值形式，再发展为一般价值形式，最终形成了表现、衡量和实现价值的工具，即充当货币的一般等价物。

在商品货币阶段，一般等价物作为货币商品，其自身价值必须与所交换的商品相称，从而产生了币材演化的需求。随着社会生产力的发展和商品交换的扩大，商品交易的种类、数量越来越多，价值越来越高，这就要求处在价值形式另一端的等价物的价值量也必须相应提高。当作为等价物的币材提供的价值量不能适应商品生产和发展的需要后，币材从牲畜、粮食、布匹等转变为铜、铁、银、金等材料，并进一步从贱金属向贵金属转变，最终主要固定为黄金。

正如马克思在《政治经济学批判》中所说的："在以下的研究中要把握住，我们所谈的只是从商品交换直接产生出来的那些货币形式，而不是属于生产过程较高阶段的那些货币形式，如信用货币。"货币发展中的一些形式，并不能在一般等价物理论下得到很好的解释。例如，非足值的金属铸币、不可兑换的信用纸币、虚拟货币等都承担了货币职能，但却不具备与所交换商品同等的价值量。马克思认为，这些不具有等量价值的货币是特殊商品的升华形式，他指出："金货币在流通中升华为它自身的象征，最初采取磨损的金铸币的形式，而后采取金属辅币的形式，最后采取无价值的记号、纸片、单纯的价值符号的形式。"在《政治经济学批判》中，马克思也明确指出："强制通用的国家纸币是价值符号的完成形式，是直接从金属流通或简单商品流通本身中产生出来的纸币的唯一形式。信用货币属于社会生产过程的较高阶段，它受完全不同的规律支配。"由此可见，简单以一般等价物来理解信用货币的内涵是不恰当的。

那么，如果把信用纸币当作黄金的代表，来理解货币的一般等价物属性是否可行呢？马克思指出，"纸币流通的特殊规律只能从纸币是金的代表这种关系中产生。"但要注意到，马克思的《政治经济学批判》是在19世纪中叶完成的，那时正是金本位时代。在金本位或金币本位时期，纸币有法定的含金量并且可以兑换成金属货币，本质上与所代表的金属货币等值，因而可以理解为纸币代替特殊商品充当一般等价物。在许多国家，不可兑换信用货币体系是由金币本位制演化而来的，似乎可以理解为人们在国家权威和使用习惯的作用下逐渐接受了纸币与所代表特殊商品价值的分割，将纸币看作金的象征或符号，代替其行使一般等价物的职能。但是，也有一些信用纸币并非脱胎于金本位货币体系，例如人民币的产生就与黄金没有必然关联。1948年12月7日新华社社论《中国人民银行发行新币》中提到："解放区的货币，从它产生的第一天开始，即与金银脱离关系。"因此，把信用纸币当作黄金的代表来理解货币的一般等价物属性是不妥的，更不用说电子货币、网络货币、数字货币等新的货币形式了。

国内经济学家李崇淮曾于1982年指出："由一种特殊商品来充当货币的历史阶段已经基本结束。但是，只要商品经济还存在，充当一般等价物的货币必将继续存在。不过，货币的形式变了。这时的货币形式不是由一种特殊商品来充当一般等价物，而是过渡到由纸币直接代表价值来充当一般等价物了。[①]"诚然，货币的形式在不断演变，也会在很长一段时间内的商品交换中继续发挥价值尺度和交换媒介的作用。但是，没有价值的"价值符号"或"价值代表"是否仍属于一般等价物仍有很大争议。

1.2.2　债务本质

著名经济学家迈克尔·伍德福德（Michael Woodford）在《利息与价格：货币政策理论基础》中写道："世界上的货币已经越来越完全受控于各国中央银行的'管理'。自20世纪70年代初实行固定汇率的布雷顿森林体系解体之后，世界上的货币与实际任何商品的最后一丝联系也被抛弃了。如今我们生活在纯粹'法定'记账单位的世界中，每个记账单位的价值唯一取决于对其负责的中央银

① 李崇淮. 论货币形式发展的新阶段：兼同刘光第同志商榷[J]. 中国社会科学，1982(2)：79-98.

行的相应政策。"随着货币与黄金脱钩，以及计算机技术与网络技术推动银行业务电子化转型，超过 90% 的货币甚至没有了任何实物形态，越来越成为一种"记账货币(Money of Accounts)"。这种记账货币形态的货币，显然已经很难理解成作为一般等价物的商品了。在《货币野史》一书中，英国媒体经济学家菲力克斯·马汀(Felix Martin)提出："通货本身不是货币，货币是信用账目及其清算所构成的体系，而通货只是这个体系的代表。"他以雅浦岛为例，指出岛民在交易过程中会积累信用和债务，雅浦岛上的那些巨大石轮货币只用来辅助债务清算。

虽然马汀这种货币的债务本质观点是从历史人类学角度得出的，但与亨利·唐宁·麦克鲁德(Henry Dunning MacLeod)、约翰·梅纳德·凯恩斯等经济学家的观点不谋而合。麦克鲁德在 1858 年出版的《政治经济学基要》中写道："这些简单的思考立刻显示出货币的基本性质。非常明显，它的基本用途就是衡量和记录债务，并帮助债务从一个人的手中转移到另一个人的手中；只要是为了这个目的，不管采取何种手段，也不管它是金、银、纸或者其他任何东西，它就是货币。因此，我们可以确立这样一个基本概念，货币与可转让债务是可以互换的两个术语；任何代表可转让债务的东西都是货币；货币可以由任何材料构成，它代表的是可转让的债务，而不是别的任何东西。"凯恩斯在1930 年出版的《货币论》中写道："记账货币是表示债务、物价与一般购买力的货币。这是货币理论中的原始概念。""货币本身是交割后可清付债务契约和价目契约的东西，而且是存储一般购买力的形式。"正如每张美元钞票正面所标识的："This note is legal for tender for all debts"，货币的债务本质论所基于的事实是货币可以用来转移和清偿债务。在这一层面上，无论是商品货币、金属货币，还是信用货币或其他任何形式的货币，都符合这一本质。

货币的债务本质还有一层额外含义，即货币发行人对持有人所负的偿付义务。对金属铸币而言，人们习惯于将铸币面值与实际金属称量之间的差额称为铸币税，将此理解为政府的收入。但从另一角度来看，铸币税是政府承诺的货币价值与真实价值间的差额，是未交付的部分价值，即对持币人的负债。在金本位制时期，纸币、银行券等信用货币有法定含金量且可以随时兑现为金属货币，发行人负有"见票即兑"的义务，自然也是其负债人。不可兑现的信用纸币更是如此，通常作为发行人的政府甚至不需要作出偿付承诺，就向公众发行了一种不必归还的债。至于商品货币或更早的物物交换阶段，国内学者周洛华在其《货币起源》中也有一种类似债务关系的解释。他认为货币最早是部落内部各家庭之间调剂余缺的抵押物，而余缺调剂会在部落成员心中产生"欠"和"偿还"的概念。

将货币的本质看作是一种可转让的债，的确是对货币本身极深刻的理解。国内学者韦森指出，"把货币看成一种债、一种可转让的信用、一种支付承诺，用现代制度经济学的话来说是一种'债务支付契约'，这样人们就会发现许多之前看不清楚的人类社会经济运行的基本法则。"但是，这里值得思考的一个问题是：既然政府发行的不可兑现的信用货币是一种永不偿还的债，那么它的价值如何保证？交易对手为何相信并愿意接受以这种"永不偿还的债"来偿付商业活动中的其他债务呢？债务本质论并没有作出进一步的回答。

1.2.3 信用本质

如果说货币的一般等价物本质解决了交易中"需求的双重巧合"难题，那么货币的信用本质则解决了交易中"时空的双重巧合"难题。人们愿意使用货币进行交易的一个隐含前提是：有信心在未来某个时间或地点通过货币的再次交换来满足自己的需求。这种对货币媒介物的认可和信任，或许是其能够发挥货币职能的本质。经济学家约瑟夫·熊彼特（Joseph Alois Schumpeter）在其 1939年出版的《货币论》小册子中提到："货币的'本质'并不在于其可发现的任何外在形式，如一种商品、纸币或其他任何东西，而在于它可稳定地转移支撑经济交易的信用和债务。"

在早期的商品货币至金属称量货币阶段，货币的交换价值完全由其内涵的物的因素所决定，但当信用货币（包括更早的金属铸币）出现后，货币价值与货币内含物的价值发生割裂，人们对货币的信任转变为对货币发行主体承诺和保证的信任。那么，根据货币发行人的不同，货币演化过程中的信用内涵至少包括私人信用、主权信用和超主权信用。

最典型的私人信用货币是各类银行券。如前所述，中国北宋时期最早出现的纸币"交子"是由四川商人发明的；在官交子出现之前，经营现金保管业务的"交子铺户"以私人信用为担保签发交子，并承诺按持券人要求兑付铁钱。明清时期，特别是清末，以晋商票号为代表的民间钱庄、钱铺、钱店、银号等大量经营兑换银钱和印发钱票、银票的业务。也有观点认为这种银票是票号发的有密押的汇兑凭证，不是见票即兑的银行券。除了这些纸币外，中国封建社会各朝各代都存在不同程度的民间私铸、盗铸金属钱币的情况，西汉早年甚至有过短暂的放民铸钱时期。不过这些民间铸币并不反映发行人的私人信用，而是以铸币中的金属含量为价值保障，尽管它们往往因成色不足导致钱币名实不符。在西方国家，中央银行制度建立之前的信用货币大都是商业银行发行的各类银行券。例如，在 1913 年美联储成立之前，美国经历了漫长的自由银行时代，各个州的私人银行纷纷发行自己的银行券，有些甚至都不需要储备资产。显然，私人信用货币存在诸如币值不稳定、货币制度混乱以及铸币税高昂等种种问题，因此货币史上少有私人信用货币长期主导整个货币体系的情形。

官交子取代私人交子，法定货币取代商业银行的银行券，是货币信用内涵发展的必由之路。随着社会专业化分工的深化，对流通以及支付结算手段的方便性、进行交换使用的快捷性、安全性以及应用的范围等的要求不断提高，而对货币本身的内在价值方面的要求不断降低。因此，在不降低货币使用过程中的有效性这一前提下，利用具有社会共识性和公信力的主权信用代替货币的内在价值成为货币演进过程中的必然选择。如今，几乎所有国家都拥有自己的法定货币，并以主权信用为其价值背书。绝大多数情况下，主权信用的效率和安全性远高于私人信用；但当一国发生战争、经济危机、恶性通胀等重大事件时，主权信用也可能变得一文不值，人们甚至会弃用本国货币而转向他国货币。例如，从 21 世纪初开始津巴布韦一直处在极端恶性通货膨胀中，津巴布韦元迅速变得一文不值，民众不得不改用南非兰特、博茨瓦纳普拉、美元及欧元等货币替代津巴布韦元，以至于政府在 2009 年也不得不宣布暂停使用本国货币。因此，不同国家主权信用货币的"信用含量"是不同的，诸如美元、日元、英镑、人民币等信用极佳的主权货币也会被其他国家作为储备货币。

超主权信用货币是指与单一国家主权脱钩，且具有稳定的定制标准，并为各国所接受，支持在各国流通的货币。按照这一定义，欧元和国际货币基金组织的特别提款权（Special Drawing Right，SDR）是最接近超主权信用货币的尝试。20 世纪 60 年代初，经济学家罗伯特·蒙代尔（Robert A. Mundell）分析了在一定区域内取消货币主权而使用统一货币的利与弊，并提出了"最优货币区"理论。他认为，在特定地区内各国放弃本国货币而共同使用一种超越主权的货币，能够降低贸易中货币结算的交易成本，消除了相关价格的不确定性，并指出在地理位置靠近、经济联系紧密的区域率先实现货币一体化是可行的。20 世纪 90 年代，随着冷战结束和两德统一，一些欧洲国家为了避免再次陷入无休止的竞争、冲突甚至战争状态，决定建立共同货币区。1992 年起，欧洲经济与货币联盟、欧洲货币局、欧洲中央银行陆续成立，2002 年欧元纸币和硬币投入流通，同时欧元区 12 国货币退出市场。尽管对欧洲国家而言，建立欧元区和欧元体系是一项伟大的工程，在经济、政治方面都有重要意义，但也有声音认为欧元并不是超主权货币，而是一种区域主权货币。原中国银行副行长，中国人民大学重阳金融研究院高级研究员王永利指出："信用货币对应着整个国家的可交易财富，代表着对这些财富的求偿权，其'信用'是整个国家的信用，是国家将货币投放与管理的职责交给中央银行，货币不再是央行本身的信用与负债（央行不再承诺持币者可以用货币向央行索取任何东西），也不是政府机构或财政部门本身的信用与负债。"这意味着，在欧洲诸国没有彻底财政一体化之前，欧洲央行并不能独立拥有所谓的"超主权信用"。类似的问题在 SDR 上也有体现。尽管从 20 世纪 60 年代开始国际货币基金组织就创设了特别提款权，以缓解主权货币作为储备货币的内在风险，但就目前国际金融秩序的现状而言，并不具备建立一种超主权国际货币体系的条件，SDR 想要获得与布雷顿森林体系破裂前的黄金等同的地位，可能性微乎其微。

1.2.4　契约本质

如果说信用是交易和货币的基础，那么信用本身又从何而来呢？信用的存在和维系需要一定的保证机制，进一步挖掘货币信用的实现机制就产生了货币契约论。默文·K. 刘易斯(Mervyn K. Lewis)和保罗·D. 米曾(Paul D. Mizen)在《货币经济学》中写道："作为一种社会惯例，货币在有用性和可接受性上远远超越其他商品。……充分的内在价值是构成货币的一个有用的基础；但是，如果这种价值不存在，例如在法定货币体系下，就必须通过货币系统的稳定性来建立货币的信任基础。"在货币契约论观点中，这种货币系统的稳定性来自于契约关系或契约秩序，而货币本质上是一组合约，是众多市场主体共同协商出的一种解决市场交易的制度安排。国内学者杨依山和刘强提出，"货币的本质最终是一种人类社会的契约秩序，这种秩序是主观偏好与客观资源约束的结合与抽象，是主客观的统一。"

在货币形态演化的背后，契约的形式也存在一些差异，常见的契约形式包括隐式契约、正式契约和权威契约。在商品货币早期阶段，从直接的物物交换向间接的物物交换转换并不是一蹴而就的，一般等价物的殊荣也并非天然地落在某些商品之上。为了解决供给与需求不匹配的问题，人们出于原始的信任，尝试性地约定某一特定物品为共同的交换媒介。这种无须明文规定但客观存在，且对交易双方有实际约束力的约定就是隐式契约。这种隐式契约及其支持的交易通常只能小范围地在社群、部落内部或少数部落之间发生。

随着分工的明晰和专业化的加深，局部、少量交易逐渐难以满足人们的需求。交易范围的扩大要求交易媒介具有更广泛的接受度，交易频率和规模的扩大要求交易媒介具有更高的价值且便于流通。因此，实物货币的币材逐渐固定为金、银、铜等贵金属，从形式上看，货币也从称量货币向铸币演化。金属铸币的发行人在币面刻上自己的标记，明确铸币的价值，这样人们在交易中不必再对货币进行称量、分割或检验成色。交易者对货币价值的信任不单取决于币材的内在价值，而且隐含了对铸币发行者的信任，这种信任构成了正式的显性契约。类似的，民间交子、银票、银行券等也具有显性契约性质，拥有这些货币就可获得市场接纳以及交换的权利。

　　契约形式从隐式向显性转化并不意味着契约关系绝对稳固，如果铸币的实际金属价值低于约定的流通价值，或者私人信用纸币的发行人不能按票面金额兑付金属货币，契约关系就会遭到破坏，甚至引发货币危机。由于私人货币发行者总是存在滥发货币的动机，仅依靠对私人货币发行者的普遍信任来维持货币契约的稳固并不现实，这就需要一种权威力量的介入。西汉桓宽根据著名的"盐铁会议"记录整理撰写的《盐铁论》记载有："统一，则民不二也。币由上，则民不疑也。"以桑弘羊为代表的中国古代大夫已经认识到，只有中央政府垄断铸币权，以君王无上权威为保障，民众才不会对货币产生怀疑。刘伯温在《郁离子・重禁》中写道："币非有用职务，而能使之流行者，法也。"可见，只有拥有"暴力潜能"的国家机器和法律法规等强制规定才能建立稳固的货币体系。因此，国家货币或主权货币的本质是权威契约。

★★★　专栏 1-1

石 币 之 岛

　　著名经济学家、货币学派代表人物、诺贝尔经济学奖得主米尔顿・弗里德曼（Milton Friedmann）在 1991 年出版的《货币的祸害》（*Money Mischief*）一书中引用了美国人类学家威廉・亨利・福内斯（William Herry Furness）在《石币之岛》（*The Island of Stone Money*）中的一段文字，这段文字讲述了福内斯在雅浦岛居住时关于岛上货币体制的见闻。弗里德曼以雅浦岛的石币为起点探讨了货币的本质，并由浅入深地讲述了货币体制与货币理论的演化。以下内容摘自《货币的祸害》（安佳译，商务印书馆出版）第一章。

　　1899 年到 1919 年，太平洋上密克罗尼西亚的加罗林群岛还是德国的殖民地。群岛的最西端是瓦普岛，或称为雅浦岛，当时，这个岛上的人口大约为 5000～6000 人。

　　1903 年，一位叫威廉・亨利・福内斯（William Herry Furness）的美国人类学家到这个岛上居住了几个月，后来他根据这个岛上居民的风俗和习惯，写了一本引人入胜的书。他肯定是对这些岛民所实行的货币体制印象深刻，所以他给自己的书起名叫《石币之岛》（*The Island of Stone Money*，1910），我也按照他的书名，给我的第一章起了这个名字。

　　因为该岛不出产金属，他们的资源就是石头，他们的劳动都耗费在搬动石头和磨制石头上了，石头就像文明社会里的所有物和铸币一样，是劳动的代表物。

　　他们把自己的这种交换媒介称为费(Fei)，费是由大而坚硬、厚重的石轮组成，石轮的直径从1码到12码不等，石轮的中央有一个孔，这个孔的大小随石轮直径大小的不同而不同，人们可以在空中插入一根杆，这根杆要符合孔的大小，而且要结实，这样才能负得起石轮的重量，便利搬运。这些石头"硬币"(是在离这个岛400里远的另一个岛上找到的石灰岩石)最初是由一些敢于冒险的当地探险人在这个岛上开采并打制，然后再用独木舟和木筏运回雅浦岛的……

　　这种石币值得说道之处在于——石币的拥有者完全没有必要减少自己的拥有物。在做成一笔交易之后，如果这笔交易所涉及的费用太大，大到无法便利地搬动石币的地步，石币的所有者会乐意接受单纯的所有权认可，他们甚至都不愿意费力去做个标记来表明这种交换，石币仍然静静地躺在以前那位拥有者的地头。

　　我有一位值得信赖的朋友，名叫法图玛(Fatumak)，他曾经肯定地告诉我，他们村子附近有一户人家，这家的财富是不容置疑的——也就是说，他家的财富得到了每个人的认可——然而，没有一个人甚至这家人自己亲眼看见过或触摸过这笔财富。这笔财富是一块巨大的费，这块费的大小是通过传说而众所周知的，而这个传说已经传了两三代人了。从那时一直到现在，这笔财富一直躺在海底！很多年以前，这家人的一位先祖，在探险寻找费之后，获得了这块大得出奇并极具价值的石头。这块石头后来被搬到了木筏上，准备运回家来。木筏行到半途中的时候，海上起了风暴，为了拯救自己的生命，这群人砍断了木筏的缆绳，任其漂流，石头也因此沉入海底，从人们的视线中消失了。这些人回家后，所有的人都证明说，费的体积极其大，质地尤其优良，石币的丢失也不能怪罪于有用者。于是从那时起，所有的人都从心底里承认，石头落入海中只是一个意外事故，这事故太小，小得不值当一提，离岸几千码的海水影响不了石币的买卖价值，因为石头已经凿成适当的形式了。因此，这块石头的购买力依然存在，就像在人们的视线中毫发无损地躺在拥有者的家里一样……

　　雅浦岛上没有带轮子的交通工具，因此，岛上没有可以行车的道路，但岛上一直有几条清晰可辨的道路连接着各个居住点。1898年，德国政府从西班牙人手中买下了加罗林群岛后，获得了这个群岛的所有权，当时，岛上的这些道路或公路的状况非常差，有几个地区的首领得到通知，让他们必须把道路修好，而且要维护好。但是，用大块的珊瑚胡乱铺就的道路对赤脚走路的当地人来说非常适宜。所以，这个命令反复重申了多次，仍然没有人在意。

最后，德国统治者决定向抗拒命令的地方首领征收罚金。但是，用什么形式来体现这笔罚金呢？后来，德国人想出了一个巧妙的办法，他们派出了一个人，走遍了那些抗拒命令地区的每一家石屋（Failu）和公共聚会场所（Pabai），去收取罚金。到那儿之后，这个人只需要在一批最有价值的费上用黑色画一个十字，就表明这块石头已经被政府征收了。这个办法真的很神，那些愁苦的贫苦民众马上就修好了链接岛屿两端的道路，而且修得很齐整。现在，这些道路看起来就像公园里的车道一样。然后，当局派出了几位办事人员，擦掉了画在石头上的十字。一眨眼的功夫，罚金抵消了，幸福的"石屋们"又重新获得了他们的资本所有权，并尽情享受着自己的财富。（第93页、第96—100页）

跟我一样，普通读者对此事的反应一定是："这些人真傻，怎么这么莫名其妙？"然而，在我们尖刻地批评这些天真的雅浦岛民之前，我们可以思考一下美国历史上的一个事件。对于这件事，岛上的居民们可能也会作出与我们相同的反应。1932—1933年，法兰西银行害怕美国不再盯住金本位，不再按一盎司黄金兑换20.67美元的传统价格兑换黄金。于是，法兰西银行要求纽约联邦储备银行将它存在美国的大部分美元资产转换成黄金。为了避免将黄金装船从海上运走，法兰西银行要求联邦储备银行把黄金存到法兰西银行的会计账簿上。作为一种回应，联邦储备银行的官员来到了金库，将与那笔资产等量的金锭放入了另外几个抽屉中，并且在这几个抽屉上贴了标签或做了记号，以表明这个抽屉里的东西是法国的财产。这样，这些抽屉就像德国人在石头上做标记一样，也有可能"用黑色笔画一个十字"来标记。

后来的结果是，财经报纸用头条报道了这件关于"黄金的损失"以及对美国金融体系的威胁等诸如此类的消息。美国的黄金储备开始减少，法国的黄金储备则在增加。市场认为美元走软，法郎走强。这种因法国向美国兑换黄金而造成的所有黄金流失是最终导致1933年银行恐慌的众多因素之一。

联邦储备银行的看法，即由于在自己的地下室里的抽屉上做了一些标记，美元就处于一个疲软的货币地位，与雅浦岛民的看法，即由于别人在他们的石币上做了一些记号，他们就变得比以前穷了，不是异曲同工吗？或者说，在法兰西银行的看法与雅浦家族的信念之间，即由于3000多英里以外的一个地下室里数个抽屉上的标记，法国的货币地位即增强了，与由于数百英里以外的水底下的一块石头，雅浦的家族就富裕了的看法之间，有什么真正的区别吗？就此而言，有多少人会对我们认为现存的构成自己财富的大多数东西，具有实实在在的确切的把握？我们所拥有的多数似乎是财富的东西都记录在银行的账簿上，财产要由一张称为股票的纸来确定。

雅浦岛民将他们在遥远的岛屿上开采出来，经过打制并运回自己居住岛屿的石头，视作自己的财富的具体表现形式。一百多年以来，文明社会则把从地底深处开采出来，花大力气进行冶炼，再经过长距离的转运，再次埋进精心设计的地下金库中的金块，视为自己财富的具体形式。

这两个例证（我们还可以另外举出一大批例证）所阐明的是，既定的无可置疑的信念，一些重要的现象或错觉或"神话"是如何成为货币事件的。我们自己的货币，即伴随我们长大的货币，以及管理货币的体制，在我们看来显得那么"真实"而且"合理"。但是其他国家的货币，就算是单位购买力很高的货币，我们也常常将其视为一张纸，或不值钱的金属而已。

1.3 数字货币的起源

回望货币演化的历史长河，推动货币形式不断高级化的基本动力可以概括为：在技术条件允许的情况下更好地满足市场需求，提升交换效率，降低交易成本。1971 年布雷顿森林体系破裂后，金汇兑本位制彻底退出历史舞台，基于主权信用的不可兑换信用货币成为国际主流。各国政府"根据经济需要"来决定一个社会的货币数量，导致全球货币总量急剧扩张，极大推动了经济社会的发展，也带来了风险隐患。

1.3.1 主权货币的信任危机

1976 年，著名奥地利学派经济学家、诺贝尔经济奖获得者弗里德里希·奥古斯特·冯·哈耶克（Friedrich August von Hayek）出版了名为《货币的非国家化》的小册子。书中，哈耶克提出一个颠覆传统货币制度的革命性建议：废除中央银行制度，以竞争性的私人货币取代主权信用货币。这本专著出版后在西方世界引起强烈反响，引发了广泛而持久的争论。

从 18 世纪古典经济学诞生以来，货币经济学家思考的一个核心问题是：如何设计货币发行机制以保证政府不会滥用货币发行权，从而实现币值的稳定。这里隐含的一个信息是：每个国家都必须有自己的货币，而且政府有权力且必须控制货币发行。然而，哈耶克认为，历史上货币超量供应和通胀频发，并不是因为国家没有控制好货币发行权，相反，正是因为国家垄断、独占了货币发行权，才导致通货膨胀、经济混乱和危机爆发。从铸币时代开始，政府就独占了金、银、铜币的铸造权,他们在金属货币上打上证明其成色和重量的标记,印上君王的画像或是铸上王朝年号,并规定各种贸易中只能使用政府发行的货币。这种行为将铸币权与王权等同起来,为货币披上了一层神秘色彩,似乎只有君王才能行使神圣的铸币权力。哈耶克在书中写道:"事实上,铸币在很大程度上被视为权力的象征,跟旗帜一样,君主透过它来展示自己至高无上的权力,告诉他的臣民,谁是他们的主子,因为透过这些铸币,他的头像传播到他的王国最偏远的角落。"他认为,货币发行独占权并非由人们赋予,亦不是君王为了一种公益要求得到或要求人们承认的;相反,货币发行权是政府权力的一个根本因素。纸币的发行更是如此,"政府有权随自己的意愿创造任何数量的货币,并使人们接受之。政府据此而强有力地捍卫着自己的传统权力。"

那么,政府垄断货币发行有何不妥呢?《货币的非国家化》一书开篇就引用了"经济学之父"亚当·斯密(Adam Smith)在《国富论》中的经典论述:"我相信,世界各国的君主都是贪婪不公的。他们欺骗臣民,把货币最初所含金属的真实分量次第削减。"哈耶克补充道:"自罗马时代到形形色色的纸币开始占据重要地位的 17 世纪,铸币的历史几乎就是一部不断贬值的历史,或者是铸币金属含量不断减少、因而所有商品的价格都不断上涨的历史。"他认为,货币贬值或通货膨胀通常都是由政府造成的,由于政府可以从通货膨胀中受益,所以其货币发行垄断权一直在被滥用。当然,当政府发行认证的金属铸币名实不符达到一定程度后,民间自会出现私铸盗铸行为,最终使这种"强行赋予包含较少重量贵金属的铸币也具有其标称重量之价值"的计划破产,一场币制改革运动从而诞生,使一切回到最初的起点。因此,金属铸币以及金本位制时期,虽然也时有货币贬值和通胀现象,但货币的内在价值对货币当局施加了一种纪律约束,阻止其无限制滥用发行权。可以看到,从 18 世纪初第一次工业革命开始到 20 世纪初金本位制终结,物价水平基本保持了平稳。

不过,在不可兑换信用货币成为主流的年代,或称为法币时期,政府滥用货币发行垄断权的情况就格外糟糕。《货币的非国家化》的附录中统计了 1950 年到 1975 年全球主要国家的纸币贬值情况,以智利和巴西为代表的南美国家、以韩国和越南为代表的亚洲国家的法币购买力(以黄金计算)下降了 99% 以上,居民生活成本上涨数百倍至数十万倍;英、法等欧洲强国以及北欧诸国法币购买力下降普遍超过 75%,居民生活成本上涨 2 至 4 倍;包括美国在内的其他国家法币购买力下降幅度均超过 40%,居民生活成本上涨幅度从 66% 到 300% 不等。面对这样惊人的通胀数据,哈耶克表达了对现代法币体系的悲观态度,他指出:"发行更多、更廉价货币的要求,是一股由来已久的政治压力,对此,货币当局是无法抵抗的，除非他们能够令人信服地诉诸某种绝对的障碍，使得他们根本不可能满足那些要求。"

哈耶克坚信，政府长期垄断货币发行容易导致周期性的萧条和失业，货币非国家化是货币发行制度改革的根本方向，由私营银行发行竞争性的货币（即自由货币）来取代国家发行垄断性的货币是理想的货币发行制度，并且在技术上具有相当的可行性。遗憾的是，哈耶克的呐喊并没有产生明显的现实影响，反而时常被讥讽为"政治幼稚"。据英国经济学家杰弗里·伍德(Geofferey E. Wood)统计，《货币的非国家化》首次出版后的二十多年里（截至 1990 年），英国再次经历了通货膨胀和严重的经济衰退，生活成本又上涨了 230%；同期德国物价水平上涨了 138%，瑞典上涨了 143%，美国也上涨了 190%。20 世纪 90 年代初，欧洲共同体国家承诺取消彼此间的外汇控制，这让主张货币非国家化的人士看到了希望，他们建议让欧洲各国的货币展开竞争。不过，如前文所介绍的，欧洲国家最终选择的方案是建立共同货币区，并发行超主权信用货币或区域主权信用货币——欧元。

周期性的通胀与萧条危机并没有停下脚步，进入 21 世纪后的短短一二十年里，全球范围内就爆发了三次大规模金融危机（互联网泡沫破裂危机、美国次级贷款危机、欧洲主权债务危机）。主要经济体的流动性管理被作为屡次危机中"挽狂澜于既倒、扶大厦之将倾"的重要手段，但又对下一次危机起到推波助澜的效果。经济学家威廉·怀特(William White)曾批评：美联储 20 世纪 80 年代后期的宽松货币政策造成了后续多个国家资产价格泡沫化；90 年代初期极低的利率使得美元贬值，导致许多盯住美元的亚洲国家货币接连遭殃，引发了亚洲金融危机；之后的持续宽松导致了 20 世纪末的股票市场过度投机和股票价格泡沫；之后不久网络经济泡沫的破裂又开启了一轮更加宽松的货币政策调整，也为随后的房地产市场泡沫和崩溃埋下了种子。美国次贷危机期间，美国财政部也投入上万亿美元购买陷入困境的金融机构的不良资产；美联储将联邦基金利率最低降至 0.5%，并启动非常规量化宽松政策，持续的购债计划使美联储在 2013 年时已经积累了近 3 万亿美元的国债和抵押贷款支持证券。面对这些"放水"救市措施，普通民众对此耿耿于怀，认为政府是在掠夺普通人的财富，为那些犯下严重罪行的投机客买单："美国商业银行把他们的烂账转移给了美国政府，而美国政府再把这笔烂账转移给每个纳税人，而这一切最终以国债的形式来体现。这些国债由谁来买？如果卖不动，最后的收场者会是谁？那就是美联储……他们开动'印钞机'，加班加点地工作，而这将导致美元的通货膨胀。"

1.3.2 加密货币的去信用化实践

设计出一种能够替代国家主权货币的新型货币，摆脱无休止的货币超发、通胀以及经济动荡，一直是"货币非国家化"拥趸的梦想。在哈耶克和追随他的经济学家从理论上论证非主权货币的可行性并为之奔走呐喊的同时，还有一群来自密码朋克圈的极客也在以自己的方式探索新型电子货币的实践道路。密码朋克从隐私保护的角度出发，基于密码学和信息技术设计了数十个匿名支付系统，但多以失败告终。2008年10月，一种叫作"比特币"的点对点电子现金系统设计方案问世，并于次年1月上线运行。凭借其卓越的设计理念，又适逢美国次贷危机弥漫导致主权信用货币的信任危机达到顶点，比特币很快发展壮大，并掀起了一场数字货币热潮，货币非国家化的梦想终于照进现实。

比特币是一种全新的点对点电子现金系统，与传统的基于主权信用的货币机制全然不同。比特币的发明者中本聪（Satoshi Nakamoto）在2009年2月发布的一篇帖子中写道："传统法币的根本问题在于，要想让它发挥作用，就必须获得所有人的信任。必须相信央行不会让货币贬值，但法定货币的历史上充满了这种信任缺失。我们必须信任银行持有我们的资金并进行电子转账，但它们却以信贷泡沫的形式发放贷款，准备金几乎为零。"中本聪认为，基于计算机科学、密码学和经济学原理构建的比特币系统拥有五大特征：第一，利用点对点网络的力量，阻止电子货币可能发生的双重支付行为；第二，系统不存在中心化的货币发行方和第三方信任机构；第三，参与者可以是匿名的；第四，货币由类似哈希现金的工作量证明机制产生；第五，产生货币的工作证明机制进一步为系统提供了防止双重支付的能力。简言之，使用比特币的交易双方能够在没有第三方（例如银行或结算公司）参与的情况下，安全、快捷、准确、匿名地完成支付流程，并且比特币总量一定（总量为2100万枚），按照预定方式和速度逐步进入流通领域（每四年发行量减半一次），不存在中央集权的发币机构，因此持有者不必担心货币超发导致的贬值风险。

虽然数字货币爱好者通常将哈耶克的货币非国家化思想作为比特币的理论源头，将后者视作前者的最佳实践，但两者却存在一些差别。哈耶克认为，若取消政府发行货币的垄断权，允许私人银行发行货币，那么在自由竞争的作用下，银行必定会慎重限制其货币发行量，主动维持货币价值；最终，几家信誉卓著的大银行会在竞争中脱颖而出，承担了主要的货币发行责任。换言之，哈耶克认为自由竞争机制下的少数私人银行信用优于垄断独占机制下的国家信用，基于前者的信用货币是稳定可靠的，是避免货币发行权滥用和通胀的根本性解决方法。而中本聪提出的比特币解决方案显然更加激进，它希望货币体系彻底"去中心化""去信用化"。在比特币世界里，没有可以信任的货币发行人，必须在设计之初就"定死"发行总量和发行节奏；也没有可信的第三方，不能由任何中心化第三方机构来认证、认可或批准这笔交易。中本聪在《比特币白皮书：一种点对点的电子现金系统》中强调："我们非常需要这样一种电子支付系统，它基于密码学原理而不基于信用，使得任何达成一致的双方都能够直接进行支付，从而不需要第三方中介的参与。"

实际上，"点对点"支付系统并不是什么新的概念，人们使用现金进行交易就是最典型的点对点支付。现金支付方式具有匿名性、自由性等特点，完全不需要第三方见证，这些优良属性很受密码朋克的喜欢。但是，要把点对点的现金体系电子化或数字化的确存在许多困难，例如：在没有中心化的第三方机构交易时交易数据由谁记录？数字账本由谁存储？如何确保一笔电子现金支付给一方后不会再重复支付给其他第三方？如何在有数字记录的情况下实现匿名和信息安全？为了解决这些问题，加密数字货币的先驱们进行了诸多探索，完成了密码算法、工作证明、时间戳等技术储备，而中本聪又以区块链这一反映互联网结构的方式把这些零碎的东西拼接成完整的图像。

1.3.3 数字货币乌托邦

比特币无疑是极其成功的。作为首个在全球范围内流通的加密数字货币，比特币在短短十多年里发展成有数千万人参与、价值万亿美元的数字资产。2021年6月，每天已有超过100万比特币的交易发生，以美元计价的日均交易额超过400亿美元。

与此同时，比特币的巨大成功也带动了整个数字货币产业的发展。2009年以来，数字货币市场陆续涌现出ETH、XRP、EOS、LTC、USDT等成千上万个币种，几乎每天都有新的数字货币或代币诞生。为了交易这些加密数字货币，市场上存在超过400家加密数字资产交易所，经营数字货币相关的现货交易、衍生品交易以及借贷交易，还存在众多的加密货币数据服务商。此外，与数字货币相关的设备供应商、软件服务商、加密货币数据服务商、媒体与自媒体等形成了一条规模庞大的产业链。传统金融机构也陆续开始涉及加密数字货币业务，例如老牌券商高盛、摩根大通等积极投入数字货币投资业务，全球支付平台PayPal开始提供加密货币交易服务，芝加哥商品交易所先后推出比特币、以太坊的期货和期权等金融工具。最近几年里，全球主要经济体的中央银行也纷纷启动央行数字货币项目，尽管它们与以比特币为代表的传统加密数字货币有较大不同。

除此之外，比特币让区块链技术从幕后走到了台前，让世界看到了利用这一技术的防篡改特征来提升经济活动透明度和可信度，以及在更多领域改变世界的可能性。例如：将区块链技术应用于版权保护，降低作者的版权声明难度和用户的查询成本；将区块链技术应用于溯源防伪，跟踪生产和物流信息，让溯源更加可信、造假更加困难。其他的应用前景还包括公正防伪、分布式存储、跨境支付、保险、物联网等。2020年4月，区块链被正式纳入新型基础设施中的信息基础设施范畴。

　　尽管中本聪本人在比特币的设计与推广中并没有过多地提及密码朋克或密码无政府主义，但不得不承认比特币带有浓厚的密码朋克精神元素，它勇敢地挑战西方社会主流文化和秩序，积极寻求变革，并极度重视个人自由和隐私。也正是这种独特的气质，与特定历史背景下的社会需求产生共振，拉开了一个以数字货币为显著特征的金融新纪元的序幕。以比特币为代表的早期加密数字货币承载了理想主义者构建一个没有货币滥发和通胀，没有谎言和欺诈，私密而自由的乌托邦世界的情怀。但是，仅凭借密码学、区块链技术、去中心化理念等去建立一个新世界，改变金融体系、经济系统、社会组织结构的既有秩序何其困难。事实上，随着越来越多的参与者加入到数字货币的研究开发和使用当中，几经迭代之后，主流数字货币的设计理念与最初的比特币已大相径庭。如今，已不再将数字货币视为对原有货币体系的替代，而是作为一种补充，融入不断演进的现代金融体系之中。

★★★
专栏 1-2

打造加密数字货币乌托邦

　　加密数字货币承载了密码朋克或密码无政府主义构建乌托邦世界的情怀，一些加密货币爱好者做出了种种尝试。

　　英国《卫报》2022年2月的一篇报道称，一名叫安东尼·韦尔奇(Anthony Welch)的英国人正在试图说服2.1万名加密货币投资者搬到自己买下的一座小岛上，让这里成为一个不受监管的"加密乌托邦"。这个占地3000平方米的小岛地处南太平洋，是位于澳大利亚和斐济之间的瓦努阿图群岛的一部分。为了致敬比特币的发明者"中本聪(Satoshi Nakamoto)"，韦尔奇将小岛的名字改为Satoshi，并表示将把这里从一个90%被热带雨林覆盖、从未被破坏的小岛，转变为一个"可持续发展的智慧城市"，供来自世界各地的加密货币投资者居住和工作。不过这一愿望还停留在设想层面，尚未得到瓦努阿图政府的书面支持。

　　另一个类似的项目叫作Cryptoland，由马克斯·奥利弗(Max Oliver)和

海伦娜·洛佩兹（Helena Lopez）创立，计划将斐济的一个名为 Nananu-i-cake
的岛屿打造为加密世界。2021 年他们在 Youtube 上进行动画推介，介绍
Cryptoland 是一个"由加密货币爱好者为加密货币爱好者打造的天堂"，包括
Cryptoland 海湾、DAO 之家，以及区块链山三个主要区域。Cryptoland 海湾
将是一个巨大的主题公园，可以容纳任何和所有曾经存在的与加密货币有关
的备忘录，包括海滩、度假村、工作中心等。DAO 之家将是一个创业村，将
孵化区块链技术的未来。区块链山将是"皇冠上的明珠"，作为一个独家住宅
区，只有购买一英亩土地作为 NFT 时才能进入。Cryptoland 进行了疯狂的视
频营销，但 The Next Web 网站以及维基百科编辑 Molly White 在进行了深
入研究后认为该项目存疑。不过这并未妨碍 Cryptoland 销售相关 NFT。

　　除了选择海岛以外，还有利用邮轮打造"海上乌托邦"的尝试。2020 年，
三名加密货币爱好者格兰特·罗蒙特（Grant Romundt）、鲁迪格·科赫
（Rüdiger Koch）和查德·埃尔瓦托夫斯基（Chad Elwartowski）购买了一艘
245 米长的名为"太平洋黎明号（Pacific Dawn）"的游轮。他们计划将这艘船驶
向他们的居住地巴拿马，并将游轮永久停泊在海岸线外，作为一个只用加密货
币交易的新社会中心。他们将这艘邮轮重新命名为"中本聪号（MS Satoshi）"，希
望为数字游牧民（远程上班族）、初创企业创始人和早期比特币持有者提供一
个家园，成为漂浮在加勒比海上的加密社区。遗憾的是，在这艘邮轮行驶了
数千海里之后，最终宣布项目失败。

本 章 小 结

　　本章简要介绍了货币演化历史和数字货币的起源。回望过去，我们似乎可
以清晰地描绘出货币形态变化的历史脉络，以及货币内涵不断丰富的过程。但
是，究竟是什么因素决定了货币形式的演化？研究者在这一问题上仍然没有达
成一致。大体上，货币的起源和演化符合降低交易成本和市场交易扩大的需
求，但这种需求是否必然导致商品货币收敛于黄金，进而又演化为纸币和虚拟
货币呢？许多历史学、社会学研究者认为，货币的起源和演化很大程度上受到
宗教、政治、文化等非经济性因素的影响。至少从数字货币的诞生和快速发展
来看，这一观点是成立的。来自加密社区的"代码即法律""去中心化自治""智
能合约"等文化内涵的推广速度远快于数字货币在交易中实际承担职能的扩大
速度。截至本书写作时，尽管尚无一种数字货币在商品交易中能够达到与纸币

相当的普及程度，但无论是民间、主流金融机构，还是各国货币当局，都对数字货币表现出极大的热情。

思考与练习

1. 简述货币的主要形态及其演化历程。
2. 简述关于货币内涵的主要学说。
3. 数字货币的本质是什么？
4. 数字货币解决了哪些需求？
5. 简述比特币与信用纸币的差异。

延伸阅读材料

[1]　马汀. 货币野史[M]. 邓峰，译. 北京：中信出版社，2015.

[2]　西美尔. 货币哲学[M]. 朱桂芹，译. 北京：光明日报出版社，2009.

[3]　马克思. 资本论（第一卷）[M]. 中共中央马克思恩格斯列宁斯大林著作编译局，译. 北京：人民出版社，2004.

[4]　李崇淮. 论货币形式发展的新阶段：兼同刘光第同志商榷[J]. 中国社会科学，1982(2)：79-98.

[5]　彭信威. 中国货币史[M]. 上海：上海人民出版社，2007.

[6]　凯恩斯. 货币论（上卷）[M]. 何瑞英，译. 北京：商务印书馆，1997.

[7]　GLYN D. A History of Money from Ancient Times to Present Day. Cardiff：University of Wales Press，2003.

第二章　数字货币的发展历程

> 数字货币可能有美好的未来，尤其是如果这个创新可以让支付系统更快速，更安全，也更有效率。
>
> ——本·伯南克，美国联邦储备委员会前主席，普林斯顿大学终身教授

从上一章可以看到，20 世纪出现了两次重大的货币转型，一次是制度上的，一次是技术性的。制度方面，货币体系从基于外部锚定（即固定的货币黄金价格）的体系转变为基于货币发行人和管理者（中央银行）信用的体系。技术方面，信用卡、银行电子支付，以及非银行数字支付和钱包应用程序等技术的开发和推广，大大加快了对现金货币的替代。从 20 世纪末到 21 世纪前二十年，以加密数字货币为代表的新型货币形式的快速发展，进一步推动了货币体系的演进，无论是货币内涵还是技术形式方面都出现了新的变化。

2.1　数字货币发展的时间线

1983—2021 年期间，有成千上万种数字货币产生，其中的一些品种几经迭代后仍然活跃在交易市场，更多的则早已或正在淡出人们的视野。这些纷繁复杂的数字货币有着不同的设计理念、使用场景或技术路线，因此很难把它们放置在一个统一的进程中。这里我们尝试以 2008 年比特币诞生和 2018 年数字货币大崩溃为两个关键节点，将这段数字货币发展史划分为三个阶段，并按时间线梳理数字货币发展大事记。

2.1.1　数字货币技术积累期（1983—2007）

1983 年，大卫·乔姆（David Chaum）在一篇密码学研究论文中构思了一种不

可追踪的加密电子支付系统 E-cash，以及其所依赖的盲签名（Blind Signature）技术[①]。盲签名是一种特殊的数字签名技术，消息所有者先将消息盲化，而后让签名者对盲化的消息进行签名，最后消息所有者对签名后的信息进行去盲因子，从而得到签名者关于原消息的签名。盲签名具有两个性质：一是签名者不知道他所签署消息的具体内容；二是签名消息被公布后签名者无法知道这是他哪次签署的，即签名消息不可追踪。因此，当盲签名被用于在线交易电子支付时，银行可以对支付信息进行验证和签名以完成支付和结算过程，却无法掌握支付者的信息，从而达到保护在线交易用户隐私的目的。乔姆的盲签名技术是现代网络加密的核心技术之一，该项技术也为加密数字货币的产生奠定了基础。

1989 年，乔姆将盲签名和不可追踪支付系统的想法付诸实践，在阿姆斯特丹创立了电子支付公司 DigiCash。使用 DigiCash 进行支付时，用户需要通过软件从银行提取存款并指定加密密钥，然后将其发送给收款人，而公钥和私钥加密技术使得电子支付无法被发卡银行、政府或第三方追踪。DigiCash 得到了总部位于美国的马克吐温银行和总部位于德国的德意志银行的支持，但最终因为无法扩大用户群体，不得不于 1998 年申请破产保护。乔姆认为，DigiCash 的失败很大程度上是因为其在电子商务完全融入互联网之前就已经率先进入市场。

哈希现金（Hashcash）是加密数字货币的另一项关键技术。密码学家辛西娅·德沃克（Cynthia Dwork）和莫尼·瑙尔（Moni Naor）在 1992 年首次提出，设置和解决一个计算难题在某些场景下可能具有一定的价值[②]。这一想法得到了亚当·巴克（Adam Back）的重视，并于 1997 年提出 Hashcash 的思路。Hashcash 是一种工作量证明机制，用于限制垃圾电子邮件和拒绝服务攻击，其基本思路是：将哈希标记的文本编码添加到电子邮件的标题中，以证明发件人在发送电子邮件之前已经花费了适量的 CPU 时间来计算标记[③]。换句话说，由于发件人花费了一定的时间来"生成邮票"并发送电子邮件，因此他们不太可能是垃圾邮件发送者。对发件人来说，找到具有必要属性的标头的唯一已知方法是使用蛮力，因此需要进行大量尝试才能找到答案；而对于收件人来说，验证标记所花费的时间和成本几乎可以忽略不计。Hashcash 的思路在 1999 年被马库斯·雅各布森（Markus Jakobsson）和阿里·朱尔斯（Ari Juels）形式化为

①　CHAUM D. Blind signatures for untraceable payments[C] // Advances in Cryptology：Proceedings of Crypto 82. Springer US，1983：199 – 203.

②　DWORK C，MONI N. Pricing via processing or combatting junk mail. Annual international cryptology conference，Berlin：Springer，1992.

③　BACK A. Hashcash-amortizable publicly auditable cost functions. http：// www. hashcash. org/papers/amortizable，2002.

"工作量证明"一词，而后成为加密数字货币的核心概念①。

密码学家戴伟(Wei Dai)挖掘了 Hashcash 在电子支付领域的应用前景，并于 1998 年 11 月在密码朋克(cypherpunks)邮件列表中提出了"匿名、分布式电子现金系统"的早期方案，即 B-money。在白皮书中，戴伟将加密货币系统的基本属性概述为：一群无法追踪的数字假名在没有外界的帮助下，使用货币相互支付并在它们之间执行合同方案。尽管 B-money 只停留在白皮书阶段，但从其设计方案中已经可以看到后来在比特币和其他去中心化加密数字货币中实现的核心概念，例如：需要进行指定数量的计算工作(工作量证明，PoW)，计算工作由更新集体账簿的社区验证，被验证的工作量可以获得资金报酬，资金交换通过集体记账完成并通过加密哈希进行验证，通过广播和使用公钥签署交易来执行合同。

与 B-money 几乎同一时间出现的另一个著名加密数字货币方案是"比特黄金(bit gold)"。1998 年，计算机科学家、法律学家和密码学家尼克·萨博(Nicholas Szabo)提出 bit gold 这一新的去中心化数字货币实现机制。在这套系统中，参与者同样需要使用计算机来解决密码难题，已解决的谜题将被发送到拜占庭容错公共注册表并分配给求解器的公钥；每个解决方案都将成为下一个挑战的一部分，从而形成一个不断增长的新财产链，除非大多数各方同意接受新的解决方案，否则他们无法开始下一个难题。这一特性为网络引入了"时间戳"的概念，从而更好地避免了"双重支出问题"。bit gold 虽然从未实施，但被称为"比特币架构的直接先驱"。

2004 年，哈尔·芬尼(Harold Thomas Finney II)在工作量证明机制的基础上，创建了第一个可重复使用的工作量证明系统——RPoW。RPoW 的思路最早产生于马库斯·雅各布森(Markus Jakobsson)和阿里·朱尔斯(Ari Juels)在 1999 年发表的论文。芬尼提出的 RPoW 机制允许随机交换代币，而无须重复生成它们所需的工作，因此能够减少计算量，节省互联网带宽、磁盘空间、电力等底层资源的开销。例如，当一个人在网站上"花费"了一个 PoW 代币后，该网站的运营商可以将该 PoW 代币兑换成一个新的、未花费的 RPoW 代币，然后可以在其他接受 RPoW 代币的第三方网站上使用该代币。在解决双重支出问题方面，RPoW 依赖于存储在可信平台模块(TPM)硬件中的私钥，这与后来出现的依靠网络中的分散节点进行验证的思路有较大的不同。

---

① JAKOBSSON M, JUELS A. Proofs of work and bread pudding protocols[C] // Secure Information Networks: Communications and Multimedia Security IFIP TC6/TC11 Joint Working Conference on Communications and Multimedia Security (CMS'99) September 20 - 21, 1999, Leuven, Belgium. Springer US, 1999: 258 - 272.

专栏 2-1

尼克·萨博与比特黄金

尼克·萨博(Nick Szabo)是 extropian 和 cypherpunk 社区的活跃成员，是加密货币和区块链技术发展中最具影响力的人物之一，他提出的"比特黄金(bit gold)"被认为是"比特币架构的直接先驱"。

尼克·萨博睿智而博学，精通领域横跨计算机科学、法学、密码学等多个学科，尤其以在数字合约与数字货币方面的研究而闻名。萨博以创建一个不受公司和民族、国家控制的自由经济社会为愿景。早在 1994 年就提出了"智能合约"的概念，本质上是希望通过代码而非司法管辖执行数字合约，作为无国界电子商务的基本组成部分。他意识到智能合约缺少一个关键要素：可以通过这些合约流动的原生数字货币。在目睹了一连串数字现金实验面临一个又一个障碍(他甚至在 Chaum 的 DigiCash 工作过一段时间)之后，萨博决定制定一项新提案，该提案可以在过去的努力失败的情况下取得成功。

在研究货币的历史后，萨博将金条等商品货币确定为互联网新货币的强大概念基础。他认为新货币必须是数字化的、稀缺的、伪造成本极高的，并且不能依赖受信任的第三方来保护它并赋予它价值——从某种意义上说，这是一种数字黄金。因此，他提出了"比特黄金"的概念原型。比特黄金与 Hashcash 和 B-money 的工作方式类似，因为它使用基于哈希的工作量证明的累积链，该链会定期加盖时间戳并发布到服务器网络。比特黄金的发行和所有权记录在分布式财产所有权登记册上，基本上，该协议允许使用基于法定人数的投票系统管理某些类别的财产。

上述电子货币方案的不足之处在于它缺乏可替代性，即每个单独的货币单位应当具有相同的价值，从而能够相互兑换。而比特黄金的价值与特定时刻工作量证明的计算成本有关，随着时间的推移和机器性能的提升，计算成本会下降，导致后期开采的一单位比特黄金价值低于早先开采的比特黄金的单位价值。为了解决这个问题，萨博提出的解决方案是，引入一个安全、可信、可审计的银行，让它跟踪比特黄金的发行量，并根据时间的推移不断将工作量证明令牌打包成相等的价值单位，创造一个稳定的交换媒介。但是，该系统容易遭受可能导致网络分裂的女巫攻击(Sybil Attack)。萨博相信任何潜在的网络分裂都可以通过诚实的参与者继续使用他们自己的系统来解决，并且用户会通过社会共识自然而然地支持他们。

在中本聪于 2008 年发布比特币白皮书之前不久，萨博正准备最终实现比特黄金。但在比特币推出后，他放弃了该项目，因为他认为比特币通过综合先前的尝试巧妙地解决了比特黄金和之前数字现金实验的缺点，打造了一个简单有效的系统。

比特黄金对比特币的发明至关重要。在 2010 年 Bitcointalk 论坛上的帖子中，中本聪表示，"比特币是戴伟 1998 年的 B-money 提案和尼克·萨博的 Bitgold 提案的实现。"

（参考资料：Coin Telegraph，"The History of Bitcoin：When did Bitcoin Start?" Available HTTP：https：// cointelegraph. com/bitcoin-for-beginners/the-history-of-bitcoin-when-did-bitcoin-start. ）

2.1.2 数字货币早期实践期（2008—2017）

在 2007 年之前，密码朋克先驱们几乎已经完成了加密数字货币所需要的盲签、工作量证明机制、拜占庭容错机制、时间戳等所有重要技术储备，但相关方案还只停留在白皮书阶段。2007—2008 年美国房地产次级贷款泡沫破裂诱发金融危机，全球主要经济体启动史上最大规模的流动性救市措施，成为推动加密数字货币落地和迅速推广的重要契机。

2007 年 4 月，美国房地产抵押贷款风险开始浮出水面，美国第二大次级抵押贷款公司——新世纪金融宣布破产。到 8 月份时，次债问题急剧恶化，全美最大的商业抵押贷款公司濒临破产，包括贝尔斯登、美林证券、巴黎银行、麦格理银行等在内的多个全球著名金融机构同时深陷危机。全球主要经济体的中央银行开始向金融系统注入流动性，仅 8 月 10 日和 11 日两天就投入超过 3000 亿美元的救市资金。随着危机的逐步蔓延，各经济体中央银行降息节奏不断加快，幅度不断加大，投入的救市资金也迅速膨胀。2008 年下半年，美国第四大投资银行雷曼兄弟陷入严重财务危机并宣布申请破产保护，更严重的金融危机和更大规模的货币宽松才开始来临。对金融机构扰乱经济秩序以及中央银行无节制发行货币感到失望和愤怒的密码朋克圈加快了对新型支付系统的开发。

2008 年 9 月，一位化名"中本聪（Satoshi Nakamoto）"的网络用户在密码朋克邮件列表中发布了著名的加密数字货币技术文档《比特币白皮书：一种点对点的电子现金系统》。这篇文章详细介绍了使用点对点网络生成所谓的"不依赖信任的电子交易系统"的方法，包括"交易""时间戳服务器""工作量证明""网络""激励"等全部细节。比特币基于区块链技术和分布式账本构建共识机制并在其基础上寻求"双重支付"等问题的解决办法，从其他数字货币方案中脱颖而出。2009 年 1 月 3 日，被称为"创世区块（Genesis Block）"的第一个比特币区块链区块诞生；相应的，第一笔50个比特币作为记账奖励被创造出来。2009年，比特币完成了第一次转账和第一次货币兑换；2010年，比特币第一次被用于购买实物，并在第一个比特币交易所(MT.Gox)进行公开交易。自此以后，比特币进入快速推广期。

作为第一个去中心化加密数字货币的实践项目，比特币在整个数字货币发展进程中具有极其重要的地位。一方面，比特币的成功大大增强了密码朋克圈和加密货币爱好者的信心；另一方面，比特币早期发展历程中暴露出的诸多问题也为其他数字货币的开发提示了方向。2011年之后，基于比特币的开源代码，一些新的加密数字货币项目开始出现。这些新的加密货币通常被统称为"altcoins"或"alt coin"，国内则翻译为"替代币"或"山寨币"，因为很多项目只是复制比特币的代码，对一些参数进行简单的修改，便可以生成一条全新的区块链。大部分替代币由于不具备明显的创新元素，很快就被市场淘汰；少部分在加密技术、共识机制、货币策略和功能上与比特币有显著差异，在竞争中逐渐获得市场认可，市值和使用范围不断增加和扩大，从而摆脱"山寨"之名，成为"主流币"之一。

在替代币方案中，较有名的项目包括以太坊(Ethereum)、瑞波币(XRP)、莱特币(Litecoin)、大零币(ZCash)、柚子币(EOS)、波卡(Polkadot)等，其中最具影响力的要数以智能合约为主打方向的以太坊。2013年11月，维塔利克·布特林(Vitalik Buterin)发布以太坊初版白皮书，希望建立一个"下一代加密货币与去中心化应用平台"，并于次年4月发布技术文档。2015年7月，一个开源的、有智能合约功能的公共区块链平台正式开始运营。与比特币区块链一样，以太坊区块链上也有其专属的去中心化加密货币——以太币(ETH)，但以太坊最大的优势在于：它允许任何人在其上部署永久和不可变的去中心化应用程序，这些程序可以按照既定设计自动运行，也可与用户进行交互，但不受任何一个单一的组织实体或个人的控制。以太坊大大拓展了区块链的应用场景，开启了区块链2.0时代。

除了创造新的区块链和原生币以外，基于已有的公链发行代币(Token)是加密数字货币的另一发展方向。代币有不同的应用场景，而以泰达币(Tether)为代表的稳定币方向对加密货币生态产生了重大影响。由于比特币早期价格的剧烈波动给用户、社区以及市场带来了很多困扰，导致其作为交换媒介的设计初衷无法实现，2012年1月，威利特(JR Willett)发布了名为"第二代比特币白皮书"的技术文档，提出在比特币底层协议的基础上搭建一个新的协议层，其他团队可在这一协议层开发新的货币，从而加强底层比特币协议的价值。这一思路在2013年落地形成Mastercoin项目，并在2015年正式更名为Omni Layer。

2014 年 7 月,克雷格·塞拉斯(Craig Sellars)、布罗克·皮尔斯(Brock Pierce)和雷夫·柯林斯(Reeve Collins)三位加密货币圈的资深人士在 Omni Layer 协议上发布了 Realcoin 项目的第一个代币,并在同年 11 月将其更名为 Tether。Tether 的目标是将加密货币的不受限制性质与法币的稳定价值相结合,通过100%锚定维持与法币间的固定汇率,即每发行一个 USDT 代币都会有 1 美元作为价值储备。Tether 后续在以太坊、波场等其他区块链网络上也发行了USDT,逐渐替代美元成为任何一家数字货币交易平台上最主流的交易媒介。

随着区块链基础设施的逐渐完善,2016 年兴起了一场首次代币发行(Initial Coin Offering, ICO)潮流,将这一阶段的数字货币发展推向高潮。一些初创企业选择发行自己的代币以募集另一种加密货币(通常是比特币或者以太币)的形式来筹措企业发展所需资金。2016 年 5 月,去中心化组织项目 The DAO 选择以太坊作为其筹资平台,通过 ICO 筹集到超过 1200 万 ETH(当时价值 1.5 亿美元),获得媒体的广泛报道。整个 2017 年里 ICO 项目百花齐放,产生了数以千计的加密数字代币,同时也推动比特币、以太币等主流货币价格大幅攀升,这反过来又进一步提升了 ICO 的热度。遗憾的是,由于监管缺失和低成本等因素,ICO 造假甚至恶意欺诈的乱象丛生。2017 年 9 月,包括中国、韩国在内的一些国家明令禁止各类代币融资活动。

2.1.3　数字货币发展成熟期(2018 至今)

在经历前所未有的繁荣之后,加密货币行业在 2017 年年底迎来了大崩溃。2017 年 12 月 17 日,比特币价格触及 19 783.06 美元/BTC,创下历史新高。而仅仅 5 天之后的 12 月 22 日,比特币价格又跌破 11 000 美元/BTC,较前一个高点下跌 45%。在经历了短暂的反弹后,比特币价格从 2018 年 1 月 6 日起继续猛烈下跌,到 2 月 6 日,一个月内跌幅高达 65%。与此同时,几乎所有加密货币价格也都在 2017 年 12 月至 2018 年 1 月期间达到峰值,而到 2018 年 9 月时,整个加密货币市场已较 1 月份的高点暴跌 80%。在经历了一段冷静期后,加密数字货币行业逐渐回归到理性发展的道路上。

2018 年韩国解除了 ICO 禁令,但通过禁绝匿名交易、禁止未成年人和官员参与来规范加密数字货币市场。美国对 ICO 项目的监管具体到单个项目层面的合规性,例如美国证券交易委员会(SEC)2018 年依据"必须注册证券"的要求,对加密货币初创公司 CarrierEQ Inc.(也称为 Airfox)和 Paragon Coin Inc.在未进行注册也未获得注册豁免资格的情形下 ICO 募资的行为实施了高额罚款,但并未将其认定为欺诈。中国虽然在 2017 年彻底禁止了 ICO,但仍然把区块链作为核心技术自主创新的重要突破口,强调加快区块链技术和产业创新发展。2018年年底，二十国集团(G20)领导人布宜诺斯艾利斯峰会对加密数字货币持审慎包容态度，既肯定了数字货币发展可能带来的创新和贡献，也密切关注并限制其可能带来的洗钱行为等弊端。

稳定币的快速崛起是加密数字货币回归"初心"的表现。比特币和其他加密数字货币最初被设计为一种电子支付系统，期待其承担交换媒介的职能，然而无休止的炒作使其价格急剧膨胀，最终更多地被人们当作一种投资工具或价值存储手段。2018年，新兴稳定币 USDC、TUSD、PAX 等获得了加密货币爱好者的关注，2019年后泰达在以太坊和波场区块链上的 USDT 也显著放量。2020年去中心化金融项目兴起之后，稳定币的交易量急剧攀升，仅 USDT 的日均成交额就超过了比特币。

除此之外，传统金融机构和各国央行的加入也推动了数字货币的理性发展。2017年12月，芝加哥期权交易所全球市场公司推出比特币期货交易，这一事件具有重要里程碑意义。2018年7月，纽约证券交易所的母公司洲际交易所(ICE)创立合规加密数字资产期货交易所。2019年2月，美国银行业巨头摩根大通银行推出基于 Quorum 8 联盟链的摩根币(JPM Coin)，并从2020年10月开始正式用其进行跨境支付。2021年4月，加密数字资产交易所 Coinbase 登陆美国纳斯达克市场，标志着加密数字资产交易所的合规程度达到主流金融市场认可的水平。在央行层面，虽然各国央行不认可加密数字货币的"货币地位"，但都积极研究和开发央行数字货币(Central Bank Digital Currency, CBDC)。在2021年的 G20 峰会上，国际货币基金组织、世界银行提出各国合作研究 CBDC 的倡议，以扩大跨境支付的效率。

2.2 从私人数字货币到主权数字货币

如前所述，作为密码朋克文化的产物，比特币等加密数字货币的设计初衷是要保护用户隐私和对抗甚至替代中心化金融系统，因而都属于私人数字货币。2014年后，受到比特币和类似的基于区块链的加密货币的启发，各国中央银行开始积极研究和开发中央银行数字货币(Central Bank Digital Currency, CBDC)，即主权数字货币。

2.2.1 货币当局的早期观点

2014年，美国国会法律图书馆调查了40个其他国家和地区对比特币的司法监管态度。调查结果显示，尽管在监管细节方面存在一些差异，但大体上可以分为四类：没有采取监管措施、没有进一步监管但明确了税务处理原则、禁止或限制加密货币的使用、承认加密货币为受监管的货币形式。

大多数国家和地区属于第一类，例如阿根廷、澳大利亚、比利时、加拿大、智利、丹麦、欧盟多国、俄罗斯、新西兰、日本、韩国、中国香港、中国台湾等均未对加密数字货币实施正式监管。由于监管往往滞后于市场创新，而加密数字货币又是才获得关注不久的新生事物，因此大多数司法管辖区采取了观望态度。

第二类国家明确了比特币等加密数字货币的征税方式，但并没有解决是否以及如何对其进行监管的问题。例如，英国表示"比特币当前不受监管"，但"英国税务和海关（部门）将比特币归类为'单一用途代金券'……须缴纳10%~20%的增值税"；挪威、西班牙和芬兰将比特币评估为资本财产，征收高达25%的增值税；斯洛文尼亚和以色列将比特币产生的利润作为应纳税所得额进行评估。

第三类国家和地区禁止或严格限制虚拟货币的使用。例如，泰国外汇管理和政策部在2013年表示，由于目前缺乏适用的法律和资本管制措施，加之比特币跨越多种金融业务，因此在泰国买卖比特币、用比特币买卖任何商品或服务、与泰国境外的任何人存在比特币的往来都被视为非法的。同时期，中国人民银行等五部委发布的《关于防范比特币风险的通知》中也要求"各金融机构和支付机构不得以比特币为产品或服务定价，不得买卖或作为中央对手买卖比特币，不得承保与比特币相关的保险业务或将比特币纳入保险责任范围，不得直接或间接为客户提供其他与比特币相关的服务"。

第四类国家和地区承认加密数字货币的有效性，并寻求制定新的法规或扩展现有法律。例如巴西、德国、瑞典等承认比特币作为一种有效货币或类似于传统支付方式的新型支付形式并进行监管。2013年10月9日，巴西颁布了第12865号法律，为移动支付系统的正常化和包括比特币在内的电子货币发行创造了可能性。美国财政部要求发行或交换比特币的各方接受有关反洗钱的联邦法律的约束，并遵守有关可疑金融交易的报告要求。在2013年美国证券交易委员会指控Trendon T. Shavers"在涉及比特币的庞氏骗局中欺骗投资者"一案中，地方法官指出："很明显，比特币可以用作货币。它可以用来购买商品或服务……唯一的限制是比特币只在那些接受它的场合作为货币。但是，它也可以兑换成常规货币，例如美元，欧元，日元和人民币。因此，比特币是一种货币或货币形式。"这一决定为其他监管机构将比特币或其他加密数字货币视为货币提供了依据。

2.2.2　主权数字货币探索

在私人数字货币受到越来越多市场关注的同时，加密数字货币市场在2013—2014年期间经历了剧烈的价格波动。2013年4月9日，比特币兑美元价格达到230 USD/BTC；但在三个月后的7月6日，比特币兑美元的价格却低至67 USD/BTC，累计跌幅超过70%。在随后的五个月里，比特币价格经历了有史以来最快的上涨，到2013年12月4日时价格已经接近1135 USD/BTC，这一轮涨幅超过1600%。到2015年1月14日时，比特币兑美元价格较前次高点再次下跌84.5%，回到175 USD/BTC。私人数字货币的极端不稳定性引起了货币监管机构的关注。2014年7月，欧洲银行管理局在一份研究报告中阐述了其对虚拟货币(主要指加密数字货币)的观点，承认虚拟货币对经济和个人都有一定益处，但从用户、非用户市场参与者、金融稳健、法币制度下的支付系统和设施，以及货币监管五个方面列举了70条潜在风险。很显然，私人加密数字货币不是货币监管机构所希望的数字货币形式，因此基于国家主权的中央银行数字货币(CBDC)被提上日程。

CBDC一词最早出现在英格兰银行主管货币政策的副行长本·布罗德本特(Ben Broadbent)于2016年3月的一次演讲中。他认为，比特币等数字货币本身不可能取代美元或英镑成为广泛使用的替代记账单位，但他们的结算技术，即所谓的"分布式账本"，可以增进对央行资产负债表的理解；引入基于主权的数字货币供公众使用而不是取代银行货币，是主权数字货币与私人数字货币的主要区别。这种构建主权数字货币的设想很快通过"CBDC"这个术语流行起来，后者也成为一个通用的技术术语。不过，在CBDC这一术语出现之前，包括中国人民银行、英格兰银行等在内的一些中央银行以及以国际清算银行为代表的国际金融机构，实际已经开始了对主权数字货币的研究和概念准备工作。

早在2014年，中国人民银行就组建了法定数字货币专门研究小组，探讨数字货币监管框架和发行主权数字货币的可行性。研究小组在2015年发布了一系列关于发行央行数字货币的研究报告，并就央行发行数字货币的原型方案进行了初步设计和修改。2016年1月，中国人民银行召开数字货币研讨会，进一步明确央行发行数字货币的战略目标。同年7月，中国人民银行启动基于区块链和数字货币的数字票据交换平台原型研发工作，决定使用数字票据交易平台作为法定数字货币的试点应用场景，并借助数字票据交易平台验证区块链技术。2017年1月，中国人民银行设立了数字货币研究所，并在随后的两年里完成了基于区块链的数字票据交易平台测试和试运行工作，启动数字货币相关基础设施的建设工作。

英格兰银行也是研发主权数字货币的先驱之一。2014 年 8 月,英国宣布其财政部已接受委托对加密货币进行研究。2015 年 2 月,英格兰银行公布的一份研究报告称,数字货币与移动通信技术的结合可能会彻底改变英国人民的购物习惯,这与互联网所带给我们的改变类似,考虑到这一点,英国央行正考虑是否利用这种技术来发布官方数字货币。2016 年,英格兰银行授权伦敦大学学院(University College London, UCL)开展加密数字货币的研发工作。站在中央银行的视角,研究人员将"分布式账本"和"中心化"相结合,开发出一种具备扩展性且能够由央行来控制的数字货币原型系统 RSCoin。

除了中国和英国,还有许多国家加入到主权数字货币研究开发中来。2019 年 1 月,国际清算银行(BIS)发布了一份关于 CBDC 的调研报告。该报告分析讨论了 22 个发达经济体和 41 个发展中经济体(样本覆盖全球 80%的人口和超过 90%的经济产出)的 CBDC 研发进展,结果发现:截至 2018 年底,接近 70%的样本国家已投入 CBDC 研发工作;其中,进展到实验或概念验证阶段的经济体占比约为 50%,进展到开发阶段或进行试点安排的经济体占比约为 10%。

2.2.3　主权数字货币加速发展

2019 年 6 月,一个名为"天秤币(Libra)"的新型加密数字货币方案第一版白皮书发布,成为主权数字货币加速发展的催化剂。Libra 是美国著名社交媒体公司 Facebook(2021 年改名为 Meta Platforms)提出的一种基于区块链的许可型稳定币支付系统(Permissioned Blockchain-based Stablecoin Payment System)。与比特币等数字货币不同,Libra 首先是基于一篮子货币的合成货币单位,其货币篮子计划由 50%美元、18%欧元、14%日元、11%英镑和 7%新加坡元组成。其次,Libra 并不强调去中心化,其区块链及储备资产将由非营利性的 Libra 协会管理,因此它是一个基于对 Libra 协会作为"事实上的中央银行"的信任的中心化货币方案。最后,Libra 的使命被定义为"建立一套简单的、无国界的货币和为数十亿人服务的金融基础设施",因此它隐含了超主权货币的意味。更为重要的是,Facebook 作为全球最重要的社交媒体公司之一,彼时已经拥有超过 20 亿活跃用户,这意味着其设计的超主权 Libra 拥有足够强大的用户基础。

Libra 项目从宣布伊始就掀起了舆论热潮和激烈的争论。Libra 的中心化架构与主流去中心化加密数字货币解决方案不同,这一方面饱受加密数字货币爱好者的诟病,但另一方面也表明受监管的中心化结构或许更加符合现实世界的运行模式,可能是加密数字货币落地和大范围推广的最好路径。对 Libra 更大的反对声音主要来自主权国家的货币监管机构。出于对货币主权、金融稳定、隐私保护、反垄断等问题的担忧，美国参议院银行、住房和城市事务委员会、众议院金融服务委员会等多次举行有关 Libra 的听证会，就相关疑虑进行审查；包括法国、德国在内的多个欧盟国家先后表示抵制 Libra 项目。重重压力之下，Facebook 于 2020 年对 Libra 白皮书进行了重大修订，而后又将项目更名为 Diem，但最终还是在 2022 年 1 月放弃了对该项目的开发。

虽然 Libra 最终没有真正落地，但这一货币方案对于数字货币未来的导向依然是有价值的，尤其是 Libra 促使各国央行加快了探索主权数字货币的脚步。这里的原因可能有以下四个方面：

一是 Libra 的超主权货币特征为基于国家主权的传统法币制造了强烈的竞争危机感；

二是许多发展中国家或新兴市场经济体担心 Libra 的成功可能导致"幕后美元化（backdoor dollarization）"；

三是 Libra 提出的普惠金融愿景给各国货币当局带来了积极的启示；

四是 Libra 贡献了一条主权货币竞争思路，即通过"数字货币＋超主权"可以绕开经济总量对于货币竞争的约束性影响。

基于这些考虑，各国货币监管机构纷纷加快数字货币研发进程，以更好地应对全球性数字货币竞争。

Libra 白皮书发布之后，中国人民银行开发的数字人民币项目加快了试点和推广速度，并继续保持全球领先地位。中国人民银行在 2019 年 8 月召开的 2019 年下半年工作会议上指出"要加快推进法定数字货币研发进度"，并在 2020 年 4 月召开的全国货币金银和安全保卫工作电视会议上再次强调"加强顶层设计，坚定不移推进法定数字货币研发工作"，将深圳、苏州、雄安、成都以及北京冬奥会场景作为内部测试试点。同年 9 月，商务部提出在京津冀、长三角、粤港澳大湾区及中西部具备条件的试点地区开展数字人民币试点。2021 年，六大国有银行（工、农、中、建、交、邮储）陆续开始推广数字人民币钱包，第三方平台支付宝也开放了数字人民币接口。

国际清算银行（BIS）于 2020 年 8 月发布了一份报告，列出了全球范围内当时已知的 14 个 CBDC 批发项目和 31 个 CBDC 零售项目。BIS 2022 年 1 月更新的数据显示，全球范围内有超过 90 家中央银行在开展 CBDC 研发工作，已知的 CBDC 批发项目数量达到 25 个，CBDC 零售项目增加到 66 个；巴哈马、东加勒比、尼日利亚已经正式上线运营零售 CBDC，另有 28 家中央银行正在开展 CBDC 试点运行，68 家中央银行已就其 CBDC 工作进行了公开沟通。

专栏 2-2

为什么经济学家不喜欢比特币?

大多数情况下,如果你在大学校园里看到有人称赞比特币,那个人可能来自计算机科学系;如果你看到有人在批评比特币,那个人可能来自经济系。

这样说并非臆断,实际上许多著名经济学家都不吝对比特币的严厉批评。例如,诺贝尔奖获得者罗伯特·J·席勒(Robert J. Shiller)在 2014 年表示"比特币表现出投机泡沫的许多特征",并在 2017 年再次指出"比特币是当前投机泡沫的最好例子";诺奖得主约瑟夫·斯蒂格利茨(Joseph Stiglitz)在 2017 年指出"这是一个泡沫,它会在上升然后下降的过程中给很多人带来很多激动人心的时刻",他强调比特币被犯罪分子使用,应该被取缔;诺奖得主保罗·克鲁格曼(Paul Krugman)在 2018 年称比特币为"在自由主义意识形态的茧中包裹着技术神秘主义的泡沫",他批评比特币是一种非常缓慢且昂贵的支付方式,主要用于购买黑市商品,没有"现实的束缚";四位诺贝尔奖得主詹姆斯·赫克曼(James Heckman)、托马斯·萨金特(Thomas Sargent)、安格斯·迪顿(Angus Deaton)和奥利弗·哈特(Oliver Hart)在 2018 年的联合新闻发布会上将比特币描述为泡沫,哈特引用了克里斯托弗·西姆斯的研究结论,认为比特币没有内在价值,赫克曼将比特币比作郁金香泡沫,迪顿指出比特币被犯罪分子使用。

自然科学研究者或者技术人员偏爱基于数学的加密货币是可以理解的,但为什么经济学家不喜欢比特币呢?除了上述诺贝尔经济学奖获得者提出的理由(如严重的泡沫化倾向、支付效率低而成本高、缺乏内在价值、常常与犯罪活动产生关联)外,另一个颇有影响力的理由是比特币以及其他采用 PoW 共识机制的加密货币对能源和环境产生很大压力。中国科学院数学与系统科学研究院研究员汪寿阳与合作者在 2021 年发表于 *Nature* 的一篇论文中表示,如果不对比特币行业实施严格监管,那么比特币挖矿的电力需求和碳排放可能会破坏全球抗击气候变化的努力。

相比拥有久远历史渊源且发展成熟的传统货币体系,加密货币至今也仅仅走过了十多年的历程,难免存在种种缺陷。而且,从近几年的发展来看,加密货币的应用场景可能会远远突破现有货币体系,因此对它的评判标准也有更新的需要。圣劳伦斯大学研究私人货币体系的经济学家史蒂夫·霍维茨(Steve Horwitz)说:"在此之前,经济学家从未考虑过这一问题,而我们才刚刚开始考虑它的所有含义……肯定没有一致意见。"站在发展角度,或许并不需要担心经济学家或者其他的批评人士现在不喜欢比特币的问题，而是要警惕仅将它当作货币发展史中的一个无关紧要的小插曲的观点，因为数字货币时代的的确确已经开启。

2.3 从加密数字资产到数字金融生态

加密数字货币诞生初期仅仅在密码朋克圈和计算机技术爱好者群体里小范围流通。随着比特币等数字货币的价格大幅上涨，加密数字货币成为一种重要的另类资产，获得传统金融市场的广泛关注，并逐渐围绕其形成完整的数字金融生态。

2.3.1 加密货币的隐秘角落

从 20 世纪 80 年代后期开始，主张使用密码学和隐私增强技术推动社会和政治变革的密码朋克爱好者开始积极活动。他们在密码朋克邮件列表中广泛讨论与密码学相关的公共政策问题，以及匿名、假名、声誉、隐私、政府监控等相关的政治和哲学问题。受密码朋克文化影响，出现了主张"利用互联网技术最大限度地减少政府监管和审查"的技术自由主义（Technolibertarianism/Cyberlibertarianism)政治哲学，以及专注于保护隐私、政治自由和经济自由的政治意识形态——加密无政府主义（Crypto-anarchism/Cyberanarchism)。

正如比特币发明者中本聪 2008 年所估计的"如果我们能正确解释，这对自由主义者非常有吸引力"，2009 年比特币问世以后，这些自由主义者和无政府主义者被比特币背后的哲学思想深深吸引，成为加密数字货币的第一批拥趸。有"比特币耶稣"之称的加密货币早期天使投资人罗杰·弗尔（Roger Ver）称，"起初，几乎所有参与其中的人都是出于哲学原因。我们认为比特币是一个好主意，是一种将资金与国家分开的方式。"著名经济学家、诺贝尔经济学奖获得者保罗·克鲁格曼（Paul Krugman)也明确指出"像比特币这样的加密货币是基于对政府权力的偏执幻想的某种'邪教'"，认为比特币是"在自由主义意识形态的茧中包裹着技术神秘主义的泡沫"。

2009 年 1 月至 2010 年 3 月，比特币基本上没有促成任何商品交换，也没有交易市场。比特币的用户主要是加密爱好者，他们出于个人喜好相互发送比特币。2010 年 3 月，在 Bitcontalk 论坛上一个名为"SmokeTooMuch"的用户计划以 50 美元的价格拍卖 10 000 个 BTC，却找不到买家。两个月后，软件设计师拉斯洛(Laszlo Hanyecz)以 10 000 BTC 的价格购买了两个披萨。这些现在看起来令人唏嘘不已的事情，说明加密数字货币在诞生初期几乎没有任何价值，除了少量爱好者之外亦少有人关注。

经过了两年左右的"概念验证"交易之后，比特币的第一批主要用户来自于黑市，例如臭名昭著的"丝绸之路(Silk Road)"暗网市场。丝绸之路由罗斯·乌布利希(Ross Ulbricht)于 2011 年 2 月化名"恐怖海盗罗伯茨(Dread Pirate Roberts)"创立。尽管打着自由主义和理想主义的旗号，但丝绸之路主要用于销售或促成涉及毒品、犯罪软件、武器、假币、被盗信用卡详细信息、伪造文件、未经许可的药品等的非法商品交易。由于比特币资金与现实世界的实体无关，而与比特币地址相关联，这种匿名属性十分契合黑市需求。因此，丝绸之路将比特币作为唯一接受的支付方式。Recorded Future 公司的统计数据显示，2012 年 30% 的比特币交易指向暗网。美国联邦调查局(FBI)公布的数据显示，截至 2013 年丝绸之路关闭时，该平台交易了 990 万 BTC，按当时的汇兑价格约合 2.14 亿美元。丝绸之路关闭后黑市交易并没有停止，据 Recorded Future 统计，六大暗网市场中平均每天的比特币交易量达到 65 万美元，而当年比特币支付公司 BitPay 平均每天的交易量才只有 43.5 万美元。

除了黑市以外，一些自由主义和无政府主义组织、非营利组织也是加密数字货币的早期用户。例如，由澳大利亚著名互联网人士朱利安·阿桑奇(Julian Assange)创立的"维基解密(Wikileaks)"于 2011 年宣布接受比特币捐款。除此之外，互联网档案(Internet Archive)、自由软件基金会(Free Software Foundation)、电子前哨基金会(Electronic Frontier Foundation)也曾宣布接受比特币捐赠。

客观地说，比特币等加密数字货币早期在暗网、黑市中的应用对其日后的推广起到了一定的推动作用。例如，著名风险投资基金 USV(曾投资过初创阶段的 Twitter、Tumblr、Coinbase、Stack Overflow、MongoDB 等知名公司)的投资专家乔尔·莫内格罗(Joel Monegro)曾表示，他深入研究用比特币交易的线上黑市，希望从中学习一些值得推广到合法市场的经验。当然另一方面，在这些有争议的环境中被广泛使用也使得加密数字货币饱受诟病。诺贝尔经济学奖获得者约瑟夫·斯蒂格利茨(Joseph Stiglitz)曾在 2017 年公开批评加密数字货币，他强调比特币被犯罪分子使用，缺乏对社会有用的目的，因此应该被取缔。

2.3.2　链接传统金融世界

加密数字货币与传统金融世界建立紧密联系依赖于两个关键要素：一是加密数字资产交易所，二是稳定币。在数字货币被广泛地应用于商品和服务贸易活动之前，其价值很大程度上需要依靠加密数字资产交易来实现；而稳定币则在交易结算以及建立沟通法币和链上资产的桥梁方面起到重要作用。

2011年成立的MT.Gox是第一家真正意义上的加密数字资产交易所，其主要交易标的为比特币。在此之前，比特币只能在用户间相互发送，或是在Bitcointalk、BitcoinMarket等平台上进行交易。作为当时最大的比特币交易中介和世界领先的比特币交易所，MT.Gox在2013年时已经发展到可以处理全球70%以上的比特币交易业务。2014年，MT.Gox陷入比特币失踪丑闻，不得不宣布破产。在其之后，BTCChina、Bitstamp、OKCoin、Huobi、Coinbase、Binance等交易所陆续崛起。与传统证券交易所不同的是，加密资产交易所除了报价和交易撮合之外，还负责加密数字货币的存取款、汇兑以及资产保管业务。因此可以说，加密资产交易所是资金往返传统金融世界和加密世界之间的通道。

当然，由于加密资产交易所需要经营加密数字货币的存取款业务，其承担了不小的敞口风险，一旦加密数字货币价格出现剧烈波动，很容易因为挤兑而陷入困境，甚至倒闭破产，这为市场参与者带来了额外的风险。2015年，Tether项目的诞生和其发行的稳定币USDT解决了这一长期困扰加密货币市场的难题。按照其设计理念，每一单位USDT都有价值1美元的传统金融资产（最初是1美元现金，后来改为由现金、现金等价物、短期存款、商业票据等构成的等值1美元的传统金融资产）作为储备。使用USDT作为对手货币，交易所不必过多地担忧兑付问题，也不必投入过多的精力到加密资产安全上；对投资人而言，也可以利用USDT币值稳定的特点来规避其他加密数字货币的巨幅价格波动和汇率风险。由于Tether依赖的仍然是中心化的发行机制，并不符合去信任、去中心化的理念，后续又出现了一类依靠算法的去中心化稳定币。不管怎样，稳定币是推动加密数字货币继续向前发展的重要一环，是沟通法币和链上资产的桥梁。

随着这些基础设施的逐步完善，加密数字货币与传统金融世界的联系显著加强。2018年后，传统金融机构、互联网巨头、中央银行、国际金融组织等纷纷加入到数字货币赛道。2018年7月，纽约证券交易所的实际所有者洲际交易所集团与微软、波士顿咨询集团、星巴克合作，成立加密数字资产服务机构Bakkt；几乎在同一时间IBM公司推出了自己的稳定币计划。2019年2月，摩根大通发布了用于机构间清算的摩根币JPM Coin。同年6月，全球支付结算行业巨头Visa宣布推出基于区块链网络的商用B2B Connect，用于跨境支付结算。2020年，Bakkt和芝加哥商品交易所（CME）推出的比特币衍生品大获追捧，月成交量高达7000亿美元；富达国际（Fidelity）创建了比特币指数基金，让越来越多的传统金融投资者可以接触到加密货币。2021 年，包括摩根大通和高盛集团在内的一些华尔街银行也开始提供加密货币期货交易。

2.3.3 去中心化数字金融生态

比特币等去中心化加密数字货币在经历了多次巨幅价格波动之后，几乎已经丧失了作为交易货币的可能性。2015 年 1 月的《经济学人》(*The Economist*)杂志撰文称，比特币要满足价值存储、交换媒介和记账单位这些基本的货币标准还有很长一段路要走。各国监管机构也越来越倾向于将这类加密数字货币定义为资产，而不是货币。例如，美国商品期货交易委员会将比特币归类为商品，美国国税局将其归类为资产；南非税务局、加拿大立法委员会、捷克共和国财政部等将比特币归类为无形资产；中国人民银行的官员也指出比特币等加密数字货币"从根本上说不是一种货币，而是一种投资对象"。这种发展趋势与加密货币爱好者所期待的去中心化自治愿景相去甚远，直到智能合约和去中心化金融的出现，又将数字货币应用场景向前拓展了一大步。

智能合约(Smart Contract)指的是一种计算机程序或交易协议，它可以根据合同或协议的条款自动执行、控制或记录法律相关的事件和行为，其目标是减少对可信中介的需求成本、仲裁成本、执行成本和欺诈损失，以及减少恶意和意外异常的发生。前文提到的以太坊(Ethereum)就是最著名的具有智能合约功能的去中心化开源区块链项目。2017 年 3 月，各区块链初创公司、研究团体和财富 500 强公司宣布成立"企业以太坊联盟(EEA)"，到 7 月时已经拥有包括芝加哥交易所集团、康奈尔大学研究组、丰田研究院、三星 SDS、微软、英特尔、摩根大通、默克集团、德勤、埃森哲、桑坦德银行、纽约梅隆银行、加拿大国家银行、万事达卡、思科系统公司等在内的 150 多个成员。在 2017—2018 年爆发的 ICO 热潮中，以太坊区块链在智能合约概念普及上发挥了重要作用，一批去中心化应用项目如雨后春笋般涌现，构成了后续被称为去中心化金融的新型数字金融生态。

去中心化金融(Decentralized Finance，DeFi)是一种基于区块链的金融基础设施，一般指建立在公共智能合约平台(例如以太坊区块链)上的开放的、无须许可且高度可互操作的协议栈。DeFi 不依赖中介和中心化机构，而是基于开放协议和去中心化应用程序(DApps)，其协议由代码强制实施，相关交易以安全和可验证的方式在公共区块链上执行。第一个获得广泛应用的 DeFi 项目是 2017 年底上线的去中心化稳定币 Dai，由去中心化自治组织 MakerDao 负责维护和监管。MakerDao 以 ETH 等原生加密货币为抵押生成 Dai，并通过智能合约控制流通中的 Dai 的数量，从而控制其价值。在上市后的一年里，尽管唯一抵押品 ETH 的价格下跌了 80%，但 Dai 的价格一直成功地维持在 1 美元左右，这为建立去中心化金融生态增强了信心。如今，DeFi 的主要应用方向可以分为四个方面：一是资产通证化。这一过程将新资产添加到区块链上，将其转换为通证或代币，从而能够在几秒钟内轻松地在全球范围内转移，并用于许多去中心化应用程序。二是去中心化交易协议或去中心交易所。大部分加密资产交易在中心化交易所进行，但交易者必须先将资产存入交易所，这需要信任基础并可能会带来一些额外的风险。去中心化交易协议不要求将资金存入交易所，而是通过智能合约执行交易。三是去中心化借贷平台。借贷是 DeFi 生态的重要组成部分，基于智能合约的去中心化借贷平台不需要借款人或贷款人证明自己的身份，而是依靠各种协议使用户便利地借入或借出加密资产。四是去中心化衍生品。这类工具从基础加密数字资产的价格表现、事件的结果或其他任何可观测变量的发展中获得有价值的代币，从而能够更好地进行风险管理。

　　总的来说，围绕加密数字货币建立的 DeFi 基础设施旨在使用智能合约创建协议，以更开放、透明和可互操作的方式复制现有金融服务，并且正逐渐形成一个完整的加密数字金融生态。从更广阔的意义上看，它们填补了未来通证经济（Token Economy）拼图上最重要的部分。

本 章 小 结

　　从 2009 年比特币正式上线至今，数字货币发展史不过短短十几年，即使从大卫·乔姆提出不可追踪加密电子支付系统 E-cash 算起也不过四十载，这在人类社会漫长的货币演化历史中也仅仅是短暂的一瞬。尽管如此，我们从本章中可以看到数字货币惊人的发展速度和不断迭代、进化的过程，以至于很难从一个维度来把握数字货币的本质和发展趋势。最初，人们认为基于区块链和去中心化的比特币是未来货币的理想形式，但在一定程度上放弃去中心化的稳定币却获得了更广泛的应用；最初人们认为私人数字货币可能会挑战甚至替代主权信用货币，但央行却积极拥抱变革，投身央行数字货币的开发和推广。中心化还是非中心化，私人的还是主权的，注重交换媒介职能还是价值储藏职能，这些选择造就了数字货币崎岖进化道路上的诸多分岔口。我们不清楚数字货币未来终将走向何方，但可以确定的是返回的道路已经封死。

思考与练习

1. 简述比特币诞生之前加密数字货币的技术积累过程。
2. 主权数字货币与私人数字货币的本质区别是什么？
3. 简述数字货币发展历程中去中心化和中心化的竞争。
4. 为什么 Libra 是央行数字货币加速发展的催化剂？

延伸阅读材料

[1] 李钧，孔华威. 数字货币的崎岖进化[M]. 北京：电子工业出版社，2014.

[2] ADRIAN T，MANCINI-GRIFFOLI T. The rise of digital money. International Monetary Fund，2019.

[3] BACK A. Hashcash-amortizable publicly auditable cost functions [EB/OL]. http：//www. hashcash. org/papers/amortizable，2002.

[4] BECH M L，RODNEY G. Central bank cryptocurrencies. BIS Quarterly Review September，2017.

[5] CHAUM D. Blind signatures for untraceable payments[C] // Advances in Cryptology：Proceedings of Crypto 82. Springer US，1983：199 – 203.

[6] LEE K C. Handbook of digital currency：Bitcoin，innovation，financial instruments，and big data. Waltham：Academic Press，2015.

[7] AKOBSSON M，JUELS A. Proofs of work and bread pudding protocols [C] // Secure Information Networks：Communications and Multimedia Security IFIP TC6/TC11 Joint Working Conference on Communications and Multimedia Security（CMS'99）September 20 – 21，1999，Leuven，Belgium. Springer US，1999：258 – 272.

第三章　数字货币的分类

比特币和加密货币，或类似的东西，并不是真正的货币，它们是资产。一欧元就是一欧元，今天、明天、一个月后，总是一欧元。

——马里奥·德拉吉，意大利总理、欧洲中央银行前行长

作为一种新生事物，数字货币的定义、创新性技术和运作框架正处在不断更新当中，以至于描述数字货币的许多术语都很难统一。在这种情况下，要识别各类数字货币的关键特征并对其进行适当分类是一项颇具挑战性的任务。包括摩根大通（JP Morgan）、巴克莱（Barclays）、欧洲央行（ECB）、国际清算银行（BIS）、国际货币基金组织（IMF）、全球金融市场协会（GFMA）等在内的金融机构、监管机构、中央银行、国际协会等正在探索数字货币的标准分类法。

3.1　货币分类框架与数字货币的位置

将数字货币放置于货币整体分类框架中，有助于我们理解数字货币所处的位置。BIS 的莫滕·比彻（Morten Bech）和罗德尼·加勒特（Rodney Garratt），IMF 的托拜厄斯·阿德里安（Tobias Adrian）和托马索·曼奇尼-格里福（Tommaso Mancini-Griffoli），以及 Barclays 的什里帕德·舒克拉（Shreepad Shukla）在这方面做了许多有价值的工作。

3.1.1　BIS 货币之花

2015 年 11 月，BIS 的支付与市场基础设施委员会（Committee on Payments and Market Infrastructures，CPMI）发布了一份关于数字货币的研究报告[①]。

---

① BIS. CPMI Report on Digital Currencies[EB/OL]. https://www.bis.org/press/p151123.htm, 2015.

在这份报告中，CPMI 提出一个货币分类框架，从资产和支付结算机制两个方面对现有的货币形式进行了分类，指出数字货币在该分类框架中所处的位置，并解释了其与传统货币形式的异同（见图 3-1）。

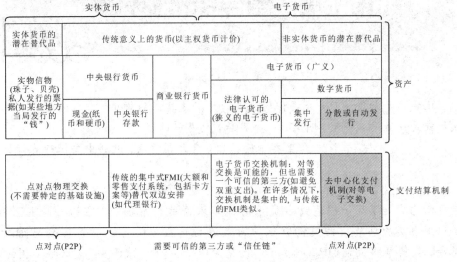

（资料来源：CPMI Report on Digital Currencies）

图 3-1 CMPI 货币分类框架

在资产方面，以主权货币计价的传统货币占据了主要位置，包括中央银行货币（现金、纸币、硬币、中央银行存款）、商业银行货币，以及法律认可的电子货币。其他诸如贝壳、珍珠、地方政府发行的代币等是对上述主权货币中物理形态货币的替代；而广义电子货币中的数字货币部分是对主权货币中非物理形态货币的替代。数字货币又可分为集中发行的数字货币和分散发行的数字货币两类。

在支付结算机制方面，主流货币在支付结算中需要受信任的第三方或"信任链"来支持。例如，中央银行存款、商业银行货币需要借助传统的中心化金融市场基础设施（如大宗或小额支付系统）来完成交换；法律认可的电子货币和集中发行的数字货币支付结算中需要通过受信任的第三方来进行交易验证，以避免重复支付。现金、纸币、硬币以及其他物理形态的代币可以直接进行点对点物理交换，不需要特定的基础设施。分散发行的数字货币则采用去中心化支付机制，可以实现点对点电子交换。按照当时流行的加密数字货币的技术架构，数字货币大都属于"分散发行、基于分布式账本技术、采用去中心化支付结算机制的电子货币"。

随着加密数字货币不断推陈出新以及央行数字货币开发被提上日程，CPMI 货币分类框架就显得过于粗糙了。2017 年，BIS 研究人员莫滕·比彻（Morten Bech）和罗德尼·加勒特（Rodney Garratt）提出著名的"货币之花（The Money Flower）"模型①，以一种直观的方式将常见的货币形态进行了分类，该模型被后续研究大量引用（见图 3−2）。

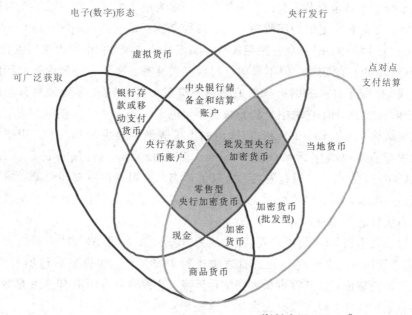

（资料来源：Bech & Garratt(2017)）

图 3−2 BIS 货币之花分类框架

"货币之花"将 CPMI(2015)和 Bjerg(2017)②综合起来，从发行人（中央银行或其他）、货币形态（电子形态或实物形态）、访问许可（无限制或有条件）、支付结算方式（点对点去中心化方式或中心化方式）四个维度将常见货币划分成 11 类，并以文氏图（Venn Diagram）的形式呈现出来。例如，"银行存款(Bank Deposits)或移动支付货币(Mobile Money)"是可广泛获取、为电子形态，但非央行发行、不采用点对点支付结算的货币形式；"现金(Cash)"是由中央银行发行、可广泛获取、采用点对点支付结算，但非电子形态的货币形式；"加密货币(Cryptocurrency)"是可广泛获取、为电子形态、采用点对点支付结算，但非中央

① BECH M L, RODNEY G. Central bank cryptocurrencies. BIS Quarterly Review September，2017.

② OLE B. Designing New Money-The Policy Trilemma of Central Bank Digital Currency. CBS Working Paper，2017. https://ssrn.com/abstract=2985381.

银行发行的货币形式。

BIS提出"货币之花"模型最初主要是为了明确央行加密货币(Central Bank Cryptocurrency(CBCC),后统一称为 Central Bank Digital Currency(CBDC))的内涵。从图中可以看到,央行发行的电子形态的货币主要有四类:一是中央银行储备金和结算账户(Settlement or Reserve Accounts),即商业银行存放在中央银行的准备金存款,它由中央银行发行、为电子形式,但不采用点对点方式结算,并且有一定的访问限制。二是央行存款货币账户(Deposited Currency Accounts,DCA),即公众直接存放在中央银行的款项,它由中央银行发行、为电子形式、可广泛获取,但不采用点对点方式结算。这是一种理论上可行的货币形式,但截至目前各国央行普遍选择不提供 DCA。三是零售型央行加密货币(CBCC,Retail),它由中央银行发行、为电子形态、可广泛获取、采用点对点支付结算,例如 Koning(2014)提出的由美联储直接发行和管理、用于替代美元现金的主权数字货币概念 Fedcoin。四是批发型央行加密货币(CBCC,Wholesale),它由中央银行发行、为电子形态、采用点对点支付结算,但有一定的访问限制,例如加拿大中央银行提出的基于分布式账本技术的金融机构间支付系统概念 CADcoin。

数字货币在 BIS"货币之花"上表示为"电子(数字)形态"和"点对点支付结算"两个椭圆的交集,具体包括批发型央行加密货币、零售型央行加密货币、批发型加密货币,以及零售型加密货币四类。这种划分方法没有考虑数字货币的所有关键特性,因此没有完全区分这些形式的货币。

3.1.2 IMF 货币之树

IMF 经济学家阿德里安(Tobias Adrian)和曼奇尼 - 格里福(Tommaso Mancini-Griffoli)在 2019 年提出"货币之树"分类方法,以理解和比较现有的以及未来可能出现的支付方式(见图 3 - 3)。这一分类框架主要关注货币或支付方式的四种属性:类型、价值、担保者和技术[①]。

按照性质划分,货币可以是一种物体或一种权利。现金、硬币等是基于"物"的支付方式(Object-based),交易过程伴随物的转移,而交易能否完成依赖于交易双方对该物有效性的认同,并不需要交换其他信息。银行卡等是基于"权利"的支付方式(Claim-based),交易过程伴随权利的转移,将一方存放于银行的资产的所有权转移给另一方。权基支付更为便捷,但需要复杂的金融基础

---

① ADRIAN T,MANCINI-GRIFFOLI T. The rise of digital money. International Monetary Fund,2019.

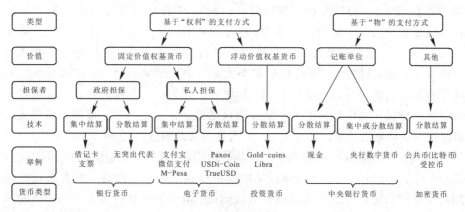

（资料来源：Adrian & Mancini-Griffoli(2019)）

图 3-3 IMF 货币之树分类框架

设施作为支撑，并需要第三方来验证付款方对该项权利的合法拥有权以及权利是否足额。

按照价值形态划分时需要区分权基货币和物基货币。对权基货币而言，价值形态的区别指的是：将权利转换为现金时是按固定价值赎回还是按浮动价值赎回。固定价值权基货币可以保证在将其赎出时，能够按照预先确定的、以相应记账单位进行计价的面值赎回，例如银行存款总是能够兑换为相等数量的现金。而浮动价值权基货币能够兑换的现金数量取决于为该项权利提供担保的资产的市场价值。对物基货币而言，价值形态的区别指的是：它是以国内通行的法定货币单位计价，还是以自己的记账单位计价。

按担保者进行划分，货币可以由政府承担担保责任或由私人承担担保责任，不过这一划分方法仅适用于固定价值权基货币。由政府提供担保的固定价值权基货币通常具有更优的信用属性，而由货币发行人或其他商业实体所承诺的法律责任作为担保的固定价值权基货币则往往会面临更强的不确定性。

按技术进行划分，货币可以分为集中结算和分散结算两种。集中结算意味着有一个专门的中央服务器负责处理交易结算任务，例如使用银行货币进行交易或转账都会经由中央处理器进行结算。分散结算一般是利用分布式账本技术（Distributed Ledger Technology，DLT）或区块链技术，在若干不同的服务器上进行结算。用于结算的服务器可以是"经认可"的若干受信任服务器，也可以是"无须认可"的公开服务器。

按照上述四个属性，"货币之树"将货币或支付方式划分为五种类型：中央银行货币（Central Bank Money）、加密货币（Cryptocurrency）、银行货币（B-money）、电子货币(E-money)以及投资货币(I-money)。中央银行货币包括人们所熟知和应用了数世纪之久的现钞和硬币，以及它们的数字形式——最新的央行数字货币(CBDC)。现钞和硬币是由中央银行发行的物基货币，交易时不需要通过中央服务器进行结算。CBDC 也被归类为央行发行的物基货币，但其计算方式可以是集中式的也可以是分散式的。加密货币是另一类物基货币，一般由私人部门非银行机构在区块链上发行，并以自己的记账单位计价。按照其货币流通量能否动态调整以及币值是否稳定，加密货币又被细分为"公共币(Public Coin)"和"受控币(Managed Coin)"两种。权基货币中使用最广泛的是银行货币，包括银行存款、借记卡、支票等。银行货币通常得到了政府的担保，或者通过严格的政策监管来保证其能够按照股价直接赎回。电子货币是以私人部门担保的固定价值权基货币，通常是由科技公司等非金融机构发行并负责维护的。这类货币可以是集中式结算的，例如中国的支付宝和微信支付，印度的 Paytm；也可以是分散式结算的，例如基于区块链的稳定币 USD Coin。投资货币是"货币之树"分类框架下一类比较特殊的货币，它属于浮动价值权基货币，在以现金形式赎回投资货币时，赎回数量取决于货币背后的黄金、股权等资产组合的价值。

数字货币在 IMF"货币之树"中体现为包括"公共币"和"受控币"在内的加密货币、央行数字货币、部分投资货币，以及部分去中心化的电子货币。由于 IMF"货币之树"在顶层将货币分为了基于"权利"的货币和基于"物"的货币两大类，导致作为中央银行负债的现金和央行数字货币被划分到物基货币中，这一点尚存在争议。

3.1.3 Barclays 货币之树

2020 年，巴克莱银行的什里帕德·舒克拉(Shreepad Shukla)提出了一个全新的"货币之树"分类框架[①]。舒克拉认为，货币的职能包括三个方面：一是价值储藏手段，用于将购买力从现在转移到未来；二是交换媒介，用于商品和服务交易的支付；三是计价单位，用于衡量商品、服务、储蓄、信贷的价值。能够行使上述三种职能并且被广泛、快速接受的东西才可以称作货币。舒克拉以"货币之树"的形式描绘了从古代到数字时代货币形式的演变，展示了各种货币分支，以及数字货币是如何从各个货币分支上生长出来的(见图 3-4)。在树的主干部分，舒克拉将货币分为通证(Tokens)和基于账户的索偿权(Account

---

① SHUKLA S. Historical Context and Key Features of Digital Money Tokens. arXiv preprint arXiv：2008. 11084，2020.

Claims)两大类，其中前者指的是可以不借助第三方中介的作用实现从一方到另一方的转移的支付方式。基于通证的支付系统主要依赖于收款人验证支付对象有效性的能力，例如现金货币是否是伪造的，或者数字货币是否已经被消费。基于账户的支付系统主要依赖于对账户持有人身份的验证能力。

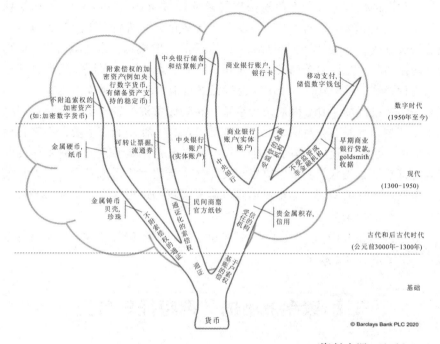

（资料来源：Shukla(2020)）

图 3 - 4　Barclays 货币之树分类框架

　　基于账户的货币的演化与存放账户机构的演化密切相关。早期并没有专门从事货币账户管理的金融机构，人们会把贵金属、存款等托管给受信任的机构，例如美索不达米亚和希腊的寺庙。到文艺复兴时期之后，欧洲出现专门的存托机构并逐渐演化出商业银行和中央银行。这一时期，保存账户的机构主要有三类：中央银行、受监管的商业银行、不受监管的非银行机构。相应的，基于账户的货币也出现三个分支，即基于中央银行实体账本的货币、基于商业银行实体账本的货币，以及由商户、金铺等发行的票据。这些货币通常有着共同的计价单位，但具有不同的可获得性和信用级别，其支持的交易会通过复式簿记系统记载在纸质分类账上。进入数字时代(1950 至今)之后，基于电子信息技术的复式簿记系统继续记录交易，账户持有人可以通过实体和电子渠道更加便捷地使用他们的货币，基于中央银行储备与结算账户、商业银行账户的电子形态货币，以及基于第三方非金融机构的移动货币、数字钱包等成为主流。

基于通证的货币在早期就出现了两个主要分支，并延续至今。一是通证化的索偿权（Tokenised Claims），代表对某一实体的索偿权或对某项底层资产的支配权，例如中国古代流通的民间商票和官方纸钞分别代表了对发行银票的商户以及政府的债权；二是不附索偿权的通证（Claimless Tokens），例如早期普遍使用的贝壳、珍珠等商品货币，以及金属铸币等。随后，社会对货币需求的快速增长催生了新的通证货币形式：由专门的金融机构、非金融机构、中央银行、政府创造并发行的金属硬币和纸币，即不附索偿权的通证和通证化的索偿权的现代形式。对于发行人而言，保持已发行纸币相对金属货币兑换价格的稳定是一项有挑战的工作，因对发行纸币和相对储备资产管理不善而造成通胀和纸币贬值的情况时有发生。因此，货币发行人的性质关乎货币能否正常行使其三项职能。在数字时代，基于通证的货币与之前并无本质差异。数字通证既可以是通证化的索偿权，例如中央银行发行的央行数字货币或私人部门发行的具有储备资产支持的稳定币；也可以是不附索偿权的通证，例如比特币等被称为"加密货币"的加密数字资产。

数字货币在 Barclays"货币之树"中位于"通证"分支的顶端，涉及央行数字货币、稳定币、加密数字资产等。

3.2　数字货币的关键特征与分类

3.2.1　数字货币的关键特征

从数字货币服务于货币三大职能（价值储藏、交换媒介、记账单位）的角度出发，Shukla(2020)列举了如下数字货币的关键要素：一是发行人（Issuer），即控制数字货币发行的可识别实体。即使有些数字货币是通过去中心化协议或智能合约自动发行的，但也会有可识别实体对这一过程进行控制。这个实体的性质、对货币其他关键特征的安排，以及运营货币体系的能力，决定了其发行的数字货币能否满足货币的三项职能。因此发行人是数字货币最重要的要素。二是权力安排（Claim, Right or Interest），即货币持有人因对货币的所有权和控制权而产生的对货币发行人的债权、权利或利益请求权。这些权利安排可能会影响数字货币的价值储藏职能。三是资产联系（Asset Linkage），即数字货币的价值是否与特定基础资产或一篮子资产的价值存在关联，这将影响数字货币价值的稳定性，从而影响其作为价值储藏手段的能力。四是关联资产的类型

(Type of Linked Asset)，资产价值波动不仅影响数字货币作为价值储藏手段的能力，一些特定的关联资产（如以法定货币计价的现金）也可以自然地作为数字货币的基础记账单位。五是赎回率（Redemption Rate），即发行人或经许可的中介用预先确定的资产或资产池赎回数字货币的兑换比例。能否赎回，按固定比例赎回还是按浮动价值赎回，都会影响数字货币的价值储藏职能。六是面值（Denomination），即衡量数字货币所有权多寡的账户单位。数字货币的面值（以加密货币报价还是以法币报价）会影响其作为记账单位的能力。七是可访问性（Accessibility），即是否任何人在任何地点、任何场景、任何用途下都可以使用该数字货币。一些数字货币的发行人可能会对可访问性施加限制，例如仅限受监管的金融机构用于批发业务。可访问性会影响数字货币作为交换媒介的能力。这些关键特征的可能潜在选项如图3-5所示。

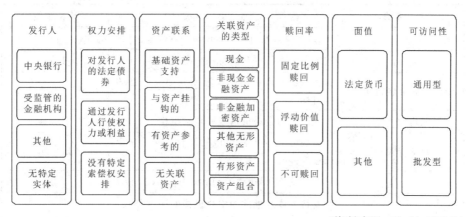

（资料来源：Shukla(2020)）

图3-5　数字货币的关键特征与潜在选项

数字货币发行人的潜在选项包括中央银行、受监管的金融机构（包括银行、金融市场基础设施机构等）、不受监管的非金融实体以及无特定实体。权利安排有三种形式：一是对发行人或经批准的中介机构的法定债权；二是对发行人无法律要求，但通过向发行人或经批准的中介机构发出指示（如赎回股份）行使权利或利益（如标的资产份额）；三是没有特定索偿权安排。资产联系有四种潜在选项：一是数字货币完全由发行人或经批准的中介机构持有或控制的基础资产支持；二是与资产挂钩的情况，即数字货币并非完全由资产支持，但借助发行人稳健的财务状况可以保障其价值相对于一项或多项资产是固定的；三是有资产参考的情况，即数字货币并非完全由资产支持或与资产挂钩，但其价值与某些资产有联系；四是无关联资产的情况。关联资产类型有五种：一是以法定货币计价的现金；二是非现金金融资产(如证券、合同权利)；三是非金融加密资产；四是上述选项未涵盖的一种或一篮子其他无形资产(如知识产权、数字商品)；五是包括大宗商品、房地产等在内的一种或一篮子有形资产；六是上述资产类型的组合。赎回率的选项有三种：一是按固定比例赎回，即数字货币可以按照固定汇率兑换预先确定的资产；二是按浮动价值赎回，即数字货币可以以可变汇率兑换预先确定的资产；三是不可赎回，或没有发行人的情形。面值有两种选项：一是以法定货币为面值单位，或者按照固定汇率兑换法定货币；二是有自己独立的面值。可访问性也分为两种：一是通用型，包括零售和批发；二是仅用于批发的。

表 3-1 列示了对这些关键特征的潜在选项的描述和相应的典型案例。

表 3-1　数字货币关键特征选项与典例

特征/选项	描　述	典型案例
发行人(Issuer)		
中央银行	垄断货币发行权利的特殊金融机构	e-Krona
受监管的金融机构	银行、金融市场基础设施或其他受监管的金融机构	USC，JPM Coin
其他	不受监管的金融机构或非金融机构	Tether
无发行人	没有特定实体控制代币的发行，发行完全由算法管理	Bitcoin
权力安排(Claim, Right or Interest)		
对发行人的权利	对发行人或经批准的中介机构的法定债权，通常通过向发行人或经批准的中介机构发出指示来行使	e-Krona，JPM Coin
通过发行人主张权利	对发行人无法律要求，但通过向发行人或经批准的中介机构发出指示(如赎回股份)行使权利或获取利益(如标的资产份额)	USC
无权利安排	没有对发行人或通过发行人行使的法定权利，或没有发行人	Bitcoin
资产联系(Asset Linkage)		
资产支持	完全由发行人或经批准的中介机构持有或控制的基础资产支持	USC，Libra Coin
资产挂钩	并非完全由资产支持，但借助发行人稳健的财务状况可以保障其价值相对于一项或多项资产是固定的	

续表

特征/选项	描　述	典型案例
资产参考	并非完全由资产支持或与资产挂钩，但会参考其他资产价值	Dai
无资产联系	不与任何资产有支持、挂钩或参考关系	Bitcoin
关联资产类型（Type of Linked Asset）		
现金	与以法定货币计价的现金挂钩	USC
非现金金融资产	与一种或一篮子非现金金融资产（如证券、合同权利）相关联	ArCoin
非金融加密资产	与一种或一篮子不代表金融资产的加密资产相关联	Dai
其他无形资产	与一种或一篮子其他无形资产（如知识产权）相关联	
有形资产	与一种或一篮子有形资产（如商品、房地产）相关联	PMGT
混合资产	与上述两种或多种资产相关联	Libra Coin
赎回率（Redemption Rate）		
固定	按固定汇率兑换预定资产	USC, JPM Coin
浮动	以可变汇率兑换预定资产	Libra Coin
不可赎回	无法兑换，或没有发行人	Bitcoin
面值（Denomination）		
法定货币	以法定货币计价，或可按固定汇率兑换法定货币	e-Krona, USC
其他	有自己的独立面值	Libra Coin
可访问性（Accessibility）		
通用	用于一般用途，包括零售和批发用途	e-Krona
零售	受限访问，仅用于批发	USC, JPM Coin

（资料来源：Shukla(2020)）

除了这些关键特征,还有其他特征,如技术基础、可用性、匿名性、是否孳息、持有限制、许可类型、交易记录模式、供应方式和对现有支付基础设施的依赖等。

3.2.2　简化的数字货币分类方法

上述列举的关键特征给出了数字货币多维度分类视角,按照每一个属性都可以将数字货币分为若干类。从表 3-1 可以看出,一些数字货币出现在多个分类之下,同时又不属于某些关键特征下的任何选项,表明这些分类标准既存在交叉,又存在缺失。实际上,不管数字货币基于何种技术架构,进行怎样的条款设计,最终都会体现在其行使三大货币职能的差异上。从这一本质区别出发,著名经济学家巴里·艾肯格林(Barry Eichengreen)在 2022 年提出一个简化的数字货币分类方法:将其划分为普通加密货币(Plain-vanilla Cryptocurrencies)、稳定币(Stablecoins)和中央银行数字货币(CBDC)①。

在"Eichengreen"(2022)一文中,普通数字货币指的是以比特币为代表的一类依赖于区块链等分布式账本技术、价格随供需变化呈现巨大波动的加密货币;稳定币指的是在发行人维护的分布式账本或集中式系统上运行、随时准备以固定价格按需将其转换为法定货币的数字货币;中央银行数字货币指的是由中央银行发行、具有固定价值的数字货币。与其他分类框架不同,上述三分类法并非基于数字货币的技术细节,而是从货币金融学视角进行的概括。他将这种三分类法称为"思考数字货币分类的有用方法(usefully distinguished)",并指出:"像比特币这样的加密货币波动太大,无法具备货币的基本属性;稳定币具有脆弱的货币挂钩,这降低了它们在交易中的效用;中央银行数字货币虽然看起来在技术上更可行,但它并没有解决什么明确的问题或者需求。"

参考"Eichengreen"(2022),并考虑到各类数字货币的信用本质、货币职能以及主要的技术架构,本书将数字货币分为加密数字资产、稳定币和中央银行数字货币三类(见图 3-6)。数字货币究竟能否承担价值储藏、交换媒介和记账单位三大货币职能的核心在于币值是否足够稳定,这又在根本上取决于货币背后的信用支撑。因此,不论采用何种技术架构、市场推广程度如何,基于主权信用的中央银行数字货币都与其他类型的数字货币有着本质区别,从而可以单

---

① EICHENGREEN B. Digital Currencies: More than a Passing Fad?. Current History, 2022, 121(831): 24-29.

独列为一类。私人数字货币当中，由于区块链分布式账本等新技术的投入使用，一些币种没有特定的发行人实体。因此，对于私人数字货币而言，维持币值稳定的关键因素不在于发行人的信用，而在于是否设计了稳价机制。这种稳价机制可能源于中心化发行人（或管理人）承诺的法律责任或审慎的商业实践，也可能源于锚定了法定货币或一篮子资产，或者单纯依靠算法。基于此，按照是否设计了稳价机制，将私人数字货币划分为有稳价机制安排、币值相对稳定、能够承担一定货币职能的稳定币，和没有稳价机制安排、币值波动较大、尚不具备承担货币职能能力的加密数字资产。

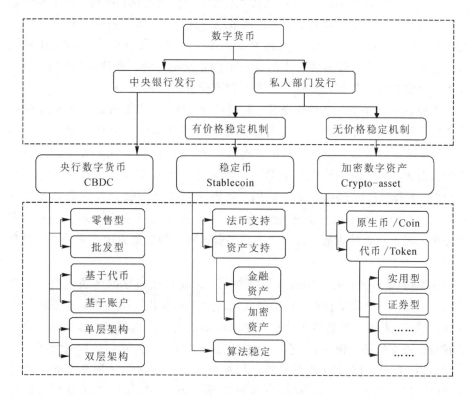

图 3-6　数字货币分类框架

需要特别强调的是，一些机构和研究者将所有基于加密技术的数字货币统称为"加密数字资产"，但本书仅将除央行数字货币和稳定币以外的其他数字货币归类为加密数字资产，这主要是为了对货币和非货币资产进行区分，强调两者在三大货币职能上的差异。因此，读者也可以将本书中的加密数字资产理解为"狭义加密数字资产"。

3.3 典型数字货币简介

3.3.1 加密数字资产

加密数字资产是一类基于密码学、点对点网络、分布式账本(或类似技术)生成的私人数字资产。基于对其价值的共同信念,围绕这些加密数字资产形成了颇具规模的交易市场以及由供求关系所决定的市场价格。不过,由于加密数字资产通常独立于中央银行、中央机构或政府运作,不属于任何可信发行实体的负债,同时又没有法定货币或其他资产作为储备,其价格波动幅度往往极大,很难作为商品和服务贸易中的计价单位或交换媒介。即使作为贮藏工具,加密数字资产的价格不稳定性也会带来财富价值的大幅波动。

之所以仍将并不具备计价单位、交换媒介、价值贮藏功能的加密数字资产作为数字货币的一个分类,主要的原因是它们是数字货币领域最早出现的一类,而且最初的愿景是设计一种电子支付系统。例如,比特币是加密数字资产中规模最大的,同时也是世界上第一个落地的加密数字货币方案,被定义为一个"基于密码学原理而不基于信用,使得任何达成一致的双方能够直接进行支付,从而不需要第三方中介的参与"的点对点电子现金系统。随着加密和分布式账本技术的发展,目前加密数字资产有两种主要表现形式:原生币和代币。

原生币(Coins),有时也被译作"硬币",是在自己独立的区块链网络上创建的原生(Native)数字资产,它按照既定的规则和算法产生,并以对系统运算和区块维护、核验、更新等工作进行奖励的形式进入流通领域,其主要的设计功能是促进支付和价值转移。除了比特币之外,目前人们熟知的加密货币大都是这一类。例如,以太币(ETH)是运行在以太坊区块链上的原生资产,索拉纳(SOL)是运行在 Solana 区块链系统上的原生资产,瑞波币(XRP)是在Ripple 网络上运行的原生资产,恒星币(XLM)是在 Stellar 网络上运行的原生资产。

针对这一类加密数字资产,BIS 在 2015 年发布的报告"Digital Currencies"中总结出三个主要特征,至今依然适用:一是加密数字资产的价值完全由供求关系决定。BIS 认为,与黄金等大宗商品相比,加密数字资产的内在价值为零;与传统电子货币相比,它们不具有任何权威机构或个人的背书,外在信任为零。新资产的建立或创建，通常是由事先确定好的计算机协议或算法决定，这易造成供应短缺，而影响价格的需求只取决于一种它们可能在以后某个时间点被用来交换其他商品、服务，或一定数量的主权货币的信念。2021 年 6 月，高盛银行发布了一篇关于"数字资产是否可以作为多元化投资组合中的一种资产类别"的报告，结论称：建立一个可靠的加密数字资产估值框架几乎是不可能的，这是一种"升值主要取决于别人是否愿意为其支付更高的价格"的另类资产。

二是加密数字资产采用去中介的点对点支付方式。BIS 认为，加密数字资产设计方案的关键创新是使用分布式账本，允许在当事人之间缺乏信任且没有中介的情况下进行远程点对点的电子价值交换。通常，支付人将他的密码密钥存储在数字钱包中，使他能够访问价值；然后，支付方使用这些密钥发起一项交易，将特定数量的价值转移给收款人；接着，该交易经过确认流程，验证该交易，并将其添加到一个统一的分类账中，其中的许多副本分布在对等网络中。分布式账本在互联网上远程复制点对点价值交换信息，当分散网络上分布的分类账更新时，转移就完成了。

三是加密数字资产没有可识别的方案运营商。在传统的电子货币方案中，货币发行者、网络运营者、专业硬件和软件供应商、交易清算中心等都是必不可少的参与方。相比之下，加密数字资产（货币）的去中心化性质意味着没有可识别的方案运营商，不由任何特定的个人或机构操作，唯一需要的是提供各种技术服务的中介，例如，提供"钱包"服务技术的中介，其功能仅限于使数字货币的用户能够更加便捷地转移价值，以促进数字货币单位与主权货币、其他数字货币单位或其他资产之间的交换，或是更加安全地存储密钥。

代币（Tokens）是另一类主要的加密数字资产表现形式，在某些场景下译为"通证"或"令牌"更加贴切。与原生币不同，代币不需要拥有自己独立的区块链，而是使用其他原生币项目的区块链基础设施。例如，有智能合约功能的开源公共区块链平台项目以太坊（Ethereum），允许用户在其区块链协议之上构建应用程序，以创建、发行和管理代币。目前流行的 ERC - 20 代币都是在以太坊区块链之上创建，使用以太坊网络进行传输的。除了以太坊之外，还有其他可以构建代币的平台，如币安链、TRON、NEO、Omni、Waves、Qtum 等。

与原生币相比，代币类加密数字资产除了可以在特定项目生态系统内用作支付手段以外，还具有其他各种各样的功能。例如，代币可以代表对产品或服务的访问权限，可以代表公司的股份，还可以作为实物资产的数字表达形式。可划归为加密数字资产的常见代币类型主要包括实用型代币和证券型代币两大类，以及若干新型代币。实用型代币(Utility Tokens)是仅在特定系统内使用的，使持有者能够访问代币发行人基于区块链提供的产品或服务。例如，Basic Attention Token 是一种基于区块链的数字广告平台代币，旨在公平地奖励用户的注意力，同时为广告商提供更好的广告支出回报。证券型代币(Security Tokens)是股权、债权、不动产、商品等各类财产经证券化和代币化后的数字形式资产。证券型代币一般可分为权益代币和资产代币两种，前者类似于传统股票，代表对发行公司的所有权、投票权、股息权等，例如在 ICO (Initial Coin Offerings)中产生的各种代币；后者代表对现实世界中房地产、艺术品、碳信用或商品的权利，例如 Petroleum Coin、Ziyen Inc 石油代币等。根据美国证券交易委员会(SEC)的判定标准，是否符合豪威测试(Howey Test)是区分实用型代币和证券型代币的关键。最近兴起的一种代币类加密数字资产是非同质化代币(Non-Fungible Tokens，NFT)，它是一种独特的、不可分割或互换的物品的所有权数字证书，是区块链上独一无二的资产。NFT 主要用于记录画作、声音、视频、游戏项目或其他有形或无形资产的所有权，例如 Twitter 创始人杰克·多西(Jack Dorsey)的第一条推文 NFT、区块链游戏加密猫(CryptoKitties)里的虚拟小猫 NFT。

3.3.2　稳定币

顾名思义，稳定币是价值相对稳定的数字货币。更准确地说，稳定币是设计有价格稳定机制，从而使其兑换法币的价值在一定程度上可预测的私人数字货币。一方面，稳定币的价格稳定目标不同于传统意义上法定货币之间的汇率稳定目标，而是要维持稳定币相对平稳的法币赎回价格。因此，稳定币本质上是希望通过"锚定"法定货币体系，以求获得加密货币价值的稳定。另一方面，稳定币同加密数字资产一样，是独立于中央银行、中央机构或政府运作的私人数字货币，因此只有通过储备资产支持或其他手段才可能维持币值平稳。

在稳定币出现之前，比特币价格累计上涨了数十万倍，也经历了多次幅度超 50% 的下跌，在一天之内波动 10% 也并不罕见，这导致其完全失去了作为交换媒介和计价单位的可能。至于那些替代币或锚定比特币的其他加密数字货币，由于其更薄弱的社区基础、不健全的市场以及项目本身存在的种种缺陷，它们的价格波动程度更大，以至于加密货币服务商甚至不接受其直接兑换法币。当市场风险袭来，投资者希望将替代币兑换成法定货币时，往往需要先兑换成比特币等主流加密货币，然后再兑换成传统法币。在此过程中，投资者或交易者还需要承担额外的价格波动风险。在这种情况下，急需一种币值相对稳定的数字中介来建立起沟通法币与链上资产的桥梁。

稳定币通常建立在公有区块链协议之上，例如比特币 Omni 协议和以太坊 ERC - 20 协议。因此，大部分稳定币都属于加密代币而不是原生币。实际上，稳定币正是加密代币中很重要的一类。之所以选择将公有区块链网络作为底层协议使用，并在其基础上搭建新的协议层来创建稳定币，主要动机是这样可以立即改进新发行资产与已存在的基础设施的兼容性，并加快推广进程。不过，代币并不是稳定币的唯一选择，例如 Facebook 提出的全球稳定币 Libra 就是建立在 Libra 区块链上的原生币。

根据币值稳定机制的不同，稳定币主要可以分为三类：法币支持的稳定币、资产支持的稳定币、算法稳定币。

法币支持的稳定币是最常见，也是最早出现的一类稳定币。其基本原理类似于货币局制度，由中心化机构采用足额信用较好的一种或一篮子法定货币作为抵押物以保证价格稳定。在这种情况下，对支持资产托管人的信任对于稳定币价格的稳定性至关重要。这类稳定币又可以进一步划分为单一品种法币支持的稳定币和一篮子法币支持的全球稳定币。前者中目前流通最广泛、最容易获得并且最安全的还是对标美元的稳定币，市面上常见的有 Gemini 公司发行的 GUSD、Paxos 公司发行的 PAX、Centre. io 发行的 USDC、TrustToken 发行的 TUSD 等，它们和美元的兑换关系都是 1∶1。关联其他法币的稳定币包括 Lugh 公司发行的欧元稳定币 EUR-L、瑞士加密银行 Sygnum 发行的瑞士法郎稳定币 DCHF 等。2019 年，Facebook 发布 Libra 稳定币白皮书，全球稳定币 (Global Stablecoins，GSC)概念首次被提出。根据白皮书的设想，Libra 将与一篮子货币(美元50%、欧元18%、日元14%、英镑11%和新加坡元7%)挂钩，从而实现较低的波动性和全球范围的可交易性。截至目前，许多中央银行和国际组织对 GSC 持谨慎态度。例如，总部位于瑞士巴塞尔的金融稳定委员会 (Financial Stability Board，FSB)在 2020 年 10 月的一份报告中指出："全球稳定币相关安排(GSC Arrangements)以及在安排中提供各种功能和活动的实体如何轻松地跨界运作以及对其活动进行重组或重新配置，挑战了管辖层面的监管和执法有效性的问题。"[1]

---

[1]　https://www.fsb.org/2020/10/regulation-supervision-and-oversight-of-global-stablecoin-arrangements/.

资产支持的稳定币分为传统金融资产支持的稳定币和加密数字资产支持的稳定币两类。第一类通过持有现金、现金等价物、其他商业银行短期存款、政府债券、商业票据等低风险金融资产作为发行加密数字货币的资产储备，以保证货币价值的基本稳定。著名经济学家巴里·艾肯格林(Barry Eichengreen)表示，承诺持有100%法币储备是昂贵、无利可图的，因此法币支持的稳定币总有动机减少法币储备，转而以生息资产替代一部分法币。Tether发行的USDT就是一个典型案例。Tether早年按照其白皮书所承诺的"发行的USDT总是以等值的法定货币作担保"来保有100%的美元现金储备；然而2021年Tether披露的审计报告却显示，储备资产中只有75.85%为现金、现金等价物、其他短期存款和商业票据，12.55%为抵押贷款，9.96%为公司债、基金和贵金属，剩下1.64%为包括数字货币在内的其他资产，这与一般货币基金的资产端结构高度相似。第二类是加密数字资产支持的稳定币，它允许用户使用加密数字资产进行超额抵押来产生稳定币，同时利用写入智能合约中的算法自动进行风险管理，在抵押加密数字资产价格低于某一阈值时自动清算，确保流通中的稳定代币始终拥有超额抵押品做背书，从而维持对于法定货币的汇率锚定，著名的去中心化稳定币项目Dai就属于此类。利用MakerDAO的去中心化智能合约，用户存入价值150美元的ETH最多可以借出100 Dai(价值相当于100美元)；如果抵押品价值低于这个比率，智能合约会自动清算贷款；贷款清算或者偿还之后，退回的Dai会自动销毁，用户就可以提取抵押品。通过控制可接受的抵押品类型、抵押率以及借入或存储Dai的利率，MakerDAO的智能合约能够控制流通中的Dai数量，从而控制其价值。

算法稳定币也称为铸币税式(Seigniorage-style)稳定币。它不依赖于任何资产储备，而是利用去中心化算法来主动调整供求关系，自动增发或者回收稳定币，以实现市场供求平衡和价格稳定。这套系统意图模仿中央银行发行和销毁货币的业务操作逻辑，使用算法自动对代币数量进行调控，因此也被称为"算法中央银行"(Algorithmic Central Banking)。Basecoin(Basis)是这类稳定币的一个代表，它通过监控由预言机系统验证的各种外部汇率和货币供应算法规则来实现供需平衡和价格稳定：如果Basis的交易价格高于1美元，则会创建和发行新的稳定币；如果Basis的交易价格低于1美元，则另一种单独的货币基础债券(Base Bonds)将被创建并在公开拍卖中出售，以使代币退出流通。

3.3.3　央行数字货币

上文介绍道，稳定币通过法定货币支持、其他资产支持或者依赖于稳定算法获得相对平稳的币值，本质上就是要维持与法币1∶1兑换的锚定关系。从实践来看，稳定币（特别是前两类建立在资产抵押机制上的稳定币）面临的最大风险就是与锚定的法币对象脱钩。在这种情况下，由中央银行直接发行以法币单位计价的数字货币就自然而然成了一个补充或替代方案。因此，央行发行数字货币（Central Bank Digital Currency，CBDC）是货币体系不断演进的必然结果。

根据国际货币基金组织IMF的定义，央行数字货币是一种新的货币形式，是由中央银行以数字形式发行的、有法定支付能力的货币，因此也被称为"法定数字货币（Digital Fiat Currency）"。此外，CBDC也被称为"数字基础货币（Digital Base Money）"，它与流通中的现金等其他形式货币一起构成中央银行的基础货币供应。本质上，CBDC是中央银行的直接负债，具有最高信用级别，因而在承担交换媒介、贮藏工具、计价单位职能方面没有任何障碍，这是其与加密数字资产、稳定币等其他形式数字货币的最大区别。

对CBDC的需求是由经济的快速数字化、实时支付和结算，以及更有效的国内和跨境货币互动需求所驱动的。根据国际货币基金组织的说法，CBDC等中心化技术可以减少开支，促进资金的无缝流动，提高金融包容性，并通过数字渠道提供更安全的资金获取途径。另一方面，许多央行也意识到私人数字货币的影响力越来越大，并担心对现有金融体系产生潜在影响。类似地，著名商业咨询机构德勤（Deloitte）指出，中央银行探索CBDC的四个关键驱动因素为：支持经济数字化、简化当前支付系统、加强货币和财政政策、改善金融包容性[1]。他们认为，CBDC将提供更具弹性的支付环境，支持支付领域的竞争、效率、控制和创新；还可通过提高合法中央银行资金的可用性来解决现金使用量下降的问题。

CBDC目前大多处于假设阶段，一些处于概念验证计划中。BIS于2022年1月更新的数据显示，全球范围内有超过90家中央银行在开展CBDC研发工作，这些项目在设计架构和方案选择上呈现出一定的差异。BIS在研究报告《零售型央行数字货币技术》[2]中构建了一个CBDC的金字塔选择模型（见图3-7），详述了各国央行在设计CBDC时可以采用的方案。

---

[1] DELOITTE. An Introduction to Central Bank Digital Currencies（CBDCs）：Drivers，Design，and Impact on Commercial Banks［EB/OL］. https：// www2. deloitte. com/us/en/pages/financial-services/articles/cbdc-central-bank-digital-currency. html.

[2] RAPHAEL A，BÖHME R. The technology of retail central bank digital currency. BIS Quarterly Review，2020.

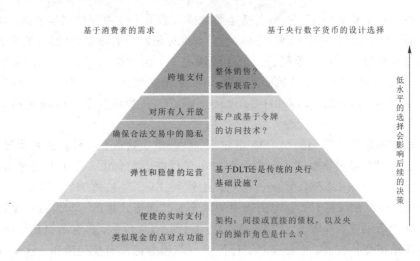

基于消费者的需求　　　　　　基于央行数字货币的设计选择

跨境支付　　　　整体销售？
　　　　　　　　零售联营？

对所有人开放　　账户或基于令牌
确保合法交易中的隐私　的访问技术？

弹性和稳健的运营　基于DLT还是传统的央行
　　　　　　　　基础设施？

便捷的实时支付　架构：间接或直接的债权，以及央
类似现金的点对点功能　行的操作角色是什么？

低水平的选择会影响后续的决策

注：CBDC金字塔将消费者需求（左侧）映射到中央银行的相关设计选择（右侧）。右边的四层形成了一个层次结构，其中较低的层代表设计选择，这些设计选择将反馈给后续的更高级别的决策。

（资料来源：BIS）

图 3 - 7　CBDC 金字塔选择模型

借鉴这一框架，清华大学金融科技研究院润博数字金融研究中心的研究者从技术路线、路径和运行架构三个维度对 CBDC 的可行方案进行了对比介绍[①]：

根据技术路线的不同，可以将 CBDC 划分为基于代币的（Token Based）和基于账户的（Account Based）两类。基于代币的 CBDC 与私人数字货币类似，核心理念是"我知道，所以我有"，即：掌握私钥者拥有财产所有权。因此，在交易过程中用户身份信息是高度隐匿的，具体的匿名程度取决于数字钱包注册信息的披露情况。与私人数字货币不同之处在于，基于代币的 CBDC 不一定要采取区块链分布式账本技术，中心化的结算技术被证明在效率上甚至更有优势。基于账户的 CBDC 与传统的商业银行账户体系非常接近，核心理念是"我是，所以我有"，即验证了身份信息的合法账户所有者拥有财产所有权。这意味着交易前必须要先开立账户、登记信息，隐私和普惠性相对不足。与商业银行账户体系类似但不完全相同，基于账户的 CBDC 可以将账户开在中央银行，CBDC 用户可以直接访问央行账户，并且由央行的总账本记录交易和结算信息。

---

① 清华大学金融科技研究院润博数字金融研究中心马兰亚、王艺熹 2021 年 10 月撰文《全球央行数字货币发展》。详见 https://www.weiyangx.com/395375.html。

　　根据路径选择的不同，可以将 CBDC 划分为批发型（Wholesale）和零售型（Retail）两类。批发型 CBDC 的使用仅限于中央银行和金融机构之间，不面向公众。在央行开立账户的金融机构可使用批发型 CBDC 进行大额支付结算，以提升批发类金融业务的运行速度，降低成本和流动性风险。加拿大的 Jasper、新加坡的 Ubin、欧洲央行的 Stella 等 CBDC 项目都属于批发型。零售型 CBDC 主要面向公众用户，用于满足金融机构之外的家庭和企业的支付需求。发行零售型 CBDC 有助于提升货币系统的普惠性，提升普通民众的支付体验和获得感；同时，也有助于打击洗钱、电信诈骗等犯罪行为。全球咨询公司普华永道（PwC）发布的《2021 年全球 CBDC 指数》显示，零售型 CBDC 项目处于更高级的阶段，特别是在新兴经济体中已经有较高成熟度。中国人民银行发行的数字人民币项目（Digital Currency Electronic Payment，DC/EP）属于零售型 CBDC。

　　根据运行架构的不同，可以将 CBDC 划分为单层架构和双层架构两种。单层架构是指中央银行直接向公众发行数字货币，并负责提供和管理用户的数字钱包；相应的，公众直接在中央银行开立、持有和访问账户。这种情况下，若支付体系搭建成熟，那么公众会选择将所有资金存放在信用等级更高的中央银行，从而导致金融脱媒，即商业银行的作用被严重削弱。双层架构是指中央银行先将数字货币兑换给银行或其他运营机构，然后再由这些机构兑换给公众；中央银行只负责数字货币的发行工作，而数字钱包、账户管理、支付服务等工作可由中间层机构负责运营。需要注意的是，即使在双层架构下，CBDC 仍然是中央银行的直接负债，这与现有的商业银行账户体系有着本质区别。

本 章 小 结

　　从目前数字货币的发展进程来看，加密数字资产、稳定币和央行数字货币这三种主要类型并不是非此即彼的替代关系，而是各有长短、互为补充。短期内，加密数字资产很难担负起一般意义上的货币职能，但它们是加密爱好者、技术爱好者、自由主义以及无政府主义者心目中未来世界的理想货币。正如本章中介绍的，在以后某个时间点能够被用来交换其他商品、服务，或一定数量的主权货币的信念支撑了加密数字资产的价值。稳定币通过资产抵押、中心化管理、去中心化算法等方案锚定法币，具有相对稳定的价值和法币赎回价格，可在一定范围内承担货币职能，尤其是其在加密资产交易领域已经较好地充当起交换媒介、计价单位，甚至避险资产的角色。央行数字货币作为以主权背书的数字法币，在金融基础设施、用户基础、支付结算效率、价值稳定性等方面具有无可比拟的优势，正处在快速崛起的进程当中。对于现阶段的三种数字货币形态，我们或许可以认为稳定币是去中心化私人货币理想向现实妥协的结果，而央行数字货币是对数字货币先进技术的开放吸收和接纳的结晶。

思考与练习

1. 简述货币分类框架。
2. 数字货币的关键特征有哪些？
3. 数字货币的主要类型有哪些？
4. 简述不同类型数字货币在承担货币职能方面的能力差异。
5. 稳定币用以稳定币值的方法有哪些？
6. 简述央行数字货币的主要类型和特征。

延伸阅读材料

[1] 马兰亚，王艺熹. 全球央行数字货币发展. 清华大学金融科技研究院，2021. https://weiyangx.com/395375.html.

[2] 中国人民银行数字人民币研发工作组. 中国数字人民币的研发进展白皮书，2021.

[3] ADRIAN T，MANCINI-GRIFFOLI T. The rise of digital money. International Monetary Fund，2019.

[4] AUER R，RAINER B. The technology of retail central bank digital currency. BIS Quarterly Review，2020.

[5] BIS. CPMI Report on Digital Currencies. https://www.bis.org/press/p151123.htm，2015.

[6] CARSTENS A. Money in the digital age：what role for central banks?. Lecture at the House of Finance，Goethe University，Frankfurt，2018.

[7]　EICHENGREEN B. Digital Currencies: More than a Passing Fad?. Current History, 2022.

[8]　MORTEN B, RODNEY G. Central Bank Cryptocurrencies. BIS, 2017.

[9]　AUER R. Rainer Bohme. The Technology of Retail Central Bank Digital Currency. BIS, 2020.

[10]　SHUKLA S. Historical Context and Key Features of Digital Money Tokens. arXiv preprint arXiv: 2008.11084, 2020.

第四章 加密数字资产的原理与实现

区块链是分布式数据存储、点对点传播、加密计算等计算机技术的新型应用模式。从根本上来说，它是一个分布式的共享账本和数据库，具有安全、不可篡改、可访问、多中心化等特点。

——埃里克·马斯金，诺贝尔经济学奖得主

分布式账本是以比特币为代表的加密数字资产所依赖的核心技术，也是近年来最重要的金融科技创新之一。要完全掌握分布式账本和其背后的密码学原理及数学理论并不是一件容易的事情。即使比特币等加密货币只用到其中相对浅显的理论，要弄懂它的运行机制和技术细节仍需要花些功夫。本书并不过多讨论密码学原理和数学理论，而是希望以相对友好的方式介绍实现加密数字资产主要目标功能所需要的技能点，以及它们是如何串联起来的。为了方便讲解，大多数情况下本章将以比特币为例。

作为最早落地的加密货币或加密数字资产项目，比特币的设计初衷是为了构建一个点对点电子支付系统，可以简单将其看作传统现金支付方式的数字化版本。在传统的现金支付方式下，交易双方不需要暴露任何身份信息，亦不需要借助买卖双方以外的第三方的帮助，就能够实现价值转移。换言之，传统的现金支付方式具有匿名性和不依赖交易中介的优良性质。不过，要想在电子支付系统上实现这些在传统现金支付方式中再寻常不过的性质却有相当大的难度。

首先，电子支付系统必然会留下数据痕迹，这意味着匿名和保护隐私方面存在很大挑战。在由商业银行主导的电子支付系统中，收、付款账户直接关联用户身份信息。尽管商业伦理和监管规则要求银行不得向交易双方以外的第三方泄露交易者的身份信息，但隐私保护依赖于银行审慎的商业实践。在某些特定情形下(例如触发反洗钱监控机制)，银行甚至有义务向监管部门披露存疑交易的账户信息。显然，这与现金支付系统的隐私保护程度有很大差距，更不是加密货币支持者所希望看到的情形。因此，要在数据留痕的情况下实现与现金支付同等水平的隐私保护，新的电子支付系统必须抛弃基于实名账户的设计方法，而是允许以匿名（至少"假名"或"化名"）的形式持有电子现金。不过，在这种情况下资金的安全性又成了新的问题。电子现金既不能与显名身份实体相关联，又不可能像持有纸币一样攥在手里或存放在保险柜中，那如何确保资金只能由"假名"背后的真正所有者访问和使用呢？从本章我们可以看到，哈希加密原理、公私钥和数字签名技术是实现上述目标的关键。

实现比特币等加密数字资产的另一关键性能是去中心化，即构建完全点对点的电子支付系统。传统现金支付体系是点对点的，传统银行卡及网络支付是电子形式的，但两者相加却得不到点对点的电子支付系统。基于数字货币的交易或者说加密数字资产的转移不像传统现金支付体系一样涉及"实物"货币的交付，而只是基于一个电子信号的发送和数字账本上一条数据信息的更新。那么，在没有中心化机构协助的情况下，谁来负责记录交易信息，存储和维护数字账本？谁来验证交易是否正当有效？谁来负责发行加密数字货币？如今，我们可能或多或少了解到：一种被称为区块链或分布式账本的技术正被广泛用来解决上述问题，而交易的正当性和加密数字资产的归属取决于某种分布式共识。本章会以易于理解的方式介绍当没有中央数据服务时，分布式账本相关技术如何使海量交易数据保存在千千万万个用户节点上，如何确保账本信息不被恶意节点篡改，如何做到不同节点存储同样的账本数据；分布式共识如何形成、为何可靠、如何防止双重支付等交易欺诈行为，以及有哪些共识机制。

4.1 密码学原理

4.1.1 加密哈希函数

哈希函数（Hash Function，又称散列函数）是密码学中最基础和最重要的数学原理之一，在保障信息安全、高效数据存储以及数据验证等方面都有重要价值。Hash 并不指代某一特定算法，而是一类数学函数的统称，它可以将任何输入数据进行"打乱""混合"，重新创建一个固定格式和大小的散列值（Hash Values、Hash Codes、Hash Sums 或 Hashes）。因此，一般而言 Hash 具有三个特征：一是函数输入可以为任意大小的字符串；二是函数输出为固定格式和大小的数据；三是可高效运算，即计算 n 位字符串输入的散列值的复杂度为 $O(n)$，意味着可以在有限、合理的时间内得到输出结果。加密货币中使用的是一类更特殊的单向哈希函数，一般被称为"加密哈希函数"或"密码学哈希函数"

(Crytographic Hash Function)。加密哈希函数具有额外的三个安全性特征：抗碰撞性（Collision-resistance、Collision-free）、隐匿性（Hiding）和谜题友好（Puzzle-friendly）。

1. 抗碰撞性

"碰撞"描述的是由不同函数输入得到相同函数输出的情形。加密货币要求其使用的哈希函数具备抗碰撞属性，即没有人能够找到碰撞情形。对于一个满足抗碰撞要求的加密哈希函数 $H(\cdot)$，无法找到两个不同的输入 x 和 y 使得 $H(x)=H(y)$。

加密哈希函数的抗碰撞特征仅要求"无法找到"碰撞，而非"不存在"碰撞。理论上，由于哈希函数接受任意大小的数据输入，输出固定大小的散列值，当输入空间大于输出空间时必然会有不同输入映射为相同输出的情形出现。例如，对于输出大小为 m 的加密哈希函数而言，计算 2^m+1 个不同输入的散列值，一定会有碰撞发生。事实上，根据统计学中的"生日悖论（Birthday Paradox）"[①]，如果我们试图通过一组 N 个随机输入找到碰撞现象，所需随机输入的数量为 $N\sim O(2^{m/2})$ 量级。换言之，我们平均可以在约 $2^{m/2}$ 次哈希计算中找到一次碰撞事件。因此，"无法找到"实际指的是：无法在合理有效的时间范围内找到。显然，找到"碰撞"的难度与输出大小 m 有关。

那么，m 需要多大才能保证碰撞"无法找到"呢？这里不妨通过一个数字示例来展示加密哈希函数的抗碰撞能力。以常见的 256 位输出为例，其输出结果的可能性有 2^{256} 种，意味着我们必然能在 $2^{256}+1$ 次哈希计算中找到一次碰撞，或者从概率上说平均每 2^{128} 次哈希计算中能够找到一次碰撞。假设每秒能够进行 1 亿次哈希计算，也需要经过 10^{22} 年才能以较大概率找到一次。即使计算能力进一步提高，或者把人类目前制造的所有计算机的算力加总，在合理有效时间内找到碰撞的概率仍然极端接近于 0。

既然无法找到两个不同的输入 x 和 y 使得 $H(x)=H(y)$，那么加密哈希函数 $H(\cdot)$ 就可用于保障数据信息安全。试想：若 x 表示与加密数字资产相关的账本数据，$H(x)$ 是对该账本信息进行加密哈希计算后得到的散列值，那么账本数据有任何遗失、损坏、修改后都不可能再得到相同的散列值。实际上，

---

① 生日悖论是指在不少于 23 个人中至少有两人生日相同的概率大于 50%。例如在一个 30 人的小学班级中，存在两人生日相同的概率为 70%。对于 60 人的大班，这种概率要大于 99%。实际上，每个特定的人在 n 个人中遇到同生缘的数目平均为 $(n-1)/365$，很少，但把 n 个人遇到的同生缘加总起来除以 2，就能得到平均有 $n(n-1)/2N$ 对同生缘。从引起逻辑矛盾的角度来说，生日悖论是一种"佯谬"，但这个数学事实十分反直觉，故称之为一个悖论。生日悖论的数学理论被应用于设计密码学攻击方法——生日攻击法。

哪怕输入发生最微小的改变(例如,反转一个二进制位),也会导致输出的不可区分性改变,即密码学中的"雪崩效应(Avalanche Effect)"。因此,通过记录和比较账本数据经加密哈希计算后的散列值,就可以识别账本数据是否被恶意篡改过(见图 4 - 1)。

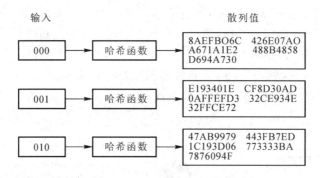

图 4 - 1 哈希函数的雪崩效应

另外,根据抗碰撞的定义不难证明:若已知 x 和 y 不同,则一定有 $H(x) \neq H(y)$。换言之,加密哈希函数能够准确反映输入信息的变化,当我们主动改变输入信息后,经加密哈希运算得到的新散列值一定不会与原始信息的散列值相同。由于加密哈希函数总是可以把任意大小的输入数据转换为一个固定长度的输出(例如一个仅 256 位的小数据),当原始信息过大不便本地保存时,我们可以选择对其进行加密哈希运算,并将散列值作为输入信息的信息摘要(Message Didgest)进行记录和追踪。可以想象,随着交易数据的膨胀,要求分布式网络节点存储全部交易信息和账本数据是不现实的,而信息摘要能够大大降低数据存储和网络通信的压力。因此,加密哈希函数的抗碰撞性对于分布式账本技术十分重要。

2. 隐匿性

隐匿性通常可以简单理解为:仅通过加密哈希函数的输出 $y = H(x)$,无法推算出函数输入 x,但这一解读并不完全准确。如果加密哈希函数的输入只能在一个很小的范围内选择,那我们就可以借助有限次试验结果建立 x 和 y 的映射关系,从而可以利用 y 破解 x。加密哈希函数的隐匿性实际上只保证当输入 x 的取值有非常多的可能性,或者说输入 x 是从具有高阶最小熵(High Min-entropy)①分布中取得的随机值时,无法仅通过加密哈希函数的输出 $y = H(x)$

① 高阶最小熵表示随机变量分布的分散程度,在这样的分布中抽样时我们无法预测会获得怎样的样本。例如,r 的值由一个 2^{256} 面的骰子决定,这个 2^{256} 面骰子就是一个有"高阶最小熵"的概率分布。

推算出函数输入 x。

现实中，我们并不能保证输入总是来自高阶最小熵分布。例如，我们以掷一枚 6 面骰子得到的点数为加密哈希函数输入时，x 可能的取值只有 6 种；常见的银行卡密码由 6 位数组成，也仅包含了 100 万种取值可能。那么，是否还能保证隐匿性呢？在这种情况下，我们可以将这个并不那么分散的输入 x 与一个来自高阶最小熵分布的随机取样 r 拼接在一起，由此得到的新输入（用 $x \| r$ 表示）也满足高阶最小熵要求（见图 4-2）。基于此，隐匿性的正式定义可以表述为：若 r 是来自高阶最小熵分布的随机采样，且无法由 $H(x \| r)$ 反推出 x 时，则称加密哈希函数 $H(\cdot)$ 具有隐匿性。

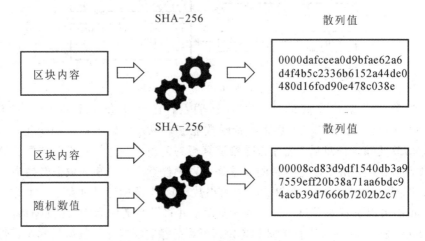

图 4-2　拼接随机数的加密哈希示意图

隐匿性的一个重要应用是密码学中的承诺（Commitment）。与日常生活中"承诺"的语义不同，密码学中的承诺指的是一个涉及承诺方和验证方两种角色的二阶段交互协议。在承诺（Commit）阶段，承诺方用单向函数将声明（敏感数据）x 和随机数 r 的联合体进行转换，得到承诺 c 并进行公开；在验证（Verify）阶段，承诺方将敏感数据 x（未知真假）和随机数 r 发送给验证方，验证方重复承诺生成的计算过程，比较新生成的承诺与之前接收到的承诺 c 是否一致，一致则表示验证成功，否则失败。密码学承诺具备两个特性：一是隐匿性（Hiding），即做出的承诺是密文形式，在打开承诺之前，验证方不知道承诺方的敏感数据；二是约束性（Binding），即一旦承诺生成并公开，承诺方不能将已承诺的敏感数据更换或解释成另一个不同的数据。试想这样一个场景：一群人各自独立地预测世界杯比赛结果，每个人把自己的预测结果装进信封放在人人都可看见的桌上，比赛结束后，声称自己猜对的人可去领奖处兑换奖品，但需要打开信封进行验证。在打开信封验证之前,信封中的预测结果是隐匿且不可更改的。

利用加密哈希函数可以方便、有效地进行哈希承诺(Hash Commitment),过程如下:第一阶段,承诺人生成一个满足高阶最小熵分布要求的临时随机数 nonce,将 nonce 和承诺信息 msg 相连,进行加密哈希计算得到承诺 com:=H(nonce $\parallel$ msg),并将承诺 com 公开;第二阶段,承诺人公开 nonce 和 msg,由验证人进行加密哈希验算 H(nonce $\parallel$ msg),并将结果与事先已公开的 com 进行比较,若一致则通过验证。由于加密哈希函数具有隐匿性特征,第一阶段公开承诺 com 不会导致承诺信息 msg 的泄漏,符合密码学承诺要求的隐匿性;另外,根据加密哈希函数的抗碰撞特征,不可能找到另一组 nonce′ 和 msg′ 使得 com=H(nonce′ $\parallel$ msg′),换言之承诺人不可能通过更改承诺信息在验证中蒙混过关,故而也符合密码学承诺要求的约束性。因此,加密哈希函数的抗碰撞性和隐匿性保障了哈希承诺的安全性。

3. 谜题友好

谜题友好是加密哈希函数的另一重要性质。假如存在一个如下形式的搜索谜题:给定一个哈希函数 $H(\cdot)$、一个从高阶最小熵分布中抽出的取值 id 和目标集合 Y,要求谜题参与者找到一个满足 H(id $\parallel$ x)$\in Y$ 的解 x。针对上述搜索谜题,若哈希函数 $H(\cdot)$ 的形式能够保证没有任何特定解题策略比随机尝试 x 更好,就可以认为 $H(\cdot)$ 是谜题友好的。基于此,将加密哈希函数的谜题友好性质正式表述为:对于任意 n 位输出值 y,假定 k 选自高阶最小熵分布,若无法在明显小于 2^n 的时间内找到可以保证 $H(k \parallel x)=y$ 的输入 x,则称哈希函数 $H(\cdot)$ 是谜题友好的。

加密哈希函数的谜题友好性质在工作量证明机制和加密货币"挖矿"中有广泛的应用。在下一节中我们将看到,"矿工"反复尝试将临时随机数与前序区块哈希值以及新的交易信息连接起来,并进行加密哈希计算;只有当输出哈希值落在指定的较小目标区间内时,"矿工"才拥有了提议下一区块并获得数字货币激励的权利。若谜题中目标集合 Y 只包含单一取值,那么根据加密哈希函数的隐匿性特征,想要求出谜题的解 x 几乎是不可能的;若谜题中目标集合包含了哈希函数的全部输出可能,那么任何输入都可以作为谜题的解。因此,目标集合相对于哈希函数所有可能输出的大小,决定了搜索谜题的难度。在比特币挖矿中,计算难度差不多每两周会随着全网算力的变化进行一次调整,以保证解谜题平均花费的时间(区块生成间隔)维持在 10 分钟左右。

4. 安全哈希算法

在所有符合上述三个安全性特征的加密哈希函数中，安全哈希算法（Secure Hash Algorithm，SHA）是最常见的一类。SHA 是一个经联邦信息处理标准（Federal Information Processing Standards，FIPS）认证的加密哈希函数家族，其算法由美国国家安全局（National Security Association，NSA）设计，并由美国国家标准与技术研究院（National Institute of Standards and Technology，NIST）发布。SHA 家族主要包括：1993 年发布的 SHA - 0、1995 年发布的 SHA - 1、2001 年发布的 SHA - 2，以及 2015 年发布的 SHA - 3。SHA - 0 和 SHA - 1 已经从理论上被证明无法安全地应对碰撞攻击，SHA - 2 系列算法虽然跟 SHA - 1 类似，但目前尚未出现有效攻击案例。

在 SHA - 2 系列中，SHA - 256 算法是现今密码学和信息安全领域中的基本算法，也是比特币等加密数字货币应用最广泛的加密算法之一。SHA - 256 可将任意大小的输入信息（最大输入长度为 $2^{64}-1$ 位）转化为固定长度（256 位）的信息摘要，其基本思路是：利用 MD（Merkle-Damgard）变换把一个固定长度输入的抗碰撞压缩函数（Compression Function）转化为一个接受任意长度输入的哈希函数。理论上，只要压缩函数具有抗碰撞特征，那么变换得到的哈希函数也拥有抗碰撞属性。

SHA - 256 使用的 MD 变换的数据处理流程如图 4 - 3 所示，大体可以分为两个步骤。第一个步骤是对输入信息进行预处理，使其满足指定的信息结构。预处理主要是对数据进行比特填充（Bit Stuffing）和附加长度，使数据长度为 512 位的倍数。SHA - 256 用一个 64 位的数据来表示原始消息的长度，因此，在附加长度数据之前需要先通过填充一个 1 和若干个 0，使得比特填充后的消息长度在对 512 取模以后的余数是 448。进行上述处理后，就可以均等地将信息划分为若干个大小为 512 位的数据区块。第二步是使用压缩函数进行迭

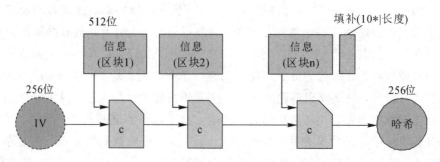

图 4 - 3   SHA - 256 计算过程

代运算，运算内容全部是逻辑的位运算，例如按位的"与""补""异或"等运算。在第一次迭代运算前，需要先生成一个 256 位的初始向量(IV)，并与第一个 512 位大小的数据区块拼接得到一个 768 位的输入；压缩函数随后将这个 768 位的输入数据压缩成一个 256 位的输出 H_1。第二次迭代时，将 H_1 与第二个数据区块拼接同样得到 768 位大小的输入数据，经压缩运算得到 256 位的输出 H_2。依次进行迭代处理，直至算完最后一个数据区块，最终得到的输出就是 256 位的 SHA-256 哈希值。

4.1.2　哈希指针与数据结构

在掌握了哈希函数之后，就可以较为轻松地理解如何基于哈希函数构造复杂的数据结构。本节将介绍哈希指针(Hash Pointer)和它的两个著名的应用——区块链(Block Chain)和梅克尔树(Merkle Tree)。

1. 哈希指针

指针描述了数据在内存中的位置，标示了一个占据存储空间的实体在这一段空间起始位置的相对距离值，通过指针指向的地址，可以检索到对应的数据。哈希指针是指示一个数据存储位置及其位置数据哈希值的指针。换言之，通过哈希指针，不但可以定位到对应数据块的位置，而且还可以知道对该位置数据块进行哈希操作后的哈希值是什么。我们可以用一个带箭头的哈希函数 $H(\cdot)$ 来表示哈希指针，如图 4-4 所示。

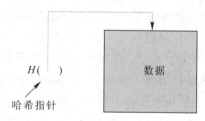

图 4-4　哈希指针

由于加密哈希函数的抗碰撞性质，一旦哈希指针指向的位置的数据块发生任何改变，对它进行哈希操作之后的哈希值必然和之前不同。加之进行哈希操作后得到的信息摘要可以比原始数据小得多，因此，哈希指针不仅可以指向数据存储位置，还可以轻松地验证数据是否被篡改。

2. 区块链

用哈希指针代替传统指针构建链表，得到的数据结构就是区块链。在由普通指针实现的数据链表中，每一个数据区块既包含了自身的数据，也包含了指向上一数据区块的指针，即上一区块的地址信息。而在区块链数据结构中，每一个数据区块由自身数据和哈希指针组成，后者又记录了前一个区块的位置和区块数据（包括自身记录数据和指向更早数据块的哈希指针）的哈希摘要。这意味着，每个区块都包含了前一个区块的信息，从而形成了一条区块链，且每个附加区块都对其之前的区块信息进行了加强。在区块链这种数据结构下，我们只需要存储链表的头部，即指向最新数据的哈希指针，就相当于以哈希摘要的形式存储了整个链表的信息（见图 4-5）：

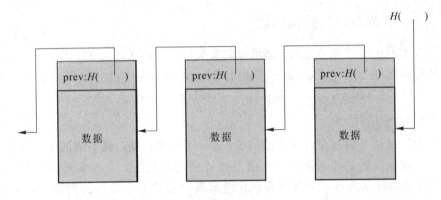

图 4-5 区块链

区块链的一个基础应用是生成"防篡改日志"。在这个日志数据结构中，我们不断把新的数据和上一区块的哈希指针拼接成一个新的区块，并附加在上一区块之后。如果有人试图篡改链表中间的某个区块（例如第 k 个区块）的数据，那么根据加密哈希函数的抗碰撞特征，它将导致第 $k+1$ 个区块中存储的指向 k 区块的哈希指针发生变化。显然，任何存储了完整区块链数据的用户都能够轻易识别出第 k 个区块数据遭到了篡改。不仅如此，指向第 k 个区块的哈希指针的变化导致第 $k+1$ 个区块整体发生变化，从而进一步改变指向第 $k+1$ 个区块的哈希指针以及整个第 $k+2$ 个区块的记录。以此类推，之后所有区块的记录都将发生变化，直至区块链头部的哈希指针改变。因此，即使用户没有存储完全区块链数据，而是仅记录了区块链头部的哈希指针，也能够轻易察觉历史区块数据是否发生了改变。

如果攻击者希望只记录区块链头部哈希指针的人无法感知到数据篡改，他将不得不选择"向前"修改各区块数据。假如攻击者仍然企图篡改第 k 个区块的数据，并保持第 $k+1$ 个及之后的所有区块的记录保持不变，他需要同时修改第 k 个区块中存储的指向第 $k-1$ 个区块的哈希指针；这意味着需要进一步修改第 $k-1$ 个区块的数据以及其中存储的指向第 $k-2$ 个区块的哈希指针。依次向前，攻击者需要篡改第 k 个区块之前所有的哈希指针，直至改变区块链最开始的位置——创世区块（Genisis Block）。根据加密哈希函数的隐匿性，这种反向破解哈希函数的任务几乎是不可能完成的，而且创世区块通常无法修改。

3. 梅克尔树

梅克尔树是使用哈希指针构建的二叉树数据结构，以发明者拉尔夫·梅克尔（Ralph Merkle）的名字命名。梅克尔树能够以一种高效、集约的方式存储大量数据，并且可以非常有效地验证数据的隶属关系。

梅克尔树的数据结构如图 4-6 所示，它看起来像一棵颠倒过来的树。梅克尔树的底端是树的叶子节点，由大量数据区块构成；叶子以上各层都是哈希指针，并最终会汇集到树的顶端，称之为根节点。假设我们在底层有 2^n 个数据区块，那么构造梅克尔树的具体步骤如下：首先为每一个数据区块建立一个哈希指针；随后，将这些哈希指针两两组合，为每一组再建立一个哈希指针，作为其父节点（Parent Node）存储在上一层，从而在上一层存储 2^{n-1} 个哈希指针；重复上一步的两两分组和建立哈希指针操作，将指向这些父节点的哈希指针存储在更上一层的父节点中，得到更上一层的哈希指针结构；依次迭代，直至最终剩下由 2 个哈希指针组成的唯一头部区块，即梅克尔根（Merkle Root）。

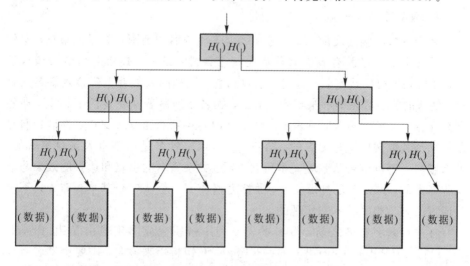

图 4-6　梅克尔树

和区块链数据结构一样，我们只需要存储指向梅克尔树根节点的哈希指针，就能够监测底层数据是否发生变化。如果攻击者试图篡改底层某一区块的数据，那么该数据区块的父节点，即指向被篡改数据区块的哈希指针就会随之变化，进而又会导致指向该父节点的上层哈希指针父节点发生变化。以此类推，最终梅克尔根和指向它的头部哈希指针将与我们存储的内容存在差异，数据篡改行为就能够被识别出来。

利用梅克尔树的结构，我们还可以在仅存储梅克尔根的情况下实现数据区块的隶属证明。例如，如果有人想要证明某个数据区块隶属于梅克尔树，他不需要提供整棵树的全部数据，而只用展示该数据区块和通往根节点路径上的各级父节点数据即可。对于一棵有 n 个节点的梅克尔树而言，这些需要展示的数据大约只有 $\log(n)$ 个。因此，验证人只需要计算约 $\log(n)$ 次哈希值就能够确定该数据区块是否隶属于梅克尔树。换言之，即使树的规模 n 很大，但验证所需时间和数据节点的量级为 $O(\log(n))$。

4.1.3　数字签名与非对称密码术

利用"密钥对(公钥和私钥)"对数据信息进行加密和解密是密码学的另一基础技术，其主要应用场景之一就是加密数字货币交易中的数字签名。和使用传统银行支票支付时需要账户所有者亲笔签署姓名一样，使用数字货币进行支付时也需要对交易信息进行数字签名，以确保对数字资产的支配权和对交易内容的确认，并防止信息被篡改和伪造。

1. 数字签名

在介绍数字签名之前，先回想在纸上手写签名的情形。要保证票据、文件等纸质文本上签名的有效性必须满足三个条件：第一，必须由当事人亲自签名，任何人不得伪造签名，这就要求收到签名文档的人能够正确鉴别签名的真伪，伪造的签名必须能够被识别。第二，姓名必须签署在特定的文档上，即签名只在特定文档上生效，只表示对该本文内容事项的同意或支持，将该签名复制粘贴到其他文档上是无效的。第三，一旦确定签名是由当事人亲自签署的，那么签名人不可以否认签署文本所载事项。数字签名的思路和达到的效果与纸质签名类似，需要满足身份验证、数据完整和不可否认三个基本要素，只不过是通过密码学相关技术来实现的。

在进行数字签名之前，签名者先要利用密钥生成器生成由私钥(Private Key)和公钥(Public Key)组成的一对密钥。私钥将用来签名，需要由签名者妥善保存；公钥可以公开，用来验证签名的有效性。生成私钥和公钥的非对称密钥技术将在下一小节介绍，这里只需要知道：由私钥可以计算得到公钥，但通过公钥推算出私钥的做法不可能实现。数字签名的过程分为签名和验签两个环节，如图 4-7 所示。

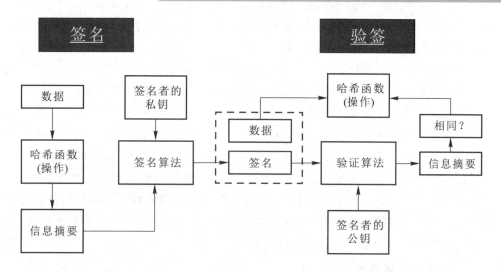

图 4-7　数字签名流程

　　在签名环节，信息发送者(签名者)首先对需要发送(签署)的信息进行加密哈希操作，生成信息摘要；随后，信息发送者使用数字签名算法对哈希摘要进行签名，实际就是使用私钥对信息摘要进行加密的过程；之后，信息发送者就可以把信息本身和已签名的信息摘要一起发送出去。需要注意的是：信息发送者是对信息的哈希摘要进行签名，而不是对信息本身签名。这是因为实践中使用的签名算法能够签署的信息大小是有限制的，例如比特币使用的 ECDSA 只能签署 256 位信息，而我们已经知道加密哈希函数具有高效运算和抗碰撞特征，因此对哈希摘要进行签名是足够有效且安全的。

　　在验签环节，信息接收者(验证者)首先使用相同的哈希算法对接收到的信息本身进行哈希操作，得到新的信息摘要；随后，信息接收者尝试使用信息发送者的公钥对已签名的信息摘要进行解密(验签)，若解密成功则证明信息的确由发送者签署；解密后，信息接收者可获取信息发送者发送的信息摘要，并与自己计算得到的信息摘要进行比较，若两者相同则确认信息未被更改。

　　简要审视上述"签名—验签"流程，看看数字签名方案是否具备身份验证、数据完整和不可否认三大基本安全要素。第一，私钥和公钥成对产生且签名所用的私钥只被签名者掌握，因此，在私钥未被泄露的前提下，如果验证者使用发送者的公钥验证了数字签名，他可以确认签名信息只能由拥有私钥的发送者创建，而不可能由其他人伪造。第二，如果有攻击者可以访问信息发送者发送的明文信息，并试图对其进行修改，那么接收者收到的被篡改信息的哈希值和验证算法提供的输出将不匹配，接收者有理由认为信息完整性已被破坏，从而可以安全地拒绝该消息。第三，由于假设只有签名者掌握签名所需的私钥，给定数据上经验证的数字签名只能唯一地由私钥掌握者签署，那么如果未来就签署事项出现任何争议，接收方可以将数据和数字签名提供给第三方作为证据，以确保签名者不可否认。

有趣的是，虽然我们将上述过程中的签名环节称为加密，将验签环节称为解密，但这并不意味着真正使用了加密手段对信息进行隐匿。可以看到，明文信息与数字签名被一同发送给了接收方，因此数字签名的本质不是为了加密，而是用作身份验证。实际上，对于比特币等加密数字资产而言，并不存在对交易信息进行加密的必要，相反，这些信息将被广播到比特币网络的各个节点，接受其他节点特别是挖矿节点的验证。

2. 非对称密码术

前面介绍的数字签名中使用的公钥和私钥是"非对称密码术"（Asymmetric Cryptography）或"公钥密码术"（Public-key Cryptography）的专用术语。20 世纪 70 年代以前，所有密码系统都使用对称密钥算法，加密和解密环节使用相同的密钥。这类系统中，密钥必须在通信方之间以安全通道（防止窃听和篡改的数据传输手段）进行传递。但是，密码学认为现实世界中并没有绝对安全的通道，而且随着参与者数量的增加，网络传输越来越频繁，密钥需要经常更换时，使用对称密钥算法的密码系统将变得难以管理。在这种现实需求下，非对称密码术这种使用密钥对（Pairs of Keys）的密码系统应运而生。

非对称密码术使用基于单向函数数学问题的密码学算法生成密钥对，每对密钥包括一个公钥和一个私钥。基于单向函数的计算决定了由公钥推算私钥的过程十分困难。以经典 RSA 算法为例，其基本原理是：超大合数的质因数分解是极其困难的。经典 RSA 算法中密钥对的生成可以简单表示为如下过程（见图 4-8）：

（1）随机生成两个足够大且不公开的素数 p 和 q，计算 $n=pq$；

（2）计算欧拉函数（Eular Totient Function）$\varphi(n)=(p-1)(q-1)$，$\varphi(n)$ 也是不公开的；

（3）选择一个整数参数 $e\in\{1, 2, \cdots, \varphi(n)-1\}$，使得 $gcd(e, \varphi(n))=1$，即 e 与 $\varphi(n)$ 互质；

（4）利用扩展的欧几里得算法（Extended Euclidean Algorithm）求解同余方程 $d \cdot e\equiv 1 \bmod \varphi(n)$，得到 d。

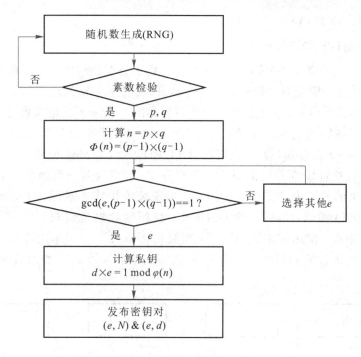

图 4-8 RSA 算法的密钥对生成流程

上述过程中，(n, e) 为公钥，(d, e) 为私钥。由于随机生成的超大素数对 p、q，以及 $\varphi(n)$ 是不公开的（实际上，在计算完 d 之后 p、q、$\varphi(n)$ 会被丢弃），因此，即使知道公钥，也很难计算出私钥中的 d。基于这一特性，公钥可以在不影响安全性的情形下公开分发，而私钥通常需要保持私密性。

在上一小节中，私钥被用于加密，公钥被用于解密，但需要注意的是：在非对称密码术中，公钥和私钥仅指代是否公开分发，并不固定承担加密或解密职能。事实上，我们既可以用公钥加密、私钥解密，也可以用私钥加密、公钥解密，两种选择对应了非对称密码术的两大重要应用场景。第一种场景为信息加密，此时加密密钥是公开的（公钥），解密密钥是隐藏的（私钥）。如果发送者要向接收者发送敏感数据报文，那么发送者需要使用接收者的公钥对将要发送的数据进行加密处理，而接收者必须使用对应的私钥才可以将收到的密文解密。这种应用在如今的网络环境下极为普遍，RSA 是最常使用的一种算法。第二种场景为数字签名，此时加密密钥是隐藏的（私钥），解密密钥是公开的（公钥）。发送者使用自己的私钥对消息进行加密，任何有权访问发送者公钥的人都可以对密文进行解密和验证。加密数字资产交易中涉及的数字签名都属于第二类，但更多使用的是椭圆曲线数字签名算法（Elliptic Curve Digital Signature

Algorithm，ECDSA)。

3. 公钥地址与身份管理

另一个重要概念是公钥地址。实践中，由于公钥比较大，存储和使用不那么便捷，因此一般会对公钥进行一系列单向函数变换，得到较短和规整的公钥地址。以比特币为例，生成公钥地址的过程如图4-9所示。随机数发生器生成的私钥经过椭圆曲线算法(例如SECP256K1)得到公钥；公钥经过两次哈希操作(一次使用SHA256，另一次使用RIPEMD160)，得到公钥哈希；将一个字节的区块链地址版本号连接到公钥哈希头部，然后对其进行两次SHA256运算，将结果的前4个字节作为公钥哈希的校验值拼接在尾部，并对这一结果进行BASE58编码，最终得到公钥地址。公钥地址较公钥而言长度更短，且不含易混字符，使用起来更为方便，而且由于进行了多次单向隔离，由公钥地址无法推出公钥，因而可以保护公钥的安全，也可进一步增强私钥的安全性。

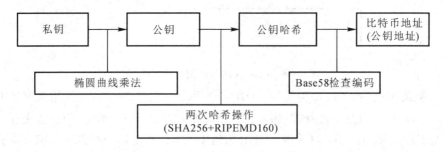

图4-9 比特币公钥地址生成过程

最后，简要讨论数字签名和非对称密码术下的身份管理问题。在传统的手写方案签名中，签名和签名背后的实体是一一对应的：当某项纸质文件的手写签名被验证合法后，我们可以认为是签名者本人声明或接受了文本内容；当一张支票的签名被验证合法后，可以认为是账户所有者本人同意并发起一项支付。在加密数字资产交易中，当接收者用公钥验证发送者已签名的支付信息后，似乎可以将该公钥当作是代表信息发送者的符号，或者认为公钥"背后的身份"是交易的发起者。另一方面，与传统银行支付体系相似但有所不同的是，在使用加密数字资产进行点对点支付时需要指明收款人"账户"，但加密数字资产世界中并不真正存在账户的概念，而是以收款人的公钥地址代替账户。付款人将加密数字资产支付到某一公钥地址，拥有该公钥地址对应私钥的用户即掌握了该笔资产的支配权。这些似乎表明：在加密数字资产世界里，公钥(或公钥地址)和用户身份之间可以画等号。

然而，我们已经知道私钥和公钥密码对是由随机数生成器生成和计算出来的一堆数字编码，并没有与真实世界中的任何用户身份信息相关联。因此，公钥反映的身份只是一个虚拟身份。更为重要的是，只要用户愿意，随时都可以生产新的密钥对，这意味着用户可以自由、随时定制新的身份，而不需要到任何中央机构注册，这一特征使得加密数字资产世界具备较高的匿名性。

4.2 分布式账本与去中心化

在掌握了上述密码学基本原理之后，我们已经有足够的知识储备来构造一个简单的中心化加密电子支付系统的概念模型（Conceptual Model），而且它已经具备现实世界中银行支付体系的基本功能。本节将从这个简单的电子支付系统出发，进一步介绍分布式账本的相关技术，以及分布式账本是如何做到去中心化的。

4.2.1 中心化加密电子支付系统

普林斯顿大学的爱德华·费尔顿（Edward Felten）和他的合作者在 *Bitcoin and Cryptocurrency Technologies：A Comprehensive Introduction*[①] 一书中介绍了两种高度简化的加密货币方案——高飞币（GoofyCoin）和财奴币（ScroogeCoin），这里以财奴币为例讲解如何利用密码学原理构建一个类似传统银行支付体系的中心化加密电子支付系统。

现实中的银行支付体系是一个高度复杂的系统，涵盖了货币制度、结算账户、支付方式、支付清算系统、支付服务市场、各类清算结算安排以及监督管理等方方面面。虽然系统内中央银行、银行业金融机构、银行间资金清算机构、支付机构等承担了不同的职能，但若让一个中央机构承担全部职能也不会对支付体系造成太大影响。因此，我们可以将银行支付体系抽象为由一个中央机构和若干用户组成的中心化体系。这个中央机构通过操作资产负债表和用户账户数据实现货币创造、交易确认、资金清算等。在财奴币体系中，也有一个称为"财奴"的指定实体来负责上述职能。不过正如前面章节介绍的，加密数字资产（或私人数字货币）体系中并没有账户的概念，不同的公钥地址对应了不同的虚拟身份，可以用来接收来自其他公钥的支付，或发布向其他地址的付款的

---

① NARAYANAN A, BONNEAU J, FELTEN E, et al. Bitcoin and Cryptocurrency Technologies：A Comprehensive Introduction. Princeton：Princeton University Press，2016.

声明,这为财奴减去了管理用户账户数据的任务。因此,财奴的主要工作就是创造财奴币,并通过维护包含所有历史交易记录的账本来跟踪和披露财奴币的流转过程。

财奴币的交易包括两类:造币(CreateCoins)和付币(PayCoins)。造币是创造新币的过程,只有财奴能决定创造多少新的财奴币,以及这些新的财奴币将归属于哪些公钥地址。如图 4 - 10 所示,财奴在账本中创造了一笔类型为"造币"、交易 ID 为"12"的交易记录。在这笔交易中,财奴进行了批量造币,每一被创造出来的新币都有"序号""数量"以及包含有公钥地址的"造币记录",并被以"交易 ID(序号)"的形式命名。

交易ID: 12		类型:造币	
被创造的货币			
序号	数量	造币记录	
0	3.1	0x...	← 财奴币ID:12(0)
1	2.3	0x...	← 财奴币ID:12(1)
2	1.4	0x...	← 财奴币ID:12(2)
3	9.1	0x...	← 财奴币ID:12(3)

图 4 - 10 财奴币造币交易记录

当财奴使用自己的私钥对上述数据签名、放入账本并公开之后,造币交易就生效了。以"交易 ID(序号)"命名的特定数量财奴币被划转到对应"造币记录"中记载的公钥地址(例如,编号为 12(0)的 3.1 个财奴币由第一条造币记录记载的公钥拥有),并可由掌握该公钥地址对应私钥的用户支配。

付币是财奴币转移的过程,本质上是付款方丧失了对一定数量财奴币的控制权,而收款方获得了对相同数量财奴币的控制权。在账本中,付币被表示为:消耗一定数量的旧币并创造等量新币。按照财奴币的规则,只有满足以下四个条件的付币交易才是有效的:第一,被消耗的币是在之前交易中创造的有效货币;第二,本次被消耗的币没有在之前的某次交易中被消耗掉,即本次交易不是双重支付;第三,本次交易产生的币值量等于消耗的币值量;第四,本次交易中被消耗掉的所有币均有其所有者的有效签署。

只有当付币交易满足上述所有条件时,财奴才会接受交易,并按照图 4 - 11 所示的形式将其记录下来。财奴把交易记录附加到账本上,进行有效签署并公开后,这笔付币交易就生效了。在图 4 - 11 所描述的交易中,ID 为 12(2)、17(0)、22(3)的财奴币被消耗,新的财奴币 23(0)、23(1)、23(2)以及 23(3)被创造出来。

交易Id: 23		类型：付币
被消耗的财奴币ID:		
12(2)，17(0)，22(3)		
被创造的货币		
序号	数量	造币记录
0	1.1	0x...
1	5.3	0x...
2	4.8	0x...
3	3.1	0x...
签名		

图 4-11　财奴币付币交易记录

　　很显然，这一支付体系中财奴的权利太大了，只有他认可并签署的交易才会记录在账本中，而其他交易者必须查看财奴维护的账本才能知道哪些币是有效的，哪些已经被消耗过了。要使系统能够正常运转，一个自然产生的想法就是要通过某种技术确保财奴不会修改增删账本，以及不能够隐秘地支持"双重支付"。幸运的是，基于区块链的仅增账本（Append-only Ledger）技术在这里可以派上用场了。我们可以要求财奴按照区块链数据结构来管理和维护交易记录（见图 4-12）：每个区块都包含交易的 ID、交易的内容和指向上一区块的哈希指针；财奴需要对指向最后一个区块的哈希指针签名，并将签名与区块链一起发布。针对尾部哈希指针的签名可以保护整个结构，因此所有被写入账本的历史记录都会被永久地保存起来。此外，因为人们可以随时访问区块链账本，查看用于支付的财奴币是否已在之前的交易中被消耗，双重支付也能够被有效避免。

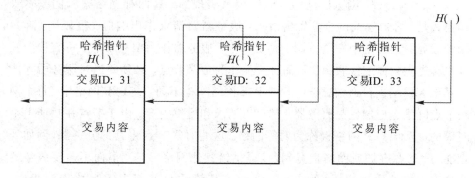

图 4-12　财奴币中的区块链

基于密码学原理，财奴不可能伪造他人的数字签名来创建虚假交易，也不可能在仅增账本中修改已经发生的交易，财奴币已经称得上是一个合格的电子支付系统，能够实现现代银行支付体系的主要功能。财奴币最大的问题在于：财奴作为一个没有主权信用背书的中央实体，有强烈的无节制创造新货币的动机，以及无法尽职勤勉承担记账和维护账本工作的隐患，这正是具有中央机构的私人加密货币方案难以获得成功的根本原因。

如果我们从财奴币体系中拿掉财奴这一角色，是否仍有可能建立一个像财奴币一样正常运作的加密电子支付系统呢？在没有中央机构的情况下，谁来维护交易账本将成为首要的难题。在不考虑成本的情况下，当然可以要求所有用户都参与到记账和账本存储中，但事实上需要考虑用户节点之间的通信和账本同步问题。另外，当不同节点账本记录的交易出现不一致时，应当由谁来决定哪些交易是正当有效的呢？最关键的是，在没有中心化机构的情况下，又该如何掌控货币的发行？后面介绍的点对点网络、分布式账本和共识机制是解决这些问题的关键。

4.2.2 点对点网络

去掉可信中央机构的设定后，账本维护的任务就落到网络中的各个节点上。这种在网络成员之间共享、同步，并由各节点共同维护的数据库就是分布式账本(Distributed Ledger)，节点之间的通信模式和形成的网络架构称为点对点网络(Peer-to-Peer Network，P2P 网络)。

1. 点对点网络架构

目前大多数网络应用都是以 C/S(Client/Server，客户端/服务器)或 B/S(Browser/Server，浏览器/服务器)架构来实现的。这两种网络架构的基本工作模式是：客户端或浏览器发出请求，服务器对请求作出响应。很显然，客户端和服务器是网络中完全不同的两类节点。服务器作为中央节点，可直接向其客户端提供数据或接收数据，而客户端作为边缘节点，必须要通过服务器才能与其他客户端进行通信。与 C/S 或 B/S 网络架构不同，在 P2P 网络中，每个网络节点既是客户端也是服务器，都可以请求和提供内容。由于节点在功能上是对等的，因此 P2P 网络也称为对等网络。这些对等节点将其部分资源(例如处理能力、磁盘存储或网络带宽)直接提供给其他网络参与者，而不需要服务器或稳定主机的中央协调(见图 4-13)。与传统的 C/S 或 B/S 网络架构相比，P2P 网络架构在可用性、高负载和可拓展等方面有显著优势。

网络体系结构

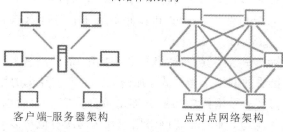

客户端-服务器架构　　　　点对点网络架构

图4-13　客户端-服务器架构与点对点网络架构

可用性方面，C/S或B/S网络架构下的服务器必须始终在线并可供客户端使用。任何软件问题、操作系统错误、硬件故障、路由错误或网络通信中断都可能会导致服务器和网络应用瘫痪。虽然可以使用内容交付网络（CDN）或云计算等方式保障网络可用性，但这会大大增加网络的复杂性和成本。在P2P网络下，可用性不依赖于任何单一机器，并且不需要开发复杂的高可用性解决方案，任何一个正常在线的客户端或一组客户端都可以响应其他客户端的服务请求，并为其提供服务。因此，P2P网络天生具有更强的容错性和高可用性。

高负载方面，C/S或B/S网络中服务器上的高负载或意外需求往往难以预测并且有较高的解决成本。为了使应用程序或网络服务正常运行，必须在服务器上留下足够的余量来随时满足客户端的需求；而服务越受欢迎，出现请求访问服务器的客户端就越多，服务器压力就越大。在企业环境中，解决高负载通常意味着将更多的资源分配给服务器、存储设备和基础设施，但在处于非高峰需求的绝大多数时间里，这些额外的资源都是闲置的。在P2P网络中，每个节点都是可以提供服务的服务器，每个新用户都具有提供额外容量的特性，这将有助于解决高负载问题。不仅如此，在C/S或B/S网络中，一个过于强大的客户端会过度消耗网络、磁盘操作和服务器CPU资源，从而对其他用户产生干扰；但在P2P网络中，这些客户端可以充当超级节点，能够为其他网络节点提供更多的服务。因此，P2P网络不仅不受高负载困扰，反而会随着需求的增加而变得更强大。

可扩展性方面，在C/S或B/S网络架构下，随着用户数量的增加，服务器CPU、内存、网络和磁盘性能也需要增长；当单台服务器不能够提供所需服务时，就需要部署多台服务器以及一个分配和平衡服务器之间负载的系统。扩展基础架构以处理更大的数据或服务更多用户，意味着增加服务器、存储和网络基础架构的巨额资本支出。在P2P架构下，网络中的用户节点越多,能够参与数据传输的设备就越多,每个设备为网络带来的基础设施就越多,它们都将参与分担网络、CPU 和存储负载工作。这意味着,P2P 网络是有机可扩展的(Organically Scalable)。

除此之外,从加密数字资产(或私人数字货币)的角度来看,P2P 网络甚至是唯一可行、可接受的网络架构模式。加密数字资产世界里的用户本质上不信任任何中心化权威,不希望由中央服务器来负责数字货币的创造、交易确认、账本维护和存储等工作,而是希望网络用户社区的所有成员以对等的方式共同决定账本事务。

专栏 4-1

网络的价值:梅特卡夫定律

半导体领域著名的"摩尔定律(Moore's Law)"已经被很多人熟知,其核心内容为:集成电路上可以容纳的晶体管数目每经过大约 18 个月便会增加一倍,或者说,微处理器的性能大约每 18 个月提高一倍。这个由英特尔创始人戈登·摩尔(Gordon Moore)提出的经验规律至今仍然非常准确。在互联网领域,也有一个类似的定律,即"梅特卡夫定律(Metcalf's Law)",它描述了网络价值的发展规律。

梅特卡夫定律由美国投资者、作家、经济学家乔治·富兰克林·吉尔德(George Franklin Gilder)于 1993 年提出,但以计算机网络先驱、3Com 公司的创始人罗伯特·梅兰克顿·梅特卡夫(Robert Melancton Metcalf)的姓氏命名,以致敬其在发明以太网并将以太网标准化和商业化方面所做的卓越贡献。梅特卡夫定律最初用于测度通信网络的机制,认为通信网络的价值与该网络内的节点(电话、传真机等通信设备)数量的平方成正比。该规律反映了一个基本事实:由 n 个节点构成的网络中可能的最大连接数为 $n(n-1)/2$,渐进地与 n^2 成比例。美国联邦通信委员会前主席里德亨特(Reed Hundt)表示,梅特卡夫定律给出了互联网运作方式最直观的解释。

随着互联网全球化发展,梅特卡夫定律的适用范围也延伸到互联网和社交网络:网络服务的用户数量越多,则服务对网络社区的价值越大。在社交网络背景下,包括梅特卡夫本人在内的许多人提出了修改后的模型,认为网络价值与 $n \times \log(n)$ 而不是 n^2 成比例,不过这个修改只是从理论上推导出的结果。2013 年 7 月,荷兰研究人员 Madureira、Den Hartog、Bouwman 以及 Baken 设法在足够长的时间内分析了欧洲的互联网使用模式,发现:当网络规模 n 较小时,网络价值与 n^2 成正比;但当网络规模 n 较大时,网络价值与

$n \times \log(n)$ 成比例。几个月后，梅特卡夫本人使用 Facebook 过去 10 年的数据进一步证明了梅特卡夫定律(n^2 版本)的适用性。2015 年，Zhang、Liu 和 Xu 利用腾讯和 Facebook 的数据对梅特卡夫定律进行了参数化，他们的研究表明，尽管两个网站的受众不同，但梅特卡夫定律对两者都适用，价值方程分别为 $V_{tencent} = 7.39 \times 10^{-9} \times n^2$ 和 $V_{facebook} = 5.7 \times 10^{-9} \times n^2$。

2017 年 3 月，比特币价格飙升创下历史新高，1BTC 的美元价格首次超过一盎司黄金。Ken Alabi 发表在 *Electronic Commerce Research and Applications* 的研究显示，以比特币价格衡量的比特币网络价值大致与每日参与网络的用户数的平方成正比。这表明梅特卡夫定律在加密货币的点对点网络中同样适用。

2. 节点类型与分工

在加密数字资产的点对点网络中，节点"对等"指的是各个节点有平等的权利去选择角色，但并不意味着所有节点都需要承担相同的职能。事实上，根据它们提供功能的不同，可以将不同分工的节点划分为不同的节点类型。

以比特币为例，节点功能主要包括钱包(Wallet)、矿工(Miner)、完整区块数据存储(Full Blockchain Database)以及网络路由(Network Routing Node)。钱包的职能是支持比特币交易、查询等；矿工的职能是运行工作量证明算法来争取创建新数据块的资格，并获得系统奖励和交易手续费；完整区块数据存储的职能是存储区块链完整数据，可在不借助外部信息参考的情况下独立验证所有交易；网络路由的职能是通过连接一定数量的其他节点，转发交易和区块数据，发现和维护节点间的联系。

比特币网络中的每个节点都选择承担全部或部分职能，但通常必须至少要参与全网络的路由功能。按照承担功能的多寡，节点可以大致划分为以下四类：第一类是轻量级钱包(Lightweight Wallet)，即只具有钱包和路由转发功能的节点；第二类是全节点(Full Block Chain Node)，即存储完整区块链数据，并承担网络路由功能的节点；第三类是独立矿工节点(Solo Miner)，即拥有完整区块链数据和网络路由功能，并能不依赖其他节点的算力单独进行挖矿的节点；第四类是核心客户端节点(Reference Client/Bitcoin Core)，即承担钱包、矿工、完整区块存储、网络路由全部四种功能的节点(见图 4-14)。

另外一种分类方法是依照节点保存区块数据内容和是否能独立完成交易验证，将节点划分为全节点(Full Node)和轻节点(Lightweight Node)。如图 4-15 所示，全节点拥有完整的区块链数据，不仅存储包含了梅克尔根的区块头，还保存了梅克尔树的全部结构，以及每一笔交易的详细数据。因此，全节

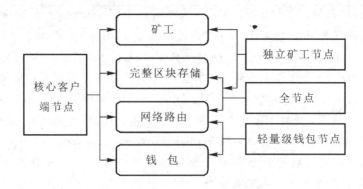

图 4-14 按功能划分的各类比特币网络节点

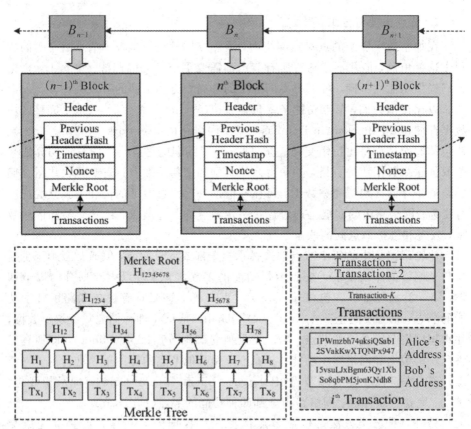

（资料来源：Cui et al.（2019））

图 4-15 节点存储内容示例

点可以独立地进行区块和交易的验证。轻节点只保存区块链数据的部分信息（如区块头），不必存储梅克尔树的全部结构或交易明细，不能独立地进行区块和交易的验证，它通过简易支付验证（Simplified Payment Verification，SPV）方式向其他节点请求数据来完成支付验证。

3. 节点发现与连接

对于 P2P 网络而言，新的网络节点首次启动后必须发现网络中的其他节点并建立连接，才能够参与到网络活动中。这个被称为自举（Bootstrapped）的过程，本质上就是向至少一个已经存在的有效网络节点的 IP 地址发送信息，请求连接的过程。在比特币网络中，新的节点通常会使用若干被称为"DNS 种子"的 DNS 服务器来寻找节点。一些 DNS 种子提供稳定的比特币侦听节点的静态 IP 地址列表；另一些则提供通过爬虫获取的或自己收集的长期运行的比特币节点的 IP 地址。DNS 种子的所有权和实现形式的多样化有助于提高自举质量，更好地完成初始接入。

当完成初始接入后，新节点会将一条包含自身 IP 地址的消息发送给与之相连的节点，这些节点再将此条地址消息依次转发给它们各自的邻接节点；另外，新接入的节点也可以向与之相连的节点发送消息，请求它们返回其已知其他网络节点的 IP 地址列表。通过这种方式，新节点不仅能够找到很多可以连接的其他节点，而且可以把自己的地址信息广泛传播出去，以便其他节点能够更快地连接到自己。

已经存在于 P2P 网络中的节点会随时维护与网络的联系，但保持与大量对等节点的连接是没有必要的。因此，当已建立连接的两个节点长时间（例如比特币网络规定的 90 分钟）不发生任何通信往来时，节点间的连接会自动断开，它们需要各自寻找新的对等节点。当节点离线后重新启动时，它会迅速尝试与先前成功建立连接的对等节点通信并再次建立连接，若无法获得响应，则使用种子节点进行重启动。总而言之，P2P 网络会根据节点变化进行动态调整，可以根据需要有机地扩张和收缩。

4. 交易与区块广播

除了前面介绍的节点发现和地址广播以外，P2P 网络节点之间另一重要的通信内容就是交易信息和区块广播。这里仍以比特币网络为例进行介绍。

当某个节点连接到相邻节点后，接着就开始跟相邻节点同步区块链数据（轻量级钱包应用其实不会同步所有区块数据）。节点之间（以 A、B 两个节点为例）会交换本地区块链最顶端的哈希值，如果某个节点（例如 A 节点）识别出它接收到的哈希值并不属于顶端区块，而是属于一个非顶端区块的旧区块，它就有理由认为自己拥有更新的块信息或者有更长的链，于是将包括最新区块哈希值的消息广播出去。B 节点在收到这些哈希值后会向 A 请求最新区块的详细信息，随后，对收到的区块数据进行验证，通过验证后就更新到本地区块链中。矿工挖到的新区块也是按照上述过程扩散，新块的哈希值被广播出去后，接收节点会请求这些块的详细信息，将其验证并附加到本地区块链上。尚未打包成块的交易信息的广播方式也与之类似，对等节点收到有效交易信息后会主动向邻近节点扩散。这些交易信息会停留在内存池中等待打包，如果在一段时间内没有被放进块中，那么交易将被从内存池中清除，而原节点将重新发送交易信息。

这种信息从一个节点出发，广播到临近节点，再从临近节点一传十，十传百，最终传遍整个网络的数据分发方法和泛洪(Flooding)算法有些类似，但并不完全相同。泛洪算法中，节点在收到数据包以后会直接转发给所有的邻居节点，直到所有的节点都接收到了数据包为止。当节点规模变大、数据通信量增大时，可能会引发广播风暴(Broadcast Storm)，即：广播数据充斥网络无法处理，并占用大量网络带宽，导致正常业务不能运行，甚至瘫痪。不过，成熟的 P2P 网络一般不会使用简单的泛洪算法，例如比特币使用 Gossip 协议分发数据。具体而言有两点差异：一是节点不会把将数据传输给所有邻近节点，而是选择在一个固定的传播周期内随机选择相连的 1 个或多个节点来传播消息；二是节点只对那些它之前从未收到过的消息广播 1 次，这会大大减轻网络负担，降低发生广播风暴的风险。另一类常用的 P2P 网络数据分发算法是分布式哈希表(Distributed Hash Table，DHT)，节点会利用存储的局部网络拓扑图选择数据交换节点，也能够大大优化网络传输的数据量。著名加密货币项目以太坊使用的 Kademlia 算法就是 DHT 一类中比较主流的算法。

4.2.3 分布式共识

除了点对点网络之外，建立去中心化电子现金支付系统需要解决的另一关键问题是达成分布式共识(Distributed Consensus)，维护账本的一致性。

1. 共识协议

共识是分布式系统在面对故障和异步时达成协议的能力。我们在生活的各个方面都依赖分布式系统，但是构成这些系统的组件，例如计算机和连接它们的网络，并不是绝对可靠的。共识解决的问题就是：在容许系统组件出错的情况下，确保分布式系统中节点之间的数据同步或就提案达成一致，从而可以用不可靠的组件构建可靠的分布式系统。试想，微信或者微博这样庞大的系统通常会有成千上万或者更多的服务器，它们共同构成了一个巨大的分布式数据库，记录了诸如用户发送的信息、发布的评论、点赞等巨量的信息。当一个新的信息产生后，它会被大量的节点同时记录下来，而共识要实现的基本功能就是确保数据库的所有备份中都存在或都不存在这条信息，即保持数据的一致性。

一个或多个错误的过程可能会扭曲结果，从而可能无法达成共识或达成不正确的共识。解决共识问题的协议旨在处理数量有限的错误进程干扰下的数据一致性问题。因此，一个理想的共识协议必须满足如下属性：一是可终止性（Termination），即一致性的结果可在有限时间内完成；二是统一性（Agreement），即不同节点最终完成决策的结果应该相同，或所有进程必须统一为同一值；三是合法性（Validity），即输出内容必须是按照系统规则生成的由其他进程提出的提案。可终止性强调了容错的思想，要求共识算法必须取得实质性进展，即使部分节点发生崩溃，也需要在有限的时间内输出结果。统一性和合法性定义了共识的核心思想，即最终达成的结果必然由某个节点提议且与其他节点达成共识。

分布式系统要达成共识，可能面临的挑战主要包括资源受限、节点故障、不透明、并发压力、缺少全局时钟等。分布式系统节点间通信依赖的网络存在带宽限制和时延问题，瞬时响应、高吞吐、高并发的难度较大。系统的任何一个模块都可能发生故障，节点处理可能出现错误甚至发生宕机，更为重要的是组件的性能、状态以及发生故障与否并不为其他节点所知。另外，在分布式系统组件协作过程中，事件发生的先后关系往往也十分重要，但由于缺少全局时钟，就事件顺序达成共识也是一个颇有难度的问题。在这些问题当中，最突出的两类错误是故障错误和拜占庭错误。故障错误（Crash Fault）也叫"非拜占庭错误（Non-byzantine Fault）"，指的是节点出现不响应的故障但不会伪造信息的情形；拜占庭错误（Byzantine Fault）指的是网络中某些成员节点发送错误信息甚至被蓄意破坏者控制的情况。根据对这两类故障的容错能力，共识协议可以被简单划分为崩溃容错协议（Crash Fault Tolerant，CFT）和拜占庭容错协议（Byzantine Fault Tolerant，BFT）两大类：CFT 协议保证系统在组件宕机的情况下也能达成共识，适用于中心化的分布式数据集群，例如 Google 分布式锁服务 Chubby、Paxos 协议等；BFT 协议由莱斯利·兰伯特（Leslie Lamport）在1982 年提出①，保证分布式系统在故障组件的干扰下依然可以达成一致性。

① LAMPORT L. An assertional correctness proof of a distributed algorithm[J]. Science of Computer Programming，1982，2(3)：175-206.

理论上，上述故障的存在使得异步通信环境下达成完全一致成为不可能事件。著名的 FLP(Fisher-Lynch-Paterson)定理指出：在网络可靠，存在节点失效(即使只有一个错误节点)的最小化异步模型系统中，不存在一个可以解决一致性问题的确定性算法。换言之，即使只存在一个缺陷过程，达成共识都是不可能的。虽然 FLP 证明完美容错的异步一致性系统不存在，但若适当降低要求，找到一个满足特定需求的容错系统仍然是可行的。埃瑞克·布鲁尔(Eric Brewer)、南希·林奇(Nancy Lynch)和塞思·吉尔伯特(Seth Gilbert)提出并证明了 CAP 定理，即：一个分布式系统最多只能同时满足强一致性(Consistency)、可用性(Availability)和分区容错性(Partition Tolerance)中的两项。强一致性要求所有节点同一时刻都能看到相同的最近写的结果或错误；可用性要求每次请求都能在有限时间内获得正确响应，但不保证是最新的结果；分区容错性要求在网络或某些节点出错时仍能提供服务。既然 CAP 三种特性不能同时得到保障，分布式系统在设计共识协议时通常会根据应用场景弱化对某个特性的支持。例如，著名的 Paxos 算法协议能够做到始终产出一致结果，但有时候可能会无法提供可用结果。

2. 加密数字资产的分布式共识

尽管在分布式数据库等应用场景下，FLP 定理、CAP 定理认为不存在完美容错的异步一致性系统，但比特币等加密数字资产的共识协议却表现出良好的运行状况。那么，加密数字资产的分布式网络里需要达成什么样的共识呢？这些共识又是如何形成的呢？这里仍以比特币为例进行介绍。

在比特币的点对点网络中，交易信息通过网络广播传递至各个节点。节点间需要达成共识的基本内容是：当一个节点提议将一些交易信息打包成块放入区块链时，其他节点需要投票决定哪些交易是合法、正当的，进而可以纳入到全局一致的总账本中。换言之，用户节点需要对账本情况达成共识，且只有在达成共识的账本中记录的交易才是有效交易。更进一步的，有效的交易活动总是伴随着比特币的转移，那么一个公钥地址所拥有比特币数量的变化取决于且仅取决于被确认的有效交易，一个公钥地址拥有多少比特币资产也依赖各节点对交易和账本的共识。因此，当我们说某一用户拥有一定数量的比特币时，他并不实际掌握任何具象的实体或者索偿权，而是其他节点对该用户拥有这些比特币达成了共识，这是加密数字资产财富的终极真相，也是其最具创意和迷人之处。

比特币的账本共识是在区块链上达成的。比特币分布式共识算法的实际运行情况之所以远好于经典理论对分布式共识协议的认知，部分原因是技术手段上的，另一部分是因为它设计了聪明的激励机制。技术方面，比特币共识过程与传统分布式数据库共识过程的差异主要有三点：一是比特币引入了随机性概念；二是比特币的共识是一种"隐性共识（Implicit Consensus）"；三是比特币放松了对共识终点的规定，不要求在较短时间内达成完美一致，但可能存在的分歧会随着时间流逝以指数形式迅速下降。激励机制方面，通过给诚实节点价值不菲的比特币奖励，引导节点客观地记录交易，大大降低了恶意节点攻击的成功率。我们从一个相对简单的视角，看看比特币的这些设计是如何结合起来实现其优良性质的。

先从一些相对较强的假设开始。假定网络中有超过一半的节点是诚实的，且可以随机选择一个节点提议下一个区块，那么在没有共识的情况下，每个回合至少有 50％ 的概率选中诚实节点来提议真实、有效的交易信息区块。显然，在单一回合中，恶意节点和攻击是无法避免的。比特币解决这一问题的思路是"隐性共识"和放松对共识终点的规定。隐性共识指的是，其他节点只需要隐性地接受或者拒绝随机选择节点提议的区块，如果接受则把该区块纳入区块链，并在此之后继续接龙下去；如果认为区块中的交易信息是不正当的，则忽略该区块，仍在之前接受过的区块上接龙。放松对共识终点的规定指的是，并不要求每一个回合达成的共识都是绝对正确的，但随着回合数的增加，最终达成的共识会无限逼近真实值。那么这一过程是怎么实现的呢？

如果满足超 50％ 的节点是诚实节点的假设，那么下一个被随机选中的节点仍然有更大概率是诚实节点，它会选择在仅包含正当交易区块的链上接龙；但仍不能排除恶意节点被继续选中，在包含不正当交易区块的链上接龙的情况。不过，只要诚实节点多于恶意节点，理论上包括正当交易的区块链会比包含不正当交易的区块链延长得更快。实际上，如果所有节点都相信整个网络中有超 50％ 的节点是诚实节点，那么基于前面的理论结果，节点可以认为最长区块链的可信度是最高的。因此，诚实的节点总是可以简单地选择在最长链上进行接龙，每一次接龙都是对之前交易信息的一次确认。因此，随着回合数的增加，正当交易得到的确认次数越来越多，仅包含正当交易的区块链越来越长，这个最长链就是长期共识链。包含不正当交易的区块链想要追上长期共识链的长度，需要恶意节点持续被选中，但只要超过 50％ 的节点是诚实节点的假设成立，恶意链追上长期共识链的概率会随着回合数的增加呈指数式下降。对于比特币而言，一笔交易得到 6 次确认（包含该交易的区块之后又附加了 6 个区块）之后，就基本可以确信是正当交易，犯错的概率已经极小了。

可以看到，在特定的假设下，上述技术手段已经可以形成可靠的长期共识，但问题是超过 50％ 的节点是诚实节点这一假设并不一定可靠。在加密数字货币的点对点网络中，节点并不对应任何真实身份，这意味着很难通过施加外部监督或惩罚措施来要求或迫使节点诚实。相反，如果不采取任何行动，节点并没有诚实记账的可靠动机。为了解决这个问题，比特币为诚实节点提供了货币奖励（以比特币而非其他法币的形式）。当一个节点验证了一组交易信息，将其打包并提议新的区块时，它可以在区块中写入一笔收款地址为节点指定公钥地址的特殊交易。这笔特殊交易是对区块提议者的奖励，其中包括区块奖励①和所验证交易产生的交易费。对比特币而言，区块奖励是一种造币机制。比特币总发行量规定为 2100 万 BTC，最初每产出一个区块，就向区块提议者支付50BTC 的奖励，作为新发行货币进入流通环节；每生产 21 万 BTC 后，区块奖励减半一次。

我们已经知道，提议的区块是否正当并不能立刻得到确认，因此，虽然区块提议者将奖励交易写进了区块，这笔交易同样需要经过多个回合的验证之后才能生效。换言之，只有当该区块被纳入长期共识链之后②，区块中写入的奖励交易才算被其他节点接受，从而成为全网共识。在这种激励机制下，被随机选中的节点有动机诚实行事，以便让其他节点能在它提议的区块上接龙。奖励机制是比特币的点对点系统与分布式数据库等其他分布式系统最大的区别，也正是因为比特币被定义为一种数字货币，才使得比特币激励有意义和可行。

到目前为止，我们假定每一个节点都有同等概率被随机选中，这导致存在一种被称为"女巫攻击"的潜在风险。女巫攻击指的是，恶意攻击者可能创造并控制大量女巫节点（例如，超过 50％），那么即便剩余所有真实节点都被激励机制所驱动并诚实地记录交易信息，网络中恶意节点被选中的概率仍会超过一半，这将颠覆整个共识过程。为了避免女巫攻击问题，加密数字资产的一个核心设计思路是：将随机选取节点改为根据节点占有的某种资源的比例来选取节点，更准确地说，节点被选中的概率并不是均等的，而是与其占有的某种资源的比例正相关。这样，仅仅通过制造大量新身份并不会提高被选中的概率，只要占有这种资源必须付出一定成本且没有人可以垄断，攻击者想要发动女巫攻击来颠覆共识过程就需要付出巨大的代价。

---

① 区块奖励是一种造币机制，比特币总发行量规定为 2100 万 BTC。最初每产出一个区块，就向区块提议者支付 50BTC 的奖励，作为新发行货币进入流通环节；每生产 21 万 BTC 后，区块奖励减半一次。

② 对于比特币而言，通常区块奖励通常需要经过 101 次确认之后才会生效。

专栏 4－2

加密货币区块链的分叉

正常情况下，加密货币区块链的共识机制能够确保所有经验证的新数据区块都被附加在最长链的末端，恶意攻击者任何延长虚假交易链条的企图都会被群体共识打败，从而形成一条长的、独一无二的长期共识链。不过，加密货币还远没有达到成熟水平，共识规则、协议并不是一成不变的。相反，加密货币系统正在不断演进、升级当中。需要注意的是，与一般的软件升级不同，去中心化的加密货币系统升级需要协调和考虑多数系统参与者的意见，并且可能出现区块链"分叉（Fork）"的现象。

分叉指的是：当协议发生变化后，一些节点没有发现协议变化或者短时间内不愿意升级，此时使用新旧版本软件的节点同时工作，将区块链分成两个（或更多）分支，并在不同分支上出现高度相同的块。区块链分叉一般可以分为"软分叉（Soft Fork）"和"硬分叉（Hard Fork）"两类，实际出现哪种分叉取决于引入的新协议与旧协议的兼容情况。

一种情况是新协议变得更严格，那么按照新协议创建的块仍然能被旧协议接受，但新协议不接受旧协议创建的块，这在软件开发中一般称为"向后兼容"。我们假设大多数矿工已经更新了软件，并挖出了新协议下的第一个区块 C（图 1 左半部分），附加在旧协议下最后一个区块 B 之后。随后，假如遵循旧协议的矿工找到一个区块 D，他会选择区块 C 作为链的末端，因为旧协议可以接受新协议的块。如果遵循新协议的矿工挖到了另一个区块，它会认为旧协议下挖到的 D 块是无效的，因此将新块附加到 C（新协议下挖出的块）上，形成 D'。由于大多数矿工已经更新了软件，所以更大概率由遵循新协议的矿工继续挖出新块 E'，并且将其附加到 D' 上。这样旧协议下的分支就变成了短链，那么下一轮中新旧协议下挖到的区块都会附加在 E' 上，从而使 D 彻底成为"孤儿块"。如果上述过程重复发生一次，最终共识链会变成 A-B-C-D'-E'-F'-G'。使用旧协议挖出的 D 和 F 因为不在长期共识链上无法获得采矿奖励，因此这些矿工会有动力升级它们的协议。在上述过程中出现的区块链分叉被称为软分叉。可以看出，软分叉并不会真正导致区块链分成两个分支，随着新旧协议的统一（如果大多数矿工不升级，存在协议更新失败的可能），分叉会消失，并回归唯一的共识链。

另一种情况是新协议变得宽松导致不能向后兼容，或者协议发生重大改变（例如改变了 Hash 算法），这时新协议创建的块在旧协议下是无效的，那么可能发生"硬分叉"(图 1 右半部分)。先考虑协议变得宽松的情况,假如遵循新协议的矿工挖出了协议更新后的第一个区块 C,并将其附加在协议变更前的最后一个区块 B 之后。随后,如果仍然遵循旧协议的矿工挖出了一个新区块,它会认为 C 是无效块,而把新挖出的区块也附加在协议变更前的最后一个区块 B 上。此时,两个区块链分支的高度相等。接下来,如果遵循新协议的矿工又挖出一个块 D,它可以选择将其附加在 C 上,也可以附加在 C′上(旧协议更加严格,因此旧协议的块是可以被新协议接受的)。但既然这个矿工选择了升级协议,那么更大概率它会选择延续新协议下产出的 C 而不是旧协议的 C′。如果遵循旧协议的矿工挖出了新块,它认定 D 是无效的,只能继续将其附加到 C′上。这样,新旧协议下的矿工会各自选择在 A–B–C–D 和 A–B–C′–D′这两个分支上继续工作直至一方放弃,或者永久地持续下去,将区块链分裂成两个链。如果是协议发生重大改变的情况,新旧协议互相不能兼容,同样也会产生硬分叉,这里不再赘述。

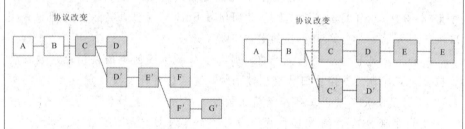

注:左图为软分叉,右图为硬分叉。

图 1　软分叉与硬分叉示意图

在加密货币的发展过程中,不可避免地会出现协议的进化,社区也不可避免地会产生分歧,当分歧不可调和时就会通过硬分叉分道扬镳。因为对区块大小的争论无法调和,比特币区块在高度为 478558 的区块初发生硬分叉,Bitcoin Cash(BCH)从此诞生;因为发展理念的不同,BCH 在区块高度 556 767 的位置硬分叉出 Bitcoin SV(BSV)。

3. 共识算法

选择何种资源?如何确定资源占有比例?如何将资源占有比例与节点被选中的概率联系起来,并确定由谁提议下一个区块?在加密数字资产中,解决这些问题的机制被称为"共识算法(Consensus Algorithm)",最常用的是工作量证明(Proof of Work,PoW)算法和权益证明(Proof of Stake,PoS)算法。

PoW 算法根据用户节点占有的计算能力来决定节点被选中的概率,其基本原理是通过求解哈希谜题来证明工作量。任何节点想要提议下一个区块都必须先求解出一个哈希谜题，而求解哈希谜题的唯一办法就是去尝试足够多的临时随机数，直到结果满足系统要求为止。破解哈希谜题也具有一定的随机性，运气足够好的节点有可能很快找到满足要求的临时随机数，但总体上是一个概率问题，没有人能预测哪个随机数会成功，也没有任何人能决定谁能提交下一区块。因此，计算能力越强的节点找到满足要求的临时随机数、获得提议创建下一区块权利的概率越大。另外，哈希谜题难于计算却易于验证，当一个节点消耗了时间和算力资源算出正确结果并向全网广播后，其他节点很容易校验结果是否符合系统规定，这就使得不需要任何中央权威机构的参与，实现了完全的去中心化。PoW算法最早被比特币用于验证交易，目前已成为广泛使用的共识算法。

PoS算法根据用户节点占有的权益量（如拥有的某种数字货币的数量）来决定节点被选中的概率，其设计思路非常符合常识：占有权益越多的节点越倾向于维护网络的正常工作，因而可以赋予其更大的记账权。PoS算法的典型过程是：通过保证金（代币、资产等具有价值的物品）来押注记账权分配过程，提供的保证金越多则获得记账权的概率越大；一个节点获得记账权后可以提议一个合法的新区块，同时获得抵押资产的利息和交易服务费作为记账的奖励；若节点存在恶意行为则将面临保证金被罚没的风险。PoS算法最早应用于Peercoin系统，主要希望解决PoW算法存在的明显弊端，例如算力不公平、巨大的算力资源和能源浪费等。

4.3　脚本与智能合约

前面介绍了加密数字资产的密码学和分布式账本原理，本节简要介绍它们实际运行所依赖的技术机制。加密数字资产交易实际上是通过脚本来完成的，而且在普通交易之外，脚本还可以承载更多功能，这使得"可编程货币"和"智能合约"的实现成为可能。

4.3.1　比特币脚本

在介绍比特币脚本之前，需要重申比特币系统中的一个关键概念：未花费交易输出UTXO（Unspent Transaction Output）。通过前面的内容我们知道，比特币交易中没有账户的概念，因此并不是通过跟踪计算账户余额来确定谁可以在下一笔交易中支配多少比特币。比特币的记账方法与财奴币类似：每一笔交易都被分配了一个 ID，并包含交易输入和输出两个部分；交易的输入是前序交易的输出（即在前面交易中被创造出来的币），将在本次交易中被消耗掉；交易的输出是本次交易中创造出的币，归属于交易指定的公钥哈希地址。比特币的交易都基于 UTXO，即交易的输入是之前交易未花费的输出，这笔交易的输出可以被当作下一笔新交易的输入。

比特币脚本是比特币的工作控制语言，是一种基于堆栈的逆波兰式（Reverse Polish notation，RPN）[①]简单执行语言。比特币脚本的作用就是用来编写比特币交易中 UTXO 的锁定脚本（Locking Script）和解锁脚本（Unlocking Script）。锁定脚本确定了花费输出所需要的条件，而解锁脚本用来满足 UTXO 上锁定脚本所确定的条件，解锁并支付。当一条交易被执行时，每个 UTXO 的解锁脚本和锁定脚本同时执行，根据执行结果（true/false）来判定该笔交易是否满足支付条件。图 4 - 16 展示了一个比特币验证脚本的示例。

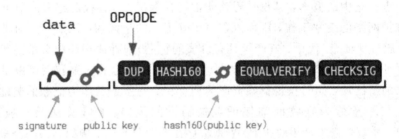

（资料来源：https://learnmeabitcoin.com/）

图 4 - 16　比特币验证脚本示例

假定用户 A 向用户 B 支付了一笔比特币，该交易会输出一个"付款至公钥哈希（Pay-to-PubKeyHash，P2PKH）"的锁定脚本，即图 4 - 16 中右半部分所示内容：OP_DUP OP_HASH160〈publicKeyHash〉OP_EQUALVERITY OP_CHECKSIG。其中，〈publicKeyHash〉为数据指令，表示用户 B 的公钥哈希地址，其他以 OP_开头的为工作指令（图中以黑色块表示）。当用户 B 希望解锁并使用这笔 UTXO 时，他需要使用自己的数字签名和公钥生成解锁脚本〈signature〉〈publicKey〉。比特币系统中的节点将上述解锁脚本和锁定脚本结合，形成验证脚本：〈signature〉〈publicKey〉OP_DUP OP_HASH160〈publicKeyHash〉OP_EQUALVERITY OP_CHECKSIG。该脚本被放入堆栈中执行，输出结果决定

[①]　逆波兰式（或逆波兰记法），也叫后缀表达式（将运算符写在操作数之后），指的是不包含括号，运算符放在两个运算对象的后面，所有的计算按运算符出现的顺序，严格从左向右进行（不再考虑运算符的优先规则）。

了 B 是否能够使用该笔 UTXO。

那么，验证脚本在堆栈中是如何执行的呢? 在堆栈语言里执行一个脚本，只需要一个堆栈来累积数据，并严格按照从左到右的顺序运行数据指令和工作指令。从一个空的堆栈开始，依此经历如下过程: ① 系统首先执行数据指令〈signature〉，将用户 B 的签名推到堆栈的最上面。② 执行数据指令〈publicKey〉，将用户 B 的公钥推到堆栈的最上面。③ 执行工作指令 OP_DUP，复制当前堆栈中最上层数据(即用户 B 的公钥)，并置于堆栈的最上层。④ 执行工作指令 OP_HASH160，对当前堆栈中最上层数据(用户 B 公钥的备份)进行哈希计算，并将其替换为计算得到的哈希值。⑤ 执行数据指令〈publicKeyHash〉，将上一笔交易(A 向 B 支付)输出中 B 的公钥哈希推至堆栈最上层。⑥ 执行工作指令 OP_EQUALVERITY，比较当前堆栈中最上层的两个数据(即⑤放入的 B 的公钥哈希和④计算得到的哈希值); 若两者不同，则抛出错误并停止执行脚本; 若相同，则移除两个数据并向下执行脚本(此时堆栈中仅剩①和②放入的签名和公钥)。⑦ 执行工作指令 OP_CHECKSIG，用公钥验证签名的合法性，移除两个数据并留下验证结果。

通过上述过程验证之后，用户 B 就解锁了 UTXO，可以在本次交易中将比特币支付给其他指定的公钥哈希地址。事实上，虽然付款至公钥哈希(P2PKH)是最常见的输出形式，但并不是唯一，比特币系统还支持付款至脚本哈希(Pay-to-ScriptHash，P2SH)。P2PKH 和 P2SH 的主要差别是资金的转出条件不同。在 P2PKH 场景下，一笔比特币资金的转出条件是该笔资金的上个发送方设定的锁定脚本，接收者通过私钥签名和公钥解锁后即可转出。而在 P2SH 场景下，接收者首先构建一个赎回脚本，对这个赎回脚本进行哈希计算，并将哈希值发送给比特币发送者; 发送者对这个脚本哈希付款，且不再设定锁定脚本; 这时，接收者如想将这笔比特币转出，就需要满足赎回脚本中的转出条件。赎回脚本的设定可以是多样的，从而能够实现多重签名、第三方支付等更复杂的交易，这些构建了可编程货币和智能合约的基础。

4.3.2　智能合约

按照计算机科学家尼克·萨博(Nick Szabo)最早给出的定义[①]，智能合约(Smart Contract)是"一套以数字形式定义的承诺，包括合约参与方可以在上面执行这些承诺的协议"。换言之，智能合约是一种计算机程序或交易协议，可

---

① SZABO N. View of Formalizing and Securing Relationships on Public Networks. First Monday, 1997. doi: 10.5210/fm.v2i9.548.

根据合同或协议的条款自动执行、控制或记录相关的事件和行为，当一定的条件被满足后，系统会自动执行一段代码，完成一个交易或其他动作。从这层意义来看，日常生活中的自动售货机、话费自动扣款、高速路口的 ETC 等都有智能合约的影子。不过，目前人们所谈论的智能合约已经特指去中心化系统中的智能合约，美国国家标准与技术研究院将"智能合约"描述为"在区块链网络上使用加密签名交易部署的代码和数据（有时称为函数和状态）的集合"[①]。在加密数字货币、区块链等去中心化系统中，智能合约会被同步到分布式系统中的每一个节点，网络中任何运行节点的服务器都可以监督合约的正常运行，其主要目标是减少对可信中介的需求、仲裁和执行成本、欺诈损失，以及减少恶意和意外异常。

比特币的多重签名和 P2SH 可以算是分布式系统智能合约的雏形。但是，为了避免因编写疏忽等原因导致的无限循环，以及防止形成脚本漏洞而被恶意攻击者利用，比特币的脚本语言被设计得非常简单，仅可在有限的范围内执行，做较简单的数据处理，不具备循环和复杂的流控制功能。因此，比特币脚本不是图灵完备的语言，不能运行强大的函数功能，可以编写的智能合约交易模式也非常有限。2015 年上线的以太坊推出了支持图灵完备语言的智能合约平台，编写好的智能合约被编译成低字节代码，由以太坊虚拟机（Ethereum Virtual Machine，EVM）执行。以太坊支持的 Solidity、Serpent 等图灵完备的智能合约编程语言提供了完整的自由度，可以让用户搭建各种应用，能提供的业务几乎是无穷无尽的。

★★★ **专栏 4-3**

区块链的分层架构与扩展方案

在学习加密货币或区块链时，可能经常会遇到诸如"第一层协议"和"第二层协议"等术语，或者"数据层""共识层"等说法。那么，区块链究竟是如何分层，各层都承担什么职能，分别有哪些核心技术呢？

从技术上来看，区块链的分层架构主要包括五个层面，分别是：硬件基础设施层、数据层、网络层、共识层、应用层（如图 1 所示）。硬件基础设施层指的是构成区块链点对点网络的各个节点，这些节点共同构成了一个分布式数据库，存储所有数据，验证和记录交易及其他相关数据。数据层是以区块链

---

① YAGA D, MELL P, ROBY N, et al. Blockchain technology overview. arXiv preprint arXiv: 1906.11078, 2019.

表形式存在的所有数据，其中包括存储交易信息的区块、时间戳、签名信息、随机数、区块版本号、当前难度目标等信息。网络层负责节点间的通信，确保节点可以找到网络中的其他节点并与之进行交互、交易信息传播和区块同步，以保持整个区块链网络处于正常状态。共识层是区块链中最核心的部分，主要负责验证区块和更新整个分布式账本，并保证整个网络对账本达成共识。应用层是最终用户与区块链网络进行直接交互的层面，包括智能合约、链码、去中心化应用程序等，脚本、应用程序编程接口（API）、用户界面等也属于这一层面。

应用程序层和表示层
智能合约 · 链码 · 去中心化应用程序 · 用户界面

共识层
Pow · Pos · DPoS · PoET · PBFT

网络层
点对点（P2P）

数据层
数字签名 · 哈希 · 默克尔树 · 交易

硬件基础设施层
虚拟机 · 容器 · 服务 · 消息传递

图 1 区块链的分层架构

我们从前面章节中已经了解到著名的 CAP 定理，去中心化数据库只能同时满足一致性、可用性和分区容错性三者中的两个。在当前分布式网络的背景下，CAP 定理演化成区块链的"三难困境"，即去中心化、安全性和可拓展性不可兼得。随着区块链和加密货币用户数量的激增，人们发现很难在不牺牲安全性或去中心化程度的情况下对比特币或以太坊等区块链进行拓展。所谓的区块链第二层、第三层解决方案，就是为了应对区块链三难困境提出的。在这一语境下，扩展的区块链架构被重新划分为从零到三的四个层次。

区块链第零层指的是构成区块链的基本组件，包括互联网、硬件和通信，这些组件是区块链技术实现的基础。第一层也称为基础层，负责共识过程、编程语言、区块时间、争议解决以及维护区块链网络基本功能的规则和参数等。第一层的设定决定了区块链的安全性和去中心化程度，传统的 PoW 共识机制被广泛应用，处理速度和容量十分有限。比特币网络就是典型的第一层区块链的例子。叠加在基础层之上的网络称为第二层或"L2 解决方案"，协议通过把基础层上的一些交互职能转移到第二层来增加可扩展性，这样主链上的智能合约可以只处理简单的存取款，从而起到增加节点数量、提高系统吞吐量的效果。L2 解决方案有许多不同的思路，例如以 OMG Plasma 项目为代表的嵌套区块链（Nested Blockchain）解决方案、以比特币闪电网络为代表的状态通道（State Channels）解决方案、以 RSK 为代表的侧链（Sidechains）解决方案、以 Arbitrum One 为代表的汇总（Rollups）解决方案等。第三层或 L3 为应用层，主要充当用户界面，弱化过于复杂的技术元素，从而提升区块链在现实世界中的可用性。

目前，提高加密货币区块链的可扩展性主要有两种思路：L1 改进和 L2 解决方案。对于已经建成的区块链网络而言，L1 改进的成本和时间花费较大，L2 解决方案可以提供更快速和便捷的方法来提高可扩展性；而新的区块链项目可以利用更先进的技术，直接搭建具有良好可扩展性的新网络，不过在安全性和去中心化水平方面仍然需要作出一些牺牲。

本 章 小 结

本章介绍了加密数字资产的主要原理、技术基础以及运行机制，总的来说可以概括为：利用块链式数据结构来验证与存储数据，利用分布式节点共识算法来生成和更新数据，利用密码学的方式保证数据传输和访问的安全，利用由自动化脚本代码组成的智能合约来编程和操作数据。通过本章我们能够看到，加密数字资产的分布式系统之所以能够取得成功，是创新的技术手段和聪明的激励机制相结合的产物。有趣的是，阿尔文德·纳拉亚南等（2016）以比特币为例提出了加密数字资产发展的一个自举（Bootstrapping）问题：比特币之所有价值是因为人们认同比特币系统的安全性，比特币系统的安全性在一定程度上依赖于对矿工的比特币激励，而激励机制能够起到效果的基础是比特币的货币价值[1]。因此客观地说，作为首个加密数字资产，比特币的成功有一定的偶然性，但它为其他加密数字资产的价值提供了一定的背书，推动了其他加密数字资产的自举过程。

---

[1] NARAYANAN A, BONNEAU J, FELTEN E, et al. Bitcoin and Cryptocurrency Technologies: A Comprehensive Introduction. Princeton: Princeton University Press, 2016.

思考与练习

1. 简述加密哈希函数的主要性质。
2. 简述哈希指针在区块链式数据和梅克尔树结构中的应用。
3. 简述非对称密钥技术。
4. 简述数字签名和验签过程。
5. 简述比特币分布式共识机制。
6. 常见的共识算法有哪些?

延伸阅读材料

[1] ANTONOPOULOS A M. Mastering Bitcoin: Unlocking Digital Cryptocurrencies. Newton, MA: O'Relly Media, 2014.

[2] FERGUSON N, BRUCE S, TADAYOSHI K. Cryptography Enginieering: Design Principles and Practical Applications. Hoboken, NJ: John Wiley & Sons, 2012.

[3] KATZ J, LINDELL Y. Introduction to Modern Cryptography, second edition. Boca Raton, FL: CRC Press, 2014.

[4] NAKAMOTO S. Bitcoin: A Peer-to-Peer Electronic Cash System. 2008.

[5] NARAYANAN A, BONNEAU J, FELTEN E, et al. Bitcoin and Cryptocurrency Technologies: A Comprehensive Introduction. Princeton: Princeton University Press, 2016.

第五章　稳定币的原理与实现

　　私人稳定币的使用仍然有限，部分原因是它们对用户来说存在风险。但稳定币也具有使其具有吸引力的特点，例如，在机构较弱、本国货币不稳定的国家以及跨境支付方面。只要条件合适，事情就会进展得非常快。根据发展中国家美元化的经验，我们知道存在一个临界点，超过该临界点采用新货币会呈指数增长。如果没有监管，私人稳定币使用量的急剧上升可能会对金融稳定构成威胁。

——史蒂文·迈约尔，荷兰中央银行监管执行董事

　　稳定币特指拥有价格稳定机制的私人数字货币，它具有相对稳定且可预测的法币赎回价格。稳定币扮演了沟通传统金融世界与链上资产的桥梁，充当其他加密数字资产的交易对，并在价格剧烈波动的数字货币市场中发挥了良好的资金避险、资产储值、支付结算等作用，它的出现对于加密数字货币的蓬勃发展起到至关重要的作用。

　　本质上，绝大多数稳定币都是依托公有区块链协议（如 Omni、Liquid Protocal、ERC、TRON、EOS、Algorand、Avalanche 等）发行的加密代币。因此，稳定币一方面继承了区块链的特点，其发送、接受、存储、交易以及转换的各种数据被永久地存储在区块链中，不可篡改；另一方面它并不涉及更多的密码学原理或技术创新，与其他类型的加密代币最大的不同在于价格稳定机制。按照价格稳定机制的不同，稳定币可以分为法币支持稳定币、资产支持稳定币和算法稳定币，本章将主要介绍这三类稳定币的原理和实现。

5.1 法币支持稳定币

　　以法币储备支撑加密数字货币的价值，从而使其自然保持与法币之间稳定的兑换关系，是最早出现的稳定币类型，也是目前最成功的模式。这种稳定币类型的诞生和发展受益于监管政策的挤压：由于许多国家禁止加密货币的法币

交易，从而催生了强烈的在区块链上构建法币镜像的需求。

5.1.1 基本原理

法币支持稳定币的原理非常简单：发行者每发行一单位加密数字货币就需要保有相当的法币储备，若发行数字货币与储备法币的数量关系维持在1∶1，即每单位加密数字货币都拥有全额法币储备，那么该加密数字货币的法币赎回价格就自然地稳定在1单位法币左右。这种解决方案的优势在于它逻辑可靠且易于理解，因为传统货币市场也是按照类似的形式运作的。

稳定币承载了现实世界的法币资产，实质是基于法律法规，用区块链外的经济机制，使稳定币和某种法币价值挂钩。在实践中，由于美元是目前相对比较理想的交易媒介，在全球范围内有较高的接受度，因此大多数稳定币选择锚定美元。著名的案例有USDT、USDC、BUSD等，它们与美元的兑换关系均锚定为1∶1。

法币支持稳定币需要由一个中心化的组织根据其总供应量和流通供应量进行管理。具体来说，当用户使用法币购买或兑换稳定币时，稳定币发行人按照1∶1的汇率发行新的稳定币并支付给客户指定的钱包地址，同时将对应数量的法币存储于托管的银行账户；当用户要求赎回法币时，稳定币发行人按照1∶1的汇率从托管银行账户中提取现金返还给用户，并将用户提交的等额稳定币予以销毁（见图5-1）。由此可见，法币支持稳定币高度依赖可信的中心化发币机构，这是其与比特币等原生加密数字资产最大的区别：比特币系统依托的是密码学证明，而与法币锚定的稳定币由于依赖中心化发行者，同时需要密码学证明以及信任。

用户　　法定货币　　银行　　稳定币发行人　　发行方在区块链上以
　　　　　　　　　　　　　　　　　　　　　　　1:1的比例发行稳定币

图5-1 法币支持稳定币的运作模式

要使法币支持的稳定币能够正常运作，中心化受信任机构必须保证遵循三个规则：第一，中心化受信任机构必须保证按照"稳定币∶法币＝1∶1"的关系发行新的稳定币，这一点可以通过承诺、审计或智能合约来保障。第二，中心化受信任机构必须保证稳定币随时双向可兑换，无论稳定币的市场赎回价格高低，用户给中心化受信任机构1单位法币，中心化受信任机构就必须向用户发送1单位稳定币；用户要求赎回1单位法币，中心化受信任机构就必须支付1

单位法币并销毁 1 单位稳定币。第三，中心化受信任机构必须获得牌照许可，在法规约束和监督监管下运行；已发行和流通的稳定币数量可以在区块链上进行查看，同时支撑稳定币的法币储备接受可信第三方审计。

从上述原理可以看出，法币支持稳定币的优点和缺点都很突出。优点方面，通过中心化法币抵押的方式发行稳定代币，技术实现简单，可以迅速提供较大的稳定币流动性，并且价格通常不容易出现大幅波动。缺点方面，中心化架构偏离了加密数字货币分布式架构的基本原则，容易出现漏洞（如节点故障、中心化实体破产、道德风险等），且还需要额外的受信任第三方来审计和监管。

5.1.2 法币支持稳定币示例

1. Tether

Tether（USDT）于 2014 年推出，是第一种在交易所上市的法币抵押稳定币，也是目前加密资产交易市场上规模最大的稳定币之一。在最初设计时，Tether 为了进行代币化的传统货币的交易，使用比特币网络作为其传输协议（特别是 Omni 层）创建。这个原始版本继承了比特币区块链网络固有的稳定性和安全性。

Tether 最初计划为发行的每 1 枚 USDT 都留存 1 美元的储备金，从而按照 1:1 的关系锚定美元。用户将一定金额的美元存入 Tether Limited 指定的银行账户后，Tether 为用户的公钥地址转入等量的 USDT。用户可以使用 USDT 在区块链上转账、交易或存储。当用户希望换回美元时将 USDT 存入 Tether Limited，Tether Limited 销毁客户存入的 USDT，并将等量美元发送到用户的银行账户。用户可以从 Tether Limited 处兑换 USDT，也可以在交易所买入 USDT，但是，Tether Limited 是唯一能够使 USDT 进入流通（发行）或退出流通（销毁）的主体，这是维持 Tether 系统足额偿付能力的主要机制。

随着区块链和稳定币市场的扩展，Tether 后续在 Ethereum、EOS、Tron、Solana、Algorand 等多个领先的区块链上发行了稳定代币，除了与美元挂钩的 USDT 外还陆续推出了锚定欧元的 EURT、锚定墨西哥比索的 MXNT、锚定离岸人民币的 CNHT 以及锚定黄金的 XAUT。

2. TrueUSD

TrueUSD（TUSD）是第一个完全由美元支撑且受监管的稳定币，最早于 2018 年 4 月由 TrustToken 推出，并于同年 5 月在 Binance 交易所上架，随后由 TrueCoin 公司负责运营。TrueCoin 声称自己是一家"致力于创造并提高稳定资产标准的金融科技公司"，旨在"建立一个'具有传统法币为基础的稳定币优势，但以最纯粹的方式进行去中心化的'金融生态系统"，并相信"该系统能帮助机构和企业无缝管理和交易其资产"。

按照 TUSD 的设计,买方通过"了解您的客户(Know Your Customer,KYC)"和"反洗钱(Anti-money Laundering,AML)"审核,并按照托管协议将美元发送给信托公司后,API 会指示相关智能合约向客户的以太坊公钥地址发出等价的 TrueUSD;若客户想兑换美元,同样需要通过 KYC/AML 审核,从以太币注册地址发送带有 TrueUSD 代币的智能合约,然后托管银行将把资金发给客户。TrueCoin 将 TUSD 的核心支柱总结为:① 全额储备,每个代币在银行中存储同等价值的法币;② 稳定,让市场认识到稳定币的内在价值等于基础货币的价格;③ 可赎回,绝不阻止或干扰已验证客户的合法赎回;④ 合规性,通过合规确保稳定代币的长期生存。

自 TUSD 推出以来,TrueCoin 公司一直与美国 50 强会计师事务所 Cohen&Co. 合作,每月提供证明,以验证支持 TUSD 的资金始终以 1∶1 的比例持有。除了每月的认证外,TrueCoin 还开始向"实时认证"仪表板过渡。通过与美国 25 强会计师事务所 Armanino 的合作,TrueUSD 持有人可以查看 TrueUSD 储备基金的实时仪表盘,将透明度从几个月提高到几分钟。实时仪表板由 Armanino 独立构建,将提供第三方确认。最终,实时确认仪表板将取代每月的认证。

自 TUSD 上线 Ethereum 之后,TrueCoin 公司又陆续登录了 Tron、Avalanche、Binance 等区块链,可在 30 多个 DeFi 平台上访问,并推出了锚定英镑、加元、澳元、欧元、港元的 TGBP、TCAD、TAUD、TEUR、THKD。

3. USD Coin

USD Coin(USDC)是由 Coinbase 交易所和 Circle 公司于 2018 年 5 月推出的稳定加密货币,定位为具有金融和运营透明度的稳定币。Circle 是美国高盛旗下的一家全球金融科技公司,擅长数字货币创新和开放金融基础设施建设,拥有美国、英国和欧盟的支付牌照以及纽约州 BitLicense,是加密资产行业全球牌照数目最多的公司之一;而 Coinbase 是全球最具影响力的加密数字资产交易所之一。因此,USDC 一经推出便迅速成为锚定法币的最具影响力的代币之一;上市一年后成为继 Tether(USDT)之后锚定法币的第二大稳定币币种。

USDC 最初被设计为与美元 1∶1 挂钩,每 1 单位 USDC 都拥有 1 美元法币的储备。用户每购买 1 个 USDC,Circle 就会存 1 个 USD 到指定银行(Silvergate 银行),并将铸造的 USDC 发给用户。用户持有的 USDC 对应的美元资产并不存储于 Circle 的公司账户,而是存储于托管的银行账户。Circle 无法随意挪用储备资产,这样就确保了资金安全。因此理论上即使 Circle 破产,也不会对用户资金产生影响。Circle 每个月都会发布 Grant Thornton 关于支持 USDC

的储备余额的证明报告，以便使用户确信他始终可以将 USDC 1:1 兑换成美元。

USDC 基于 CENTRE 框架开发，开源软件由 Center Consortium 管理，该组织推动采用可信稳定币的标准以及身份和支付标准。CENTRE 的开放源代码和透明的稳定币架构能实现法币与智能合约间的交互，给开发者提供在区块链应用程序中使用现实货币的可行方法。成千上万的开发者使用他们的应用程序与 Circle API 集成，以接受法定货币和 USDC 兑换、自动支付，并将数字资产账户基础设施嵌入到他们的产品或服务中，并为他们的互联网市场提供动力。

目前，USDC 已经在以太坊 ERC-20、Algorand ASA、Solana SPL 和 Stellar 区块链发行，在去中心化金融(DeFi)、数字资产交易、传统和加密原生业务、全球支付和汇款等领域有着广泛的运用。

📖 专栏 5-1

稳定币在加密生态中有多重要？

稳定币因其快速增长、不断增加的全球用例和潜在的金融风险传染渠道而备受关注。2022 年 5 月著名的稳定币 Terra USD 崩盘，欧洲中央银行于 2022 年 7 月出版了一篇关于金融稳定与宏观审慎监管的报告，题为：*Stablecoins' role in crypto and beyond：functions，risks and policy*。文章基于翔实的数据资料，系统地讨论了稳定币在加密资产生态系统中的作用、作为支付手段的潜力、对金融稳定的潜在风险以及稳定币相关的监管问题。以下是从该报告中摘取的部分内容，从中可以看到稳定币对加密资产交易和 DeFi 的重要性。

近年来，加密资产生态系统中稳定币的使用成倍增加。最初，稳定币主要用作加密货币波动的相对安全的"安全港"，并作为交易加密资产的桥梁。但随着去中心化金融(DeFi)应用的兴起，稳定币获得了新的用途。

稳定币仅占整个加密资产市场的一小部分，但最大的那些稳定币已经在加密资产生态系统中发挥了关键作用。尽管它们的市值从 2021 年初的 230 亿欧元增加到 2022 年第一季度的略低于 1500 亿欧元，但稳定币占整个加密资产市场币重仍不足 10%。然而，由于它们在加密资产交易中的频繁使用以及在 DeFi 中作为流动性提供者，它们已成为加密资产生态系统的重要组成部分，尤其是那些主导市场的稳定币。Tether、USD Coin 和 Binance USD 都是抵押稳定币，约占整个稳定币市场的 90%。其他具有重要份额的稳定币包括算法稳定币 DAI 和崩盘前的 Terra USD(5 月 9 日崩盘几乎抹去它全部市值)。

现有最大的稳定币 Tether 已经在加密资产交易中变得至关重要。使用稳定币的一项主要活动是加密资产交易，它们充当官方货币和加密资产之间的桥梁。在 Tether 的推动下，稳定币的交易量在 2021 年期间超过了无担保加密资产的交易量，达到 2.96 万亿欧元的平均季度交易量，几乎与纽约证券交易所的美国股票交易量持平（3.12 万亿欧元）。此外，Tether 参与了所有比特币和以太币交易的一半，这一比例高于比特币和以太币对法定货币的交易（图 1-a），占 2022 年 3 月加密资产交易平台所有交易的 65％左右。

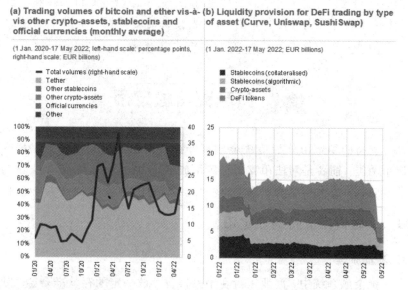

注：子图（a）：交易量数据基于 CryptoCompare 的实时汇总指数方法，该方法汇总了来自 250 多家交易所的交易数据。该图表反映了涉及比特币或以太币的交易量总和（月平均），以及比特币/以太币与上市资产或资产组之间发生的交易量的相应百分比。"Other Stablecoins"包括 USD Coin、DAI、Pax Dollar、TerraUSD 和其他 12 种大型稳定币。"other crypto-assets"包括仅次于比特币和以太币的 29 种最大的无担保加密资产。"Official currencies"包括美元、欧元、日元、英镑、卢布、波兰兹罗提、澳元、巴西雷亚尔、韩元、土耳其里拉、UAH、瑞士法郎、加元、新西兰元、南非兰特、NGN、INR 和 KZT。"Other"包括未包括在上述类别中的剩余资产。子图（b）：DEX 中的稳定币流动性是根据截至 2022 年 5 月 17 日 Curve、Uniswap 和 SushiSwap 上流动性最强的 10 个货币对估算的。Curve、Uniswap 和 SushiSwap 约占 DEX 锁定总价值的 50％。"Stablecoins（collateralised）"包括 Tether、USD Coin 和 True USD。"Stablecoins（algorithmic）"包括 DAI、Magic Internet Money 和另外三种稳定币。"Crypto-assets"包括以太币、PAX Gold 和 FNK 钱包。"DeFi Tokens"包括打包的比特币、Uniswap 的治理代币 UNI、SushiSwap 的治理代币 SUSHI 以及其他 16 种不同 DeFi 协议的代币。

（资料来源：IntoTheBlock、CryptoCompare 和 ECB 计算）

图 1 稳定币在加密资产交易和 DeFi 中的使用情况

稳定币提供去中心化交易所和借贷协议等 DeFi 应用程序的大部分流动性。2022 年 5 月，稳定币在去中心化交易所(DEXes)中提供了约 45％的流动性(图 1 - b)。其中大约一半是由抵押稳定币提供的。然而，对于 Tether 和 USD Coin 等有抵押的稳定币，去中心化交易或借贷的流动性规定与其总市值相比相对较低(不到 8％)。这表明它们仍主要用于加密资产生态系统中的其他目的。相比之下，对于像 DAI(超过 30％)和 Terra USD(在崩盘前超过 75％)这样的算法稳定币而言，在 DeFi 中提供的流动性占到其总市值的很大一部分。因此，这些特定的稳定币对 DeFi 非常重要。

5.2 资产支持稳定币

资产支持的稳定币分为传统金融资产支持的稳定币和加密数字资产支持的稳定币两类，前者是对法币支持稳定币成本压力的妥协，后者则尝试与传统金融资产脱钩，更大程度地实现去中心化、去信任属性。

5.2.1 金融资产支持的稳定币

1. 基本原理

在传统金融系统中，商业银行在中央银行存放一定的存款准备金，就可以通过信贷活动产生数倍规模的派生货币。只要用户坚信银行可以随时满足其提款要求，这一体系就能够稳健运行。在加密数字货币世界中，用户对稳定币的信心最初主要靠两方面来保证：一是每单位代币都有全额的法币储备存放在托管银行；二是用户可以随时将加密稳定代币兑换成足额法币。实际上，用户真正关心的是第二点。在非极端环境下，只要第二点能够得到满足，稳定币是否真正保有全额法币储备并不一定得到足够关注。对稳定币发行者而言，以 100％法币储备支撑稳定币价值是昂贵、无利可图的，发行者总有动机减少法币储备，转而以生息资产替代一部分法币。

因此，传统金融资产支持的稳定币与法币支持的稳定币在原理上并没有太大的区别，稳定币的发行者通过持有现金、现金等价物、其他商业银行短期存款、政府债券、商业票据等低风险金融资产作为发行加密数字货币的资产储备，保持储备资产的名义法币价值量与稳定币发行量的 1:1 关系，从而实现锚定法币的目标。换言之，传统金融资产支持的稳定币与法币支持的稳定币都是全额储备支持的，主要区别在于储备资产的构成。发行人如何选择储备资产配置方案是稳定性和效率的权衡：储备资产池中法币权重越大则稳定性越好，尤其是在市场波动期间能够更好地锚定法币；生息资产的权重越大则运作效率越高。

金融资产支持稳定币的运作模式加强了加密世界与传统金融世界的关联（见图 5-2）。企业和家庭的存款(Inflow A)和现金(Inflow B)购买稳定币后，稳定币发行人将部分资金存入商业银行(Reserve Flow A)，另一部分资金购买证券(Reserve Flow B)，并通过证券售卖方间接地流回商业银行。这些资金流反过来又会以存款准备金的形式影响中央银行的资产负债表，也会影响那些从商业银行获取贷款的企业和家庭[①]。图 5-2 没有捕捉到这些实体之间的全部资金流动，但它揭示了稳定币的广泛采用是如何重新洗牌银行系统内的复杂金融关系的。

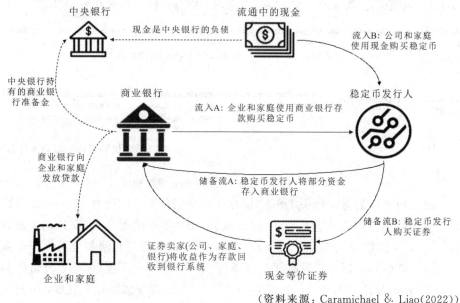

（资料来源：Caramichael & Liao(2022)）

图 5-2 资产支持稳定币的资金流动

2. 金融资产支持稳定币示例

许多最初被设计为 100%法币支持的稳定币最终都改变了储备资产结构，转而成为金融资产支持的稳定币。

---

① CARAMICHAEL J, GORDON L. Stablecoins: Growth Potential and Impact on Banking. Available at SSRN 4023830, 2022.

在 2018 年之前，Tether 一直声称所发行的每 1 个 USDT 都拥有 1 美元现金储备支持，但在 2019 年美国纽约州发起的针对 Tether 和交易所 Bitfinex 的调查中，Tether 首次承认只有约 74％ 的 USDT 由现金及现金等价物支撑。在 2021 年披露的审计报告里，Tether 的储备情况进一步发生了变化，约 75.85％ 为现金、现金等价物、其他短期存款和商业票据。这当中其他短期存款占 24.2％（总储备资产的 18.36％），商业票据占 65.39％（总储备资产的 49.6％），现金及等价物占比仅为 10.41％（总储备资产的 7.89％）。储备资产不透明以及未能按照承诺储备足额法币，是 Tether 被长期诟病的最主要原因。2021 年 Tether 表示将提升储备金的透明度，以打消市场长久的质疑。公司宣称每个季度都会披露独立会计师报告，以证明所有代币都得到了储备资产的充分支持。在 2022 年 3 月的最新报告中（见图 5-3），Tether 的储备资产中 85.64％ 为现金、现金等价物及其他短期存款及商业票据，其中美国国库券占比大幅提升至 55.53％。

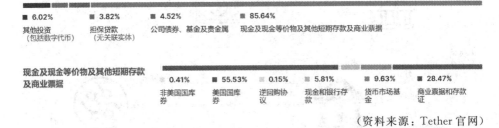

图 5-3　2022 年 3 月 Tether 储备资产构成

（资料来源：Tether 官网）

加密稳定币的另一巨头 USDC 也存在改变储备资产的问题。Circle 长期以来一直声称其稳定币 USDC 是由银行账户中的实际美元 1∶1 支持的，但其 2021 年 7 月份披露的 USDC 储备金报告显示，220 亿美元储备金里除了现金和美国国债（61％）以外，还有洋基存款证（13％）、商业票据（9％）、公司债券（5％）以及市政债券和美国机构债券（0.2％）。这份储备金报告披露后，引发了外界的一些担忧：用户认为，储备金中的商业票据、债券等资产，具有较强的波动性且缺乏流动性，难以应对大规模兑付。考虑到社区的情绪以及不断变化的监管环境，Circle 在 Centre 和 Coinbase 的支持下，于 2021 年 8 月宣布将完全以现金和短期美国国债持有 USDC 储备。USDC 也不再称其为 1∶1 美元支持，而是表述为"由等值美元计价资产支持（backed by the equivalent value of U. S. dollar denominated assets）"，储备资产中的现金存放在美国金融机构，美国国债由第三方托管人（美国银行、纽约梅隆银行）持有并由专业资产管理公司（美国银行资产管理公司、贝莱德）管理。USDC 官网最新披露的数据

(2022年6月10日)显示，流通中的USDC规模为537亿美元，对应现金储备为126亿美元，短期美国国债为412亿美元。

5.2.2　加密数字资产支持的稳定币

1. 基本原理

另一类资产支持稳定币以加密数字资产作为抵押物，通过借贷协议发行新币。与金融资产支持稳定币相比，加密数字资产支持稳定币的主要区别在于以下几点：

（1）基于区块链借贷协议智能合约实现去中心化。法币支持或传统金融资产支持的稳定代币需要由一个组织根据其总供应量和流通供应量进行管理，通过链下算法来执行挂钩；而加密数字资产支持稳定币则依赖于在链上执行算法的智能合约。智能合约是部署在区块链上的去中心化借贷协议，协议接受数字代币形式的抵押品并以稳定币的形式发行债务（见图5-4）。根据协议，用户抵押其他加密数字资产借出稳定币，新币铸造和债务同时发生，抵押资产协议锁定；用户使用稳定币偿还债务，债务消失的同时稳定币被销毁，抵押资产被解质。只有用户才能创建和销毁代币，且其所有操作都是按照智能合约进行的，不必依赖任何第三方。因此，这类稳定币基本实现了去中心化，更加透明和公平。

用户　　　　加密数字货币　　　　抵押资产协议　　　　在抵押稳定币

图5-4　加密数字资产支持稳定币的运作模式

（2）超额抵押降低脱钩风险。法币或传统金融资产支持的稳定代币一般要求全额储备，即每发行一单位的稳定币就要在储备库中保留一单位的法币或等值计价资产。由于加密数字资产支持稳定币以加密数字代币为抵押资产，而加密资产价值往往具有较大波动性，因此一般要求用户进行超额抵押。例如，著名的MakerDAO协议要求用户至少质押1.5美元的以太币（ETH）才能借出1美元的稳定币Dai。超额抵押的好处是，面临抵押资产价值下降等极端情况到达清算阈值时，有充足的抵押资产会被出售并赎回稳定币，从而最大程度抵御稳定币的脱钩风险。

（3）更复杂的价格稳定机制。法币支持或传统金融资产支持的稳定币除了保有100%全额储备外，一般不需要额外的价格稳定机制；但加密数字资产一般会设置更复杂的价格稳定机制。超额抵押是最基础的价格稳定机制，除此之外，贷款利率(借币成本)也是常用的手段之一。贷款利率设定得越高，用户铸造新币的意愿越低、归还旧币的意愿越强，稳定币进入供给收缩期，从而推动价值上升；反之，用户铸造意愿越强、归还意愿越低，稳定币流动性增加，推动币值下行。类似地，通过设置稳定币存款模块和调整存款利率，也能起到调节稳定币流动性供给的效果。另外一种稳定机制称为"锚定稳定模块(Peg Stability Module，PSM)"。在这个模块中，用户可以按照 1:1 的比例将其他稳定币(如 USDC)直接换成加密数字资产支持的稳定币，从而借助外部因素增强稳定性。另外，一些稳定币还提供套利工具，允许部分参与者通过套利交易维持稳定币的法币赎回价格。

从这些差异可以看出，加密数字资产支持稳定币的主要优势在于：体现了区块链的去中心化思想，没有哪个个人或者机构可以直接控制稳定币的发行；抵押物锁定在智能合约里，公开透明，无法被挪用或冻结。主要的缺点在于资金利用率低，这是 MakerDAO、Liquity、Reflexer 等采用超额抵押模式的稳定币都存在的普遍问题。以资金体量最大的 MakerDAO 为例，官方文档设定 ETH 的最低抵押率为 150%，对应 ETH 资金利用率为 66.67%；但实际中 MakerDAO 的 ETH 全局抵押率在 440% 左右(2021 年 7 月官网数据)，远超清算线 150%，ETH 资金实际利用率仅为 22% 左右。资金利用效率低下严重消耗了加密货币生态系统的流动性，导致清算效率低下，大大制约了稳定币项目的发展。另一个潜在的问题是，USDC 等法币支持或资产支持的中心化稳定币越来越多地被作为抵押资产，这使得 MakerDAO 等陷入了一种用中心化稳定币铸造去中心化稳定币的怪圈。

2. 加密数字资产支持稳定币示例

MakerDAO、Liquity、Reflexer、MIM 等都是加密数字资产支持的稳定币，其中 MakerDAO 协议下发行的 Dai 是规模和影响力最大的一个。

MakerDAO 是 2014 年在以太坊区块链上创建的开源去中心化自治组织项目。该项目发行一种名为 MKR 的治理型代币，全世界范围内持有该代币的人均可参与项目治理。通过由执行投票(Executive Voting)和治理投票(Governance Polling)组成的科学型治理系统，MKR 持有者可以管理 Maker 协议及 Dai 的金融风险，从而确保该协议的稳定性、透明性和高效性。MKR 投票权重与投票者存在投票合约 DSChief 中的 MKR 数量成正比：投票者在 DSChief 合约中锁定的 MKR 代币数量越多，其拥有的决策权就越大。Maker 协议目前由稳定币 Dai、Maker Collateral Vault(Maker 担保物金库)、信息输入系统(Oracle，通常译作"预言机")和投票机制组成。MakerDAO 依靠 MKR 持有者的投票决定关键的参数(例如稳定费率、担保物类型/质押比率等)治理 Maker 协议。

作为以太坊区块链上最大的去中心化应用之一,同时也是第一个获得大规模采用的 DeFi 应用,MakerDAO 主要服务的就是铸造去中心化稳定币 DAI。因此,简单讲,MakerDAO 就是一个通过智能合约来质押用户的数字资产并借出稳定币 DAI 的平台,其核心智能合约叫作抵押债务头寸(Collateralized Debt Position,CDP)合约,作用是保管抵押品。

从用户的角度来看,MakerDAO 的运作流程非常简单。用户将手上持有的 ETH 通过 CDP 合约进行抵押,在抵押率允许的数量范围内借出 DAI;用户可以在各类平台上使用 Dai,直至想要换回 ETH 时,将 DAI 打入 CDP 合约,并以 MKR 支付稳定费,就可以取出抵押的 ETH。但在 MakerDAO 协议内部,上述借贷过程实际需要经历比较复杂的通证周转过程。

图 5－5 展示了 MakerDAO 通证流动周转和智能合约的使用。图中,通证为圆形,智能合约及其实例化对象为圆角矩形,箭头表示智能合约的方法。过

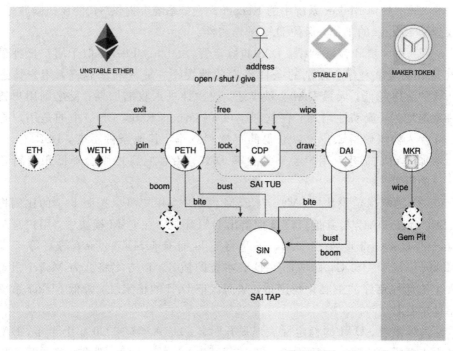

(资料来源:https://medium.com)

图 5－5　MakerDAO 通证流动周转和智能合约的使用示例

程中涉及的通证包括 ETH、WETH、PETH、DAI、MKR、SIN；智能合约 SAI TUB 的核心是 CDP，用于管理抵押资产和生成 DAI 债务；智能合约 SAI TAP 用于清算债务并从中产生利润。可以看出，用户的 ETH 并不直接进入 CDP 合约，而是先包装成 ERC-20 通证 WETH(Wrapped ETH)，然后按照汇率兑换为 PETH(Pooled Ether)，随后作为抵押资产进入 CDP 合约生产贷款，并输出 DAI。清算过程在 SAI TAP 中完成，稳定费(借款利息)用 MKR 支付，清算的债务表示为 SIN，并进一步兑换为 PETH。

DAI 的目标是 1:1 锚定美元，主要通过以下三种稳定机制来实现。

(1) 超额抵押。所有的 DAI 都是由用户在 MakerDAO 协议开设 Vault(金库)并存入协议支持的抵押物后，以抵押物超额抵押铸造借出的。不同风险参数的加密数字资产所要求的清算抵押率不同。例如：协议规定 ETH 的清算抵押率为 150%，不同风险参数的备用 ETH 抵押品类型 ETH-B 和 ETH-C 的清算抵押率分别为 130% 和 175%。当抵押率低于清算抵押率时，协议会将抵押资产打折出售，从市场上回购 DAI。这个过程中任何用户都可以清算抵押不足的资产，扮演 Maker 系统中的 Keeper 角色。系统会提供 3% 的无风险收益，以激励 Keeper 的工作，保护 DAI 的偿付性。

(2) 稳定费和存款利率。DAI 的稳定费(Stability Fee)类似于用户抵押借出 DAI 的贷款利率。在别的条件不变的情况下，贷款利率越高，用户铸造 DAI 的意愿越低，大量 DAI 会被归还，流动性进入收缩周期；反之则用户铸造意愿增强，流动性增加。存款利率(Dai Savings Rate, DSR)指的是用户把 DAI 存入协议储蓄账户可以获得的存款利息率，其他条件不变，DSR 上升，会增加 DAI 的需求，用户会铸造更多 DAI 来存款；反之则会降低用户铸造 DAI 的需求。

(3) 锚定稳定模块(PSM)。在 PSM 模块中，用户可以按照 1:1 的比例将 USDC 换成 DAI。与其他资产抵押借出 DAI 不同，在 PSM 模块中，用户是拿自己的 USDC 直接换成 DAI，因此将不再拥有 USDC 的所有权，等于是 Maker 获得了 USDC，而增加了 DAI 本位的债务。该方案将会为 Maker 积累大量流动性良好的中心化稳定币，从而保证 DAI 的稳定性，降低 Maker 系统整体的杠杆。

总体来看，DAI 的稳定性表现提升明显。2019 年至 2020 年上半年，DAI 经常出现脱锚的情况，振幅在 0.93 美元至 1.06 美元之间，偶有几日单日折价幅度超过 5%，不过基本都在 1 天内恢复。但在引入 PSM 机制之后，其稳定水平已经大大提高，几乎没有出现过大幅偏离 1 美元的情况。

5.3 算法稳定币

算法稳定币与前述法币支持稳定币、资产支持稳定币不同，它们不依赖于外部资产的支撑，而是通过特定的协议、规则、指令不断调整代币的供应量，通过优化激励市场参与者的行为，来平衡和控制流通供应，从而将其价值稳定在挂钩法币或加密数字资产价值附近。这种机制被写入到智能合约中，可以在区块链上公开查看，也不依赖于任何可信第三方。因此，算法稳定币是典型的去中心化数字货币。

5.3.1 基本原理

不同代币用来稳定币值的算法各有差异，但不外乎两种思路：一是通过模拟现实中中央银行的基础货币供应，二是依靠市场套利机制来消除与锚定对象间的价格偏差，但大多数情况下两种机制会同时存在。从 2018 年算法稳定崛起以来，市场中出现过三种主流的算法稳定币类型。

1. 变基模型

变基模型算法稳定币遵循 Rebase 模型，仅使用一种代币来构筑稳价机制，因此也被称为"单币模型"。Rebase 模型通过算法修改代币的流通供应量，进而影响代币价格。

以锚定 1 美元价格的代币为例，若代币价格超过 1 美元，则启动 Rebase 过程，通过智能合约直接增加用户持有的代币数量，这将使得系统中的代币供应量增加，推动代币价格下行；若代币价格低于 1 美元，智能合约同样启动 Rebase 过程，直接按比例减少用户持有的代币数量，这将减少系统中的代币供应量，推动代币价格上升。用户代币数量调整比例与价格偏离锚定目标的幅度相关，例如若锚定价格为 1 美元，而代币的市场价格偏离至 1.05 美元，则 Rebase 机制将使所有用户持有的代币数量等比例增加 5%。这种货币供应量调整机制简单粗暴，虽然在一定程度上能够使稳定币的价格稳定在锚定价格附近，但用户持有的稳定币数量却随时变化，因此实际持有价值并不稳定。

使用 Rebase 模型的著名算法稳定币包括 AmpleForth（AMPL）、BASE Protocal（BASE）、Yam Finance（YAM）等。

2. 铸币税模型

遵循铸币税模型（Seigniorage）的稳定币通常使用多币系统，其中一种代币被设计为稳定币，其他代币则会应用一些机制（如 Burn-Mint、Stake-Earn 等）以促进前一种代币的稳定。这种模型通常结合基于协议的铸币和销毁机制以及自由市场机制，激励市场参与者购买或出售非稳定代币，以推动稳定币的价格向挂钩的方向发展。常见的铸币税模型稳定币一般使用2种或3种代币，可简单划分为2币模型和3币模型。

2币模型中，一个币是网络的原生代币，需要被广泛接受；另一个是稳定币，锚定法币或其他加密资产价格（例如锚定1美元）。原生代币和稳定币之间可以按照固定比例（例如1∶1）兑换。如果稳定币的价格上行偏离至1.01美元，那么协议将允许套利交易者将价值1美元的原生代币兑换成1单位稳定币。此时，原生代币被销毁且退出流通，新的稳定币被铸造并投入流通。套利交易者即刻卖出稳定币，就可以赚取0.01美元的利润。这一过程会推动原生币供给减少、价格上升，同时稳定币供给增加，价格向下回归；若稳定币价格跌至0.99美元，则套利交易者可以用0.99美元购买1单位稳定币，并将1单位稳定币兑换为价值1美元的原生代币，然后卖出原生代币，获得0.01美元利润。兑换过程中稳定币被销毁，原生币被铸造。前者供给减少、价格回升；后者供给增加、价格下降。使用2币模型的算法稳定币包括 Fei Protocol(FEI & TRIBE)、Empty Set Dollar(ESD & DSU)、Terra UST(LUNA & UST)等。

3币模型的联动机制相对复杂一些，这里以 Basis Cash 稳定币系统为例进行介绍。Basis Cash 系统发行三种代币：Basis Cash(BAC)、Basis Share(BAS)、Basis Bond(BAB)，其中 BAC 被设计为锚定1美元的稳定币。当 BAC 的价格高于1美元时，系统会增发 BAC 给 BAS 的持有人；BAS 持有人可以卖掉凭空获得的 BAC，获得无风险收益，这将压低 BAC 的价格，使其回归1美元。当 BAC 的价格低于1美元时，系统允许 BAC 持有人以折扣价将 BAC 兑换为 BAB，并销毁 BAC。BAC 供给量的减少有助于推动价格上行，逐步回归至1美元。此时，BAB 持有者可以按照1∶1比例兑换回 BAC，并获得价差收益。Basis 的设计实际上把 BAC 当作现钞，把 BAS 当作能印钞的央行，把 BAB 当作债券，希望通过模拟现实世界的印钞和债券机制来实现稳定币。使用3币模型的算法稳定币包括 Basis Cash(BAC、BAB、BAS)、Mithril Cash(MIS、MIC、MIB)等。

3. 部分算法模型

采用部分算法模型的稳定币(Fractional-algorithmic Stablecoins)，也称为部分准备金稳定币(Fractional-reserve Stablecoins)，是全额准备金稳定币和算

法稳定币的组合。通过部分铸币税、部分抵押，这种代币旨在通过结合无抵押稳定币及抵押资产的最佳机制来维持其挂钩。

Frax Finance 是少见的采用部分算法模型的稳定币系统。该系统包括两种代币，其中 FRAX 为稳定币，锚定价格为 1 美元；FXS 为治理代币，主要用于吸收 FRAX 的波动以使其价格稳定。初始阶段，Frax 协议设置 100% 抵押率，每铸造 1 个 FRAX 都需要 1USDC 抵押支持。在达到一定流通规模后，协议根据 FRAX 价格调整抵押率。若 FRAX 价格高于 1 美元，说明市场对 FRAX 的需求大于供给，协议逐渐降低抵押率；若 FRAX 价格低于 1 美元，说明市场对 FRAX 的需求小于供给，协议逐步调高抵押率。这种部分抵押能够提高平均资本效率。算法方面，FRAX 和 FXS 构成了 2 币模型，基于协议的铸币和销毁机制与市场套利行为会推动 FRAX 向锚定价格回归。

5.3.2　算法稳定币示例

受益于 DeFi 项目的迅速扩容，算法稳定币从 2020 年后成为稳定币中最具吸引力的一个分支。然而，截至目前仍然没有一种算法稳定币能完全实现稳定的挂钩。特别是最大的算法稳定币项目 Terra UST 在 2022 年 5 月严重脱轨乃至最终崩盘之后，算法稳定币的前景被蒙上一层厚重的阴影。

Terra UST 一度是市场上最引人注目的算法稳定币，其稳定币供应量在 2022 年 4 月超过了 177 亿美元，在所有类型稳定币项目中的排名上升至第三位。UST 是一种与美元挂钩的算法稳定币，由 Terra 区块链及其原生资产 LUNA 驱动。为了铸造 UST，用户必须销毁同等价值的 LUNA（即 \$1：\$1）；类似地，为了赎回 LUNA，用户将必须销毁同等价值的 UST。这意味着 UST 没有外部抵押品资产的支持，而是依靠市场激励来维持稳定。假设 UST 的价格是 1.01 美元，高于 1 美元的锚定价格，这意味着对 UST 稳定币的需求超过了供应。在这种情况下，为了降低 UST 的价格，套利者会被激励销毁 1 美元的 LUNA 来铸造新的 UST，从而捕获 UST 的目标锚定价格（即 1 美元）与当前的价格（即 1.01 美元）之间的 0.01 美元的差额带来的收益。当 UST 的交易低于 1 美元的锚定价格时，套利者就会被激励销毁 UST 来铸造 1 美元的 LUNA，获得差额收益。这将减少 UST 的供应，从而帮助 UST 的价格提高到 1 美元的锚定价格。

从上述机制可以看出，Terra UST 是典型的铸币税式 2 币模型。Terra 稳定币 UST 和充当治理代币的原生资产 LUNA 相互依存，共同维持着整个系统的运转。UST 建立了丰富且活跃的 DeFi 需求场景（如著名的合成资产协议

Mirror 和借贷协议 Anchor），这些真实存在的需求极大地推动了 UST 的增发和流转，是全系统业务拓展的抓手以及主要利润的来源。LUNA 抵押和销毁产生的铸币税都会分配给 Terra 区块链的 PoS 群体，同时围绕稳定币生态产生的各项交易摩擦费用、托宾税、套利税费以及节点奖励、其他 DeFi 协议奖励，都给底层 LUNA 持有人带来了稳定且可观的年化收益。这种长期的激励和对稳定币前景的持续看好，让 LUNA 持有者成为系统的获益者，也是系统安全的兜底方。

这种机制看起来十分可靠，但 2022 年 5 月 Terra 的大崩溃最终证明它在极端市场行情下仍然是脆弱的。对于 Terra 系统而言，LUNA 的作用是吸收 UST 的波动性，因此，LUNA 的市值越高，UST 的流动性规模上限和安全性越高，脱锚概率越小；反之，若 LUNA 的市值越小，则系统安全性越差，脱锚概率越大。极端情况下，若 LUNA 的总市值跌破 UST 的总市值，则会导致严重脱锚和系统崩溃。在 UST 快速扩张期，Terra 为 UST 持有人提供了高达 20% 的活期存款利率，这吸引大量用户涌入 Terra，极大推动了 UST 规模的增加。同时也使得 LUNA 的市值规模快速膨胀，为 UST 提供了强大的支撑。不过，如此高的存款利率显然是不可持续的。随着利率的逐步下移，会出现大规模抛售 UST 的情况，并引起市场恐慌和更大规模的抛售。面对向下脱锚的 UST，用户纷纷选择销毁 UST，铸造并抛售 LUNA，这导致 LUNA 的供应量急剧增加，而价格直线下降。很快，LUNA 的市值开始低于 UST，这意味着前者将不再能够吸收后者的波动。市场对 UST 和 LUNA 的信心迅速崩塌，导致 Terra 彻底陷入"死亡螺旋"，UST 的价格也从 1 美元暴跌至不足 1 美分。

📖 专栏 5-2

成也 Anchor，败也 Anchor

Anchor 是 Terra 推出的存贷款项目，是 Terra 生态中最重要的协议。在 Anchor 的帮助下，Terra UST 的流通供应量曾在一年之内从 20 亿美元猛增至 185 亿美元，成为加密世界最大的算法稳定币；同样也是因为 Anchor 的商业模式最终被证明是不可持续的，Terra 公链彻底崩坏，UST 和 LUNA 失去几乎全部价值。

Anchor 本质上是一个 DeFi 借贷协议。一方面，它通过给 UST 存款人支付高额年化收益，吸引更多存款以提高 UST 的使用率；另一方面，它用吸收的 UST 存款发放抵押贷款（借款人须抵押 LUNA、ETH、Atom 资产，贷款价值比 LTV 在 60% 至 80% 之间），收取贷款利息，并将收到的加密资产进行质押以获得质押收益（Staking Yield），以支持它的负债成本。看起来，Anchor 的商业模式与一般商业银行的资产负债业务并没有太大区别，它的盈亏＝借款人向协议支付的利息＋借款人抵押资产的质押收益－向存款人支付的利息。显然，只要收入端能够覆盖支出端，Anchor 的模式就是可持续的；相反，若收入持续低于支出，Anchor 就必须依赖于外部输血，最终不可避免地会走向终结。

先看 Anchor 的支出端，协议向 UST 存款人支付高达年化 19.5% 的利息。在 UST 不脱锚的情况下，这个利息几乎是无风险、可预测、不承担币价波动的固定收益，对投资者而言极具吸引力。尤其是在加密货币市场行情不好的时候，买入其他加密资产并不挣钱，而 UST 存款却能获得近 20% 的高利率。因此，大量投资者涌向 Anchor 协议进行存款。对 Anchor 而言，存款利息实际上是 Terra 为 UST 规模扩张提供补贴的产品。但是，若要维持如此高昂的活期存款利率，Anchor 每年至少要承担十多亿美元的开支。但无论如何，19.5% 的存款利率为 UST 解决了稳定币最大的冷启动难题。

在收入端，Anchor 的收入分为借款人支付利息和加密资产的质押收益。Anchor 会通过调整借款利率来激励借款人更多地借款，从而获得足够的借款利息和质押收益：若 Anchor 上的贷存比（贷款/存款，Utilisation Ratio）较高，协议会自动调高借款利率；反之，协议会自动下调借款利率，以激励用户借款。因为 Anchor 能够获得加密资产的质押收益，它通过贷款获得的综合收益相当可观。举例来说，在抵押率为 75% 的情况下，借款人提供 1000 美元的 LUNA 作为抵押品，借出 750 美元；若借款利率为 10%，LUNA 的质押收益率为 8%，那么 Anchor 贷出 750 美元的综合收益为 $10\% + 8\% \times 1000/750 = 20.67\%$。不过，站在借款人的角度，他为何会愿意承担如此高的借款成本呢？一方面，借款人可以用借出的 UST 进行投资，最简单的做法就是再存入 Anchor；另一方面，Anchor 为了激励用户借款，还发行自己的代币 ANC 来补贴借款人。尽管 Anchor 贷款的名义利率一直维持在 12% 上下，但在补贴机制下，用户的实际综合借款利率很低，有时甚至能以负利率借到 UST。

Terra 十分清楚，Anchor 的资产端收入端不会在任何时候都覆盖负债端支出，因此还设置了一个收益备用金（Yield Reserve）。在它的计划中，当市场活跃、贷存比较高时，协议收入大于支出，净收益部分存入收益备用金；当市场不活跃、贷存比较低时，用收益备用金补足存款利息支持，维持 UST 需求增长。在 2021 年加密市场牛市中，上述机制运行得不错。各类无担保加密数字资产价格飞涨，人们不愿意过多持有稳定币，因此 UST 存款减少而贷款增加，贷存比高且借款利率＋质押收益轻松覆盖 19.5% 的存款利息，收益备用金获得增厚。但到了极端市场低迷时，稳定币相对无担保加密资产吸引力陡增，Anchor 上的存款规模迅速增加，借款增速完全跟不上存款增速，导致收益备用金被快速消耗。为此，Anchor 不得不数次通过融资补充收益备用金，并尝试逐步降低存款年化收益率。即使如此，UST 储户们还是能清楚地看到备用金不断地快速减少，并开始为备用金耗尽进行倒计时。

聪明的投资者早在 Terra UST 崩盘前就预料到了 Anchor 备用金耗尽会成为引爆 Terra 生态的导火索，并推演了这场灾难将如何发生：

① 没有备用金补贴，存款利率会立马跌到 7% 左右（具体计算方式不展开），吸引力大降；② 原本抵押贷款再存款套利的一部分人，会首先退出，因为套利逻辑消失，变相增加 Luna 市场流通量；③ 一部分存户逐渐把 UST 从 Anchor 提取出来，市场上的 UST 供应量大增，而需求不变，币价开始偏离 1 美元；④ 如果 UST 币价下跌缓慢，通过不断燃烧 UST 仍可勉强锚定 1 美元，但会让 LUNA 供应量大增，从而令 LUNA 价格有下行压力；⑤ LUNA 价格下跌会导致 Anchor 贷款人抵押品清算增加，UST 进一步释放出来，LUNA 供应量继续加大，开始进入死亡螺旋；⑥ 当 LUNA 价格不断下跌，市值接近，甚至小于 UST 的市值时，触发临界点，此时 UST 的储备资产小于自身的市值，挤兑会发生，且在疯狂的挤兑之下增发再多的 LUNA 都会无济于事，反而会让 LUNA 的价值更为快速地下跌，从而可能会让 LUNA 和 UST 一起迅速崩塌。

——知乎用户 Simonlee8000，2022 年 2 月 11 日，《一份关于 Terra 的看空报告》

随后发生的事情正如这位投资者所"预言"的那样。到了 2022 年 4 月 25 日，Anchor 的贷存比下降到 22%，即每 100 美元的存款只有 22 被借出去，备用金的消耗速度越来越快。为了给市场信心，Terra 宣布改用 BTC（原本是 LUNA）作为备用金，并将其补充至 40 亿美元的水平。但随着越来越多的 UST 出逃，UST 开始显著脱锚，那些原本应作为备用金的 BTC 只能被紧急出售以挽救 UST 脱锚。由于 UST 的规模实在太大，五月初短短两三天内 BTC 储备资产就消耗殆尽，UST 和 Luna 开始螺旋式暴跌。到 5 月 10 日，LUNA 市值开始低于 UST，崩盘已在所难免。

本 章 小 结

在目前的加密货币生态中，稳定币扮演了重要的角色。作为区块链技术与稳定法币价值的特性相结合的存在，稳定币在充当法币出入的桥梁、交易对、避险资产、支付工具乃至跨境结算方面都发挥着重要价值。就目前来看，几乎所有公链都提供发行代币的标准协议，只要发行代币就产生了交易的需求，就需要稳定币的服务。因此，稳定币在某种程度上可以看作是加密货币世界和公有区块链上的关键基础设施。本章介绍了法币支持稳定币、资产支持稳定币（包括传统金融资产和加密数字资产）以及算法稳定币的基本原理和实现机制。目前，以传统金融资产作为储备和抵押的中心化稳定币仍然占据了市场的绝大多数份额；完全去中心化、无抵押的算法稳定币一度让加密货币世界感到振奋，但 Terra 的毁灭式波动充分说明缺乏价值支撑和监管的稳定币模式可能会带来严重后果。调和稳定性、效率以及去中心化三者之间的矛盾，可能仍然是现阶段稳定币需要解决的核心问题。

思 考 与 练 习

1. 简述稳定币的分类方法。
2. 简述并比较不同类型稳定币的基本原理。
3. 简述法币支持稳定币的特征和优缺点。
4. 简述金融资产支持稳定币与加密数字资产支持稳定币的异同。
5. 简述算法稳定币的基本原理。

延伸阅读材料

[1] CARAMICHAEL J, LIAO G. Stablecoins：Growth Potential and Impact on Banking. Available at SSRN 4023830，2022.

[2] Centre. Centre Whitepaper，Document Version 2.0，2018.

[3] SAM A, AZIM K, ALONZI A. Stablecoin Economy：Ultimate Guide to Secure Digital Finance. Koosha Azim，2020.

[4] Tether. Fiat Currencies on the Bitcoin Blockchain. 2018.

第六章 央行数字货币的原理与实现

金钱的灵魂既不属于大型科技公司，也不属于匿名账本。金钱的灵魂是信任。所以，问题就变成了：哪个机构最适合产生信任？我确信，中央银行一直是并将继续成为最适合在数字时代提供信任的机构。这也是确保建立一个有利于所有人的高效和包容性金融体系的最佳方式。

——奥古斯丁·卡斯滕斯，国际清算银行总经理

中央银行数字货币（Central Bank Digital Currency，CBDC）是由中央银行发行的数字货币，也称为数字法定货币或数字基础货币。CBDC是中央银行的直接负债，以国家主权信用背书，这是它与加密数字资产、稳定币等追求去中心化、去信用化的私人部门数字货币的本质区别。作为法定纸币的数字化形式，CBDC在传统金融基础设施条件下实际已经具备实现条件，但直到2013—2014年，开发基于国家主权的中央银行数字货币才被提上日程。这很大程度上说明CBDC的确是受到了比特币和类似的基于区块链的加密货币的启发，虽然大多数CBDC可能不会使用或不需要任何类型的分布式账本。

从各国央行开发数字货币的探索和实践来看，CBDC的设计重点并不在于密码学原理、分布式账本或其他技术手段的创新，更多的是考虑如何在现有的货币架构、基础设施、技术路径等方面进行权衡和选择，以更好地满足用户对隐私、便利、安全等方面的需求，并规避私人数字货币在金融稳健、货币监管等方面存在的潜在风险。根据国际清算银行（BIS）2021年秋季对全球81家中央银行的调研，各国央行要么同时考虑批发型和零售型CBDC，要么只关注零售型CBDC，没有一家央行将其CBDC的关注范围缩小到只关注批发型[①]。

---

① KOSSE A，LLARIA M. Gaining Momentum：Results of the 2021 BIS Survey on Central Bank Digital Currencies. BIS Papers，2022.

6.1　央行数字货币的金字塔设计原理

本书第三章中已经提到，BIS 在研究报告《零售型央行数字货币技术》[1]提出了一个 CBDC 的金字塔模型。该模型将消费者对数字货币的需求映射到中央银行设计 CBDC 的选择上，形成一个类似金字塔的层次结构，较低层次的设计决策会反馈到更高层次的决策中。本章将继续在这一框架下详细讨论 CBDC 的设计和实现问题。需要特别指出的是，尽管 BIS 的金字塔模型偏重 CBDC 的零售属性，但在金字塔顶层也涉及零售型和批发型的选择问题。

金字塔模型的目的不在于比较不同 CBDC 设计的优劣，而是提供了一些选择，更准确地说是按照一种从消费者需求到设计选择的方法来描绘 CBDC 的开发。如图 6-1 所示，金字塔的左侧列出了与消费者需求密切相关的 CBDC 的六个特性，最底层是点对点支付中类似现金的可用性，向上依次为实时支付

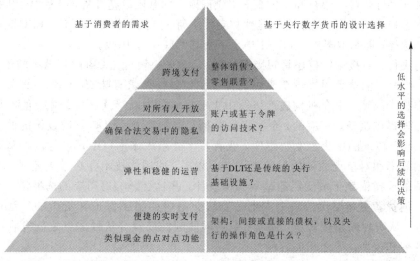

注：CBDC 金字塔将消费者需求（左侧）映射到中央银行的相关设计选择（右侧）。右边的四层形成了一个层次结构，其中较低的层代表设计选择，这些设计选择将反馈给后续的更高级别的决策。

（资料来源：BIS）

图 6-1　CBDC 金字塔选择模型

---

① AUER R, RAINER B. The Technology of Retail Central Bank Digital Currency. BIS Quarterly Review, 2020.

的便利性、支付的稳健性、交易的隐私性、广泛的可访问性以及跨境支付的易用性；右侧则显示了相关的设计选择。

消费者对 CBDC 的首要需求是：它应当具有类似现金的功能属性，能够在点对点环境下理想地转移。在面临金融动荡时，金融资产并不总能给持有者足够的持有信心，即使是银行存款在极端情况下也会面临挤兑的风险。人们希望持有一定的现金，是因为他们相信在货币体系、商业和零售交易未遭受彻底摧毁之前，现金都是可信赖的点对点支付工具。实际上，如今各类电子支付和第三方支付能够如此普及，也是因为消费者相信一旦金融动荡威胁到他们，可以迅速将持有的电子货币转换成现金。如果 CBDC 拥有类似现金的功能属性，它就有可能替代其他形式的电子支付系统，甚至替代现金。因此，类现金功能是消费者对 CBDC 的底层需求。

同时，如果 CBDC 的使用便利性显著差于其他的电子支付，那么消费者就很难从现有的电子支付方式转向使用 CBDC。现有电子支付的便利性已经深入人心，例如西方国家的信用卡支付和中国的支付宝和微信钱包等第三方支付方式。这种便利性依赖于银行和支付服务提供商庞大的基础设施准备，以及中介机构的零售客户服务能力。类现金功能性和支付便利性之间的权衡是设计 CBDC 时最基础的选择，即基本架构（图 6-1 中金字塔右侧底层）。中央银行需要考虑，CBDC 是对央行的直接索偿权还是间接索偿权，以及中央银行在 CBDC 运营中的角色。

此外，消费者对类现金支付的弹性和稳健性要求意味着，CBDC 必须免受各类技术故障、中介机构破产以及中央银行服务中断等问题的影响，能够持续稳定地提供服务。相应的，金字塔右侧第二层给出了 CBDC 基础设施的两种选择：基于传统的中央控制数据库，或者基于分布式账本（DLT）。这两种基础设施的效率和对单点故障的保护程度各不相同，使用的技术存在很大差异。基础设施的选择依赖于最底层的基本架构设计，并且会影响更高层的选择。

消费者更高层次的两个需求是合法交易中的隐私保护和货币的广泛可访问性。从实现的角度来看，隐私性、访问便利性以及合法性监管之间存在一定的冲突和权衡。与之相关的设计选择是金字塔右侧的第三层：CBDC 是采用基于账户的技术还是采用基于代币或通证的访问技术。基于账户的技术需要绑定用户身份信息，而基于代币的技术可以实现一定程度的匿名性。

最后一层需求是跨境支付。CBDC 也应该支持跨境支付，但在技术实现上可以有不同的选择：一种是将 CBDC 与现有的货币批发系统联系起来，实现跨境支付和结算；另一种是采用与比特币等加密数字货币类似的方法，允许消费者直接持有境外央行数字货币，从而在零售层面上实现全新的互联互通。采用批发或是零售，一定程度上取决于 CBDC 是基于账户还是基于代币，因此这一设计处在金字塔的最顶层。

6.2 央行数字货币的技术路径选择

6.2.1 基本架构

　　CBDC 金字塔的底层是其基本架构，核心是 CBDC 债权的法律结构，以及央行和其他中介机构在支付系统中的角色。根据定义，中央银行是 CBDC 唯一的发行人或赎回人，每一个流通 CBDC 的最终债务人都是中央银行。但是，这并不意味着持有 CBDC 的用户可以直接向中央银行行使索偿权，也不代表中央银行必须直接处理零售支付账本。在这一层，CBDC 可以选择的设计方式包括"直接 CBDC""间接 CBDC"以及"混合 CBDC"。图 6-2 给出了三种架构的示

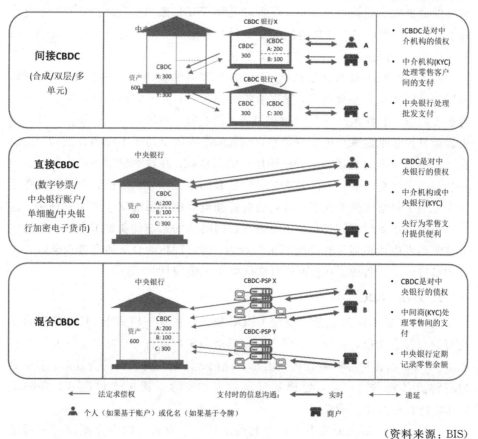

（资料来源：BIS）

图 6-2　CBDC 的基本架构示意图

意图，可以看到，这三种架构都可以是基于账户或代币的，并可能运行在各种基础设施上，这里的关键区别在于法律上的索偿结构和中央银行保存的账本记录。

1. 间接 CBDC

图 6-2 的最上层是间接 CBDC 的示意图，这种结构与现有的基于商业银行的货币体系比较类似，也被称为"两层 CBDC"体系。对于消费者来说，这种类型的 CBDC 并不是对央行的直接索偿权，只是对中介机构（图中称之为 CBDC 银行）的索偿权。中介机构负责处理与零售客户间的支付和通信业务，以及与其他中介机构间的支付和通信业务；同时被授权通过其持有的 CBDC 或存放在中央银行的各类准备金向零售消费者全额偿付每一笔尚未偿付的 CBDC 间接债务。中央银行只跟踪中介机构这些批发账户，当中介机构向中央银行发送批发支付请求指令后，后者对批发 CBDC 账户进行终局结算。需要注意的是，零售用户与中介机构间关于支付的通信是分笔实时发生的，而中介机构与中央银行间的通信是批量和有延迟的。

间接 CBDC 的优势在于：一方面，它与现有的货币体系和支付系统类似，可以充分沿用现有基础设施，发挥系统的便利性；另一方面，它免除了中央银行解决纠纷、了解客户（KYC）和相关服务的责任。间接 CBDC 的缺点在于：中央银行只记录批发账户的交易信息，不掌握个人的交易账本和债权记录，也没有任何类似现金的直接证据来证明用户的索偿权。在这种情况下，如果没有中介机构提供信息，中央银行无法兑付消费者的索偿请求。因此，中介机构在系统中充当了异常重要的角色，对它的监管和监督成为系统安全的关键任务。这与现在的货币支付系统类似，商业银行是网络中的系统性关键节点。一旦这些关键节点发生危机或存在任何不正当行为，确定债权的合法所有者就会陷入漫长和昂贵的法律程序，并且面临极大的结果不确定性。

2. 直接 CBDC

图 6-2 的中间层描绘了直接 CBDC 模式。在这一模式中，CBDC 代表对央行的直接索偿权，央行保留所有交易记录和账本信息，并随着每笔交易更新账本。KYC 和客户尽职调查可以由私营部门、其他公共机构负责处理，但中央银行将直接操作 CBDC，处理零售消费者的交易，提供支付服务，并响应 CBDC 持有者的偿付请求。

直接 CBDC 最大的吸引力在于其简洁性，它通过消除中介减轻对不可信中介的依赖，从而降低了整个系统的不确定性。不过，直接 CBDC 彻底摒弃了现有的货币支付体系，无疑会带来额外的基础设施建设成本。另外，直接CBDC 在支付系统的可靠性、速度和效率方面也存在一些潜在的问题。直接CBDC 试图建立一个超大规模的完全中心化(甚至是单一中心)的支付系统，这需要中央银行具备强大的技术能力，以避免产生网络堵塞、连接中断、节点障碍等问题。此外，服务零售消费者不是中央银行的特长，由它建立的支付系统未必会吸引到足够的用户，这使得央行的技术和资源投入的效率较低。此外，在传统的货币支付体系中，中介机构承担风险的基础是可靠的 KYC 和客户尽职调查；而在直接 CBDC 中，若中央银行将 KYC 和客户尽职调查委托给第三方机构来完成，则会带来额外的风险点。

3. 混合 CBDC

图 6 - 2 的最下层是混合 CBDC 模型的示例。混合 CBDC 是直接 CBDC 和间接 CBDC 框架的结合，是一种中间解决方案，它将对中央银行的直接债权与私营部门的消息传递层结合起来。这种结构的一个关键要素是支持索偿的法律框架，使其与支付服务提供商(图中的 CBDC - PSP)的资产负债分离，并允许可移植性。如果一个 CBDC - PSP 破产，法律框架需要明确这个 CBDC - PSP持有的 CBDC 不被其他债权人清算。另外，法律框架还应当允许债务和客户关系的批量移植，即央行应当有权利将一个破产 CBDC - PSP 的债务和客户关系转移到另一个健全的 CBDC - PSP 上；而且在 CBDC - PSP 破产之后，央行必须具备恢复账本的技术能力，这就要求央行必须保留整个支付网络的全部账本信息。

混合 CBDC 与间接或直接的 CBDC 架构相比，既有优点也有缺点。作为一种中间解决方案，它能比间接 CBDC 提供更好的弹性，但代价是中央银行需要操作更复杂的基础设施。另一方面，混合 CBDC 的操作仍然比直接 CBDC 更简单。由于央行不直接与零售用户互动，可以集中精力处理有限数量的核心流程，而中间商则负责处理包括即时支付确认在内的其他服务。

6.2.2　基础设施

基础架构决策之后的第二个选择是使用哪种基础设施，能以最具弹性的方式实现这些架构。上一节中介绍的三种基本架构对中央银行的技术能力以及相应基础设施的要求有较大差异。间接 CBDC 架构与现有的支付体系相近，因而对中央银行的技术要求最低，也能够最大程度地利用现有的基础设施。直接CBDC 架构需要中央银行处理所有零售交易，流量上限约等于货币区内信用卡、借记卡以及第三方支付运营商处理的交易量的总和，这对中央银行提出了很高的技术要求，并且需要建立一套新的支付体系基础设施。混合 CBDC 架构下，现有商业银行和第三方支付服务机构可以充当 CBDC - PSP，承担大部分零售交易处理工作，但中央银行仍然需要存储、维护及管理账本。因此，混合 CBDC 架构对中央银行的技术要求介于直接 CBDC 和间接 CBDC 之间，并且需要一些额外的基础设施。

CBDC 的基础设施可以基于传统的中央控制数据库，也可以基于加密数字货币领域流行的分布式账本技术。传统中央控制数据库与分布式账本之间的主要区别在于数据更新的方式。在传统中央控制数据库中，数据可能存储在多个不同的物理节点上以保障系统的网络弹性[①]，但这些物理节点都由一个中心化权威实体（层次结构的顶层节点）控制。相比之下，在基于分布式账本技术的系统中，账本由不同的实体以分散的方式共同管理，不存在也不受任何顶层节点的控制。账本的每次更新都必须在所有实体节点之间达成共识，随后才能将交易信息添加至分类账中。因此，选择何种基础设施取决于对一个关键问题的回答，即：记账或更新账本的权力是否需要由中央银行控制，或者可以委托给由经身份认证和审查的验证者组成的网络[②]？答案若是前者，则需要基于传统的中央控制数据库搭建基础设施；反之，则完全可以采用分布式账本技术。

图 6 - 3 展示了分布式账本技术（DLT）是如何在 CBDC 中发挥作用的。中

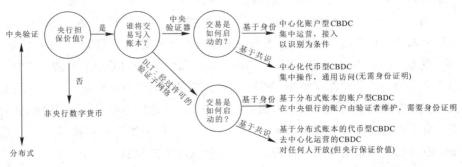

（资料来源：BIS）

图 6 - 3　CBDC 的基础设施和访问形式选择

---

① 网络弹性（Cyber Resilience）也称运维弹性（Operational Resilience），是指网络在遇到灾难事件时快速恢复和继续运行的能力。对支付网络而言，一些未知变数可能会导致支付业务受阻甚至系统崩溃，网络弹性可以保持网络的正常运行。

② 理论上和技术上也可以使用所有节点都参与账本更新的"无许可"模式，但经济成本可能会非常高。因此，大多数中央银行可能只会考虑"许可式分布式账本（Permissioned DLT）"，即由预先认证过的实体节点执行更新。

央验证和分布式账本技术下的许可网络验证将 CBDC 划分成两大模式，结合金字塔模型更上一层的访问形式决策（基于账户还是基于代币），可进一步设计出四种不同的 CBDC：中心化账户型 CBDC、中心化代币型 CBDC、基于分布式账户型 CBDC、基于分布式账本的代币型 CBDC。所有组合对于任何 CBDC 基本架构（间接、直接或混合）都是可行的；但在不同的架构中，中央银行和私营部门操作各自基础设施的不同部分。

从支付系统的网络弹性来看，传统的中央控制数据库和分布式账本技术都有各自的弱点，并没有哪一方明显占优。传统架构的关键漏洞是顶部节点的失效，针对性的黑客攻击可能导致整个系统崩溃。分布式账本的关键漏洞是共识机制，由于理论上无法确认分布式共识的存在性和可达成性，当节点遭受到外部压力时，可能会发生"拒绝服务（Denial of Service）"类型的攻击以及其他潜在未知的错误。分布式账本技术的本质是将调整中央银行资产负债表上债权的权力外包给了外部验证者，只有当这个外部验证网络比中心化系统更可靠时，分布式系统才可行。

另外需要特别指出的是，尽管分布式账本技术在比特币等私人数字货币领域已经有了广泛的应用且表现不俗，但并不意味着它适合所有 CBDC 架构。分布式账本的每次更新都需要进行信息广播和等待回复，并且分布式共识机制的达成也并非无成本的，这导致分布式账本比传统中心化架构具有更低的事务吞吐量。因此，除非是在特别小的货币区和司法管辖区内，分布式账本很难应用在直接 CBDC 上。从现有几个主要经济体的中央银行开发的 CBDC 概念模型来看，分布式账本技术在间接 CBDC 架构下有比较好的应用前景。目前大多数批发支付系统的交易数量与现有区块链平台处理的交易数量相当，因此，在批发环节使用分布式账本技术没有太多技术障碍。

6.2.3　访问形式

CBDC 的访问形式即向谁提供访问权以及如何提供访问权，是继基本架构和基础设施之后的另一重要设计选择问题，位于 CBDC 金字塔右侧的第三层。从目前的实践来看，访问形式无外乎两种：一种是基于账户的模型，类似于银行存款体系；另一种是基于代币的模型，类似于现金体系。CBDC 的访问形式见图 6-4。

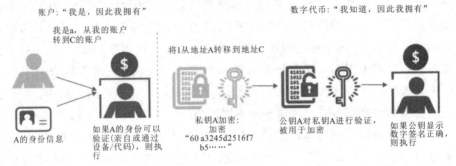

（资料来源：BIS）

图 6-4 CBDC 的访问形式

基于账户（Account Based）的 CBDC 模型与现有的银行货币体系基本一致，它将资金所有权与用户身份信息联系起来，只有验证了身份信息的合法账户所有者才被认为拥有资金所有权和支配权。需要注意的是，基于账户的 CBDC 并不一定要求将所有零售账户开立在中央银行，直接 CBDC（单层架构）和间接 CBDC（双层架构）都可以被设计为基于账户的类型。在单层架构下，用户把账户开立在中央银行，支付时，付款方使用密码登录央行账户，申请付款给收款方在央行开立的账户，央行的总账本记录交易信息并进行结算。在双层架构下，零售用户把账户开立在中介机构（见图 6-2 中的 CBDC 银行），中介机构在央行开立结算账户，用户通过在中介机构开立账户的账号和密码实现对数字货币的操作，中介机构利用在央行开立的账户进行批量结算。目前，人们常说的"账户型 CBDC"大都指的是单层架构下基于账户的 CBDC 模型。

基于账户的 CBDC 的主要优势在于以下几点：

第一，这种形式可以基于现有基础设施为用户提供熟悉的支付体验。

第二，由于账户与用户身份信息绑定，中央银行、中介机构或者其他第三方可以更容易地开展客户尽调（KYC）和反洗钱（AML）监管；用户也无须担心因密码丢失或遗忘导致的资产损失，因为总是可以通过唯一身份认证找回或重置密码。

第三，基于账户的 CBDC，特别是双层架构下的账户型 CBDC，可以缓冲单独设立央行数字货币体系对现有商业银行系统的冲击，不会导致商业银行被通道化或边缘化；商业银行可以作为 CBDC 中介继续实质性管理客户和账户，维持金融体系稳定。

这一方案的劣势主要在于：

第一，所有账户持有人的"强"身份，即在整个支付系统中将每个人映射为一个且仅为一个标识符的方案，可能会带来隐私问题。

第二，由于必须要使用身份信息开立账户才能进行交易支付，这可能会损害用户普遍获得服务的机会。

基于代币的 CBDC 系统可以突破现有账户体系的禁锢，在开放环境下，对交易安全、数据安全和个人隐私保护等问题提供一整套新的解决方案。与比特币等加密数字货币类似，基于代币的 CBDC 通过密码学和数字化形式模拟实物现金交易。用户使用私钥解锁数字货币并将其转移至指定的公钥地址，用户之间进行的点对点独立匿名交易无须中央银行的授权和处理。大多数基于代币的 CBDC 设计方案都将分布式账本和区块链作为底层技术，但分布式账本和区块链并不是必需的。从图 6 - 3 中可以看到，基于代币的 CBDC 既可以建立在传统的中央控制数据库基础设施之上，也可以使用分布式账本技术。

基于代币的 CBDC 的主要优势在于：

第一，它吸收了实物现金和加密数字资产"点对点"支付的特性，减少了用户对银行账户和第三方支付服务机构的依赖并且破除了被施加的约束。

第二，由于不需要采集和存储用户的身份信息且采用了非对称密钥等密码学技术，这一方案大大降低了系统运营商或中介机构持有的数据大规模泄露的风险，用户和交易信息的私密性得到了更好的保障。

第三，基于代币的 CBDC 能够确保普遍访问。任何人都可以获得钱包地址和数字签名，从而操作 CBDC，这使得货币体系的服务覆盖范围可扩大到虽没有银行账户但能够使用移动设备的人群。

第四，使可编程货币和基于智能合约的货币调控机制成为可能，有助于建立一个充满活力且预期稳定的金融生态系统。相应的，传统账户体系的一些优势成了基于代币的 CBDC 的劣势。例如，对监管而言，KYC 和 AML 将面临较大的挑战；对用户而言，如果他们不能妥善地保管好私钥，那么资金丢失的风险很高。

不过，CBDC 基于账户和基于代币的两条技术路线不是非此即彼的关系。时任中国人民银行数字货币研究所所长的姚前认为，代币模式是一种基于密码学的新型账户体系，本质上是一种全新的加密模式，在该模式下，用户对账户的自主掌控能力更强。在各国的实践中，基于代币和基于账户两种系统设计并非完全互斥，中央银行可以选择松耦合的账户体系以实现 CBDC 脱离传统银行账户进行价值转移，这使得 CBDC 的交易对账户的依赖大幅降低。

6.2.4　批发零售

CBDC 金字塔的最顶层决策是：选择批发型 CBDC，还是零售型 CBDC？尽管 BIS 是站在零售型 CBDC 如何应对跨境支付需求这一角度来阐述的，但以批发型还是零售型为主是 CBDC 项目最重要的选择之一，这将影响到 CBDC 的目标应用场景、设计与开发路径，以及推行策略。

批发型 CBDC 的使用限于中央银行和金融机构之间，与今天的中央银行准备金和结算账户类似，其目的在于结算大额银行间支付，或提供中央银行资金以结算新基础设施中的数字代币化金融资产交易。批发型 CBDC 不面向公众，在中央银行开立账户的金融机构可使用批发型 CBDC 进行大额支付结算，以提升批发类金融业务运行速度，降低成本和流动性风险，增强安全性。因此，它的应用场景主要是小额快速支付系统已经发展比较成熟的司法辖区，例如丹麦、新加坡、英国等。

零售型 CBDC 主要面向公众用户，用于满足金融机构之外的家庭和企业的支付需求。发行零售型 CBDC 有助于提升货币系统的普惠性，提升普通民众的支付体验和获得感；同时，有助于提升定向货币政策的执行力，通过全程可监控可追溯性特征防止资金被挪用占用，对于打击洗钱、电信诈骗、恐怖活动等犯罪行为也有帮助。零售型 CBDC 对经济体量较小导致现钞发行管理成本较高的经济体、小额结算体系不成熟的经济体以及国家货币主权沦陷的经济体更有吸引力。

回到 BIS 和各国央行关注的跨境支付问题，批发型 CBDC 和零售型 CBDC 都可以用于跨境支付。零售型 CBDC 天然具有便于跨境支付的特点，境外个人和机构在开设零售型 CBDC 钱包地址的程序和便利性方面与境内用户完全一致。从技术上说，零售型 CBDC 与比特币等加密数字资产一样，并没有国境线的概念。只要法律上允许，零售型 CBDC 可以十分便捷地用于跨境电商等交易活动的支付。批发型 CBDC 有解决当前跨境结算体系交易链条冗长的潜力，在保留银行中介职能的同时提高了结算效率，这是一些经济体的中央银行选择优先开发批发型 CBDC 的重要动机。目前已经有不少经济体开展了批发型 CBDC 的跨境实时转账测试。总的来说，零售型 CBDC 适合跨境点对点支付，而批发型 CBDC 可以改进当前基于银行的跨境支付体系，适用于机构与机构间的大额交易。

需要说明的是，如果一个经济体的货币体系是基于代币的零售型 CBDC，那么从技术上来看就是默认对境外居民开放的。这意味着，在完全市场化条件下强势 CBDC 可能会取代弱势 CBDC，从而侵蚀其他国家的货币主权。因此，国际协调也是央行数字货币体系开发需要考虑的关键问题。

6.3 央行数字货币的实现

6.3.1 央行数字货币实现示例

上一节在 BIS 的 CBDC 金字塔框架下讨论了央行数字货币的技术路径选择，本节简单介绍三个具体的 CBDC 项目的设计思路：中国人民银行的数字人民币(DC/EP)、瑞典央行的 e-krona 以及加拿大央行的 CBDC 应急计划。

1. 中国数字人民币

在全球所有 CBDC 项目中，中国人民银行推出的"数字货币与电子支付系统(Digital Currency Electronic Payment，DC/EP)"项目处于领先地位。DC/EP 也被称为"数字人民币"，相关研究开发工作最早可以追溯到 2014 年，于 2019 年开始试点。作为世界第二大经济体和人口数量众多的国家，中国有巨大的零售电商和移动支付市场。在这种背景下，推出零售型 CBDC 可能产生深远影响，不仅可以为消费者提供支付便利和更多的选择，而且可能改变目前移动支付市场由"支付宝"和"微信支付"主导的寡头垄断格局。结合 CBDC 金字塔框架，DC/EP 的主要实现机制如下：

在底层，DC/EP 的基本架构是"混合 CBDC"模式。发行在外的数字人民币是对中国人民银行的直接债权，但客户维护和实时支付服务由中介(授权运营商)承担，中国人民银行定期接受并存储账户和交易信息。由中国人民银行提供核心基础设施、商业银行和其他支付服务商提供公众服务的做法，能够防止风险过度集中于中央银行，并且避免因过分追求去中心化导致的现有 IT 基础设施、处理能力以及人力资本的浪费。

在基础设施层，DC/EP 的主要框架将建立在由传统中央数据库和分布式账本相结合的混合系统上。尽管 DC/EP 没有预设基础设施或技术路径，对 DLT 持开放态度；但中国人民银行指出，对中国目前的零售交易规模而言，系统结算能力必须达到每秒 30 万笔(Transactions per Second，TPS)的容量，这对现有的 DLT 技术来说是很大的挑战。

在访问形式和准入层面，DC/EP 采用的是一种基于账户和基于代币混合式模型，也就是所谓的松耦合账户体系。在日常交易中，用户可以像使用现金或加密代币一样匿名地使用 DC/EP，但运营机构需要及时以异步传输的方式向央行提交交易数据。这种设计可以更大程度地提升可访问性，同时也允许央行跟踪必要数据，以实施审慎监管，打击洗钱等犯罪行为。用户钱包最终可能被设计为分层的形式，以适应不同级别的匿名和访问要求，满足更强的客户身份识别要求的钱包被允许的交易限额可能越高。

在批发零售选择和跨境联系层面，DC/EP 将与现有的人民币批发和零售系统以及实时全额结算系统(Real Time Gross Settlement，RTGS)对接，但主要目标是国内零售使用。在与其他国外司法管辖区达成谅解的前提下，非居民(游客、商务旅客等)也可以使用入门级钱包访问 DC/EP。

2. 瑞典电子克朗

瑞典电子克朗(e-krona)是另一个全球领先的 CBDC 项目，由世界上历史最悠久的中央银行——瑞典中央银行(Sveriges Riksbank)建设。瑞典是一个高度数字化的经济体，近年来现金使用量急剧减少，以至于越来越多的商户甚至不接收现金。为了解决现金边缘化可能带来的许多潜在问题，瑞典中央银行启动了央行数字货币建设，与埃森哲(Accenture)合作开发 e-krona 试点项目。试点的目的是在孤立的测试环境中创建一种简单、用户友好的电子克朗，并探讨其作为现金的数字补充物的可能性，以及它是否能够支持瑞典央行促进安全高效的支付系统的任务。

在基本架构层，e-krona 目前的概念验证项目采用的同样是混合 CDBC 模型。电子克朗是对瑞典中央银行的直接债权，实时交易支付由中介支付服务商操作，瑞典央行将其称为"带有中介的去中心化解决方案"。和现金系统类似，只有瑞典央行可以发行和赎回电子克朗。网络中的经许可参与者(中介机构)可以直接通过瑞典央行结算系统(RIX)支付准备金，换取等量的电子克朗，也可以通过参与 RIX 的其他代理结构间接地获得电子克朗。经许可的中介机构负责向终端用户分发电子克朗，然后终端用户可以通过各种支付方式使用电子克朗。

在基础设施层，e-krona 概念验证项目采用的是分布式账本技术，其基础设施解决方案主要基于 R3 公司的 Corda DLT 平台。Corda 是私有区块链网络，其参与者必须获得瑞典央行的许可，因此其验证交易的成本要比比特币等公链网络低得多。为了保证系统的高度稳健性，Corda 网络中还加入了公证节点，它们的主要作用是防止出现双花(Double-spending)问题。

在访问形式层面，试点中的 e-krona 是基于账户的，但瑞典中央银行也在考虑使用基于低价值代币的预付卡。目前，瑞典中央银行发行的电子克朗被存储在用户开立在中介机构的钱包中，用户需要通过身份信息验证后才可以访问这些钱包。未来若推出电子克朗预付卡，则可以采用基于代币的访问形式，无须身份验证即可完成电子支付。需要说明的是，虽然是基于账户的访问形式，但在混合 CBDC 架构下，账户身份信息对瑞典中央银行是匿名的：中介机构负责 KYC 和持续的用户尽职调查，而中央银行只接收个人账户余额和支付信息，不接收实际账户持有人的身份信息。

在跨境互联和批发零售选择方面，e-krona 目前的重点仍然放在国内，主要希望起到补充现金的作用。因此，现阶段的 e-krona 侧重于零售系统。非居民零售用户未来有希望使用电子克朗预付卡进行小额支付。在批发层面，e-krona 未来将连接到银行系统和实时全额结算系统（RTSG），从而实现跨境支付。

3. 加拿大 CBDC 应急计划

虽然加拿大目前还没有推出 CBDC 的计划，但加拿大中央银行（Banque Of Canada，加拿大银行）就央行数字货币进行了积极的研究和国际合作，并制定了潜在架构和全面的计划，为货币和电子支付的未来做准备。加拿大银行指出，若未来加拿大公民不再在国内广泛使用现金，或某种数字货币被广泛采用以致威胁到加拿大货币主权，则会将发行 CBDC 提上日程。总体目标方面，加拿大未来推出的 CBDC 不会取代现金，而是现金的补充，以提升现有支付网络的弹性和可访问性，并降低交易费用。

在基本架构层面，加拿大银行确认 CBDC 将是对中央银行的直接债权，这意味着其不考虑间接 CBDC 的形式。加拿大银行在研究报告中详细分析了三种潜在架构：一是直接 CBDC 模型，由加拿大银行提供整个 CBDC 支付系统；二是混合 CBDC 模型，加拿大银行仅负责发行和赎回 CBDC，私营部分中介机构负责服务最终用户；三是中间 CBDC 模型，类似混合 CBDC 但加拿大银行无权访问零售交易的完整分类账。除此之外，加拿大银行还考虑了一种混合选项：中介机构执行大部分实时交易结算，但加拿大银行可以根据社会目标直接进行一些零售支付，以服务某些特殊的公共政策目标。

在基础设施层面，加拿大银行未明确表示将采用何种方案，可能会考虑多种模式，并根据性能选择最优方案。加拿大银行从 2020 年开始就潜在基础设施方案设计与四所顶尖大学（卡尔加里大学、蒙特利尔麦吉尔大学、多伦多大学以及约克大学）接触。2021 年，四所大学提交的研究报告都是基于区块链技术和分布式账本的。不过，加拿大银行认为，DLT 可能作为 CBDC 基础设施的解决方案，但它绝非必要。

在访问形式层面，基于账户和基于代币的访问解决方案都将被考虑，并且很可能做分层设计。基于代币的访问可能被用于小额支付，通过低成本的专用接入设备实现，并允许没有智能手机的用户也能使用 CBDC。大额支付需要基于账户的访问,需要验证身份并执行适当的 KYC/AML 审查。分级处理有助于实现离线支付和账户松耦合。

最后,在跨境互联和批发零售选择方面,加拿大银行研究的 CBDC 框架将兼顾零售和批发。基于代币的小额 CBDC 支付体系,天然能够实现跨境零售支付,游客和其他非居民用其进行低价值支付时没有太多障碍。批发方面,加拿大银行将确保 CBDC 与所有其他支付手段互操作,并直接与处理批发支付的大价值转账系统(Large Value Transfer System,LVTS)连接。

6.3.2 全球央行数字货币实现进展

根据 BIS 的报告,2021 年接受调查的 81 家中央银行中有 90% 的央行正在进行 CBDC 相关研究,有超过一半的央行正在进行 CBDC 研发或者试点。这些作出答复的央行的管辖范围覆盖了全球人口的 76% 和总产出的 94%,其中 25 个属于发达经济体,56 个属于新兴市场和发展中经济体①。

图 6-5 描绘了受访的 81 家中央银行 CBDC 相关工作的总体情况。BIS 从 2017 年开始到 2021 年连续进行了五轮 CBDC 调查,受访央行中以各种形式参与 CBDC 工作的央行占比从 2017 年的 65% 左右增长至 2021 年的 90%(最左侧子图)。在 2018—2021 年期间,同时开展零售型 CBDC 研究和批发型 CBDC 研究的央行占比最多,其次是只关注零售型 CBDC 的央行,仅有为数不多的几

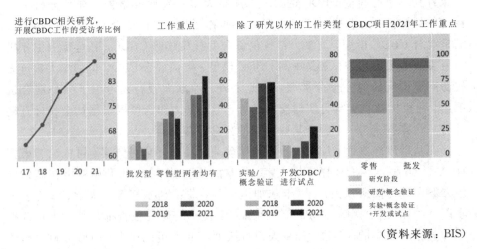

(资料来源:BIS)

图 6-5 全球主要央行 CBDC 实现进展

---

① KOSSE A, LLARIA M. Gaining Momentum: Results of the 2021 BIS Survey on Central Bank Digital Currencies. BIS Papers, 2022.

家央行专注于批发型CBDC。值得注意的是在2021年的调查中，没有一家央行将关注范围局限在批发型CBDC(图6-5中左起第二个子图)。图6-5中左起第三个子图表明，2021年约有62%的受访央行正在进行CBDC的实验或概念验证，约26%的受访央行正在开发CBDC或进行试点，这比2020年的数据提高了近一倍。图6-5中最右侧子图对比了截至2021年零售型CBDC和批发型CBDC项目的进展，可以看出零售型CBDC项目要领先于批发型CBDC项目；有超过一半的零售型CBDC项目至少已经进入概念验证阶段，并且有约20%的零售型CBDC项目已经进入开发或试点阶段；大多数批发型CBDC项目还停留在研究阶段，只有约10%的批发型CBDC项目进入开发或试点阶段。

 专栏 6-1

数字美元大幅落后，美联储在担心什么？

目前，几乎所有主要经济体都在探索CBDC。由于在隐私问题、监管障碍以及美国国会内部对是否需要发行CBDC等方面的分歧，美联储在发展CBDC方面要远远落后于其他中央银行(欧元区、日本、英国、中国等)。2022年1月，美联储发布了其关于CBDC的讨论文档。在该文档中，美联储发布了对CBDC的探索情况，但没有对是否发行数字美元表态。从报告可以看到，美联储认识到CBDC对支付系统的潜在好处——从金融包容性到维持美元在全球经济中的首要地位，但表达了对于货币和金融稳定，以及对全球金融体系潜在影响的担忧。

报告从"安全满足未来支付服务的需求""跨境支付的改进""支持美元的国际作用""金融包容性""扩大公众获得安全中央银行资金的渠道"几个方面讨论了美联储发行CBDC的好处，认为发行数字美元有可能成为支付系统的新基础以及新旧不同支付服务之间的桥梁，还可以在快速数字化的经济中保持安全可靠的央行货币的中心地位。报告也从"金融部门市场结构的变化""金融体系的安全与稳定""货币政策执行的有效性""隐私和数据保护以及预防金融犯罪""运营弹性和网络安全"几个方面提出了美联储的担忧，认为虽然数字美元的引入可能有利于美国消费者和更广泛的金融体系，但也会带来复杂的政策问题和风险。

除此之外，美联储在报告中还从"CBDC的好处、风险和政策考虑"与"CBDC的设计"两个方面提出了22个问题，以征求公众意见。客观地讲，这些问题无论是对已经启动CBDC项目的中央银行还是尚未开展CBDC项目的中央银行都具有重要参考意义。以下是有待进一步回答的问题：

（1）CBDC 可能存在哪些本文未提出的其他潜在利益、政策考虑或风险？

（2）CBDC 的部分或全部潜在利益能否以不同的方式更好地实现？

（3）CBDC 会影响金融包容性吗？如果引入，净效应是积极的还是消极的？

（4）CBDC 如何影响美联储实施货币政策以实现最大就业和价格稳定目标的能力？

（5）CBDC 如何影响金融稳定？对金融稳定的净影响是积极的还是消极的？

（6）CBDC 是否会对金融业产生不利影响？CBDC 对金融业的影响与加密稳定币或其他非银行货币有何不同？

（7）可以考虑使用哪些工具来缓解 CBDC 对金融业的不利影响？这些工具中的一些会减少 CBDC 的潜在好处吗？

（8）如果现金使用量下降，是否有必要保护公众获得一种可以广泛用于支付的 CBDC？

（9）在没有美国 CBDC 的情况下，国内和跨境数字支付将如何发展？

（10）其他经济大国发行 CBDC 的决定如何影响美国是否应该这样做的决定？

（11）是否有本文未提出的其他方法来管理与 CBDC 相关的潜在风险？

（12）CBDC 如何在不提供完全匿名和便利非法金融活动的情况下为消费者提供隐私性？

（13）如何设计 CBDC 来培养运营和网络弹性？哪些操作或网络风险是不可避免的？

（14）CBDC 是否应为法定货币？

（15）CBDC 应该支付利息吗？如果是，为什么和如何做？如果否，为什么呢？

（16）单个终端用户持有的 CBDC 金额是否应受到数量限制？

（17）CBDC 的中介机构应该是什么类型的公司？这些中介机构的作用和监管结构应该是什么？

（18）CBDC 是否应该具备"离线"能力？如果是，如何实现？

（19）CBDC 应最大限度地提高销售点的易用性和可接受性吗？若是，如何实现？

（20）CBDC 如何实现跨支付平台的可转移性？是否需要新技术或技术标准？

（21）未来的技术创新如何影响与 CBDC 相关的设计和政策选择？

（22）是否应考虑其他设计原则？围绕任何已确定的设计原则，特别是在试图实现 CBDC 的潜在利益时，是否存在权衡？

本 章 小 结

　　全球范围内，中央银行研究开发 CBDC 的动机不尽相同：一些央行的主要目标是提升国内支付效率和支付安全，一些是为了应对私人加密数字货币发展带来潜在系统性风险，另一些是为了改善金融包容性和普惠性。不同的动机产生了不同的需求，进而催生出不同的技术方案和实现机制。本章借用 BIS 的CBDC 金字塔框架介绍了央行数字货币的设计思路、技术路径选择、典型示例以及目前主要经济体 CBDC 的实现进展。总体来看，大多数央行并不打算用CBDC 替代传统货币体系，而是希望对现有支付体系形成补充，并尽可能利用好已有基础设施。因此，双层模式（特别是混合 CBDC）是最受中央银行青睐的基础架构。此外，大多数央行也不排斥区块链技术、分布式账本等新兴技术，甚至积极与私营部门合作，以建立更开放、更具全球竞争力的法定数字货币。姚前在担任中国人民银行数字货币研究所所长时曾将 CBDC 的内涵和外延表述为："在价值上是信用货币，在技术上是加密货币，在实现上是算法货币，在应用场景上是智能货币"，这十分形象地刻画了央行数字货币与传统法币的区别和优势。随着各国中央银行逐步从央行数字货币研究转向试验和试点，围绕CBDC 的全新支付生态系统可能很快就会到来。

思 考 与 练 习

1. 简述 BIS 的 CBDC 金字塔框架。
2. 比较直接 CBDC、间接 CBDC 以及混合 CBDC 架构的异同。
3. 简述传统中央数据库和分布式账本的区别和各自的优势。
4. 比较基于账户和基于代币的 CBDC 的优劣势。
5. 简述数字人民币的技术方案。

延伸阅读材料

[1] AUER R，GIULIO C，JON F. Rise of the Central Bank Digital Currencies：Drivers. Approaches and Technologies，BIS Working Paper No. 880，2020.

[2] AUER R, RAINER B. The Technology of Retail Central Bank Digital Currency. BIS Quarterly Review, 2020.

[3] BARONTINI C, HENRY H. Proceeding withCaution-A Survey on Central Bank Digital Currency. BIS Paper, 2019.

[4] Fed. Money and Payments: The U. S. Dollar in the Age of Digital Transformation. 2022.

[5] KOSSE A, LLARIA M. Gaining Momentum: Results of the 2021 BIS Survey on Central Bank Digital Currencies. BIS Papers, 2022.

[6] SCHNABEL I, SHIN H S. Money and Trust: Lessons from the 1620s for Money in the Digital Age. BIS Papers, 2018.

[7] 中国人民银行数字人民币研发工作组. 中国数字人民币的研究进展白皮书. 2021.

第七章 数字货币的应用与监管

> 如果我们能够利用数字技术的好处，我们可能希望看到一个更加民主化、更具包容性的金融部门。但它存在严重风险，即投资者将受到错误信息的影响，受监管产品和不受监管产品之间的界限变得模糊。
>
> ——维雷娜·罗斯，欧洲证券和市场管理局主席

　　数字货币的出现不仅创造了新的支付方式和金融生态，同时也带来了新的监管挑战。在点对点支付以外，加密信贷、投机交易等类金融活动以及各类去中心化新兴应用场景层出不穷，正深刻地影响着整个经济社会。然而，数字货币的去中心化、匿名性等特点也让监管变得更加困难，相关立法进程和监管机制也尚在不断探索和完善之中，以跟上数字货币的创新步伐。

7.1 数字货币的应用场景

　　2019 年 4 月 10 日，国际货币基金组织（IMF）在推特上发布了一项名义调查，问题是"你认为在 5 年后，人们会用哪种方式支付一顿午餐？"投票选项有4 个，分别是现金、加密货币、手机以及信用卡。调查结果显示，选择加密货币的用户数量最多，占比 56％；其次是手机，占比 27％；信用卡和现金分别占9％和8％[1]。可以看出，大多数人认为加密货币或数字货币在不远的将来会成为最主流的支付工具。从近几年的实践来看，数字货币在传统线下支付场景的发展或许并没有人们预期的那么快，但在金融投资以及其他许多新兴场景中表现出良好的应用前景。

7.1.1 传统支付场景

　　虽然某商家接受加密货币支付的新闻时常见诸媒体，但许多人对数字货币

---

① 详见 https://twitter.com/IMFNews/status/1418324738200547330? ref_src＝twsrc%5Etfw。

支付的印象还停留在一万个比特币购买两个披萨的故事上。事实上，无论是私人部门的加密数字货币还是试点中的央行数字货币，已经被广泛应用于购物消费、工资支付、交通出行等各类支付场景。

1. 私人部门加密货币支付

原理上，加密货币支付是将加密货币从一个钱包地址转移到另一个钱包地址，实现这一过程的方法大致有如下三种：

第一种是直接付款到公钥哈希。付款人在获得收款人公钥哈希地址后，复制地址到付款脚本并发送资金。这是最初加密货币交易使用的支付方法，早年的比特币线上交易大都采用了这种模式，例如"丝绸之路（Silk Road）"等网络黑市交易、比特币捐款等。由于基于区块链的点对点支付无法撤销且公钥不体现用户身份信息，操作失误很可能会将加密货币发送到错误的地址，造成不可挽回的损失，目前该支付方式在商业场景中已经较少使用。

第二种是利用加密货币支付网关。加密货币支付网关是加密货币服务商提供的一种在线交易平台，它可以大大简化复杂的支付操作流程。当交易场景和付款需求产生后，收款人使用支付网关创建数字托收单（通常是一个二维码），其中包含了接受钱包的地址和付款金额；付款人使用支持该支付网关的应用程序扫描二维码并确认付款，加密货币就被转移到了收款人的数字钱包。

使用前两种支付方式的前提是收款人愿意接收加密货币。根据 Coinmap.org 2021 年底的统计数据，全球范围内已有近 16 000 个商家接受加密货币支付；其中，土耳其、阿根廷等经济不稳定的国家的商家接受度较高；其次为北美、欧盟等较为发达的国家和地区；全球范围内已有 10 多个国家的使用率超过 10%[①]。在所有加密数字货币当中，比特币拥有最高的商业接纳度，已有越来越多的大型企业接受比特币支付，其中不乏列入标准普尔 500 指数的大型跨国企业。例如，全球软件巨头微软（Microsoft）从 2014 年开始接受比特币支付 Xbox live、其他微软游戏、Windows 应用程序和其他数字附加服务；Overstock.com 于 2014 年成为世界上第一个接收比特币的大型零售店，消费者可用其购买终端消费电子产品和家居家具；蜂窝电话网络运营商、有线电视和高速互联网提供商 AT&T 从 2019 年开始与 BitPay 合作接受 BTC 付款；全球领先的家居建材用品零售商家得宝（The Home Depot）从 2019 年开始接受由 Flexa 提供支持的比特币付款，房屋建筑商基本上可以使用加密货币购买其建造房屋所需的所有材料和工具；全球最大的咖啡连锁店星巴克（Starbucks）

---

① 详见 https://coinmap.org/。

从 2020 年 3 月起支持用户将加密货币加载到他们的星巴克应用程序上，并用以购买咖啡。除了这些消费领域的使用之外，加密数字货币也被用于其他一些日常支付场景，例如丹麦一支顶级冰球队开始使用比特币支付工资，法国 Financia 商学院允许学生用数字货币支付学费，美国俄亥俄州允许企业使用比特币支付部分营业税，阿根廷公民现在可以使用比特币支付公共交通费用等。

第三种是使用加密货币卡支付。如果收款人只接受法定货币，那么就必须有一个兑换法币的中间环节。一些支付服务机构支持加密货币支付并推出与加密货币关联的借记卡或信用卡，卡中可以存储法定货币或加密数字货币。当用户选择以加密货币支付所购买商品时，加密货币卡服务商会出售指定数量的数字货币资产，并将法币发送给收款人。

与加密货币支付网关相比，加密货币卡的使用场景更广，能够很好地利用现有支付基础设施，也大大推动了数字货币在支付领域的普及。2021 年，全球支付巨头 Visa 宣布完成一项将加密数字货币和传统法定货币世界连接起来的重大行业首创：使用由美元支持的稳定币 USDC，通过以太坊（Ethereum）结算在 Visa 网络上进行交易。Visa 进入加密货币领域，将加密应用添加到了其网络当中，从而使 6100 万客户可以在平台上直接购买加密货币或者使用加密货币来为商品付款，这为加密货币领域带来巨大流量和积极影响。除此之外，另一支付巨头 Mastercard 也通过不同的金融服务提供商提供加密货币卡选项，全球金融科技支付创新者 PayPal、在线电商平台 Esty 等都为客户提供了以加密货币结账的选项。

2. 央行数字货币支付

中国人民银行推出的数字人民币项目（DC/EP）是目前全球范围内最领先的央行数字货币系统，拥有最长的试点时间和最大的试点范围。截至目前，数字人民币已在深圳、苏州、成都、雄安、北京冬奥会场景、上海、长沙、海南、青岛、大连以及西安进行过试点。2022 年 4 月，中国人民银行公布新增第三批试点地区，包括天津、重庆、广州、福州、厦门以及浙江省承办亚运会的 6 个城市。

以数字人民币为例，央行数字货币的支付场景主要有如下两类。

第一类是线上支付。线上主要有两种支付场景：一种是电商独立 App 的收银台，例如京东、美团等；另一种是非独立 App 的 H5 支付页面，例如使用微信公众号充话费等。目前，数字人民币在线上场景的应用主要通过"子钱包推送"技术实现。在数字人民币 App 的服务页面，点击子钱包可以添加线上商户的子钱包，子钱包下对应着支持该商户支付的银行。推送成功后，消费者在该商户线上渠道进行支付时便可以使用数字人民币。2022 年 4 月，交通银行深圳分行成功上线投产"天虹官方 App 数字人民币拉起支付"项目，并配合央行、交通银行总行顺利完成生产验证。消费者在天虹官方 App 购物后，可以选择数字人民币支付，然后直接使用数字人民币 App 快速付款，无须提前签约，使用更加便捷。

第二类是线下支付。线下支付可以基于软件钱包，也可以基于硬件钱包。基于软件钱包线下支付的一般场景是扫码支付，消费者使用数字人民币 App 的扫描功能扫描商户提供的二维码，或者商户使用 POS 等机具扫描客户的数字人民币付款码，即可完成数字人民币付款。基于硬件钱包的线下支付可以使用搭载特殊芯片、可与智能手机交互的硬件实现双离线支付，在指定场景下"碰一碰"就能完成数字人民币付款。

根据中国人民银行提供的数据，截至 2021 年底，数字人民币试点场景已超过 808.51 万个，累计开立个人钱包 2.61 亿个，交易金额达 875.65 亿元。这些支付试点场景覆盖了民生消费、交通出行、酒店餐饮、数字政务等多个领域[①]。2022 年，数字人民币又在浙江、江苏、福建等地拓展了一批新的应用场景，如诉讼费缴纳、高速公路全场景离线支付、公共资源交易、工程款项结算等。

7.1.2 金融投资场景

虽然数字货币在传统支付场景的应用越来越广泛，但除了试点的央行数字货币被专门用于支付以外，绝大多数加密货币目前仍然是服务于投资场景。据 CoinMarketCap 的统计数据，2021 年全球加密货币 24 小时交易额最高超过千亿美元。

全球知名加密交易平台和借记卡提供商 Crypto.com 于 2022 年 1 月发布的年度报告显示，2021 年全球加密货币持有者数量从 1 月份的 1.06 亿人增长至 12 月的 2.95 亿人，年增幅高达 178%。Crypto 预计到 2022 年底加密货币用户数量将达到 10 亿人[②]。商业情报公司 Sensor Tower 发布的《2022 年金融与加密货币应用热门市场洞察》也显示，2021 年全球 Top30 加密货币应用总下载量已超过 5 亿人，是 2020 年的 2.8 倍[③]。这些用户中的绝大多数都是个人用

① 2022 年 1 月 18 日，国务院新闻办公室今日举行新闻发布会介绍 2021 年金融统计数据。人民银行金融市场司司长邹澜在会上汇报了数字人民试点情况。详见 https://baijiahao.baidu.com/s?id=1722280439933023422&wfr=spider&for=pc。
② Crypto.com. Crypto Market Sizing Report 2021 and 2022 Forecast[EB/OL]. https://crypto.com/research/2021-crypto-market-sizing-report-2022-forecast，2022.
③ SENSOR T. The State of Fintech and Crypto Apps 2022[EB/OL]. https://go.sensortower.com/fintech-crypto-2022-report.html，2022.

户，他们通过买卖加密货币来支持他们的投资组合。根据美联储在 2021 年 10 月和 11 月发布的第九次家庭经济和决策年度调查数据，2021 年美国有 12％的成年人持有或使用加密货币，只有 2％的成年人将其用于购买使用、1％的成年人将其用于向朋友或家人汇款。这表明，与交易工具相比，加密货币作为一种投资工具更受欢迎[①]。

个人投资者参与的投资品种主要包括如下几类：

一是加密货币现货，即法币与加密货币以及加密货币对之间的交易；

二是加密衍生品交易，如加密资产杠杆交易、加密资产期货合约、加密资产期权合约以及加密资产 ETF；

三是借贷类产品，即加密数字资产或稳定币持有者在去中心化平台上出借数字资产以获取利息收益。

相比于个人投资者持有和交易加密数字货币的规模，机构投资者的规模要小得多，但后者也正经历快速发展。根据普华永道（PwC）2022 年发布的报告，2021 年全球加密对冲基金的总资产规模大约为 41 亿美元。加密对冲基金的资产管理规模不断成长，交易策略也日趋丰富[②]。加密对冲基金的日益成熟可以从管理经验、对高质量资产的偏好以及数字资产、链上/链下收益工具和传统衍生品市场之间的相互作用中得到证明。

根据 PwC 的统计数据，加密数字货币领域的机构投资者主要呈现出如下几个特征：第一，高净值个人（High Net Worth Individuals，HNWI）是加密对冲基金中最常见的投资者类型。加密对冲基金最大的三类客户依次是 HNWI、家族办公室（Family Offices）、FOF；有 53％的对冲基金表示其最大的投资者是 HNWI。另外，已经有养老基金、捐赠基金成为加密对冲基金的投资人。第二，加密对冲基金的投资策略已非常多样化，与传统对冲基金基本没有差异。加密对冲基金采用的主要策略类型包括六种：主观多头策略、主观多空策略、量化多头策略、量化多空策略、市场中性策略以及多策略组合。旨在赚取绝对收益、使用复杂衍生工具对冲或消除市场影响以获得特定风格暴露的市场中性策略基金已成为加密对冲基金中最常见的策略，占 2021 年所有活跃加密基金的近三分之一，其次是量化多空基金（25％）和主观多头基金（14％）。第三，加

① Fed. Survey of Household Economics and Decisionmaking[EB/OL]. https://www.federalreserve. gov/consumerscommunities/shed. htm, 2022

② PwC. 4th Annual Global Crypto Hedge Fund Report 2022：Part 1[EB/OL]. https://www.pwc. com/gx/en/news-room/press-releases/2022/pwc-global-crypto-hedge-fund-report-2022. html, 2022.

密对冲基金投资加密资产类型众多，但以基于价值存储、DeFi 和基础设施的加密货币为主。所谓价值存储类指的是 BTC、LTC 等以持有升值为目的的加密数字资产，DeFi 类指的是 Uni、Ave、Sushi 等去中心金融平台币，基础设施类主要指 ETH、SOL、MATIC、LINK 等智能合约平台币。

另类资产管理协会（Alternative Investment Management Association，AIMA）在 2021 年底调查了传统对冲基金（不专门投资数字资产的基金）对加密数字资产的头寸（持有某种资产的数量）和意向。在接受调查的传统对冲基金中，有约三分之一目前已经投资了加密数字资产，但加密数字资产头寸占管理规模的比重平均仅为 4%。对机构投资者而言，阻碍其进一步扩大加密数字资产投资规模的最大障碍是监管和税收的不确定性[①]。

7.1.3　新兴应用场景

数字货币相比传统货币的突出特征之一就是它是基于智能合约的可编程货币。德国联邦银行将可编程货币定义为"一种数字形态的、可供用户根据此数字货币的属性，按照固有逻辑进行编程以达到预定目标的货币"。智能合约是运行在区块链上的可执行代码，只要满足某些条件，就可以执行特定的逻辑。因此，智能合约赋予了数字货币可编程性，是可编程货币的基本要素。目前，大多数加密网络都具有一定程度的智能合约功能，催生了一大批数字货币新兴应用场景。

1. 去中心化自治组织

去中心化自治组织（Decentralized Autonomous Organization，DAO）是以编码为计算机程序的规则构建的组织，由用户社区对提案投票的方式进行治理，理论上是一个没有集中领导的完全由成员拥有和控制的社区。作为一种新的商业模式，DAO 的出现可以打开许多从前的困局：它可以使商业企业民主化，并打破大型科技公司和其他根深蒂固的中间商在信息时代对创新的控制；可以使用户围绕兴趣形成社区并集体行动，而不需要等级制度或官僚机构；而且，由于它们依赖于智能合约（代码），透明度和可信度大大提升。

如图 7-1 所示，DAO 几乎可以为任何目的而构建，例如时尚爱好者的投资池 Red DAO、衰老和长寿的研究组织 VitaDAO、社交俱乐部 Friends with Benefits、体育联盟 Fan Controlled Football 等。DAO 最典型的实现形式是使

---

① PwC. 4th Annual Global Crypto Hedge Fund Report 2022；Part 2[EB/OL]. https://www.pwc.com/gx/en/news-room/press-releases/2022/pwc-global-crypto-hedge-fund-report-2022.html，2022.

用区块链技术提供安全的数字账本来跟踪互联网上的数字交互，并通过可信时间戳和分布式数据库的传播来防止伪造数据。这种方法消除了对可信第三方的需要，并且可以大大降低过去重复记录合同文本和合同交换带来的成本。理论上，如果监管机构允许，区块链数据甚至可以取代契约和所有权等公共文件，并允许多个云计算用户进入松耦合的点对点智能合约协作。

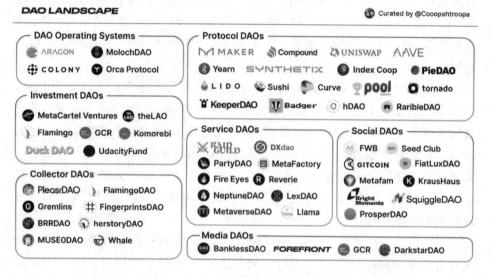

（资料来源：Twitter 用户 Coopahtroopa）

图 7-1　常见 DAO 应用

加密数字货币在 DAO 场景下的应用主要在于参与社区治理。DAO 治理使用授予投票权的代币进行协调。首先，DAO 的准入仅限于在加密货币钱包中确认拥有这些治理代币的人，并且可以交换会员资格。其次，治理是依靠成员通过区块链投票的一系列提案进行的，拥有更多治理代币通常会转化为拥有更大的投票权。此外，DAO 可以追踪和评价成员对组织目标的贡献，从而利用代币予以补偿和奖励，进一步推动社区的发展。

2. 去中心化金融

去中心化金融（Decentralized Finance，DeFi）指的是一类特定的金融产品以及其构成的金融环境。DeFi 通过使用区块链上的智能合约提供金融工具，无须依赖经纪商、交易所或银行等中介机构。DeFi 平台允许人们向他人借贷资金、使用衍生品推测资产的价格变动、交易加密货币、为风险投保，以及在类似储蓄的账户中赚取利息等。BeInCrypto 的数据显示，截至 2022 年 4 月，

DeFi 相关的加密资产价值维持在 2000 亿美元左右①。

DeFi 围绕去中心化应用程序(也称为 Dapp)展开,这些应用程序在区块链和分布式账本上执行金融功能。DeFi 交易不是通过加密货币交易所或传统证券交易所等中心化中介进行的,而是在参与者之间直接进行,由智能合约程序进行调解。这些智能合约或 DeFi 协议通常使用由开发人员社区构建和维护的开源软件运行。相比于传统金融,DeFi 的主要特征可以概括为:自动化程度高、服务成本低、单点故障稳健、交易对手风险分散,以及匿名性、灵活性、透明度高等。不过,由于缺乏监管,程序错误、黑客攻击、欺诈和加密货币犯罪也更为常见。

MakerDAO、Compound Finance、Uniswap 等都是非常典型的 DeFi 项目。MakerDAO 是一个基于稳定币的著名借贷 DeFi 平台,它允许用户借用与美元挂钩的稳定币 Dai,并通过一套管理贷款、还款和清算过程的智能合约,以去中心化和自主的方式维持 Dai 的稳定价值。Compound Finance 是一个基于以太坊的开源货币市场协议,任何人都可以在其中无摩擦地提供或借入加密货币;Compound 通过允许放贷人/借款人直接与协议交互以获得利率,而无须协商贷款条款(如到期日,利率,交易对手,抵押品),从而降低了借贷摩擦,创造了一个更为高效的货币市场;Compound 还用加密货币 COMP 奖励放贷人和借款人。Uniswap 是一个去中心化加密资产交易所(DEX),用于交易在以太坊上发行的代币;Uniswap 不使用中心化交易所来完成订单,而是使用流动性池;用户通过将一对代币添加到可以由其他用户买卖的智能合约中来为交易所提供流动性;作为回报,流动性提供者将获得该交易对赚取的交易费用的一定百分比;对于每笔交易,Uniswap 从交易池中移除一定数量的代币以换取其他代币的数量,从而改变价格。

3. 收藏、创作与数字版权

艺术品收藏、数字 IP 创作、数字版权保护与转让是加密货币领域一个较新的应用场景,其具体类别称为不可替代代币(Non-Fungible Token,NFT)。NFT 是存储在区块链上的数字资产,包含对照片、视频、音频、艺术作品、体育作品等数字文件的引用。不同于其他加密数字资产,NFT 是唯一可识别的,每个 NFT 都可能代表不同的基础资产,具有不可替代性,因此一定程度上它可以提供数字资产的公开的真实性证明或所有权证明。进一步讲,NFT 的出售

---

① https://beincrypto.com/total-value-locked-tvl-sunk-more-than-20-billion-in-april/。

和交易也代表了数字资产所有权的转让。根据 PYMNTS. com 的统计，2021 年 NFT 的交易量超过 170 亿美元，比 2020 年的 8200 万美元增长了约 210 倍[①]。

　　第一个已知的 NFT 项目是由 Kevin McCoy 和 Anil Dash 在 2014 年 5 月创建的一个视频剪辑项目，McCoy 在 Namecoin 区块链上注册了该视频，并以 4 美元的价格卖给了其他人。这是初次将不可替代的、可交易的区块链标记与艺术品联系起来，与多单元、可替代、无元数据的普通加密数字代币形成了鲜明的对比。NFT 在以太坊 2017 年开发的 ERC－721 协议标准中得到了更广泛的使用，Curio Cards、CryptoPunks、Rare PePe 等一批新的 NFT 项目上链，其中以网络游戏 CryptoKitties 最为出名，它通过出售加密猫 NFT 实现盈利，引起了公众对 NFT 的关注。2022 年，一大批 NFT 商标被注册，包括纽约证券交易所、星际迷航、沃尔玛、猫王、体育画报、雅虎等著名品牌。

　　需要注意的是，尽管 NFT 被用于证明数字资产所有权，但区块链定义的 NFT 所有权并没有内在的法律意义，NFT 持有者也不一定被授予其相关数字文件的版权、知识产权或其他合法权利。NFT 是唯一可识别的，但 NFT 关联的数字文件可能被共享或者复制，其他人也可能创建引用相同文件的 NFT。因此，越来越多的人认为，NFT 只是对没有法律执行依据的资产进行非正式的所有权交换，仅能用作身份象征。

4. 第三代互联网与元宇宙

　　第三代互联网(Web3 或 Web 3.0)是由 Polkadot 创始人和以太坊联合创始人加尔文·伍德(Gavin Wood)于 2014 年最早提出的概念，指的是"基于区块链的去中心化在线生态系统"。Web3 是一种新的万维网迭代思想，它与万维网历史上的 Web 1.0 和 Web 2.0 形成区分(见图 7-2)。Web 1.0 大致指的是 1991 年至 2004 年期间，彼时大部分网站由静态页面组成，绝大多数用户是内容的消费者而不是生产者。Web 2.0 通常被认为是从 2004 年左右开始并一直持续到今天，主要的形式是基于平台的网络，以用户为中心创建内容上传到论坛、社交媒体和网络服务、博客等平台，进行传播和分享。Web3 结合了区块链技术、分布式账本以及基于代币的经济学等去中心化概念，被剑桥大学贝内特公共政策研究所(Bennett Institute for Public Policy)定义为"假定的下一代网络技术、法律和支付基础设施——包括区块链、智能合约和加密货币"[②]。

[①]　https:∥www. pymnts. com/nfts/2022/nfts-hit-17b-in-trading-in-2021-up-21000/。

[②]　Bennett Institute for Public Policy. Crypto，Web3 and the Metaverse[EB/OL]. https:∥www. bennettinstitute. cam. ac. uk/wp-content/uploads/2022/03/Policy-brief-Crypto-web3-and-the-metaverse. pdf，2022.

（资料来源：Fabric Ventures）

图 7-2 万维网演化进程

直到 2021 年，Web3 才广泛引起加密货币爱好者、大型科技公司和风险投资公司的兴趣。目前来看，Web3 仍然是一个颇具前瞻性的概念，它可能囊括了 DAO、DeFi 等去中心化场景。Bloomberg 将 Web3 描述为"将以代币的形式将金融资产构建到您在网上所做的几乎任何事情的内部运作中"[①]。不过，相比之下，2021 年正式提出的元宇宙（Metaverse）则是一个更为宏大的概念，它是一个平行于现实世界的人造空间，是与现实世界映射并交互的虚拟世界。清华大学新闻学院沈阳教授将元宇宙描述为："整合多种新技术而产生的新型虚实相融的互联网应用和社会形态，它基于扩展现实技术提供沉浸式体验，以及数字孪生技术生成现实世界的镜像，通过区块链技术搭建经济体系，将虚拟世界与现实世界在经济系统、社交系统、身份系统上密切融合，并且允许每个用户进行内容生产和编辑。"由此可见，各种加密货币、NFT 将是未来 Web3 和元宇宙的重要元素。

专栏 7-1

去中心化金融（DeFi）与中心化金融（CeFi）的比较

传统的金融生态大都是中心化分布的，几乎所有稳定的货币体系和金融市场都建立在中央机构（如发行货币的中央银行、提供证券交易服务的中心化

---

① KHARIF O. What You Need to Know About Web3, Crypto's Attempt to Reinvent the Internet. Bloomberg，2021.10.21.

交易所等)的周围。加密世界也存在中心化金融(CeFi),例如 Tether 等稳定币发行机构、Binance、Coinbase 等中心化交易所(CEX);不过,更吸引人的是去中心化金融(DeFi),它利用加密货币和智能合约提供无中介服务。DeFi 兼容 CeFi 的大部分产品,如交易所、信贷、杠杆交易、社区治理、稳定币等,而且由于 DeFi 具有透明性、可控性和可访问性特征,使得它在某些属性方面较 CeFi 有独特的优势。以下是加密世界里 DeFi 与 CeFi 常见属性的比较:

公开可验证性:DeFi 的执行和数据必须在区块链上公开可验证才能被归类为非托管 DeFi,因此任何 DeFi 用户都可以观察和验证 DeFi 的状态变化,这种透明性赋予了 DeFi 更好的可信度。

匿名开发与部署:DeFi 为用户提供的匿名性强于 CeFi,许多 DeFi 项目都是由匿名团队创建和管理的,甚至连比特币创始人的真实身份至今仍是个谜。匿名的 DeFi 应用程序可以在没有前端的情况下使用户直接与智能合约发生交互。

资产保管:DeFi 允许用户随时直接控制自己的资产,但用户需自行承担资产丢失或遭受攻击的风险;CeFi 的中心化交易所与传统金融市场的托管人类似,负责保管用户资产,目前 CeFi 更受欢迎。

加密资产交易机制:CeFi 下的中心化交易所依靠订单簿驱动交易,订单簿保存交易者发布的未完成订单;DeFi 的去中心化交易所采用完全不同的工作机制,使用自动做市商(AMM)协议匹配交易对手,价格由 AMM 使用算法确定。

跨链服务:CeFi 可以通过存储来自多个链的资金来解决跨链交易,而 DeFi 服务一般要求代币遵循以太坊代币标准以实现互操作性。因此,由于许多市值最高、交易最频繁的加密货币都存在于单独的区块链上,并且不遵守互操作规则,故而它们更适合 CeFi 服务。

法币转换灵活性:在将法币兑换为加密货币(反之亦然)时,CeFi 通常比 DeFi 更灵活。法币与加密货币的转化通常需要一个中心化的机构,所以大多数 DeFi 提供商不提供法币入口。

总体来说,CeFi 和 DeFi 建立在完全不同的架构之上,有各自的优点和缺点,但拥有相同的目标,即为客户提供高质量的金融商品和服务。目前,一些金融机构正尝试将 DeFi 和 CeFi 连接起来,例如:Chainlink 等预言机将 CeFi 的数据传输到 DeFi;Synthetix 允许用户将 CeFi 的金融工具作为 DeFi 的衍生品进行交易。

(参考资料:Coin Telegraph,DeFi vs. CeFi:Comparing Decentralized to Centralized Finance[EB/OL]. https:// cointelegraph. com/defi-101/defi-vs-cefi-comparing-decentralized-to-centralized-finance.)

7.2 数字货币的经济效应

数字资产研究院学术与技术委员会主席朱嘉明教授在为《数字货币蓝皮书(2020)》所作的序言中指出,"数字货币的历史虽然只有十年左右,但却实现了从'边缘'到'中心'的历史性转变……数字货币已经成为数字经济体系一个基本组成要素,正与全球经济金融活动产生互动共融"[1]。

7.2.1 对经济活动的影响

数字货币的出现极大地推动了数字经济的发展。新一轮科技革命和产业变革让数字经济成为大势所趋,以数字技术为载体的数字经济促进了虚拟经济与实体经济的跨界融合,成为世界经济发展的新动能、新引擎。以中国为例,2020年数字经济规模达到39.2万亿元,占全国GDP的比重为38.6%,数字经济核心产业增加值占全国GDP的比重达到了7.8%[2]。数字货币的出现加快了数字技术的更新迭代,也不断改造传统的商业模式、产业结构、经济组织形式等,助力数字经济发展提质增效。

从技术的角度来看,密码学算法、去中心化网络、大数据、云计算、区块链、分布式存储、人工智能等数字货币的基础技术在过去十多年的数字货币浪潮中发展迅速,并在丰富的应用场景中快速迭代进化,为经济数字化转型奠定了坚实的基础。从商业模式来看,数字货币加快了通证经济的发展。基于数字货币的通证经济借助数字化和通证化来协同各类经济资源,利用激励机制改变生产关系,让消费者、经营者、投资者按各自贡献值参与红利及未来价值分配。从产业结构来看,数字货币推动了产业结构调整升级。受益于数字货币的快速推广,数字经济、信息经济、概念经济等非实体经济得到了发展,云计算、大数据、物联网、区块链、人工智能、虚拟现实与增强现实等重点产业链,以及包括计算机制造、智能设备制造、电子元器件及设备制造等在内的细分产业获得了长期可持续增长的机会。从经济组织形式来看,基于数字货币和区块链技术的去中心化金融(DeFi)、去中心化自治组织(DAO)等正在改变经济组织,呈现出企业小型化、创业模式多样化、融资方式多元化等特征,合作经济、共享经济也逐渐成为主流。总体而言,数字货币有助于壮大数字经济、盘活数字

---

[1] 朱嘉明,李晓,柏亮. 数字货币蓝皮书(2020). 北京:中国工人出版社,2021.

[2] 张晓玫. 数字人民币将构建数字经济新格局. 中国财经报,2022 - 4 - 12(5).

资产、活跃市场要素，进而推动数字经济更好、更快地发展[①]。

　　除了上述影响外，央行数字货币在提升经济活动透明度、赋能金融监管以及提升金融普惠方面能够发挥独特优势。CBDC 具有可溯源、可追踪性等特征，可以完整反映资金去向，有利于监管机构实时锁定货币动向，实现特定的金融监管和其他经济政策目的，有助于减少偷逃税款、贪污、挪用、非法经营以及洗钱、非法集资、参与恐怖融资等经济金融领域违法犯罪行为的发生[②]。另外，传统金融服务在中小企业融资、低收入人群账户服务、偏远地区和无信号覆盖地区支付服务等领域还存在较大缺口，CBDC 的低成本高效率、可访问性高、账户松耦合设计等特征可以拓展移动支付的边界，提高金融普惠性。

7.2.2　对支付体系的影响

　　现阶段，数字支付正处在从信用卡和支付应用程序到加密货币和中央银行数字货币的十字路口。著名加密货币交易平台 Crypto.com 和全球金融科技巨头繁德信息技术（Fidelity National Information Services，FIS）旗下的 Worldpay 共同发布了一份加密货币的报告，该报告对来自 FIS 约 150 万商户和 Crypto.com 与 Worldpay 的 11 万用户进行了调查，主要围绕加密货币在支付领域的应用及需求变化[③]。报告显示：截至 2021 年 4 季度，只有 4% 的受访商家接受加密支付，但商家对接受加密货币的兴趣显著增加，大约 60% 的商家希望在 2022 年内接受加密作为支付手段，而愿意在 2022 年内使用加密货币作为支付的消费者占比高达 75%。用户需求和现实的差距将刺激加密货币在支付领域应用快速增长。

　　对于现阶段大多数经济体而言，加密货币（包括加密数字资产和加密稳定币）对支付体系的影响非常有限。加密数字资产大多被当作价值储存手段而不是记账单位，它们在交易成本、交易容量以及价值稳定性等方面的性能缺陷限制了其成为主流支付工具的可能性。稳定币目前主要用于加密资产交易平台上的币币交易或借贷场景，尚未被用作一种广泛的支付手段。不过，基于区块链技术的代币支付体系显著区别于围绕央行和传统金融机构建立的账户支付体系，可以满足市场特定的零售支付需求，例如全天候、快速安全的支付服务；

---

① 陈燕红，于建忠，李真. 央行数字货币的经济效应与审慎管理进路. 东岳论丛，2020，(12)：124-128.
② 李建军，朱烨辰. 数字货币理论与实践研究进展. 经济学动态，2017，(10)：115-127.
③ Crypto.com, Worldpay. Crypto for Payments Report[EB/OL]. https://assets.ctfassets.net/hfgyig42jimx/30h7FZ7l4mgSreL50EiEAf/92719c05fe8275f0fccc39c76a02dbbc/cryptodotcom_worldpay_crypto_for_payments.pdf，2022.

亦可以弥补现有批发市场基础设施的限制，如各国实时全额清算系统缺乏互操作性，跨境支付成本高、延迟大、缺乏可追溯性等。因此，在两种具体情形下加密货币可能会对现有支付体系产生有益补充：一是在经济脆弱和货币体系不健全的国家，加密货币有可能取代法定货币以解决货币分配不均衡、恶性通货膨胀、主权债务高企等问题。二是在跨境支付结算场景下，加密货币可以大大提高结算速度，降低成本，并有助于改善传统中心化跨境结算系统和国际支付基础设施固有的货币霸权问题，降低全球支付体系的金融风险。

需要注意的是，相比传统支付体系，基于加密货币的支付体系存在一个重要的结构缺陷，即碎片化问题①。货币支付体系依靠强大的网络效应为社会服务，越多的用户涌向某种特定形式的货币，它吸引的用户就越多。出于这个原因，货币具有"赢家通吃"的属性，其中网络效应导致一种货币占主导地位，作为整个经济体普遍接受的交易媒介，从而提供稳定、高效的支付服务。相反，加密货币的碎片化特征指向了一个截然不同的方向：涌向一个区块链系统的用户越多，拥塞情况就越严重，交易费用也越高。因此，加密货币的用户越多，网络服务能力反而越差，这为新竞争对手的进入打开了大门。加密货币可能不得不放弃安全性方面的要求，以支持更高的交易容量，这也将埋下重大安全隐患。

央行数字货币的发展总体滞后于私人加密货币，大多仍处在研究或试点阶段，对支付体系尚未产生显著影响。但央行数字货币的设计初衷始终是为了解决支付领域的特定问题，因此大多数观点认为其将对支付体系产生积极作用，主要体现为如下几个方面：

第一，央行数字货币将进一步丰富支付清算服务工具的体系，增加了消费者和社会公众的数字货币零售和支付的选择。央行数字货币作为法定数字货币，是一种纯粹的电子化现金，与现金、商业银行存款、电子票据等其他支付清算工具相比有它自己的特征，尤其是安全性高和使用成本低（发行、运输、保管、防伪、验点、交易等费用成本几乎可以忽略不计），预期将会有较大潜力替代支付领域的实物现金和部分非现金货币。

第二，央行数字货币将有力推动货币国际化，提高一国货币在国际支付体系中的话语权。零售型CBDC同比特币等加密数字资产一样没有国境线的概念，天然具有跨境支付优势，而批发型CBDC有解决当前跨境结算体系交易链条冗长的潜力。因此，率先推出完善的央行数字货币系统的国家将在货币国际化方面抢占先机，并且有望凭此减缓对现有国际清算体系SWIFT的依赖，突

① BIS，The Future Monetary System. BIS Annual Economic Report，2022.

破国际货币霸权。

第三，央行数字货币有利于抵御加密资产和全球性稳定币的侵蚀，防止货币发行权旁落[1]。加密数字资产和稳定币，特别是所谓全球稳定币可能会对国际货币体系、支付清算体系等带来风险和挑战，也对一国货币主权和货币政策自主权带来冲击，全球政府、央行以及金融机构对这一潜在风险的防范措施都在加强，而加快推进法定数字货币可能是行之有效的举措。

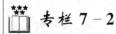

专栏 7 – 2

数字货币贡献了多少 GDP？

当我们讨论数字货币对经济的影响时，一个常常被引用的指标是数字货币（大多数情况下是加密数字资产）的市场价值占某经济体 GDP 的比重。例如，NGRAVE 在 medium.com 发表的一篇报道称，"2021 年底加密市场总市值约为 2.35 万亿美元，占全球 GDP（84.68 万亿美元）的 2.78％；加密市场市值在全球国家 GDP 排名中位列第 8 位，介于法国（2.63 万亿美元）和意大利（1.889 万亿美元）之间；比特币的市值（8140 亿美元）使其在全球 GDP 排行榜中位居第 17 位，介于荷兰（9130 亿美元）和瑞士（7520 亿美元）之间。"这样的比较虽然看起来有很大的感官冲击，但着实有些狡黠，因为加密货币市值是一个存量数据而 GDP 是流量数据。实际上，人们或许真正关心的问题是：数字货币能贡献多少 GDP？或者，采用数字货币能多大程度提高 GDP？

不过，即使我们关注的是"数字货币能贡献多少 GDP？"，仍然多多少少会感到有些别扭。因为当我们把数字货币作为一种货币时，货币本身是不会创造 GDP 的。试想，由国家铸币厂印制并由中央银行发行的法定货币不被视为最终商品或服务，消费者也不会购买货币本身用于最终消费；同时，铸造法定货币既不构成政府支出，也不构成任何人提供要素而获得的收入，因此法定货币并不贡献 GDP。当我们仔细考虑加密货币的生产和使用环节时，可能会有一些部分将产生 GDP。

以比特币为例，比特币的生产来自于"挖矿"的过程，这与传统经济中的采矿业多少有些相似，因而可以从"挖矿"的投入成本和获得的收入两方面来考虑。比特币"挖矿"需要进行大量哈希计算，需要投入诸如 ASIC 阵列的硬件

---

[1] 2020 年中国金融四十人论坛（CF40）联合各组委会成员机构 10 月 25 日召开第二届外滩金融峰会，中国人民银行数字货币研究所所长穆长春发表主题演讲时表示，数字人民币可有效抵御加密资产和全稳定币侵蚀。

设备、厂房或仓库、电力、网络以及人力等，这些生产成本将实际贡献 GDP。另外，"挖矿"产生的利润也应该纳入 GDP 中，但这部分的核算会比较困难。一方面因为比特币价格的波动实在太大，另一方面，一些利润是以比特币的形式存在的。同时，这也带来另一个新的问题，"挖矿"产生的利润和持有比特币带来的利润如何区分？对绝大多数经济体而言，持有比特币过程中因价格上涨产生的利润视为资本收益，并不计入 GDP。这样来看，"挖矿"产生的利润中可能只有一小部分对 GDP 有贡献。如果从比特币使用的角度来核算就更加麻烦。在进行 GDP 核算时，只有对生产资产的投资才构成 GDP 的一部分，而比特币相关的投资大部分属于投机性投资，不会被计入 GDP。当然，交易所为比特币交易提供服务而产生的交易费用会对 GDP 产生贡献。总而言之，比特币等加密货币会产生一定的 GDP，但核算难度很大。

尽管如此，数字货币以及相关技术的采用可能会间接地贡献 GDP。英格兰银行 2016 年的一篇工作论文（swp605）指出，引入 CBDC 能够降低利率、税率和交易成本，并且为中央银行提供了另一种控制货币的手段，从而有助于稳定经济。这些潜在的好处能够使英国的 GDP 增长近 3%。PwC 在 2022 年发布的一项研究报告（*Time for Trust*）指出，区块链技术的日常使用能够为经济组织创造机会，通过建立信任和提高跨行业的效率来创造价值，影响范围包括医疗保健、政府和公共服务，制造业、金融业、物流业和零售业。报告预测，到 2025 年，区块链技术的 GDP 价值将达到 4220 亿美元；到 2030 年，区块链技术可以为全球经济增加 1.76 万亿美元实际产值。此外，商业杂志 *International Finance* 2022 年 3 月的一篇报道（*How Can Cryptocurrency Reshape the Global Economy?*）称，"加密货币带来的全球金融包容性可以让全球超过 17 亿没有银行账户或银行账户不足的人获得关键金融产品，据估计，新兴经济体每年的 GDP 将因此增加 3.7 万亿美元。"

7.2.3 对金融稳定的影响

加密货币在过去几年爆炸式增长的同时也经历了巨幅波动。2021 年底全球加密货币市场总市值达到 2.6 万亿美元，较年初增长了 3.5 倍；而到 2022 年 5 月，主要加密稳定币 TerraUSD（UST）严重脱锚的崩盘事件带动加密资产市场大幅下挫，总市值缩水超过一半。目前来看，由于加密市场规模相对其他金融市场仍然较小[①]，加密资产也尚未广泛用于实体经济所依赖的关键金融服

---

① 2021 年底加密市场总市值大约相当于同期苹果公司（AAPL）的总市值。另外，根据美国证券业和金融市场协会数据，2021 年美国股票市场市值与固定收益市场未偿价值合计超过 100 万亿美元。

务(包括支付),系统重要性金融机构参与加密市场的程度比较有限,加密货币价格波动总体上仅限制在加密市场内部,并没有波及传统金融市场和基础设施。但 20 国集团设立的金融稳定委员会(Financial Stability Board,FSB)警告,随着加密市场的快速发展,其规模、结构脆弱性以及与传统金融体系日益增强的互联性,可能会对全球金融稳定构成威胁①。

对于加密数字资产而言,对金融稳定产生威胁的渠道主要有三个。首先,加密数字资产市场的脆弱性和波动可能溢出到核心市场。随着对冲基金将越来越多的资金配置到加密数字资产中,以及越来越多的金融服务提供商正在提供或计划提供加密资产托管和交易服务,加密数字资产与主流金融体系之间的联系越来越紧密。从加密数字资产价格和股票价格波动可以看出,早年间两者相关性几乎可以忽略不计,但最近一两年已经变得显著正相关(见图 7-3)。其次,加密资产价值的下跌可能会对投资者的财富产生影响,并对金融体系产生连锁反应。最后,对加密资产价值失去信心——例如由于操作失败、欺诈、价格操纵或网络犯罪——可能导致投资者信心急剧恶化,这可能会蔓延到更广泛的金融市场。

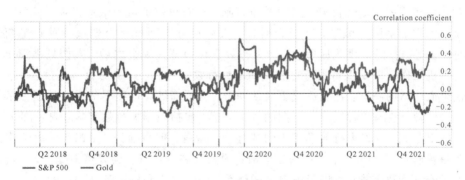

(资料来源:FSB(2022))

图 7-3　比特币价格与其他金融资产价格的 60 日移动平均相关系数

对于稳定币而言,其对金融稳定产生威胁的渠道除了上述风险敞口、财富效应和信心之外,还有以下几个潜在的风险点:

第一,大多数稳定币依靠储备资产实现价格稳定,但一些发行者并未严格遵守关于储备资产结构的约定,显著改变了支持稳定币的储备资产的组成和数量。

---

① Financial Stability Board. Assessment of Risks to Financial Stability from Crypto-assets[EB/OL]. https://www.fsb.org/2022/02/assessment-of-risks-to-financial-stability-from-crypto-assets/,2022.

第二，加密交易平台上约75％的交易涉及稳定币，但稳定币市场的集中度非常高，最大的两种稳定币约占到稳定币总市值规模的70％以上，这些稳定币运营失败可能会造成巨大的市场震荡。

第三，若稳定币今后被更广泛地用于支付，它们将面临许多与当前支付系统相同的风险，包括信用风险、流动性风险、操作风险、治理不当或无效产生的风险以及结算风险，这对目前的稳定币服务商来说是很大的挑战，一旦处理不当很可能损害实体经济所依赖的关键金融服务的可用性，并成为金融冲击蔓延的一个渠道。

第四，全球稳定币(GSCs)的出现可能对金融稳定构成超过现有稳定币的风险，尤其是会对本国货币价值不稳定、支付基础设施不完善的国家产生巨大冲击。

对央行数字货币而言，其可能诱发的金融稳定风险主要是金融脱媒。随着央行数字货币的推广和对传统纸币、商业银行的替代，居民将活期存款或其他支付账户余额大量转换为央行数字货币并持有。这将缩减金融中介部门的资金来源，增加央行对居民部门的负债，进而影响以商业银行为主的金融中介机构对实体经济的流动性供给，同时增加商业银行对央行资金的依赖。另一种脱媒风险本质上是挤兑风险。在现金时代，人们在意识到可能出现银行兑付危机时，会在银行门口排队提现；而当央行数字货币替代现金之后，人们只需简单的手机操作就能要求将银行存款兑换成央行数字货币，这将加速挤兑过程，加快恐慌情绪的蔓延，甚至造成更大的冲击。为了降低央行数字货币可能诱发的金融风险，各国学者提出了不同的解决方案，包括限制央行数字货币账户的转入转出金额、设置央行数字货币的持有量上限等。但目前为止，尚无一种方案获得普遍认同。2022年2月的二十国集团财长和央行行长会议草案提出，将继续讨论央行数字货币，以了解对金融体系、溢出效应和资本流动的影响。

专栏 7-3

数字货币对银行业的影响

国际货币基金组织(IMF)经济学家托拜厄斯·阿德里安(Tobias Adrian)与托马索·曼奇尼-格里福(Tommaso Mancini-Griffoli)2019年在 *The Rise of Digital Money* 一文中讨论了数字货币如何在与现有货币体系的竞争中崛起，以及可能带来的益处、风险和存在的监管难题。借鉴他们的研究，这里从数字货币与传统银行货币共存、补充银行货币、替代银行货币三种情景介绍数字货币对银行业的影响。

数字货币与银行货币共存是最有可能出现的情景，二者之间将形成竞争性关系。在初期，银行往往具有更大的优势，主要是因为银行已经充分嵌入到现有的金融体系当中，能够借助其他金融机构提供多样化金融产品和服务。随着数字货币特别是加密稳定币的推广，银行面临的主要挑战是负债成本的提高。客户的资金可能不再直接存放在银行账户，而是兑换成数字货币，然后再由数字货币发行商批量存入银行。这使得银行原本可从终端客户处直接获得的廉价、稳定的零售资金被替换成价格昂贵的批量资金。银行或许可以通过提高存款利率、改善服务等方式应对这种情况，但本质上无法避免牌照壁垒被打破后市场竞争压力提升导致的租金流失。

第二种可能出现的情景是数字货币成为银行货币的补充，两者分别在各自的优势领域发挥职能。加密数字货币的优势在于可访问性高，不需要开立银行账户即可使用，因此加密数字货币有助于引导贫困和偏远地区的用户参与到现代经济活动中。借助新的货币工具，可以推动更多用户从单一的支付行为转变为尝试使用信贷、复杂储蓄工具、会计服务以及理财等各类服务。在肯尼亚、厄瓜多尔等一些低收入国家和新兴经济体中，数字货币在零售领域的推广进展迅速。在发达经济体，数字货币发行商与银行也可以建立合作关系。除了资金存放以外，现阶段商业银行的 KYC/AML 基础设施和相关数据可有偿提供给稳定币发行商使用；在未来，发行数字货币的科技公司可以用他们获取的数据评估用户信用状况，以支持银行更加安全、有效地分配信贷资源。

第三种可能出现但概率较小的情景是数字货币完全替代银行货币，这将导致银行商业模式发生根本性改变。商业银行的存款业务和信贷业务可能被完全分割开，从前以支付为目的而存入银行的存款可能会逐步被兑换成数字货币，进而被数字货币管理者统一转存至特定账户；以前以储蓄为目的存入银行的存款，则可能会分流至共同基金、对冲基金，甚至 DeFi 市场。银行将专注于信贷业务（虽然这部分也可能会被加密信贷分流），并主要通过吸收"批量资金"来支持信贷业务。在这个替代过程中，银行需要留存足够的资金储备以应对数字货币兑换业务，这将给部分准备金制度下的银行业务带来很大挑战。

针对可能出现的情景以及银行业面临的变局，阿德里安和曼奇尼-格里福指出："我们对这些问题的感性认识较多，但经验认识较少。""需要尽快地寻求这些问题的答案，以更好地评估一个充斥着数字货币的世界里会有哪些风险和考验。"

7.2.4 对货币政策的影响

数字货币对中央银行货币政策的影响是全球各经济体中央银行和学术界最关注的问题之一。自比特币诞生以来，关于私人部门加密货币是否会侵蚀国家货币主权、货币政策自主性和有效性的讨论从未停止；特别是随着全球稳定币 Libra 白皮书的发布，人们普遍担心发展全球性加密货币将削弱各国央行对本国货币的掌控，影响各国的资金流动，危害货币政策传导机制，甚至侵蚀各国货币的国际地位。各国央行纷纷加速推进法定数字货币的研究与试点，很大程度上正是希望在面对私人数字货币和别国法定数字货币竞争时保持一定的优势，并确保货币政策自主权不受影响。

1. 私人加密数字货币对货币政策的影响

以比特币为代表的加密数字资产由于缺乏国家信用背书和熨平供求扰动的机制，普遍存在公信力较弱、价值不稳定和使用范围受限的问题。接受度较高的法币储备支持稳定币本质上是在区块链上构建了法币镜像，其发行量与法定货币储量一一对应。加之现阶段加密数字货币市场规模相较全球法币发行量和经济体量仍然很小，私人加密数字货币对中央银行货币政策的影响总体是较轻微的。从理论上以及长远视角看，私人部门加密数字货币对货币政策的潜在影响可能包括以下几个方面：

第一，私人加密数字货币具有潜在的信用创造能力，会削弱央行货币政策的有效性。私人加密数字货币的发行权是多元化的，发行成本极低，发行种类、市值和流通范围具有不受限制的扩展能力。而且随着 DeFi 的快速发展，加密货币可以用作抵押品进行加密借贷，也可以作为底层资产构建加密衍生品，实质上具备了信用创造能力。私人加密货币的广泛使用，会损害央行的货币垄断发行权，不可避免地会危及央行作为货币发行银行的地位，进而损害传统逆风向货币政策调控效果。例如，当经济处于过热阶段时，商品、服务的购买需求和金融资产投资需求火爆，央行通过法币供应紧缩遏制需求膨胀的效果可能会被无限量发行的私人加密数字货币所抵消。

第二，随着私人加密数字货币在支付体系中的占比提高，央行开展货币政策操作的难度加大。若私人加密数字货币在支付领域占据了主导地位，基于区块链的清算系统会逐渐取代中央对手方支付清算系统，现有的中央银行清算和管理流动性的重要程度会大打折扣。极端情况下，若所有金融机构都不再需要通过央行进行清算，央行的法定存款准备金制度就形同虚设，通过调整资产负债表影响银行间市场准备金（中央银行账户余额）继而控制市场短期利率的调控路径将不再顺畅。换言之，央行将很难开展货币政策操作。

第三，全球性私人加密数字货币流通会导致"加密货币政策同步"，损害各国货币政策自主权。每个国家的法定货币和中央银行都承担为本国货币市场提供流动性的职责，这是货币主权和货币政策自主权的基础。如果存在一种得到公认的、以数字加密技术为基础的全球性货币，这种加密货币将可能在全球所有国家流通，并与所在国发行的法定货币一同提供货币流动性。这会导致出现"加密货币政策同步"，即在全球性加密货币的推动下，各国的货币政策管理机构设定的名义利率必须相等，各国货币之间的利率可能长期保持不变，管理机构将难以再奉行自己的货币政策或按照本国的需要设定利率。这也正是 Libra 白皮书引起各中央银行普遍担忧和反对的主要原因。

当然，加密货币对央行货币政策的影响也并非完全是负面的。虽然从目前看私人加密货币的管理方式与现代货币的要求相比是非常原始的，但其进化速度可能很快。更为关键的是，私人加密数字货币更可能与法定货币共存，而不是彻底取代后者，这意味着加密货币可以通过充当中央银行的约束机制来产生积极作用。

2. 央行数字货币对货币政策的影响

相比于私人加密货币，央行数字货币对中央银行货币政策的影响总体更积极正面。虽然在某些特定的 CBDC 架构下，终端消费者直接访问中央银行账本并发生交互可能会带来一些技术挑战和风险隐患，但央行数字货币有助于拓宽当前货币政策操作的空间，提升货币政策效率。

第一，央行数字货币有助于实现货币政策精准调控。一方面，央行数字货币的使用有利于增强央行对货币供应量的控制，有利于央行更有效地进行流动性管理并引导基准利率。另一方面，由于央行数字货币具有可编程性，中央银行可以通过设定前置条件触发机制（如流向主体、资金用途、有效时间等），将特定政策目标内嵌到数字货币投放过程中，从而实现精准调控、智能调控、及时调控。

第二，央行数字货币有助于提升货币政策的有效性。由于央行数字货币是可控匿名的，中央银行将能精准地监测数字货币投放后的流向，如是否进入实体部门，并能掌握大量实时的数字货币流通数据。央行据此可以进行大数据分析，构建实时高频的观测指标，对宏观经济金融状况进行实时预测，这有利于央行更好地把握实际经济情况，进行宏观审慎评估，及时采取合适的政策，进而减少内部时滞。此外，使用数字货币进行货币政策调控能够提高政策的透明度，也会通过强化和稳定公众预期提升政策效率。

第三，央行数字货币可实现负利率政策（Negative Interest Rate Policy，NIRP）。当名义利率较低而经济陷入低迷时，传统的货币宽松政策将面临零利率下限约束和流动性陷阱问题。从过去几个经济体实时 NIRP 的经验来看，尽管在负利率政策下持有现金的机会成本较高（名义成本为零），但公众持有现金的意愿仍然非常强烈，流动性陷阱依然存在。若央行数字货币取代现金后，中央银行可以明确将持有央行数字货币的利率设置为负值，以促使公众减少持有央行数字货币，增加金融资产配置或消费。如此，则可以解决零利率下限约束和流动性陷阱，刺激经济恢复增长。

7.3 数字货币的监管

7.3.1 数字货币监管难题

相较于金融创新而言，金融监管在规则制度上总是落后一步，这是金融发展的客观规律。数字货币作为近十多年里最重大的金融创新之一，其监管难也是全球经济体普遍面临的问题。

1. 缺乏标准化定义阻碍监管法规的确立

数字货币本身是一个宽泛且模糊的概念，其技术基础和运作框架正处在不断更新当中，导致数字货币的内涵和外延也随着创新的深化而持续改变。从前面介绍数字货币发展历程和分类的章节可以看出，数字货币可以是私人货币，也可以是法定货币；可以是一种债权，也可以是通证；可以与法币或资产挂钩，也可以基于算法；可以基于分布式账本技术，也可以基于传统中央数据库；可以是基于区块链的原生资产，也可以是基于公链协议发行的代币……如此种种，不一而足。各种分类标准下的数字货币也多有重叠，这使得准确定义数字货币更加困难。

不仅如此，即使在同一细分种类下，对数字货币的认识和界定也非常模糊。以加密数字资产为例，剑桥金融替代品研究中心（CCAF）2019 年发布的一项研究表明，缺乏统一的全球术语标准是阻碍为加密数字资产指定明确监管政策的主要原因。CCAF 指出，"加密数字资产（Cryptoasset）"缺乏明确的定义，被广泛用作指代在分布式账本技术，特别是区块链系统上发布和传输的数字代币的总称；但在具体的情况下，加密数字资产和代币两个术语又具有不同的含义。该报告指出：从广义的角度来看，加密数字资产包含在区块链上发布和分发的所有类型的数字通证(令牌);从中观的角度来看,加密数字资产包括公有区块链上的所有类型的数字通证(令牌),但不一定需要执行特定的货币职能;从狭义的角度来看,加密数字资产专指开放式 DLT 系统上执行特定功能的数字代币。CCAF 认为,加密行业内许多主要术语往往可以彼此替换使用,这就造成了监管的混乱[①]。

2. 法律性质不清晰阻碍科学立法和精准监管

科学立法和精准监管的前提是准确把握数字货币的法律性质,即它的法律本质和法律上的存在形式。法律性质决定了数字货币应当由谁监管、如何监管。从目前国内外监管实践来看,数字货币在法律性质认定上仍然缺乏共识,导致监管方式上呈现出较为混乱的状态。关于数字货币的法律性质,总体上可以分为非货币财产观点和货币观点两大类,其中非货币财产观点下又有商品、证券、数据属性的分歧,各种观点在解释数字货币的法律属性方面都存在一定困局。

一些观点主张将数字货币界定为商品或法律上的物,例如我国《关于防范比特币风险的通知》将比特币界定为虚拟商品。在现代民法体系中,虽然物的概念已经突破了"物必有体"的限制,包含有体物和电力、无线电频谱等无体物,但法学意义上的物的价值来源于物本身的物理属性。数字货币的价值显然并非源于自身的物理属性或客观自然力,而是某种群体共识,导致其缺乏稳定的价值来源。按照物权法的原则,这种物权客体在表现形态和价值功能上不稳定的数字货币不宜纳入既有物权(商品)体系。

另一些观点主张将数字货币界定为证券,这在欧美一些国家的司法实践中多有体现。证券所有权的价值依赖于证券权利,即证券持有人可以向发行人主张的权利,包括物权、债权以及其他综合权利等。部分数字货币的确承载了证券权利,例如 ICO 热潮中发行的各类代币包含了持有人对发行者请求分配项目收益的权利,资产支持稳定币包含了持有人对发行者享有的清偿请求权。但是,另外一些数字货币类型,例如比特币等不要求发行人作为法律义务人的去中心化加密原生币、算法支持稳定币以及央行数字货币,则不适合界定为证券。

还有一些观点认为数字货币本质上属于一种电子数据。从技术层面来看,数字货币的产生、归属与转移的确是以比特形式存在的电子数据,但它们与法律性质上的数据仍有一些差异。在我国《民法典》中,数据被认定为是一种区别

① CCAF. Cryptoasset Regulation[EB/OL]. https://www.jbs.cam.ac.uk/faculty-research/centres/alternative-finance/publications/cryptoasset-regulation/#.YtK1p3ZBy5f, 2019.

于物、知识财产和虚拟财产的独立财产形式；数据具有不可消耗性，可以无限复制和传播；它是一种客观记录，不涉及知识产权的独创性，其价值来源于数据本身，且在使用中不会损耗。然而，数字货币的价值并不在于数据本身，而是基于使用群体的共识，并且每一次流转过程中都有"销毁"和"铸造"的过程。因此，数字货币并不完全符合法律上的数据概念。

将数字货币的法律性质直接认定为货币则存在更大的障碍。20 世纪以来的国家货币理论明确将货币定义为：国家发行、作为法定清偿和记账手段的信用货币。发行货币是国家行使主权的一个方面，各国一般把货币发行权赋予中央银行。国家控制货币发行权，其本质是由国家作为货币发行的信用担保，并由此赋予了货币合法性的基础。除了法定数字货币即央行数字货币以外，其他类型的数字货币都是私人部门发行的，多数国家也尚未通过法律肯定私人数字货币的货币地位，一些则明确表示私人数字货币不具有货币地位。以中国为例，2017 年 9 月 4 日发布的《人民银行等七部门关于防范代币发行融资风险的公告》指出，"代币发行融资（ICO）中使用的代币或'虚拟货币'不由货币当局发行，不具有法偿性与强制性等货币属性，不具有与货币等同的法律地位，不能也不应作为货币在市场上流通使用。"

3. 颠覆式技术创新带来监管障碍

数字货币，尤其是私人领域的加密数字货币大都基于区块链和分布式账本技术，这为货币监管带来了一定的技术障碍。虽然区块链的主要特征是公开透明、可追溯以及不可篡改，似乎为监管提供了便利，但监管在实操上很难实现，而且尺度难以把握。区块链基础研究院（Blockchain Infrastructure Research）CEO 谭雅·史密斯（Tanya Smith）指出，政府可以监管法定货币的交易情况，但是他们缺乏机制去管理去中心化的加密货币及其交易，严格的政府监管只会让那些创新企业离开，搬去其他宽松的司法监管区域①。

颠覆式技术创新为数字货币带来的监管难题主要体现在以下几个方面：

第一，全新且处于快速演进中的理念和技术架构带来认知门槛。区块链融合了点对点网络技术、加密算法、分布式数据库等技术，同时也包含了通证经济、社区自治等新兴理念，使得监管主体需要从理念、技术等多方面来适应区块链的革新需要，其面临的挑战也更加复杂多变。

第二，基于区块链的数字货币虽然不是完全匿名的，但非对称加密技术的

---

① 金融界，区块链基础研究院 CEO：政府对加密货币的监管难以落地［EB/OL］．2019-07-30．https：// baijiahao.baidu.com/s? id=1640461697116324568&wfr=spider&for=pc.

广泛使用使得交易者的真实身份难以确认，因此借助加密数字货币的洗钱、赌博、黑市交易、贩卖违禁品、诈骗等违法行为的监管难度明显加大。

第三，加密数字货币的无疆域化特性为资本跨境流动提供了便利，在一些特殊场景下（例如2022年俄乌冲突），加密数字甚至被用作对抗传统跨境资本监管的汇款工具，这使得外汇管理难度加大，资本跨境流动风险更加多变。

第四，基于点对点网络和电子数据的数字货币带来数据安全和金融稳定问题，诸如公链责任主体不明确、网络中的恶意节点攻击、用户密钥信息泄露、交易数据造假、市场操纵等都对监管提出更高要求。

4. 国别差异导致全球协同监管难以实现

数字货币市场监管另一挑战是各国对数字货币的看法与态度难以达成共识。基于分布式共识的去中心化数字货币有天然的跨国界属性，从而产生了全球协同监管的需求。但是，受各国国情及金融市场差异的影响，不同国家或经济体对数字货币的态度和监管存在明显差异。以规模最大的比特币为例，依据Coin Dance在2021年的统计数据，全球257个国家或地区中只有132个国家或地区不限制比特币①。总体来看，一些国家采取放任不管的态度，一些以规范市场为主要监管方向，另一些则限制甚至禁止数字货币交易。例如，日本通过立法明确了数字货币的合法地位；欧盟要求加密数字货币交易必须遵守反洗钱法规，但成员国之间对数字货币的其他监管规则有所不同；中国明确禁止首次代币发行，将其界定为非法融资。在协同监管方面，国际组织通常也只是通过研究报告以及白皮书等形式对数字货币进行研究或发起倡议。例如，国际清算银行自2015年起研究数字货币，从2018年开始评估相关国家发行央行数字货币的可能性，并持续发布研究报告。截至目前，尚未形成一个全球协调一致的监管规则，不同国家及主体之间的国际监管合作仍然受到限制，在有效打击依靠数字货币进行的国际犯罪方面还有很大改进空间。

7.3.2　数字货币监管现状

2021年，以加密数字资产交易所Coinbase登录纳斯达克为标志性事件，数字资产开始从金融市场边缘跨入主流。加密交易平台的广告覆盖美国网络电视，使得加密货币获得更广泛的公众关注。例如，在2022年"超级碗LVI"期间，Coinbase花费1300万美元插入60秒的宣传广告，实现病毒式传播②效果。

---

① 详见 https：// coin. dance/。

② 详见 https：// sportsnaut. com/super-bowl-lvi-commercials-cost-6-5-million-per-ad/。

在广告播放后的 1 分钟内，Coinbase 登录页面获得 2000 万次点击，其 IOS 应用总下载量从第 168 位跃升至第 2 位①。更广泛的关注和采用推动了数字货币监管的进步。虽然截至目前来看，完整的数字货币法律体系尚未建立，监管仍然主要由指导意见、司法案例所驱动，但监管框架正在迅速发展。如今，已经很少有哪个国家或地区完全禁止所有类型数字货币；相反，监管机构正争先恐后地澄清规则以跟上数字货币的快速发展。一场数字货币的监管竞赛正在进行当中。

由于央行数字货币的特殊的法币地位，其在司法辖区内的法律障碍较少，这里主要参考数据公司 ComplyAdvantage 从 2018 年至 2022 年持续更新的报告"Cryptocurrency Regulations Around The World"②，介绍加密数字资产、稳定币等私人部门加密货币在主要经济体的监管现状。

1. 美国

加密货币在美国不被视为法定货币，但加密货币交易是合法的。加密货币交易所在美国《银行保密法》(The Bank Secrecy Act, BSA)的监管之下，交易服务提供商必须在"金融犯罪执法网络"(Financial Crimes Enforcement Network, FinCEN)注册，实施 AML/CFT 计划，维护适当的记录并向当局提交报告。与此同时，美国证券交易委员会(SEC)表示将加密货币视为证券，并使证券法全面适用于数字钱包和交易所。相比之下，商品期货交易委员会(CFTC)采用了一种更友好的方法，将比特币描述为一种商品，并允许加密货币衍生品公开交易。

美国财政部强调迫切需要制定加密法规来打击全球和国内的犯罪活动。2020 年 12 月，FinCEN 提出了一项新的加密货币法规，对加密货币交易所和钱包提出了数据收集要求。该规则已于 2022 年秋季实施，并要求交易所为超过 10 000 美元的交易提交可疑活动报告(SAR)，同时要求钱包所有者在单笔交易中发送超过 3 000 美元时必须表明自己的身份。美国司法部继续与 SEC 和 CFTC 就未来的加密货币法规进行协调，以确保有效的消费者保护和更简化的监管监督。

2. 加拿大

加密货币在加拿大不是法定货币，但可用于在线或在接受它们的商店购买商品和服务。加拿大在处理加密货币方面一直相当积极，主要是根据省级证券法对其进行监管。加拿大早在 2014 年就根据《犯罪所得(洗钱)和恐怖主义融资

---

① 详见 https://www.protocol.com/bulletins/coinbase-super-bowl-results。

② 详见 https://complyadvantage.com/insights/cryptocurrency-regulations-around-world/。

法案》(PCMLTFA)规定了从事虚拟货币交易的实体。2017 年 8 月，加拿大证券管理局(CSA)发布了关于现有证券法对加密货币的适用性的通知。加拿大税法适用于加密货币交易，税务局自 2013 年起对加密货币征税。

在 2019 年对 PCMLTFA 进行修订后，加拿大的交易所基本上以与货币服务业务相同的方式进行监管，并承担相同的尽职调查和报告义务。2020 年 2 月，虚拟货币旅行规则在加拿大生效，要求所有金融机构和货币服务企业(MSB)保留所有跨境加密货币交易(以及所有电子资金转账)的记录。2021 年，CSA 发布了针对拥有或持有加密资产的加密发行人的指南，规定加密货币发行人必须提供的有关如何保护其资产免受损失和盗窃的相关信息，并应充分披露相关风险因素。同年，对 PCMLTFA 的进一步修订引入了加密货币交易所在加拿大金融交易和报告分析中心(FinTRAC)注册的要求。

3. 新加坡

新加坡对数字货币的立场一直比较开放，加密货币在新加坡也不被视为法定货币，但加密货币交易所和交易都是合法的。在中国强监管背景下，包括 ByBit、火币、Cobo 和 OKCoin 在内的许多知名中国服务提供商及其客户都迁移到新加坡。新加坡税务机关很早就将比特币等加密货币界定为商品，征收商品和服务税(新加坡版的增值税)。

新加坡金融监管局(MAS)尽可能在现有法律框架下监管加密货币。例如，数字代币发行会被归类为证券进行监管，数字货币交易会和法定货币一样受制于 AML 和 CFT 措施。2019 年颁布的《支付服务法》(PSA)要求从 2020 年 1 月起，所有交易所和加密货币业务都在 MAS 监管之下，需要从 MAS 获得运营许可证。MAS 会跟进其他法规，以进一步调整其立场，包括针对加密货币服务提供商制定更严格的 AML/CFT 标准的新金融部门法规，以及金融机构对技术风险管理的更高要求。

4. 澳大利亚

2017 年，澳大利亚政府宣布加密货币在该国是合法的，并明确表示比特币以及具有相同特征的加密货币应被视为财产，而不是商品。这一声明改变了加密货币的税收待遇，从此前根据商品和服务税(GST)受到有争议的双重征税，改为按财产缴纳资本利得税(CGT)。从 2018 年开始，澳大利亚交易报告和分析中心(AUSTRAC)要求在澳大利亚运营的交易所注册、识别和验证用户、维护记录并遵守政府的 AML/CFT 报告义务，未注册的交易所会受到刑事指控和经济处罚。

2019 年 5 月，澳大利亚证券和投资委员会(ASIC)发布了针对首次代币发行(ICO)和加密货币交易的最新监管要求,这些最新规定表明该国已经建立了一种积极主动的加密货币监管框架。2021 年 12 月,澳大利亚宣布计划引入一个专门针对加密货币交易所的新许可框架——咨询期定于 2022 年。拟议的框架将使消费者能够在受监管的环境中安全地买卖加密资产。

5. 日本

日本目前拥有世界上最先进的加密货币监管环境,并根据《支付服务法》(PSA)承认比特币和其他数字货币是合法财产。2017 年 12 月,日本国家税务局裁定加密货币的收益应归类为"杂项收入",并对投资者征税。最近的法规包括对 PSA 和《金融工具和交易法》(FIEA)的修订,该法案于 2020 年 5 月生效。这次修订引入了"加密资产"一词,并放宽了对加密货币衍生品交易的监管。根据新规则,加密货币托管服务提供商(不出售或购买加密资产)被纳入 PSA 的范围,而加密货币衍生品业务则被纳入 FIEA 的范围。

在臭名昭著的 Coincheck 盗窃 5.3 亿美元数字货币事件之后,日本金融厅(FSA)加大了对交易和交易所的监管力度:要求加密货币交易所必须在 FSA 注册才能运营,并且实施更严格的 AML/CFT 和网络安全要求。2020 年,日本成立了日本虚拟货币交易协会(JVCEA)和日本 STO 协会。所有交易所都是 JVCEA 的成员,而日本 STO 协会由 5 家日本主要金融机构组成。两家监管机构都致力于为尚未获得许可的交易所提供建议并促进合规。2021 年 12 月,FSA 表示将在 2022 年提出立法,以规范稳定币的发行人,以期解决客户面临的风险并限制使用稳定币进行洗钱的机会。该立法可能包括新的安全协议和加密服务提供商报告可疑活动的新义务。

6. 韩国

在韩国,加密货币不被视为法定货币,而交易所虽然合法,但却是受到严密监控的监管体系的一部分。韩国的加密货币税收是一个灰色地带:由于它们既不是货币也不是金融资产,因此加密货币交易目前是免税的。但是,企划财政部表示正在考虑对加密交易的收入征税,原计划在 2022 年公布税收框架并实施,后推迟到 2023 年 1 月实施。

韩国的加密货币交易法规非常严格,涉及政府注册和由韩国金融监管局(FSS)监督的其他措施。2017 年,韩国政府禁止在加密货币交易中使用匿名账户,并禁止当地金融机构托管比特币期货交易。在 2020 年进行立法修订后,所有韩国交易所都必须遵守 AML/CFT 法规,并从金融服务委员会的金融情报部门(FIU)获得运营许可证。2021 年 3 月,韩国政府出台立法,要求加密货币投资者在其虚拟钱包账户上使用与银行账户相同的名称,并要求加密货币交易所与银行共享信息以验证客户身份。FIU 还于 2021 年从韩国交易所下架了所有隐私币(实际上禁止了代币的交易)。

7. 印度

加密货币在印度不是法定货币,交易所的地位和加密货币的税收状况仍然不明朗,但其财政部部长 Bhagwat Karad 在 2022 年 2 月表示,加密货币交易可能面临 30% 的税收。

印度关于加密货币交易的法规越来越严格。2018 年,印度储备银行(RBI)禁止银行和任何受监管的金融机构"处理或结算虚拟货币"。相关法规全面禁止在国内交易所交易加密货币,并迫使现有交易所关闭。然而,在 2020 年,该国最高法院做出了一项具有里程碑意义的决定,裁定该禁令违宪并让步,允许交易所重新开放。2021 年,国务卿(经济事务)主持的一项研究推动了禁止私人加密货币的立法。虽然印度政府明确表示反对私人加密货币,但在 2021 年 11 月,财政常设委员会会见了加密货币交易所的代表,并得出结论认为加密货币应该受到监管而不是被禁止。截至 2022 年 2 月,加密货币法案尚未获得印度议会 Lok Sabha 的批准,这意味着该国加密货币的立法地位仍不明朗。

8. 欧盟

加密货币在整个欧盟被广泛认为是合法的,但各个成员国的加密货币交易法规不同,针对加密货币的税收也各不相同。2015 年,欧盟法院裁定,传统货币兑换加密货币应免征增值税;但许多成员国对加密货币衍生的利润征收 0%～50% 的资本利得税。2020 年 1 月,欧盟第五反洗钱指令(5AMLD)将加密货币-法定货币交易所纳入欧盟反洗钱立法,要求交易所对客户执行 KYC/CDD 并满足标准报告要求。2020 年 12 月 6AMLD 生效,通过将网络犯罪添加到洗钱上游犯罪清单中,使加密货币的合规性得到提高。

加密货币交易所目前不受区域层面的监管。在某些成员国,交易所必须向各自的监管机构注册,例如德国金融监管局(BaFin)、法国金融市场监管局(AMF)或意大利财政部。然后,这些监管机构的授权和许可证可以进行护照交换,从而使它们能够在整个集团的单一制度下运作。6AMLD 也对加密货币交易产生了影响。根据该指令,洗钱罪的责任扩大到法人和个人,这意味着加密货币钱包提供商和加密货币交易所的领导员工必须对其内部反洗钱控制进行更大的监督。2021 年 7 月,欧盟委员会发布了一系列立法提案,对整个欧盟的虚拟资产服务提供商(VASP)产生了影响。这些提案将把资金转移条例(TFR)扩展到欧盟的所有 VASP,并将强制收集有关加密货币转移的发送者和接收者的信息。

9. 英国

在英国，加密货币不被视为法定货币，但加密货币交易所有注册要求。英国税务及海关总署（HMRC）发布了一份关于加密货币税收待遇的简报，指出它们的"独特身份"意味着它们无法与传统的投资或支付方式进行比较，它们的"可征税性"取决于所涉及的活动和各方。然而，加密货币的收益或损失需缴纳资本利得税。

在 2020 年脱欧之后，英国将 5AMLD 和 6AMLD 中规定的加密货币监管要求转化为国内法。因此，英国的加密货币交易所需要在金融行为监管局（FCA）注册并遵守 AML/CFT 报告义务。虽然它没有对交易所做出特殊规定，但 FCA 指南强调，从事涉及加密资产活动的实体必须遵守 2017 年《洗钱、恐怖主义融资和资金转移（付款人信息）条例》（MLR）。这些法规的修正案于 2020 年 1 月生效，并纳入了最新的反洗钱金融行动特别工作组（FATF）指南。

10. 中国

中国在全球享有严厉的加密货币监管声誉，不认为加密货币是法定货币。早在 2013 年，中国人民银行就发文禁止金融机构处理比特币业务，并在 2017 年进一步禁止 ICO 和国内加密货币交易所。2021 年 6 月，中国禁止所有国内加密货币开采。同年 9 月，中国人民银行等十部委联合发布《关于进一步防范和处置虚拟货币交易炒作风险的通知》，明确规定加密货币交易被视为非法集资方式，并对违反规定的行为实施更严厉的处罚，包括巨额罚款和监禁。

虽然中国在私人加密数字货币方面执行极其严格的禁令，但在法定数字货币方面发展迅速，并成为全球范围内的引领者。中国人民银行推出的 DC/EP（数字货币/电子支付）项目已经在多个城市、数百万个支付场景完成了试点测试。

⛨⛨⛨ 专栏 7-4

监管应适应加密，还是加密应适应监管？

从过往金融发展实践来看，缺乏监管、过度监管以及不当监管都会损害金融创新。随着去中心化技术应用范围的不断外扩，加密货币领域正受到全球监管机构越来越多的关注，特别是在稳定币、DeFi、NFT 等领域。很显然，去中心化的价值观与传统中心化世界的运转模式存在很大差异，这意味着依据传统经验建立的监管很可能是不适合加密货币的。为了找到适当的平衡，监管与加密世界需要紧密协调。那么究竟是应该让监管适应加密，还是让加密适应监管呢？针对这一问题，Cointelegraph 于 2021 年 6 月征集了一些业内专家的观点，并形成了报告 *Will regulation adapt to crypto，or crypto to regulation？Experts answer*，以下是从报告中摘取的专家语录：

总的来说，监管机构在区块链方面处于学习曲线上……去中心化、去中介化和无边界的区块链网络对监管机构提出了挑战，监管机构也对一些区块链创新感到惊讶——例如稳定币……监管机构仍在很大程度上寻求将现有的监管原则应用于加密货币，这并不总是与去中心化技术同步。希望随着时间的推移，监管机构会意识到权力下放的价值并承认权力下放的好处，同时相应地调整其监管方法。随着技术的成熟，监管方法也将成熟。希望不是通过反复试验，而是通过仔细考虑和知情的监管步骤。

——Agata Ferreria（法学教授、欧盟区块链观测站与论坛专家）

默认情况下，加密的入口和出口受到监管，因为提供加密到法币转换的交易所需要 KYC 和 AML 流程。与传统的孤立金融系统相比，加密区块链网络的可见性更高，传统的孤立金融系统削弱了整个交易过程的可见性。监管机构对加密货币的接受将使这些有价值且透明的技术更快地应用于下一代金融系统。金融科技企业家表现出的创造力水平呈指数级增长；DeFi 最近的成功只是一个开始。

——Cristina Dolan（InsideChains 创始人兼 CEO，MIT 企业论坛副主席）

以加密为核心的去中心化提出了一种新的、令人兴奋的治理形式，它将支持新一代社区驱动的创新和商业模式。这并不意味着将加密货币与人类文明背后的正义核心原则脱钩，仅仅因为它是新的。就像集中的决策者一样，社区可以达成共识以达成正确的结果，通常比个人更准确……传统上维护社会基本原则的监管，现在遇到了分散治理的浪潮。世界各地的监管机构正在相应地进行调整，以使这些结构能够在现有的核心原则范围内发展。我们可以从去中心化与集中化的辩论中退后一步，评估如何平衡两者以最终造福于社区。

——Diana Barrero Zalles（Weild & Co 部门经理）

许多加密资产在设计上对监管具有极强的抵抗力。比特币被发明的主要原因之一是拥有一种独立于政府和银行的货币，因此监管机构在监管这个特定市场时遇到了如此艰难的时期是有道理的。毫无疑问，随着时间的推移，他们将设法让加密货币的使用变得主流，但总会有漏洞和变通方法可用，尤其是对于更精通技术的人而言。

——Mati Greenspan（Quantum Economics 创始人）

> 加密货币似乎与监管迎头相撞了。如果你相信加密货币的价值，那么这是最好的结果。绝无可能在没有政府监管机构的任何支持或反对的情况下，比特币就取代了传统金融。审查阻力将保持不变，因为政府几乎不可能阻止点对点加密交易。他们能做的是对法币到加密货币的网关实施监视和限制，这可能会使一些加密货币用户无法获得传统金融服务。
>
> ——Wes Levitt（Theta Labs Inc. 战略主管）
>
> 打破壁垒并增加对信息、产品和服务的访问将仍然是加密行业的核心价值——这是它开发的目的——并将加强跨多个部门的各个层面的流程……我们希望制定的任何指导方针都能在保护投资者的需求与支持他们参与加密市场的愿望之间取得平衡，并且加强监管将有助于促进更多地使用一项不仅能为金融业带来真正利益的技术服务，同时也可促进全球范围内更大的金融包容性。
>
> ——Yoni Assia（eToro 创始人兼 CEO）

本 章 小 结

如今，世界各地的人们每天使用数字支付的次数已经超过 20 亿次[1]，其中绝大多数都是依赖中央银行、商业银行以及其他私人支付服务提供商（PSP）围绕法币支付体系提供的服务。以中央银行为中心的法币体系能够很好地服务社会，但数字货币创新扩大了技术可能性前沿，并创造了更多新的应用场景。公众对于数字货币的认识、接受度和使用频次正处在快速提升当中。在美国、英国、欧盟等国家和地区，比特币等私人加密货币的普及程度已经达到相当高的程度[2]；在中国，法定数字货币 DC/EP 的试点范围也已经覆盖近千万个场景和数亿个钱包。

2022 年上半年，加密稳定币 TerraUSD 和孪生币 LUNA 的崩盘再次引发了人们的担忧：私人加密数字货币或许离货币体系所需的效率、稳定性或完整

---

[1] 参见《BIS 红皮书统计数据（BIS Red Book Statistics）》，该统计数据收集了 27 个国家和地区的零售交易的非现金支付数据。

[2] 纽约数字投资集团（New York Digital Investment Group）的调查数据显示，截至 2022 年 1 月，约 14% 的美国公民（约 4600 万）拥有加密数字货币。英国金融行为监管局（Financial Conduct Authority）2021 年 6 月发布的关于加密资产消费者的报告指出，约 78% 的英国成年人听说过加密货币。欧盟证券和市场监管局（European Securities and Markets Authority）2022 年 2 月的一篇报告显示，约 8% 的荷兰国民拥有加密资产。

性水平还有很大差距，相应的金融监管也暴露出严重滞后和不足。私人加密数字货币市场的动荡可能会加快各国央行数字货币的开发和推广进展，但从本章可以看到，央行数字货币虽然相比私人加密货币有更好的安全性、稳定性，但也有包括金融脱媒（指相关金融业务绕过金融中介机构）在内的特定风险。因此，要建立一个完整的、有包容性的数字货币体系以及与之相适的监管体系，既允许数字创新蓬勃发展，又避免加密货币的弊端，还有很多亟待解决的问题。

思 考 与 练 习

1. 简述加密数字货币和央行数字货币在支付领域的应用场景。
2. 简述加密数字货币在 DeFi 和 DAO 等新兴应用场景中的应用。
3. 简述加密数字资产和稳定币对金融稳定的影响。
4. 比较加密货币和央行数字货币对货币政策的影响。

延伸阅读材料

［1］ 李建军，朱烨辰. 数字货币理论与实践研究进展［J］. 经济学动态，2017，(10)：115 - 127.

［2］ 朱嘉明，李晓，柏亮. 数字货币蓝皮书(2020)［M］. 北京：中国工人出版社，2021.

［3］ BIS. The Future Monetary System. BIS Annual Economic Report［EB/OL］. https：//www. bis. org/publ/arpdf/ar2022e3. htm，2022.

［4］ Comply Advantage. Cryptocurrency Regulations Around the World［EB/OL］. https：// complyadvantage. com/insights/cryptocurrency-regulations-around-world.

［5］ Crypto. com. Crypto Market Sizing Report 2021 and 2022 Forecast［EB/OL］. https：//crypto. com/research/2021-crypto-market-sizing-report-2022-forecast.

［6］ Crypto. com，Worldpay. Crypto for Payments Report［EB/OL］. https：//assets. ctfassets. net/hfgyig42jimx/30h7FZ7l4mgSreL50EiEAf/92719c05fe8275f0fccc39c76a02dbbc/cryptodotcom_worldpay_crypto_for_payments. pdf.

［7］ Fed. Survey of Household Economics and Decisionmaking［EB/OL］. https：//www. federalreserve. gov/consumerscommunities/shed. htm.

[8] Financial Stability Board. Assessment of Risks to Financial Stability from Crypto-assets[EB/OL]. https：// www. fsb. org/2022/02/assessment-of-risks-to-financial-stability-from-crypto-assets.

[9] PwC. 4th Annual Global Crypto Hedge Fund Report 2022：Part 1[EB/OL]. https：// www. pwc. com/gx/en/news-room/press-releases/2022/pwc-global-crypto-hedge-fund-report-2022. html.

[10] SENSOR T. The State of Fintech and Crypto Apps 2022[EB/OL]. https：// go. sensortower. com/fintech-crypto-2022-report. html.

下 篇
XIA PIAN

典型数字货币与交易所

第八章　BTC/比特币

比特币的首要影响是,它创造了一种绝对安全的数字财产转移方式。当一个互联网用户将一份独一无二的数字财产转移给另一个互联网用户时,所有人都知道交易发生,没有人能质疑交易的合法性。对于比特币的这一突破性影响,再怎么赞扬都不为过。

——马克·安德森,安德森·霍洛维茨基金(Andreessen Horowitz)联合创始人、Mosaic 浏览器发明者

截至 2021 年 6 月,全球已发行的加密数字货币的币种已经超过 10 000 个。其中,流通市值规模最大、影响范围最广的无疑是比特币。2021 年 4 月 14 日,比特币价格一度突破 6.45 万美元(BTC/USD);流通市值高达 1.2 万亿美元,占全部加密货币总市值比重超过 50%。如今,全球约有数千万个持币地址,每天都有价值数百亿美元的比特币被交易。很大程度上,人们几乎把比特币等同于加密数字货币,甚至区块链技术。

8.1　比特币的产生与发展

8.1.1　密码朋克与史前数字货币

众所周知,中本聪(Satoshi Nakamoto)创造了比特币,不过现在人们普遍接受的观点是:比特币的灵感来自 20 世纪 80 年代后期的密码朋克(Cypherpunks)运动,比特币的发明也并非来自中本聪一人之力,而是密码朋克圈所有研究成果的结晶。密码朋克秉持自由主义者的理想,不相信政府、公司或大型组织会尊重隐私,他们认为中央集权点通过从数百万用户那里收集难以想象的大量信息,积累了巨大的社会权力,最终会剥夺公众自由(见图 8-1)。因此,密码朋克提倡使用密码保护隐私,试图制造一种分散或匿名的货币,来

对抗甚至替代集中式的金融体系。在比特币诞生之前，密码朋克成员提出的数字货币和支付系统多达数十个，这些项目虽然大都以失败告终，但一些重要的人物和技术探索为比特币的设计和创造奠定了基础。

（资料来源：coindesk）

图 8-1　比特币和密码朋克的崛起

大卫·乔姆（David Chaum）是第一个提出加密货币概念的密码学家。1982年乔姆率先将密码和支付系统结合起来，提出了电子货币的概念，并在其论文中应用盲签名这一密码学技术构造了一个具有匿名、不可追踪等特性的货币系统。1989年乔姆成立了数字现金公司（DigiCash），并建立了第一个加密货币系统 E-cash，其中已经运用了公钥、私钥、RSA 加密技术等。

亚当·巴克（Adam Back）和他提出的哈希现金（Hashcash）技术是比特币产生的关键技术之一。哈希现金本身不是一种电子货币，而是利用工作量证明的方法来防止受垃圾邮件干扰的一套机制，要求发件方完成收件方提出的一定量的工作证明才能顺利进入收件箱，从而避免受到垃圾邮件的干扰。哈希现金的工作量证明机制成为比特币的重要技术基础。

密码学家戴伟（Wei Dai）是加密货币的先驱，他挖掘了哈希现金技术在其他领域应用的可能性，在 1998 年发布了第一种真正意义上的数字加密货币 B-money 的白皮书。B-money 是一种匿名的、分布式的电子加密货币系统，强调点对点的交易和不可更改的交易记录。这一方案比中本聪的比特币白皮书早了整整十年，但遗憾的是 B-money 仅停留在白皮书阶段而没有真正实现。

计算机科学家尼克·萨博（Nick Szabo）可能是比特币诞生过程中理论贡献最大的人物之一，他在 2005 年之前设计了一个去中心化的加密货币机制 Bit Gold，被认为是比特币的前身。相比于其他方案，Bit Gold 引入了时间戳的概念，进一步完善了工作证明机制，并引入拜占庭容错机制来尝试解决双花问题。

计算机科学家哈尔·芬尼（Hal Finney）是比特币产生的主要贡献者之一，他在哈希现金的基础上进行改进，创新性地提出了"代币"（Token Money）的概念，实现了可重复使用的工作量证明机制。值得一提的是，哈尔·芬尼早在2009 年就在思考"如何减少比特币广泛应用所产生的二氧化碳排放"问题。

其他一些著名的密码朋克成员还包括：Tor 开发者雅各布·爱普波姆(Jacob Appelbaum)；维基解密创始人朱利安·阿桑奇(Julian Assange)；BitTorrent 创造者布拉姆·科恩(Bram Cohen)；SSLeay 合著者提姆·哈德森(Tim Hudson)；SSL 3.0 合著者保罗·科切(Paul Kocher)；Open Whisper Systems 创始人莫西·马琳斯巴克(Moxie Marlinspike)；知名安全作家布鲁斯·施奈尔(Bruce Schneier)；"权证金丝雀"概念创造者史蒂芬·谢尔(Steven Schear)；DigiCash 开发者、Zcash 创始人佐科·威尔科克斯·奥赫恩(Zooko Wilcox-O'Hearn)；PGP 1.0 创造者菲利普·齐默尔曼(Philip Zimmermann)。

 专栏 8－1

中本聪是谁？

中本聪(Satoshi Nakamoto)创造了比特币，但从未宣布自己的真实身份。2011 年 4 月 26 日，中本聪最后一次在电子邮件中与加文·安德森通信，此后便再无踪影。直至今日，人们依然对这个神秘人物知之甚少，甚至不清楚中本聪是一个人还是一个团队。尽管中本聪留下的所有信息只是一些论坛帖子、几封公开邮件以及流出的少量私人通信，但这并没有妨碍比特币狂热爱好者持续探索他的真实身份。

谁是中本聪？

是尼克·萨博吗？尼克·萨博是计算机科学家，曾创造了加密数字货币的原型 Bit Gold。有语言学家表示，尼克·萨博和中本聪的语言习惯非常相似，都喜欢用"trusted third party""for our purpose""it should be noted"等比较少见的短语。此外，中本聪从不吝于表达对其他人工作的感谢，他引用了许多来自 Bit Gold 的想法，包括工作证明、交易时间戳等，但从未声明引用过尼克·萨博的工作。这些间接的证据表明中本聪和尼克·萨博间存在紧密关联。不过，尼克·萨博一再否认他就是中本聪。

是亚当·巴克吗？中本聪最初发表的文章都是用英式英语写的，也很少在格林尼治时间半夜 12 点至早上 6 点间在论坛上发帖，并且在创世区块中引用了泰晤士报的文章。人们根据这些迹象判断中本聪是英国人，猜测英国计算机学家、"哈希现金"发明者亚当·巴克是他的真实身份。不过，亚当·巴克表示，虽然他是第一个从中本聪那里知道比特币的人，但他本人并不是中本聪。

是克雷格·怀特吗？澳大利亚计算机科学家和商人克雷格·怀特声称自己就是中本聪，并在一篇文章中明确表示他设计了比特币、创造了比特币、有责任保护比特币不被犯罪分子破坏，而且还提供了中本聪的加密私钥来证明。不过很快人们发现他提供的很多信息都是伪造的，他本人也拒绝提供更多可靠的证据。

2019 年 4 月，知名安全和加密货币研究员 Sergio Demian Lerner 在题为"The Return of the Deniers and the Revenge of Patoshi（否认者的回归与 Patoshi 的复仇）"的报告中称，中本聪有可能在早期独自挖掘出大约 22 000 个区块，获得了 110 万枚比特币的区块奖励，这意味着中本聪持有的比特币价值超过了数百亿美元。随着最近一两年里比特币价格的大幅上涨，人们揭秘中本聪真实身份的热情再度高涨。那么，到底谁是中本聪呢？

8.1.2 比特币白皮书与创世区块

比特币白皮书的发布和创世区块的挖出是比特币发展历程中最重要的两个起始节点。2008 年 10 月 31 日，中本聪在密码朋克邮件列表①中写道"我一直在研究一种新的电子现金系统，它完全是点对点的，没有可信的第三方"，邮件中给出了著名的《比特币白皮书：一种点对点的电子现金系统》的下载地址和论文摘要。邮件中，中本聪强调了这个全新的数字货币系统的如下五个主要特征：第一，利用点对点网络的力量，阻止电子货币可能发生的双重支付行为；第二，系统不存在中心化的货币发行方和第三方信任机构；第三，参与者可以是匿名的；第四，货币由类似哈希现金的工作量证明机制产生；第五，产生货币的工作量证明机制进一步为系统提供了防止双重支付的条件。

"我们在此提出一种解决方案，使现金系统在点对点的环境下运行，并防止双重支付问题。该网络通过随机散列对全部交易加上时间戳，将它们并入一

---

① 密码朋克运动的发起人之一蒂莫西·梅（Timothy C. May）在 1992 年建立了密码朋克邮件列表，全世界的密码学家、程序员、极客在这里通过加密电子邮件进行交流。

个不断延伸的基于随机散列的工作量证明的链条作为交易记录，除非重新完成全部的工作量证明，形成的交易记录将不可更改。最长的链条不仅将作为被观察到的事件序列的证明，而且被看作是来自 CPU 计算能力最大的计算池。只要大多数的 CPU 计算能力都没有打算合作起来对全网进行攻击，那么诚实的节点将会生成最长的、超过攻击者的链条。这个系统本身需要的基础设施非常少，信息尽最大努力在全网传播即可，节点可以随时离开和重新加入网络，并将最长的工作量证明链条作为在该节点离线期间发生的交易的证明。"

——《比特币白皮书：一种点对点的电子现金系统》

这份白皮书包括简介、交易、时间戳服务器、工作量证明、网络、激励、回收硬盘空间、简化的支付确认、价值组合与分割、隐私、计算、结论共 12 个主要的小节以及参考文献，合计篇幅不足 9 页，却提出了一种颠覆性的货币体系和实现机制。比特币白皮书被认为是史上原创度最高、影响力最大的计算机科学文献之一，推动了数字货币革命，开启了数万亿美元的产业，并吸引了成千上万的研究者聚焦这一领域。

不过，比特币白皮书发布的过程并非一帆风顺。2008 年 8 月中本聪就曾把论文（白皮书）发送给亚当·巴克，但并未引起后者的重视。10 月底中本聪在密码朋克邮件列表中再次公开发布论文后，邮件组中的回应寥寥无几，且都是批评和质疑的声音。直至 7 天之后，知名的加密学专家哈尔·芬尼注意到这一项目，认为中本聪提出的比特币是"一个非常有前途和原创的想法"，他对此在项目实现方面非常期待但也有所存疑。不过幸运的是，为了让人们相信所有问题都可以通过比特币解决，中本聪在撰写白皮书前对整个网络先写好了代码。他在给芬尼的回信中表示"将会很快发布代码"。在芬尼之后，更多的人参与到关于比特币的讨论中，在 2008 年剩余的时间里，中本聪一直在讨论和完善比特币的设计方案、代码以及网站 bitcoin. org。

世界标准时间 2009 年 1 月 3 日 18 时 15 分 5 秒（北京时间 2009 年 1 月 4 日 2 时 15 分 5 秒），在芬兰赫尔辛基的一台小型服务器上诞生了比特币区块链的第一个区块——创世区块（Genesis Block），该区块的发布者正是白皮书的作者中本聪。他因此获得了第一笔 50 枚比特币的奖励，这标志着第一个比特币就此问世。当时正处于 2008 年金融危机蔓延之时，为了纪念比特币的诞生，中本聪将当天的《泰晤士报》头版标题——"TheTimes03/Jan/2009, Chancelloron brink of second bailout for banks"刻在了第一个区块上。创世区块的哈希值为 000000000019d6689c085ae165831e934ff763ae46a2 a6c172b3f1b60a8ce26f，区块高度公认为 0，后续不断有新的区块诞生被添加至链上，但是无论从哪个区块回溯，都能追溯到创世区块。

　　2009 年 1 月 8 日，中本聪在密码朋克邮件列表中发布了比特币开源客户端 Bitcoin v0.1，并宣布"首次公开发行比特币————一种新的点对点电子现金系统。该系统是完全去中心化的，没有服务器或中心权限"。这次发布明确了比特币的发行总量为 2100 万枚，前 4 年总计发行 1050 万枚，且在随后每四年减半发行；新发行的货币将被用于奖励区块生产者。

 专栏 8 - 2

"Chancellor on brink of second bailout for banks"
（总理即将进行第二次银行紧急救助）

　　2009 年 1 月 3 日 18 点 15 分零 5 秒，比特币创世区块诞生。在这个区块上，中本聪留下了当天《泰晤士报》的头版文章标题————"The Times 03/Jan/2009 Chancellor on brink of second bailout for banks（2009 年 1 月 3 日，财政大臣正处于实施第二轮银行紧急援助的边缘）"。这篇文章报道了时任英国财政部长的 Alistair Darlin 正讨论对英国银行实施财政救助，而在此前一年，政府已经对同一家银行进行注资，试图稳定信贷流动，遏制即将到来的经济衰退。文章反映了 2008—2009 年全球金融危机中传统金融体系面临的窘境：银行失去了信用，政府却因"大而不能倒"不断动用纳税人的钱进行救助；与此同时，普通民众在经济低迷、收入骤降的环境中承受着痛苦和损失。

（资料来源：EAGLEBROOK ADVISORS）

　　为何留下这一标记，中本聪并未做过多解释，以至于多年后依然存在各种猜测。许多加密爱好者对这份报纸的内容以及比特币白皮书进行了充分的研究后认为，中本聪这样做的目的是传递三个信息：一是扰乱银行业务和控制货币供应：比特币是"全球账本"，是一个新的经济基础设施，可以转移法定价值，消除银行对货币供应的控制；二是赋予个人权利：使消费者能够控制自己的钱，而不是经过银行允许才能转账和消费，免于因银行滥发货币和随意的政策波动，而让自己的钱变少；三是去银行化：60 亿公民第一次可以通过智能手机进入全球经济，而不是需要银行这个臃肿的中介。

中本聪在 2009 年 2 月发布的一篇帖子中写道"传统法币的根本问题在于，要想让它发挥作用，就必须获得所有人的信任。必须相信央行不会让货币贬值，但法定货币的历史上充满了这种信任缺失。我们必须信任银行持有我们的资金并进行电子转账，但它们却以信贷泡沫的形式发放贷款，准备金几乎为零"。从中可以看出，中本聪明确表示自己不是现有金融体系的拥护者，他将比特币视作对抗失败的中心化金融体系的产物。

无论如何，因为比特币的底层技术特征，中本聪在创世区块中留下的印记构成了两个事实：第一，由于区块不可更改，"2009 年 1 月 3 日，财政大臣正处于实施第二轮银行紧急援助的边缘"这句话已经被永远记录在比特币的区块链上；第二，这条微妙的留言通过参考 2009 年 1 月 3 日的《泰晤士报》头版，为创世区块打上了一个无法更改的时间戳，它证明了比特币的诞生时间在 03/Jan/2009 这个报纸的标题出现之后。

8.1.3 比特币发展史上的第一次

比特币是人类货币史上的一次伟大尝试，也是第一个走进大众视野而非停留在密码朋克圈的加密数字货币。从中本聪发表创世论文至今，比特币已经在风雨中行进了十多年，这个过程仿佛是一颗理想主义者播下的种子疯狂生长出了一个新奇和未知的世界。

（1）第一次比特币转账。2009 年 1 月 12 日，中本聪发送给哈尔·芬尼 10 比特币作为测试，完成了比特币历史上的第一次转账，并记录在高度为 170 的区块上。首次发布的 Bitcoin v0.1 并不稳定，遭遇了程序崩溃、内存访问冲突、其他节点无法响应等问题。芬尼可能是除了中本聪以外第一个运行比特币的用户，同时也是第一个官方的 bug 报告者，并在早期维护系统稳定和版本迭代中发挥了重要作用。

（2）第一次与法币兑换。2009 年秋，一个名为"新自由标准"的比特币论坛用户提议，建设一个人们可以用法币交易比特币的网站。于是，比特币的早期维护者马尔蒂(Martti Malmi)在比特币论坛的基础上开发出一个交易界面，也就是后来的 BitCoinexchange.com 网站。在这个交易系统上，马尔蒂出售了

5050 个比特币给"新自由标准"，通过在线支付系统 Paypal 获得 5.02 美元，这是历史上第一笔以美元结算的比特币交易。

（3）第一次购买实物。2010 年 4 月，美国佛罗里达州的软件设计师拉斯洛（Laszlo Hanyecz）创造性地想到了使用 GPU（图形处理器）来挖矿，大大提升了收获比特币的速度。在 2010 年 5 月 17 日，拉斯洛一天就挖出 28 个区块，获得了 1400 个比特币，这时候他已经拥有 7 万个比特币了。在比特币论坛上，拉斯洛悬赏 1 万比特币让人送披萨。2010 年 5 月 22 日，加利福尼亚州的一个人打电话支付美元为他购买了两个披萨，送到了拉斯洛的家中。这是历史上第一次用比特币购买实物的案例，也诞生了史上最"贵"的两个披萨。

（4）第一次货币超发漏洞。比特币早期开发和运营中多次出现过重大 bug 或漏洞，但 2010 年 8 月 15 日发现的漏洞是前所未有的。当天，比特币开发者之一杰夫·加齐克（Jeff Garzik）发现，在 74638 区块中有两笔交易利用程序漏洞凭空创造了 1844.67 亿比特币。考虑到比特币的总供应量是要限制在 2100 万枚，这一错误可能会造成比特币系统严重的信任危机和价值归零。在漏洞曝光后的两个小时内，中本聪和加文·安德森（Gavin Andresen）迅速部署了一个软分叉来修复这个错误，将该交易从 76438 区块中清除，并在 5 个小时内发布了新版本的客户端。这是比特币历史上第一次，也是目前唯一一次出现通货膨胀类的重大漏洞。

（5）第一次进入交易所。2010 年 7 月，世界上第一家比特币交易所 MT. Gox（俗称"门头沟"）在日本东京成立。MT. Gox 一度成为世界上最大的比特币交易所，其交易量更是占据了全球的 80％之多。但是，MT. Gox 因遭受到黑客攻击导致 744 000 个比特币失窃，而且这一损失多年都未被发现。最终在 2014 年 2 月，MT. Gox 宣布停止交易并随后申请破产。这次事件使人们对区块链宣传的去中心化概念产生了怀疑。

（6）第一次"减半"事件。按照比特币设计的发行机制，大约每四年发行量将减少一半。2012 年 11 月 28 日，比特币发生了第一次"减半"事件，比特币区块链在完成 21 万个区块之后，挖矿奖励从 50 个 BTC 减半至 25 个 BTC。在首次减半后的两周内，比特币价格从 12.75 美元上涨至 13.5 美元，并在随后的 12 个月内飙升至 1200 美元。在 2016 年 7 月 10 日、2020 年 5 月 12 日，比特币相继触发了第二次和第三次减半事件，目前区块奖励为 6.25 个 BTC。

（7）第一次期货交易。2017 年 12 月 10 日，芝加哥期权交易所全球市场公司（CBOE Global Markets Inc.）推出比特币期货交易，其交易代码为"XBT"。在第一个交易日里，比特币近月合约开盘价为 1.5 万美元，随后快速上涨并两次出现熔断，最终收涨 19.9％，报 18 545 美元。比特币期货在全世界各国一片争议及质疑声中正式上市，无疑让比特币从野蛮生长向文明发展迈进了一大步，具有里程碑意义。

8.2 去中心化理念与设计框架

8.2.1 去中心化理念

　　由于比特币白皮书最早是在密码朋克邮件列表中发布的，中本聪也引用借鉴了那些密码学天才的研究成果，例如电子现金、哈希现金、时间戳等，因此，人们可能习惯把比特币与密码朋克联系在一起。例如，维基解密的创始人朱利安·阿桑奇(Julian Assange)曾经宣称比特币是从密码朋克中来的。不过，中本聪本人在比特币的设计与推广中并没有过多地提及密码朋克或密码无政府主义，他甚至在密码朋克社区中反对使用比特币向维基解密捐款，他更关心的是支付系统的创新。相比之前密码朋克在加密货币方面的失败尝试，比特币取得的空前成功无疑是令人瞩目的。如今，人们在谈论比特币时所称赞的非对称加密、点对点技术、哈希现金等关键技术均不是中本聪所发明的，也并非比特币所独有的，那么究竟是什么原因让比特币脱颖而出呢？

　　中本聪在设计比特币时，对 20 世纪 90 年代一大批数字货币先驱的失败有着非常清晰的认知。他认为 E-cash 等加密货币失败的根本原因在于其中心化架构，因为一旦为数字货币信用背书的公司倒闭，或保管总账的中央服务器被黑客攻破，那么该数字货币就难逃破产的命运。中本聪在比特币论坛中的一篇文章里提到"他们在讨论老一套的乔姆(David Chaum)中心化造币体系，不过这可能是因为他们别无选择，他们应该会对新的方向感兴趣。20 世纪 90 年代以来所有的虚拟货币公司全都失败了，这导致很多人对这一行业非常悲观。我希望人们可以看到，这些系统之所以失败，显然是因为它们的中心化控制这一属性。我想，我们正在首次尝试建立一个去中心化的非认证系统。"中本聪在与安全研究员特拉梅尔(Dustin D. Trammell)的邮件中也表示过类似的观点"我觉得现在更多的人对 90 年代(的加密货币方案)感兴趣，但是经过了数十年，我们已经看到了基于'信任第三方'系统的失败。我希望人们能够有所区分，即明白我们是在尝试首次建立一个不以'信任第三方'为基础的系统"。由此可以看出，中本聪对于中心化架构数字货币的态度，他认为比特币必须是去中心化的、不以信任第三方为基础的点对点支付系统。

　　那么，中心化和去中心化有何区别呢？简单讲，中心化的系统存在中间调度人，交易必须建立在对中间调度人（也就是第三方）的信任之上；而去中心化的系统则不需要中间调度人，可以直接进行点对点的支付。在传统的金融体系当中，现金和信用是两种主要的货币形式，承担了主要的支付职能。现金支付体系是最典型的去中心化系统。甲乙双方进行交易，只需要在两方之间完成钱、货交换，并不需要借助第三方的帮助；即使在更大规模的交易当中，也可以拆解成若干两两之间的交易，其中每一组交易都是点对点现金支付，不需要任何其他第三方参与。信用体系则完全不同，人们在使用银行账户、银行贷款、信用卡、支票等工具进行支付时，必须依赖中间人行使货币调度职能。这就是说，此种信用体系建立在交易者对中间人的信任关系之上，尽管很多时候人们并不真正信任第三方参与者。

　　现金体系和信用体系各有弊端，例如现金体系不便于大量储存、不能用于在线交易、很难用于异地结算等，而且必须要在事前进行现金分配才能触发交易；而信用体系下交易者必须遵守中间人的规则才获得交易权限，还要支付交易费用等；更为关键的是，交易者还需要承担无法匿名和个人账户信息泄漏等风险。正如我们所介绍的，密码朋克是自由主义者的集中地，他们不相信任何组织会尊重隐私，是断然不会接受中心化的信用体系的，他们更看重现金体系的两大优势：一是匿名性，即交易过程不需要泄漏任何个人信息；二是自由性，即交易无须获得第三方批准。不过，现金的实体形式显然也已经无法满足信息时代和在线支付的需求，那么既保留现金体系的优势、又去掉实体形态的"电子现金"对他们而言则极具吸引力。

　　虽然加密技术和编程能力是密码朋克的专长，但是现金体系的电子化或者数字化却面临着很多的困难，其中最令人头疼的要数"双重支付（double spending）"问题。在传统的现金体系下，一个人将实体的现金支付给另一个人之后，就丧失了对该现金的控制，只要现金的防伪体系足够可靠，那么他就不可能再将同一笔现金支付给其他人。而在电子现金体系中，双重支付问题却很难解决：我们在向一方发送了表示支付一定数额电子现金的数据后，可以相对较为容易地复制该数据，并将其发送给另外一方。在这种情况下，人们很难分辨哪一笔交易是初始数据，哪一笔交易是复制品。

　　那么如何解决双重支付问题呢？一个简单的想法是：我们可以为每一笔支付打上一串独特的数字标签，或者盖上一个时间戳，任何人收到一笔支付时都先去核对是否已经存在对应的数字标签或更早的时间戳，在确保该货币没有被使用的情况下才承认该笔支付的合法性。这个方案当然是可行的，而且在网络上不难实现。大卫·乔姆（David Chaum）在 20 世纪 80 年代提出的电子货币方案大体上就是类似的思路，当然他还采用了盲签（blind signature）的技术来保障交易的匿名性。不过，方案虽然有效，但交易数据必须要存储在一个中心服务器上，这就要求服务器要绝对安全，要参与并记录每一笔交易，并且由一个大家都信任的机构来运营管理。

表面上这看起来和由银行或者第三方支付平台运营的信用交易体系似乎并没有太大区别。除了具有更好的匿名性外，电子现金依旧是一个中心化运作的体系。事实上，在传统的信用体系下，只要数据接收方作出保护付款方数据隐私的"可信承诺"，那么乔姆提出的电子现金就没有更多的优势。现实情况证实了这一点，乔姆最终没有能够说服银行和商家采用电子现金，也没能广泛激发其他用户的兴趣，最终走向了失败。

我们非常需要这样一种电子支付系统，它基于密码学原理而不基于信用，使得任何达成一致的双方能够直接进行支付，从而不需要第三方中介的参与。
——《比特币白皮书：一种点对点的电子现金系统》

中本聪对加密货币先驱的失败非常警觉，他在《比特币白皮书：一种点对点的电子现金系统》的摘要中指出："虽然数字签名部分解决了这个问题，但是如果仍然需要第三方的支持才能防止双重支付的话，那么这种系统也就失去了存在的价值。"中本聪认为，加密数字货币的成功必须采用一种全新的解决方案，彻底摒弃中央账本等第三方中介，使得电子现金系统完全在点对点的环境下运行。基于分布式账本构建共识机制并在其基础上寻求"双重支付"等问题解决方案的设计理念，是让比特币从众多数字货币中脱颖而出的关键所在。

8.2.2 比特币的设计框架

正如 Mehta 等人（2020）所言："比特币白皮书是我们读过的最好的技术文章之一，它比大多数人都能更好地解释比特币，而且只用了 8 页的篇幅。"这里按照白皮书的行文逻辑简要介绍比特币的技术框架。

1. 交易/Transactions

在比特币的交易体系中，电子货币（an electronic coin）并不是一种反映价值属性的静态存在，而是包含着交易信息的一串数字签名，这是理解比特币与传统现金差异的关键。因此，严格来讲，并不存在所谓"一枚比特币"的概念。在一次交易中，比特币的所有者（所有者0）利用自己的私钥（private key）对前一次交易和下一位所有者（收款人，所有者1）的公钥（public key）签署一个随机散列（hash）的数字签名，并附在交易信息的末尾，这样交易中包含的比特币就发送给了下一位所有者（所有者1）。当"所有者1"需要使用该比特币进行下一次交易时，他同样需要使用自己的私钥对前次交易和本次交易收款人（所有者2）的公钥进行签名。与此同时，所有者2可使用交易信息中包含的所有者1的公钥信息对所有者1的数字签名进行验签，以证实所有者1确系该笔比特币的所有者和支付信息的发送人（见图8-2）。

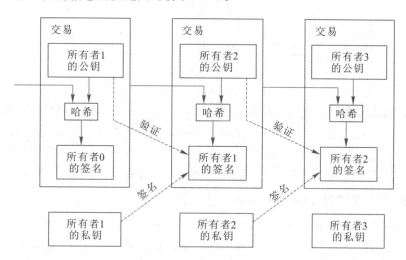

图8-2 比特币交易机制

显然，上述交易中使用了非对称加密机制：收款人生成了一对密钥（私钥和公钥），但仅将公钥公开，这样就不必像对称密码那样传输对方的密钥，极大地提升了交易的安全性和隐私性。但是，非对称加密并没有解决"双重支付"的潜在威胁：收款人难以检验之前的某位比特币所有者是否将同一电子货币签名后发送给多个收款人。要解决这一问题，仅仅依靠加密技术是不够的，必须要有"人"来负责记账。在传统金融体系中，由银行等第三方金融机构负责记账；在其他加密货币方案中，由类似于造币厂（mint）的中央服务器来进行支付检验；而在彻底去中心化的比特币体系中，交易信息将被公开宣布（publicly announced），使得整个系统内的所有参与者都有唯一公认的历史交易序列，确保在交易期间绝大多数的节点都认同该交易是首次出现。

2. 时间戳服务器/Timestamp server

"时间戳服务器"是解决"双重支付"的第一步，描绘了比特币账本的雏形。在一定的时间间隔下，时间戳服务器通过对该时间段内全部交易构成的数据区块（block）实施随机散列（hash）而打上时间戳，并将该随机散列在网络中进行广播（见图8-3）。在每一次"打包"时，都将前一个时间戳纳入其随机散列值中，每一个随后的时间戳都对之前的一个时间戳进行增强（reinforcing），这些区块形成了一个链条,即区块链(Blockchain)。

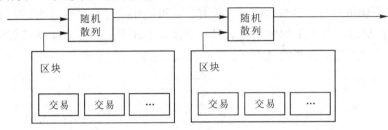

图 8-3 时间戳服务器

这里需要注意的是,时间戳服务器并不真正关心交易发生的绝对时间,而是以链条的形式记录下交易发生的先后顺序,即相对时间。因此,时间戳服务器的目的是"生成依照时间前后排列并加以记录的电子交易证明"。时间戳服务器本身既可以是集中式分布的,也可以是点对点分布的。

3. 工作量证明/Proof-of-Work

时间戳服务器能保证账本中交易顺序的正确性,但在分散化的账本存储模式下,无法阻止人为创造多个账本。在可能存在的诸多账本中,要使所有人都认可其中唯一的那个真实账本,就需要创造一种共识机制。

为了在点对点的基础上构建一组分散化的时间戳服务器,比特币借鉴了亚当·巴克(Adam Back)提出的哈希现金(Hashcash),构建了以工作量证明为基础的共识机制。工作量证明机制要求分散化的时间戳服务器在生成区块时,必须要计算一个随机数(Nonce),这个随机数会与区块头一起进行随机散列,使得随机散列值以 N 个 0 开头(N 是控制计算难度的参数,N 越大则计算难度越大)。正确的随机数只能通过反复尝试来找到,需要耗费大量的计算才能完成。而且一旦完成工作量并生成一个区块之后,后续产生的其他区块都将链接在该区块之后,由此形成的链条是大量工作量的累积。如果有人想要修改其中某个区块的交易信息,那么不仅要重新完成该区块的工作量,而且还要完成之后所有区块的全部工作量(见图 8-4)。

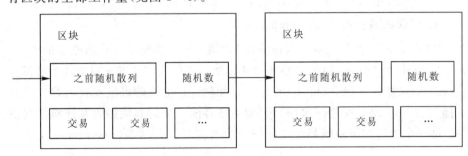

工作量证明机制还解决了在集体投票时谁是"大多数"的问题。如果大多数节点是诚实的(非恶意的)，那么诚实的链条将以最快的速度延长，超越其他竞争链条。想要修改某个区块信息的攻击者必须完成该区块的工作量，外加该区块之后所有区块的工作量，并最终赶上和超越诚实节点的工作量，才有可能成为最长链条之一。随着区块高度的不断增加，攻击者成功的概率将呈指数化衰减。因此，最长链即累计工作量最大那个账本，将是大家公认的正确账本。

最后，为了使分散化的时间戳服务器付出足够大的工作量，可以通过改变参数 N 来调整工作量证明的难度。比特币会将每小时生成区块的速度限制在一个特定水平，如果区块生成的速度过快，那么难度就会随之提高。

4. 网络/Network

比特币网络运行步骤如下：

(1) 新的交易向全网进行广播；

(2) 每一个节点都将收到的交易信息纳入一个区块中；

(3) 每个节点都尝试在自己的区块中找到一个具有足够难度的工作量证明；

(4) 当一个节点找到了一个工作量证明，它就向全网进行广播；

(5) 当且仅当包含在该区块中的所有交易都是有效的且之前未存在过的，其他节点才认同该区块的有效性；

(6) 其他节点表示它们接受该区块，而表示接受的方法则是跟随在该区块的末尾，制造新的区块以延长该链条，同时将被接受区块的随机散列值视为先于新区块的随机散列值。

在上述过程中，所有节点都将通过努力完成工作量证明来争夺将新区块写入区块链(记账)的权利；如果有人先完成并被确认有效，所有节点就会转向争夺下一个区块的写入权。按照工作量证明机制，所有节点都会以最长链作为正确的账本，在此基础上进行持续计算和附加新的区块。如果有两个节点同时完成工作量证明并进行了广播，但由于网络传输的原因导致不同节点接收到的新区块不同，就可能出现两个同样长度的链条。这时，所有节点仍会在其率先收到的区块上进行计算，直至下一个工作量证明被完成且其中一条链条被证实为是较长的之后，所有节点均会转移至较长的链条上继续工作。

5. 激励/Incentive

网络节点在争夺记账权时付出的工作量必须获得一定的补偿，这就是维护分布式账本正常运作的激励机制。当一个网络节点完成了工作量证明，并将新区块成功写入区块链之后，就可以获得一定数量比特币的激励，该激励来自于新发行的比特币和交易费用。新发行的比特币是指：比特币尚未完成全部流通之前，每个区块的第一笔交易会产生一枚由该区块创造者拥有的新的电子货币；交易费用是交易输出值与输入值之间的差额，也会被增加到该区块的激励中。

比特币的激励机制有以下特点：第一，在没有中央集权机构发行货币的情况下，提供了一种将电子货币分配到流通领域的方法；第二，当规定的全部电子货币（2100万枚）进入流通领域后，激励机制可以转换为完全依靠交易费，从而使比特币体系免于通货膨胀；第三，激励系统有助于鼓励节点保持诚实，一个拥有大量算力的节点完全可以通过诚实记账获得比特币激励，而不是破坏这个系统使得其自身财富的有效性受损。

6. 回收硬盘空间/Reclaiming Disk Space

随着比特币交易规模越来越大，区块高度越来越高，不可能全部分布式节点都存储所有交易信息。比特币按照梅克尔树（Merkle tree）的形态来存储数据，以保障在较小数据存储规模下交易信息可验证（见图8-5）。

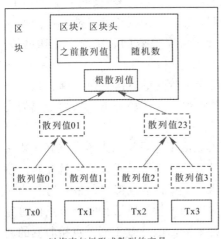
以梅克尔树形式散列的交易

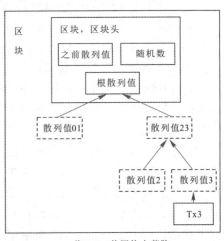
将Tx0-2从区块中剪除

图8-5 梅克尔树

按照梅克尔树的原理，只需要根节点和路径即可验证交易的正确性。因此，如果最近的交易已经被纳入了足够多的区块之中，那么就可以丢弃该交易之前的数据，以回收硬盘空间。为了同时确保不损害区块的随机散列值，交易信息被随机散列时，被构建成梅克尔树的形态，使得只有树的根被纳入了区块的随机散列值，不必保存内部的随机散列值，利用将该树的分支拔除（stubbing）的方法老区块就能被压缩。

不含交易信息的区块头(Block header)大小仅有 80 字节。按照比特币设定的区块生产速度，大约每 10 分钟生成一个区块，每年产生的数据量仅为 4.2MB。在现有的硬件水平下，即使将全部的区块头存储于内存之中都不是问题。

7. 简化的支付确认/Simplified Payment Verification

在不运行完整网络节点的情况下，也能够对支付进行检验。非完整网络节点用户只需要保存最长链条的区块头，即可以向网络发起询问来确认自己拥有最长的链条，也可以通过梅克尔树的分支校验某次交易。网络节点不可能亲自检验所有交易的有效性，但通过追溯交易链条，可以查询一笔交易是否已经被全网接受(见图 8-6)。

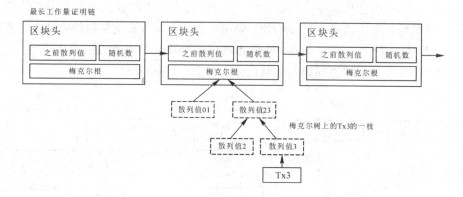

图 8-6 简化的支付确认

8. 价值的组合与分割/Simplified Payment Verification

为了使价值易于组合与分割，交易被设计为可以纳入多个输入和输出。如图 8-7 所示，输入既可以是某次价值较大的前次交易构成的单一输入，也可以是由某几个价值较小的前次交易共同构成并行输入；输出最多只有两个：一个用于支付，另一个用于找零(如果有的话)。

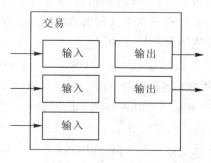

图 8-7 价值的组合与分割

这一功能看似比较平常，但也是点对点支付体系的一个重要特征。在某些中心化的数字货币方案中，对"找零"的情形进行了如下处理：由中心化的"造币厂"(mint)将用于支付的较大额电子货币注销，然后向收款人发行与交易额相等的新电子货币，以及向付款人发行剩余数额的新电子货币作为找零。

9. 隐私/Privacy

在传统金融体系中，电子支付的隐私主要靠交易第三方提供保护。在点对点的电子现金系统下，为了解决"双重支付"问题必须将交易信息向全网广播，隐私保护主要依赖于非对称加密机制以及公钥匿名：一方面，非对称加密下难以从公开的公钥信息解密出私钥；另一方面，公众得知的信息仅仅是某个人将一定数量的货币发送给了某一个公钥地址，但是难以将该交易同特定的人联系在一起。作为额外的预防措施，使用者可以让每次交易都生成一个新的地址，以确保这些交易不被追溯到一个共同的所有者(见图 8-8)。

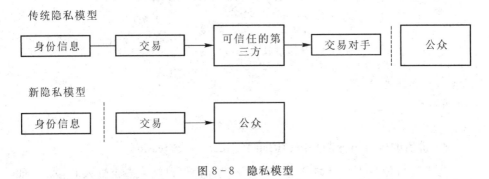

图 8-8　隐私模型

10. 计算/Calculations

比特币网络的攻击者若要完成攻击，需要比其他诚实节点更快地制造替代性区块链，即掌握全网过半的算力(例如超过 51%)。即使如此，攻击者也并不能凭空创造价值，或者掠夺本不属于攻击者的货币，最多的是更改他自己的交易信息，并试图拿回他刚刚付给别人的钱，但这种攻击也很容易被察觉。中本聪在白皮书中以二叉树随机漫步(Binomial Random Walk)来描述诚实链条和攻击者链条之间的竞赛，将填补攻击者链条和诚实链条之间差距(z 值)的可能性近似地看作赌徒破产问题(Gambler's Ruin problem)，通过演算发现：攻击者成功的概率对 z 值呈指数下降。因此，进行 51% 算力攻击需要花费巨大的成本，但是获益其实并不大；如果能掌握 51% 算力，进行攻击的收益可能远不如成为一个诚实节点进行挖矿的收益。

专栏 8-3

比特币的价值从何而来？

比特币的批评者通常认为比特币是凭空创造的，没有任何价值。那么比特币究竟有没有价值？或者从更广义的角度来看，货币的价值究竟是从何而来呢？

货币是从商品中分离出来，专门充当一般等价物的特殊商品，这是几乎所有经济学流派都认可的一个基本事实。那么，作为一种特殊的商品，货币必然是有价值的；货币的价值亦是其承担交易媒介和财富储藏职能的基础。在古典经济学中，商品之所以拥有价值是因为它能够满足人们某种特定需求，并且具有稀缺性。作为一般等价物的商品在抽象成货币之后，满足人们特定需求的属性就弱化了，而其稀缺性却进一步强化。人们愿意把黄金和钻石作为货币的储备，正是因为它们的稀缺性。马克思主义政治经济学认为，商品的价值是凝结在商品中无差别的一般人类劳动，即人类脑力和体力的耗费。黄金之所以能够成为货币，是因为开采、冶炼黄金的过程中耗费了资源，凝结了无差别的一般人类劳动。

那么，要创造出一种具有真实价值的虚拟货币，就必须要设计出某种具有稀缺性，且凝结了无差别的一般人类劳动的东西。在虚拟世界中，比特币设计了这样一种系统：只有花费了一段时间解决了一个数学计算难题之后才会产生新的比特币，这在某种程度上保证了比特的价值属性。正因如此，比特币拥趸习惯将比特币称为"电子黄金""数字黄金"，把比特币记账和生成区块的过程称为"挖矿"。中本聪也把比特币的"挖矿"过程比作开采黄金的过程："这种将一定数量新货币持续增添到货币系统中的方法，非常类似于耗费资源去挖掘金矿并将黄金注入到流通领域的过程。"

我们在正文中已经介绍，比特币的"挖矿"机制借鉴了亚当·贝克的哈希现金（Hashcash）概念，后者是用来阻止垃圾邮件的一套计算机制。比特币使用的数学计算与哈希现金方法基本类似，只进行了微小的改进。有趣的是，哈希现金方法并没有被广泛用于阻止垃圾邮件，而比特币却成为数千万人参与、价值万亿美元的数字资产。亚当·贝克在评价比特币时曾说："比特币只是把哈希现金概念进行通货膨胀控制得到的延伸产品罢了。"不过，*Bitcon and Cryptocurrency Technologies：A Comprehensive Introduction* 一书的作者纳拉亚南（Arvind Narayanan）批评说，亚当·贝克的话等同于说"特斯拉只是在轮子上加上了电池而已"。

8.3 比特币的现状与前景

从 2009 年 1 月正式上线以来,比特币已经运作了 13 年,但关于比特币的各种争论依然不绝于耳。在本书写作之时,媒体正广泛报道比特币等加密货币对环境的负面影响,联合国以及多个国家也密切关注和治理比特币等数字货币挖矿行为;比特币价格(BTC/USDT)也从一个月前的 64 854 美元快速跌落至最低 30 100 美元。但与此同时,位于中美北部的国家萨尔瓦多,通过立法成为全球首个采用比特币作为法定货币的国家。

8.3.1 比特币的现状

1. 发行

2009 年 1 月 9 日,中本聪因挖出比特币创世区块获得了 50 BTC 的奖励,这是第一笔进入流通领域的比特币。在 2012 年 11 月 28 日第一次减半事件发生之前,每日平均挖出的比特币数量约为 7395 BTC;第一次减半至第二次减半期间,每日平均挖出的比特币数量约为 3980 BTC;第二次减半至第三次减半期间约为 1872 BTC;第三次减半之后,比特币的每日发行量平均约为 899 BTC。第三次减半之后,比特币的年通货膨胀率下降至 1.8% 左右,已跌破黄金供应增长约 2%~3% 的历史平均水平。

截至 2021 年 6 月 21 日,累计挖出的比特币共计 18 740 056 BTC,已超过全部 2100 万发行总量的 89%。由于比特币每次减半间隔为 210 000 区块,按照"每区块产出时间为 10 分钟"的理想假设,在经历 33 次减半期后,每区块的挖矿产出将达到 0.58 聪,小于最小单位 1 聪;届时(大约在 2140 年),全部 2100 万 BTC 将进入流通领域(见图 8-9)。

2. 用户

钱包地址数量反映了其比特币使用情况。比特币地址前期的增加接近于指数形态,2018 年之后也保持了较高的线性增速。从 2009 年第一个比特币地址产生到第 10 万个地址产生,共耗时一年零四个月的时间,第二个 10 万地址产生只花费了三个月时间,而在 2021 年里单日新增 10 万地址的情况已经十分常见。截至 2021 年 6 月 23 日,已发行的 1874 万余枚比特币归属于 3802 万余个钱包地址(见图 8-10)。

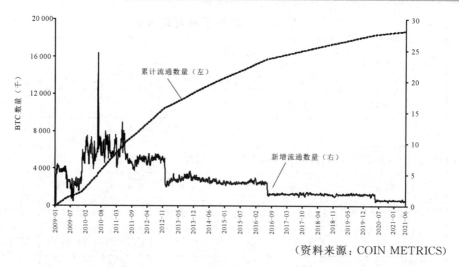

（资料来源：COIN METRICS）

图 8-9 比特币累计发行规模与单日发行规模

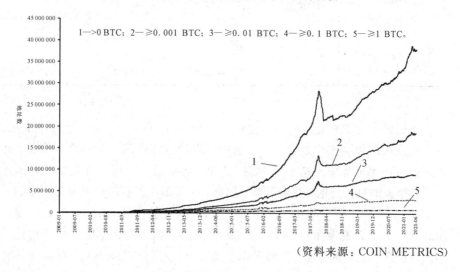

（资料来源：COIN METRICS）

图 8-10 比特币钱包地址增长情况（按持币数量分）

不同地址的持币规模差异显著。彭博社 2020 年底的一篇报道显示，约 2% 的钱包地址控制着 95% 的比特币。CoinMarketCap 于 2021 年 6 月 23 日披露的数据显示（见表 8-1），存放超过 1 BTC 的地址数量为 646 320 个，占全部地址数的 2.07%。这些地址共控制了 1750 万余 BTC，超过已发行比特币总量的 94%。相反，超过 51% 的钱包地址中存放的比特币不足 0.001 BTC，合计持有数量不足 4000 BTC，占发行量的比重仅为 0.2%。这意味着比特币网络中财富集中度达到了非常高的水平。

表 8-1　比特币持有集中度

钱包余额(BTC)	钱包地址			持币(BTC)		
	数量	百分比	累积	数量	百分比	累积
(0, 0.001)	19 405 600	51.028242%	100.00%	3956	0.02%	100.00%
[0.001, 0.01)	9 688 035	25.475295%	48.97%	36 796	0.20%	99.98%
[0.01, 0.1)	5 791 378	15.228792%	23.50%	187 706	1.01%	99.78%
[0.1, 1)	2 357 083	6.198098%	8.27%	736 627	3.98%	98.77%
[1, 10)	646 320	1.699539%	2.07%	1 658 328	8.96%	94.79%
[10, 00)	125 659	0.330428%	0.37%	4 017 890	21.70%	85.83%
[100, 1000)	12 898	0.033916%	0.04%	3 938 504	21.27%	64.13%
[1000, 10000)	2080	0.005469%	0.01%	5 170 016	27.92%	42.86%
[10000, 100000)	80	0.000210%	0.00%	2 076 628	11.21%	14.94%
[100000, 1000000)	4	0.000011%	0.00%	690 583	3.73%	3.73%

(资料来源：CoinMarketCap)

　　不过需要注意的是：第一，比特币地址不是"账户"，也不代表特定用户。一个用户可以控制多个地址，一个地址可以持有多个用户的资金。第二，并非所有比特币地址都应该被平等对待。例如，持有数百万用户资金的交易所地址需要与个人的自托管地址区分开来。因此，比特币在真实用户中的分布可能并非如表 8-1 所示的那样集中。拉斐尔·舒尔茨-克拉夫特(Rafael Schultze-Kraft) 2021 年 2 月 2 日发表在 glassnode insights 上的一篇专栏文章中分析了比特币在不同规模实体之间的分布，同时考虑了属于交易所和矿工的地址，研究测算得到大约 2% 的网络实体控制着 71.5% 的比特币。他们还发现："鲸鱼"(持有超过 1000BTC 的用户)持有的 BTC 供应量最近有所增加，表明机构投资者正在进入。

　　除此之外，一些统计数据也反映了比特币在加密数字货币用户中的受欢迎程度。Finder 在 2020 年年底发布的一项加密货币统计显示，每天有 28 866 篇关于比特币的社交媒体帖子在线发布，大约每 3 秒就会在社交媒体上出现一篇关于比特币的帖子。币安研究(研究货币的机构)对 2021 年的加密货币用户进行了统计，发现 65% 的加密货币用户是比特币所有者，数字现金交易者将其投资组合的 20% 分配给比特币。

3. 交易

比特币的第一次兑换交易发生在 2009 年 10 月 12 日，不过比特币的初始汇率产生的时间还要更早一点。2009 年 10 月 5 日，比特币初始汇率开启，定价为 1309.03 BTC∶1 美元。2010 年 7 月 18 日，MT.Gox 交易所成立后，比特币有了公开交易价格，最初 1 BTC 的美元价格为 0.07 美元。在 2013 年以前，MT.Gox 交易所承担了比特币的绝大多数交易，其后因遭受黑客攻击而导致大量比特币失窃，MT.Gox 宣布停止交易并随后申请破产。如今，Binance（币安）、Huobi（火币）、ZB（中币）、OKEx（欧易）、Bitfinex、Coinbase、Bitstamp 等成为比特币的主要交易平台。

人们最津津乐道的还是比特币交易价格的巨幅上涨。以 2010 年 7 月 18 日 MT.Gox 交易所的初始价格 0.07 美元为基数，比特币价格在 2021 年 4 月 13 日以美元计价的收盘价达到最高点 63 445.6 美元/BTC，累计涨幅高达 90.63 万倍（见图 8-11）。这意味着比特币的长期持有人收获了巨额财富，似乎"仅仅是购买和持有资产就可以获利"，这也是比特币生态系统中"HODL"理念形成的原因。

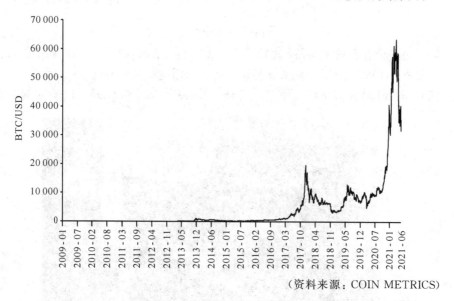

（资料来源：COIN METRICS）

图 8-11　比特币成交价格

从比特币的长远发展来看，成交量和成交额要比单纯的交易价格更为重要。在比特币上线后相当长一段时间内，仅仅是在开发者和密码朋克圈内有零星几笔支付。COIN METRICS 发布的数据显示，从中本聪向哈尔·芬尼转移第一笔比特币起的一年内，比特币的日平均交易笔数仅为 0.6。这一数字在随

后的十多年里增长了数十万倍，截至 2021 年 6 月 23 日，七日平均支付次数为
655 061.43 次。从交易金额来看，2021 年 6 月以 BTC 计价的日平均交易额为
113.5 万 BTC，以美元计价的日平均交易额超过 400 亿美元(见图 8 - 12)。

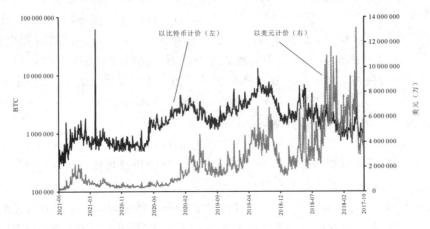

(资料来源：Coin Market Cap)

图 8 - 12　比特币成交额

　　另一个有趣的事实是，比特币不仅能在线上交易，也可以通过加密货币自动
柜员机(ATM)实现线下购买比特币或将比特币兑换为其他货币(见图 8 - 13)。根
据 Coin ATM Rader 的数据可以看到，Genesis Coin 和 General Bytes 是目前最

(资料来源：财新网)

图 8 - 13　比特币 ATM 机

大的加密货币 ATM 设备制造商，两者占据了近 70％的市场份额；相比之下，ATM 运营商要更分散一些，目前最大的运营商为 Bitcoin Depot，大约占据了15％的市场份额。最近一年里，平均每月增加 1077 台加密货币 ATM；截至2021 年 6 月 23 日，全球共有 22 137 台加密货币 ATM，其中 85.3％位于美国，6.7％位于加拿大，6.1％散落在欧洲各国。2014 年 4 月，中国内地首台比特币ATM 曾短暂亮相于上海张江的一家咖啡店。

4. 市值

虽然比特币本身的价格年复一年地波动，但探究以美元计价的币值规模有助于我们用一个相对稳定的单位来衡量它。比特币的总市值在 2021 年 4 月一度突破 1.2 万亿美元，随后快速回落；截至 2021 年 6 月 21 日，其总市值约为 5943 亿美元，自由流通的比特币市值约为 4627 亿美元，自由流通比约为77.85％（见图 8 - 14）。如果将比特币视作一家上市公司的话，它的市值规模曾一度超过脸书（Facebook），目前也位于全球前十之列。

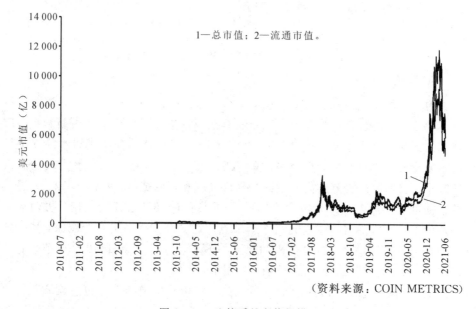

（资料来源：COIN METRICS）

图 8 - 14　比特币的市值规模

与其他数字货币竞争者相比，比特币仍然具有很大的优势，从未有任何竞争者的市值规模超越过比特币。如图 8 - 15 所示，2021 年 6 月 23 日全球规模排名前十的加密数字货币总市值约为 10 815 亿美元，其中比特币总市值就达到 6168 亿美元，占比高达 57％。紧随其后的是以太坊（ETH，占比为 21％）和泰达币（USDT，占比为 6％）。

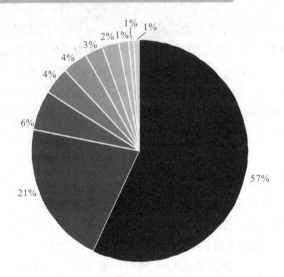

■ BTC ■ ETH ■ USDT ■ BNB ■ ADA ■ XRP ■ DOGE ■ DOT ■ UNI ■ BCH

注：时间节点为 2021 年 6 月 23 日。

（资料来源：非小号 http：// www. feixiaohaozh. info/）

图 8-15　十大加密数字货币市值规模占比

5. 网络

对于比特币用户而言，虽然在不运行完整网络节点的情况下也能够对支付进行检验，但仍然有一些节点会同步所有区块链数据，负责实时更新数据、广播和验证交易，这些节点称为全节点，其对于维护比特币分布式账本的安全具有重要意义。理论上全节点越多、算力越分散，则网络遭受 51％算力攻击的概率越小；但是运行全节点需要较高的硬件要求和运营成本。根据 Bitnodes 提供的数据可知，截至 2021 年 6 月 23 日，全网共有 9746 个全节点，较过去两年的平均值 10 065 有所下降。这近万个全节点广泛分布于全球上百个国家，其中已知拥有全节点数量最多的是美国和德国，分别有 1765 个和 1669 个全节点；中国亦有 145 个全节点，位列全球前十（见图 8-16）。

随着比特币价格的大幅上涨，投入到比特币挖矿中的算力也急剧增长。30日平均全网算力在 2021 年 4 月达到最高值，约为 165 EH/s，目前大约维持在 130 EH/s（1 EH/s 表示每秒可进行 10^{18} 次哈希计算）。按照比特币工作量证明机制，挖矿的难度会动态调整，因此，无论全网算力如何增长，比特币区块仍然保持着 10 分钟左右一个区块的出块速度，这就要求挖矿难度与全网算力同步变化。目前挖矿难度大约在 20T，这意味着目前主流的比特币矿机(50 TH/s)持续工作一年大约能够产出 0.11 BTC（见图 8-17）。

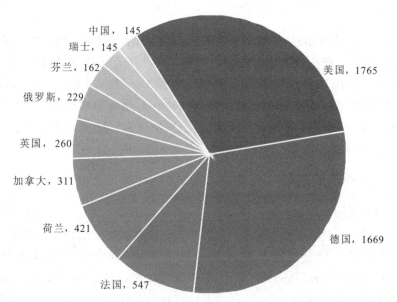

注：时间节点为2021年6月23日。

（资料来源：Bitnodes）

图 8 - 16　拥有比特币全节点最多的十个国家

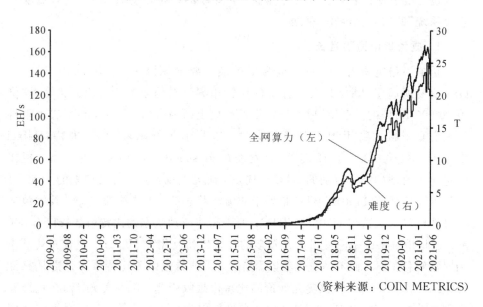

（资料来源：COIN METRICS）

图 8 - 17　全网算力与挖矿难度

6. 监管

目前围绕比特币已经形成了一个十分庞大的产业链，不过出于资本管制、预防犯罪、反洗钱等诸多方面的考虑，并非所有国家都将比特币视为合法项目，或者在不同程度上有所限制。根据 Coin Dance 的统计，目前全球257 个国家和地区中有 132 个国家和地区没有对比特币施加限制，有 7 个国家有所限制，7 个国家明确将比特币视作非法项目。目前，中国属于对比特币有限制的国家之列。

8.3.2 比特币的前景

在中本聪和其他加密货币爱好者看来，比特币是一种优雅的、基于数字和密码学的货币。但随着加密货币的发展，人们逐渐接受了比特币也并不完美的事实。2015 年，哈佛商学院教授 Benjamin Edelman 与其合作者在发表于 *Journal of Economic Perspective* 上的文章"Bitcoin：Economics，Technology，and Governance"中指出，"比特币的设计机制导致它不同于以往的支付手段和价值贮存，有许多特质的风险，例如：市场风险，市场过浅问题，对手风险，交易风险，操作风险，隐私相关风险，以及法律法规风险等"。虽然最近几年里部分问题已经有所改善，但是某种程度上，如今的比特币与其作为"点对点电子现金系统"的初心已经相去甚远。

1. 成为货币道阻且长

币值不稳定是阻碍比特币成为货币最主要的原因之一。从 2010 年 MT.Gox 交易所成立以来，以美元计价的比特币累计升值了数十万倍。这使得"价值 10 000 BTC 的披萨饼"成为比特币发展史上颇为滑稽的一笔，也事实上阻碍了人们真正将比特币用于消费和支付。拉斐尔·舒尔茨-克拉夫特（Rafael Schultze-Kraft）2020 年 12 月 29 日发表在 glassnode insights 上的一篇专栏文章量化了流动的和非流动的 BTC 供应量，研究发现：在彼时已开采的 1860 万 BTC 中，大约有 1450 万 BTC 是处于非流动状态的，占比约为 78%，其中包括了可能已经永久遗失的 300 万 BTC；处于高速流动状态的比特币数量仅有 300万。比特币价格的暴涨使得越来越多的投资者将其用作 HODL，或者充其量作为财富转移工具，而不是支付手段。当然，币值暴跌对于比特币而言更是家常便饭。2011 年 6 月 8 日以美元计价的比特币报收于 29.0299 美元，而在短短五个月之后的 11 月 18 日，1 BTC 的收盘价格仅为 2.10507 美元，下跌幅度达到惊人的 92.75%。除此之外，在 2013 年 12 月 4 日至 2015 年 1 月 14 日、2017 年

12 月 6 日至 2018 年 12 月 15 日，比特币的美元价格也曾下跌超过 80％（如表 8－2 所示）。

表 8－2　比特币历史上的几次大幅贬值(收盘价，USD/BTC)

阶段高点		阶段低点		贬值幅度
2010/11/06	0.400982303	2010/12/09	0.199991694	−50.12％
2011/06/08	29.02992133	2011/11/18	2.105066003	−92.75％
2013/04/09	230.6829967	2013/07/06	67.44762385	−71.24％
2013/12/04	1134.932231	2015/01/14	175.6376406	−84.52％
2017/12/06	19 640.51388	2018/12/15	3185.074044	−83.78％
2021/04/13	63 445.63831	2021/06/21	31 715.15986	−50.01％

(资料来源：COIN MATRICS)

一个有趣的故事是：2021 年 3 月 24 日，特斯拉(Tesla)公司官网突然宣布可以使用比特币进行付款。彼时的比特币的价格大约为 1 BTC 可兑换 5.3 万美元，并快速上涨至接近 6.4 万美元。然而两个月之后的 5 月 13 日，特斯拉总裁埃隆·马斯克(Elon Musk)就在社交媒体上宣布"特斯拉公司将停止接受使用比特币购买其产品"，当天的比特币价格已不足 5 万美元，并在随后的一个月内下跌至 3 万美元附近。很显然，币值波动幅度如此之大的比特币难以作为商品交易中的价值尺度和交换媒介。

阻碍比特币成为支付工具的第二个障碍是支付费用。中本聪在设计比特币时特别强调，"与现有的支付方式相比，比特币更适用于较小额度的交易。小到超乎想象"，可见小额支付应当是比特币的一个关键用途。在 2013 年之前，使用比特币进行支付需要付出的交易费用的确只有几美分，甚至不足 1 美分，对于小额支付来说的确是非常友好的。但是，随着比特币美元价格的大幅上涨，比特币支付的费用也水涨船高。在 2017 年年底和 2021 年 4 月，比特币单笔支付费用的中位数甚至超过了 25 美元(见图 8－18)。随着开采出的比特币数量越来越接近上限(2100 万)，对于提供记账服务的矿工们的奖励将越来越多地依赖于支付费用。届时，小额的比特币支付将彻底被高昂的支付费用拒之门外。

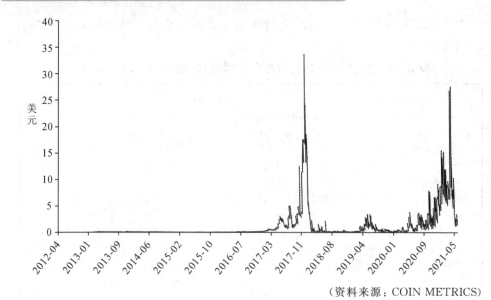

图 8-18　比特币支付的手续费

　　与支付费用类似的另一个问题是交易堵塞，实际上它们都属于比特币区块链的数据处理容量问题。按照比特币设计的机制，每 10 分钟生成一个区块，这意味着完成一笔比特币交易平均需要 10 分钟。更糟糕的是，由于比特币区块链每秒最多只能处理 7 笔交易，那么当交易需求爆发时，就会产生排队现象，造成堵塞，并伴随着交易手续费用的上涨。2017 年 12 月 8 日，一度有超过 21 万笔交易存放在内存池中等待被写入区块链，这导致一笔交易可能要等上十多个小时才能够被确认。

　　好在比特币社区已经着手解决交易堵塞和交易费用高昂的问题，利用隔离见证（Segregated Witness，一般缩写为 SegWit）扩大区块容量，利用闪电网络、Liquid 侧链等第二层协议进行小额交易。例如，通过闪电网络，用户可以有效地缓存交易，实现在区块链之外进行大多数交易，以避免区块链上发生的交易费用和等待时间，并只在必要的时候才与底层区块链交互以进行"结算"。

　　2. 能源消耗与气候威胁

　　我们已经知道，利用工作量证明机制来建立分布式共识是比特币最初能够从加密货币中脱颖而出的关键。比特币网络节点不知疲倦地进行哈希运算，争夺将交易区块写入区块链的权利，从而获得比特币奖励。这一机制保证了比特币网络始终被占绝对多数的诚实节点所控制，能够有效防止虚假交易。随着比特币价格的大幅攀升，对矿工的比特币奖励变得越来越有吸引力，比特币世界里也上演了"淘金热"，投入到比特币挖矿中的人员、机器、能源的增长速度令人震惊。

最初，人们使用普通电脑挖矿，利用通用中央处理器（CPU）来进行计算，其算力通常仅在 KH/s 量级，每秒计算哈希函数的次数一般在数千次至数万次之间，截至 2010 年年底全网算力也只在 100GH/s 水平。2010 年下半年，人们发现基于开放运算语言（Open Computing Language，OpenCL）的图形处理器或显卡可利用其并行性设计同时进行很多 SHA－256 运算，非常适合进行比特币挖矿。GPU 计算哈希函数的速度很容易达到 MH/s 量级，而且通过超频可以使计算速度达到 100 MH/s 水平。很快，一些矿工开始利用现场可编程逻辑门阵列（Field Programmable Gate Array，FPGA）来代替 GPU 挖矿，进一步将哈希运算速度提升至 GH/s 水平。到 2012 年年底时，全网算力达到 20 TH/s 水平。2013 年后，定制化的专用集成电路（Application Specific Integrated Circuits，ASIC）矿机成为主力，这些集成电路芯片将比特币挖矿作为唯一目的来进行设计和优化，而且芯片工艺也不断改进（见图 8－19）。比特币全网算力在 2013 年年底进入到了 P 时代（每秒可进行 10^{15} 次哈希运算），并在 2015 年年中进入到 E 时代（每秒可进行 10^{18} 次哈希运算）。随着全网算力和难度的提升，单独的矿机几乎再也不可能挖到比特币，矿工们将自己的矿机集中起来，形成了矿场和矿池。

（资料来源：www.kriptonesia.com）

图 8－19　比特币 ASIC 机

如今，全网算力已经稳定在 100 EH/s 以上，相比 2009 年之初提升了 20 万亿倍(按照 COIN METRICS 的数据，2009 年 2 月全网算力约为 6 MH/s，2021 年 6 月大约为 140 EH/s，1 EH/s＝1×10^{12} MH/s)。算力增长的背后是能源消耗的增加。根据热力学中的兰道尔原理(Landauer's Principle)，任何一个不可逆的计算都会消耗一定的能源。很显然，比特币使用的哈希函数就是典型的不可逆运算，那么挖矿过程必然要伴随着能源的消耗。当然，现在的挖矿技术要比最初的 CPU 挖矿经济得多，能源消耗不至于同样增加 20 万亿倍之多，但也已经达到一个相当惊人的水平。剑桥大学替代金融研究中心(Cambridge Centre for Alternative Finance，CCAF)的研究显示，截至 2021 年 5 月 10 日，全球比特币挖矿的年耗电量大约是 149.37 太瓦时(太瓦时即 TW·h，1 太瓦时为 10 亿度电)，这一数字已经超过马来西亚、乌克兰、瑞典的耗电量，十分接近耗电排名第 25 名的越南(见图 8－20)。

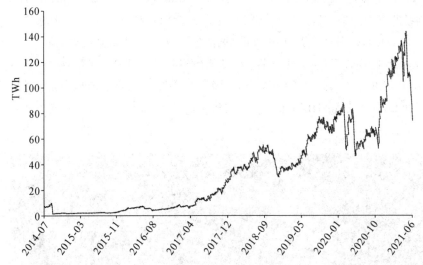

(资料来源：Cambridge Centre for Alternative Finance)

图 8－20 比特币电力消耗(年化)

《卫报》的亚历克斯·赫恩(Alex Hern)称比特币的工作证明算法为"通过每秒做无数次毫无意义的算术运算来尽可能地浪费电能"。但一些加密货币爱好者认为，比特币的能源消耗是可以接受的，理由是任何一种支付系统都需要能源和电力的消耗。例如，传统货币体系中，纸币印刷、ATM 机器运行、硬币的铸造、支付服务系统等无一不在消耗各种能源。但无论如何，就其承担的货币职能而言，比特币消耗的能源可能的确太多了。statista 公布的一项数据显示，利用矿场的电力消耗与比特币交易量进行计算得到，价值 1 BTC 的交易平均能耗约为 1662.11 千瓦时。相比之下，VISA 系统下进行 10 万笔交易的能耗仅为 148.63 千瓦时（见图 8 - 21）。

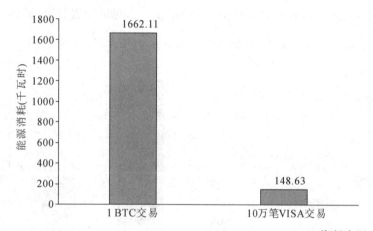

（资料来源：statista）

图 8 - 21　比特币与 VISA 的能耗对比

　　由于化石燃料发电厂仍然是全球能源结构的主要部分，人们担心比特币挖矿带来过多的温室气体排放，以至于引起全球变暖等气候问题。有报告显示，80% 的比特币挖矿工作使用的是可再生能源；部分比特币矿主也辩解称矿池主要使用电力公司的弃水弃电，并没有影响其他电力用户的用电需求。不过，在全球都在减少能源消耗以抵御气候变化之时，比特币的能源消耗却在稳步增长，势必会阻碍化石燃料发电厂的退出速度。因此，即使是主要使用可再生能源，比特币过度的能源消耗也足以让人警惕。

　　2021 年 6 月，联合国官网发布的文章《可持续解决方案还是气候灾难？加密货币技术的危险和前景》，表达了对加密货币能源消耗和环境威胁的关注，但仍然认为加密货币背后的区块链技术可以在透明度、气候融资、清洁能源市场三个主要领域有所作为，以改善我们对环境的管理，并有助于实现更可持续的全球经济。不过，关于比特币的能源消耗和气候问题的争论必然不会就此停止。

　　3. 犯罪、黑市与洗钱问题

　　交易匿名、资金转移不可追踪、交易不可撤销这些特征，同样为一些不正当行为提供了便利。区块链数据公司 Chainalysis 每年都会发布年度"加密犯罪报告","The 2021 Crypto Crime Report"的研究显示,由犯罪活动滋生的加密货币交易占 2019 年加密货币总交易量的 2% 以上,价值约 214 亿美元;到 2020 年,这一数字下降了一半以上,犯罪活动仅占交易量的 0.34%,价值 100 亿美元左右。这些犯罪活动中,比特币是最多见的加密货币(见图 8-22)。

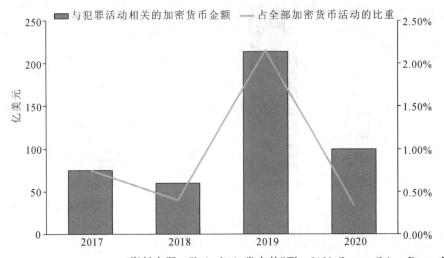

(资料来源:Chainalysis 发布的"The 2021 Crypto Crime Report")

图 8-22 犯罪活动中涉及的加密货币支付情况

在与比特币等加密货币相关的犯罪案件中,诈骗和敲诈勒索是最常见的形式。诈骗一般通过电信网络诈骗平台,诱骗受害人进行虚假的比特币进行交易、购买矿机、投资矿场,发行虚拟货币,使用比特币进行投资、质押等等。2021 年 6 月 23 日彭博社(Bloomberg)报道了一起"史上最大比特币诈骗案",称南非的一家名为 Africrypt 的加密货币投资公司以 11% 的高额回报率吸引投资者办理加密货币质押,最终成功卷走 69 000 个比特币,价值高达数十亿美元。敲诈勒索在网络上则更为常见,比较有名的案例如 CryptoLocker、WannaCry(又称 Wanna Decreptor),这些勒索软件会对用户文件进行加密,并索要比特币赎金,如若被攻击者不在规定的时间内向指定地址发送比特币赎金,那么解锁的私钥将会在服务器端被摧毁,届时永远没有人能打开这些文件。

暗网市场(Darknet makets)也叫网络黑市,是比特币等加密货币交易活跃的另一个场景。臭名昭著的"丝绸之路(Silk Road)"网站曾经一度是最著名的暗网市场,其中售卖毒品、违禁药物、假护照等非法物品。FBI 的调查结果显示，在 2013 年丝绸之路被查封时，两年时间内"丝绸之路"大约交易了 950 万 BTC。不得不承认，在比特币早期发展阶段（2013 年流通的比特币只有不到 1000 万枚），"丝绸之路"是比特币最初价值来源的支撑之一。在"丝绸之路"以后，暗网黑市的发展先后经历了 2014 年"丝绸之路 2.0"，2015 年的"进化（Evolution）"和"阿格拉（Agora）"，以及 2016 年到 2017 年的"阿尔法湾（AlphaBay）"等交易市场。值得一提的是，"丝绸之路"的创始人罗斯·乌布利希（Ross William Ulbricht）只允许在网站上售卖那些导致"无受害人犯罪"的商品；相比之下，一个叫作"克鲁苏（Cthulhu）"的网站要恶劣许多，甚至提供暗杀服务，或进行其他有组织的犯罪活动。

比特币的另外一个非法用处是将赃款洗白。在"丝绸之路"盛行的那些年里，毒品贩运等非法收入通常会转入比特币交易所，经过几轮交易之后再兑换成法币，存入自己的个人银行账户。所幸比特币并没有提供那种彻底的"来无影，去无踪"的匿名性，这些洗钱动作仍会露出马脚。2019 年美国俄亥俄州一男子因涉嫌清洗价值超过 1900 万美元（约合 1.3 亿元人民币）的比特币而被捕，这些赃款均是他在"丝绸之路"网站上进行毒品交易所得。中国人民银行 2021 年 3 月也曾通报一起利用比特币跨境转换成境外财产的洗钱犯罪典型案例：妻子明知丈夫涉嫌集资诈骗罪，仍将部分赃款换成比特币，并将密钥发送给潜逃境外的丈夫，供其在境外兑换使用，其行为构成洗钱罪。

与比特币相关的犯罪活动令人担忧，不过"The 2021 Crypto Crime Report"的数据显示，2020 年犯罪活动中的加密货币支付金额和占比较前一年都有所下降。目前，主流加密货币交易所、具有交易功能的钱包都已严格执行"了解你的客户"原则（Know Your Customer，KYC），这在一定程度上能够起到打击利用加密货币从事犯罪活动或洗钱犯罪的作用。

4. 中心化与匿名性隐忧

我们在前面已经反复提到，比特币的设计理念以及它能够从加密货币竞争者中脱颖而出的最根本原因是其去中心化特征，分布式账本、工作量证明机制等都是围绕去中心化这一目标来设计的。不过，从最近几年的发展来看，比特币在一些方面似乎也开始向中心化变化了。

首先，全节点的数量有下降的趋势。同步全部区块链数据的全节点是保证比特币分布式账本结构最重要的因素，全节点数量越多则比特币网络越可靠。在本书写作之时，比特币全网共有 9746 个全节点，较过去两年的平均值 10 065 有所下降。导致节点集中化的原因可能是两方面的：一是比特币区块链尺寸正在不断膨胀，存储起来已经不那么便捷。在撰写本书时，区块链总大小已经超过 400GB。二是在目前全网算力和挖矿难度下，个人矿工基本已经不可能独立挖到交易区块，都转而加入矿池，这使得个人用户存储和维护完整区块链数据的动力进一步下降。虽然在不运行完整网络节点的情况下，比特币用户也能够对支付进行检验，但这意味着这些轻量节点必须信任完整节点。如果全节点的数量继续减少到一定程度，中心化和"信任第三方"的问题又会重新产生。

其次，算力过度集中于几个大型矿池。2014 年，GHash.io 曾一度控制了比特币网络总哈希函数计算能力的 55％，已经拥有实施 51％算力攻击的能力。虽然 GHash.io 承诺绝不发动 51％攻击，并将其哈希函数计算能力控制在 40％以下，但比特币用户发现矿池完全有可能控制比特币网络一半以上的算力，51％攻击的隐患是客观存在的，绝不仅仅是一种理论假设。目前，排名前 5 的矿池算力均超过了全网算力的 10％，合计占比超过 60％；排名前 10 的矿池算力合计占到全网的 90％（见图 8 - 23）。

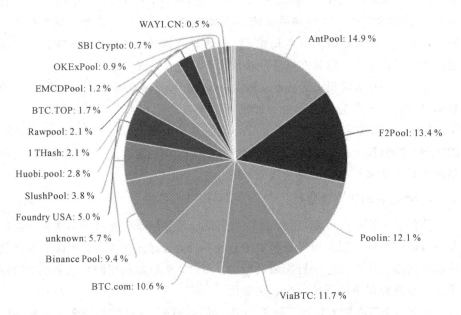

注：矿池份额以 2021 年 6 月的出块数据计算。

（资料来源：BTC.com）

图 8 - 23　比特币矿池的市场份额

此外还有比特币客户端的中心化问题。尼尔·梅塔等人在 *Bubble or Revolution：The Present and Future of Blockchain and Cryptocurrencies* 一书中还提到了比特币的另一个隐患，那就是比特币客户端的中心化问题。他们指出，比特币客户端 Bitcoin Core 在 97.5% 的完整节点上运行（2020 年 1 月），而排名第二的 Bitcore 的市场份额大约只有 1%。在本书写作之时，CoinDance 提供的数据显示：Bitcoin Core 占据的完整节点的比例已经进一步提升至 98.45%，Bitcore 的市场份额则下降至 0.69%。尼尔·梅塔指出："比特币的核心软件主要由一小群人拥有和维护，而这群人受雇于同一家公司，引发利益冲突和软件错误的可能性很高。"

最后就是比特币的匿名性问题。经过一系列的事件之后，人们终于发现比特币是不完全匿名的，或者说比特币的初始方案只是实现了"化名"。虽然在通常情况下，用户的真实身份没有直接关联比特币交易，但如果我们有足够的动机时，仍然可以找到隐藏在公钥背后的那个交易者。事实上，匿名化和去中心化之间是存在矛盾的，如果要强制去中心化，就必须要将交易信息向全网广播，并且建立可追踪全部交易的机制，这必然导致匿名性受到威胁。中本聪在比特币白皮书中已经提到："由于并行输入的存在，一定程度上的追溯还是不可避免的，因为并行输入表明这些货币都属于同一个所有者。此时的风险在于，如果某个人的某一个公钥被确认属于他，那么就可以追溯出此人的其他很多交易。"目前，已经有一些机制被用于加强比特币的匿名性，例如混币（Mixing），用户可以把比特币发送给一个中介媒体，并通过其他用户回收比特币，这可以增加追踪的难度。不过就目前来看，这些方法仍然不得不在匿名化和去中心化之间进行权衡。

本 章 小 结

本章介绍和讨论了关于比特币的许多信息。无论比特币未来将走向何方，客观地讲，比特币作为第一个出现在市场上的加密货币，它成功地创建了一个全球社区，并催生了一个全新的行业。除此之外，比特币让区块链技术从幕后走到了台前，让我们看到了利用这一技术的防篡改特征来提升经济活动透明度和可信度，以及在更多领域改变世界的可能性。在比特币和它的迭代者改变世界的过程中，质疑和批评当然不会缺席，一些是针对比特币本身的缺陷，另一些则表达了对比特币世界与传统金融体系冲突的担忧。不过，正如比特币自身的升级换代一样，投资者、经济学家、金融机构等对比特币或其他加密货币的认知与态度也在发生积极的变化。或许我们可以借用温斯顿·丘吉尔(Winston Leonard Spencer Churchill)的话来做出一个总结："这不是结束，甚至不是结束的开始，只是开始的结束。"

思考与练习

1. 与密码朋克的其他加密货币先驱相比，比特币最大的特征和优势是什么？
2. 比特币如何解决"双重支付"问题？
3. 如何理解比特币在匿名性和去中心化间的平衡？
4. 如何看待比特币挖矿产生的能源消耗和气候威胁问题？
5. 比特币体系与传统金融体系之间存在哪些冲突？

延伸阅读材料

[1] NAKAMOTO S. Bitcoin：A Peer-to-Peer Electronic Cash System. 2008.

[2] WAYNER P. Digital Cash：Commerce on the Net (2nd ed). Walthma, MA：Morgan Kaufmann，1997.

[3] NARAYANAN A, BONNEAU J, FELTEN E, et al. Bitcoin and Cryptocurrency Technologies：A Comprehensive Introduction. Princeton：Princeton University Press，2016.

[4] MEHTA N, AGASHE A, DETROJA P. Bubble or Revolution：The Present and Future of Blockchain and Cryptocurrencies. Paravane Ventures，2020.

[5] 谢平，石午光. 数字货币新论[M]. 北京：中国人民大学出版社，2019.

[6] 长铗，韩锋，杨涛，等. 区块链：从数字货币到信用社会[M]. 北京：中信出版集团，2016.

第九章　Ethereum/以太坊

以太坊是一种技术，它是数字货币、全球支付和应用程序的所在地。该社区已经建立了蓬勃发展的数字经济，为创作者提供了大胆的在线赚钱新方式等。

它对所有人开放，无论您身在何处——您所需要的只是互联网。

——以太坊官方网站

以太坊(Ethereum)是一个开源的、有智能合约功能的公共区块链平台，它由世界各地成千上万的计算机共同构成一张共鸣网络。同其他区块链一样，以太坊也有其专属的原生加密货币——以太币(Ether，简称ETH)，它可以提供去中心化的虚拟机(被称为"以太虚拟机"，Ethereum Vitural Machine)来处理点对点合约。作为一种纯数字货币，以太币和比特币在功能上有很多相似之处，它可以随时被发送给世界上任何角落的任何一个人，也可以在平台上被交易，这意味着以太币可以在世界范围内作为一种流通和支付手段，也可以作为一种价值储藏方式或者抵押品。同时以太币的发行不受任何国家、政府或组织的控制，具有完全去中心化的特点。作为"比特币的2.0版本"，以太币由于采用了不同于比特币的全新区块链技术——以太坊，因此可以用它来从事更多的工作。

9.1 以太坊的产生与发展

9.1.1 区块链早期应用与缺陷

作为首个大获成功的加密数字货币，比特币因为在无资产支持和无中心化发行人的情形下解决了"双花问题"，这被视作货币领域的重大突破。不过，比特币实验的另一个可能更重要的部分是作为分布式共识工具的底层区块链技术，它在比特币推出不久就吸引了大量关注。人们发现区块链作为一种去中心化、分布式且公开的数字分类账，具有不可追溯篡改、易于验证、可由公众共同维护和自主管理等特征；更重要的是，可以在区块链这种分布式数据库中引入一个特定的价值符号，并使用一套协议来保障这个价值符号在数据库中安全转移，从而构筑了一个无需可信第三方也能完美运行的价值交换系统。

实际上，在比特币之前，区块链底层思想在其他领域已经有了应用思路。例如，尼克·萨博（Nick Szabo）在 2005 年提出了使用"复制数据库（Replicated Database Technology，分布式数据库的一种）"存储土地和房产所有权信息的想法，但由于彼时缺乏可用的复制数据库系统而未能得到实践。在比特币之后，基于区块链技术的替代应用开始大量出现，其中先于以太坊出现的著名区块链应用案例包括 Namecoin、Colored Coins 等。

Namecoin 是创建于 2010 年的去中心化名称注册数据库，也被称为基于比特币的点对点命名系统，其目的是利用区块链的去中心特征对抗互联网审查，增强网络安全性和隐私性，最核心的应用就是分布式域名系统。域名系统（Domain Name System，DNS）是互联网上解决网上机器命名的一种系统，是将人类可读的域名（例如 www. abcdefg. com）与机器可读的 IP 地址（例如 000.0.0.00）链接的机制，本质上是一个键值对数据库。Namecoin 使用附加到硬币的键值对概念，用于在区块链中注册名称并存储相关值，名称和值可以分别是人类可读名称和计算机可读数字地址。令牌持有者拥有注册名称和对应的值，这样 Namecoin 就可以用于记录和证明域名的所有权。基于 Namecoin 的顶级域名. bit，在功能上与. com 或. net 类似，但独立于域名的主要管理机构（Internet Corporation for Assigned Names and Numbers，ICANN）。顶级域. bit 通过 Namecoin 基础设施提供服务，不需要 ICANN 批准且具有抗审查性质[①]。除域名注册之外，Namecoin 的潜在用途还包括公证人/时间戳系统等。

Colored Coins 是基于比特币的开源协议，它允许用户在比特币交易之上标识和操纵不可变的数字资源，是在比特币区块链上表示和维护现实世界资产的一类方法，可用于建立资产所有权。随着加密货币的发展，比特币作为可替代加密数字资产已不能满足人们的全部需求，人们希望在比特币网络上生成新的代币和移动资产，用来代表世界上的任何资产，包括股票、商品、房地产、法定货币，甚至是其他加密货币。在以太坊 ERC 代币标准推出之前，Colored Coins 就是实现上述诉求的粗糙方案。2013 年，Coinprism 的首席执行官弗拉

---

① 在实践中，只有少数功能性网站使用. bit 顶级域。自 2019 年起，顶级域注册管理系统 OpenNIC（ICANN 的非官方替代方案）不再支持. bit 域。

维安·沙隆(Flavien Charlon)开发出第一个有效的 Colored Coins 协议，该协议允许通过在交易输入和输出中采用特定设置来生成"彩色货币"，用来在区块链上代表特定资产。彩色硬币也被认为是朝着建立在比特币网络之上的 NFT 迈出的第一步。

　　由于比特币区块链本身并不提供应用层，为了突破加密货币交易局限，创建可以实现高级功能和复杂应用的协议，NameCoin 和 Colored Coins 做出了有益尝试，它们的尝试代表了早期区块链应用拓展的两种思路。一种是像 NameCoin 一样构建独立的区块链网络，但面临的成本较高、困难较大。根据梅特卡夫定律，网络的价值与网络的用户数量成正比，如果每个实现特定功能的区块链应用都需要构建自己的网络，那么必然会有一些网络的用户群体规模偏小，导致网络价值相比网络维护成本过低。另一种是像 Colored Coins 一样，使用比特币脚本写入比特币协议未使用的字段来实现特定功能。第二种方法容易实现和标准化，但能够实现的功能也会受限于比特币脚本。

　　那么比特币脚本是否能够实现复杂应用呢？即使在没有任何扩展的情况下，比特币基于堆栈的编程语言也能够实现多重签名、第三方支付等稍复杂的应用。但是，比特币的脚本语言存在明显的缺陷。以太坊创始人维塔利克·布特林(Vitalik Buterin) 在 2014 年发布的以太坊白皮书《下一代智能合约和去中心化应用平台》中详细讨论了比特币脚本存在的几个重要的限制(见图 9-1)：

图 9-1　比特币和以太坊

　　• 缺乏图灵完备性(Lack of Turing-completeness)——比特币脚本语言虽然支持许多运算类型，但并不是全部，其中最关键的缺失是循环运算。这样的设计主要是为了避免交易验证期间出现无限循环。理论上，脚本程序员可以克服这一障碍，因为任何循环语句都可以通过简单重复 if 判断语句来模拟，但这样确实会导致脚本运行效率低下。例如，实现一种替代的椭圆曲线签名算法可能需要重复 256 次乘法运算，而且每一次运算都需要单独的脚本来执行。

　　• 价值盲(Value-blindness)——UTXO 脚本无法对比特币提款金额进行精细控制。例如，预言机合约(Oracle Contrcat)的一个强大应用是对冲合约。若 A 和 B 各自向对冲合约中发送价值 1000 美元的比特币，30 天后，脚本向 A 发送价值 1000 美元的比特币，向 B 发送剩余的比特币。这需要预言机来确定 1 BTC 的美元价值，即使如此，这在减少信任和基础设施方面相比完全中心化的解决方案已经有了巨大进步。然而，由于 UTXO 是不可分割的，实现这个对冲合约的唯一办法是非常低效地使用大量不同面值的 UTXO(例如,对于最大为 30 的每个 k,需要 2^k 个 UTXO),以便预言机能挑出正确的 UTXO 发送给 A 和 B。

· 缺少状态(Lack of State)——UTXO 只能是未花费或已花费状态,这就没有给需要任何中间状态的多阶段合约或脚本留下空间,使得多阶段期权合约、去中心化的交易要约、两阶段加密承诺协议(对确保计算奖励非常必要)非常困难。因此,UTXO 只能用于建立简单的、一次性合约,而不是像去中心化组织这样有着更复杂状态的合约,使得元协议难以实现。二元状态与价值盲相结合也意味着另一个重要应用——提款限额不可能实现。

· 区块链盲(Blockchain-blindness)——UTXO 看不到区块链的数据,例如随机数和上一个区块的哈希。这一缺陷剥夺了脚本语言所拥有的基于随机性的潜在价值,严重地限制了博彩等其他领域应用。

——《以太坊白皮书:下一代智能合约和去中心化应用平台》

以太坊的最初目标就是要突破上述比特币脚本限制和解决其他区块链协议存在的缺陷,它希望构建一个具有更高开发便捷性和更强大的轻客户端属性的替代框架,同时允许应用程序共享经济环境和区块链安全性。本质上,以太坊通过构建终极抽象基础层来做到这一点:具有内置图灵完备编程语言的区块链,允许任何人编写智能合约和去中心化应用程序,使他们可以在其中创建自己的所有权规则、交易格式和状态转换函数。

📖 专栏 9-1

听"V 神"讲"去中心化"

1994 年出生的维塔利克·布特林(Vitalik Buterin)是加密世界中备受尊敬的人物,在国内被加密爱好者尊称为"V 神"。布特林从小就被认为具有数学、程序设计方面的天赋;17 岁开始为加密货币论坛撰写专栏文章,并与米海·艾利斯(Mihai Alisie)合作创办杂志 *Bitcoin Magazine*;20 岁时,因在比特币会议上提出以太坊设想而名噪一时,并力压 Facebook 创始人扎克伯格获得 2014 年"世界科技奖";2018 年荣登《福布斯》发布的"30 岁以下 30 大影响力人物榜单",并在 2021 年跻身《时代周刊》100 位最具影响力人物名单。

作为世界上最著名区块链项目以太坊的创始人,布特林心中的"去中心化"是否与大众理解有所不同呢?以下摘自他发表在 Medium.com 的专栏文章"The Meaning of Decentralization"。

三种类型的去中心化

当人们谈论软件去中心化时,实际上他们可能在谈论三个独立维度的中心化/去中心化。虽然在某些情况下很难看出如何才能仅拥有一个而没有其他，但总的来说，它们彼此完全独立。这三个维度如下所示：

• 架构(去)中心化——一个系统由多少台物理计算机组成？它可以容忍多少台计算机在任何时候发生故障？

• 政治(去)中心化——有多少个人或组织最终控制了构成系统的计算机？

• 逻辑(去)中心化——系统呈现和维护的接口和数据结构看起来更像是一个单一的整体对象，还是一个无定形的群体？一个简单的启发式判定方法是：如果你将系统(包括提供者和用户)分成两半，这两个部分是否会继续作为独立的单元全面运作？

我们可以尝试将这三个维度放到一个图表中：

逻辑中心化			逻辑去中心化	
	政治中心化	政治去中心化	政治中心化	政治去中心化
架构中心化	传统公司	直接民主	?	?
	民法			
架构去中心化	?	区块链 普通法	传统CDNs, 世界语 (最初)	比特流 英语

请注意，其中很多分类非常粗糙且值得商榷，接下来让我们尝试挨个讨论它们：

• 传统公司在政治上是集中的(一位CEO)，在架构上是集中的(一个总部)，在逻辑上是集中的(不能真正将它们一分为二)。

• 民法法系依赖于一个集中的立法机构，而普通法系则建立在许多法官个人的判例之上。民法法系仍然有一些架构上的权力下放，因为有许多法院仍然有很大的自由裁量权，但普通法系有更多的自由裁量权。两者在逻辑上都是集中的("法律就是法律")。

• 语言在逻辑上是分散的；爱丽丝和鲍勃之间说的英语与查理和大卫之间说的英语根本不需要一致。一种语言的存在不需要集中的基础设施，英语语法规则也不是由任何一个人创建或控制的(而世界语最初是由Ludwig Zamenhof发明的，尽管现在它更像是一种活的语言，在没有中央权威的情况下不断进化)。

- 比特流(BitTorrent)在逻辑上类似于英语，是去中心化的。内容交付与网络类似，但由一家公司控制。

- 区块链在政治上是去中心化的(没有人控制它们)，在架构上也是去中心化的(没有基础设施中心故障点)，但它们在逻辑上是中心化的(有一个普遍认可的状态和整个系统运行起来像一台电脑)。

很多时候，当人们谈论某一区块链的优点时，他们会描述拥有"一个中央数据库"的便利优势。这里的中心化是逻辑中心化，在许多情况下可以说它是一种好的中心化(尽管来自 IPFS 的 Juan Benet 会尽可能推动逻辑分散化，因为逻辑分散化系统往往擅长在网络分区中生存，在世界上连接性较差的地区表现良好。另请参阅 Scuttlebot 的文章"Design Challenge：Avoid Centralization and Singletons"，该文明确提倡逻辑去中心化)。

架构中心化通常会导致政治中心化，但这也不绝对，例如：在正式的民主制度中，政客们在某个实体治理会议厅会面并举行投票，但这个会议厅的维护者最终并没有拥有任何实质性的决策权。在计算机化系统中，如果有一个在线社区为了方便管理而使用集中式论坛，但如果存在广泛同意的社会契约，即如果论坛的所有者恶意行事则每个人都会转移到其他论坛，那么可能会发生政治中心化但架构去中心化的情形(因反抗另一论坛的审查制度而形成的社区在实践中可能具有这种属性)。

逻辑中心化使架构去中心化变得更加困难，但并非不可能——可以看看去中心化共识网络如何被证明是有效的，当然这要比维护 BitTorrent 更难一些。同样，逻辑中心化使政治去中心化变得更加困难——在逻辑中心化的系统中，想要简单依靠"活下去，让它活下去"的理念来解决争端会更加困难。

9.1.2 以太坊的诞生与演进

2013 年 11 月，以太坊项目最早的发起人维塔利克·布特林在(Vitalik Buterin)白皮书中阐述了以太坊概念，这个想法引起了一些加密爱好者极大的兴趣。同年 12 月，以太坊项目正式成立，除了布特林以外，创始人团队还包括米海·艾利斯(Mihai Alisie)、安东尼·迪奥里奥(Anthony Di Iorio)、查尔斯·霍斯金森(Charles Hoskinson)以及阿米尔·切特里特(Amir Chetrit)。布特林于 2014 年 1 月 25 日至 26 日在迈阿密举行的比特币会议上展示了以太坊概念，项目获得与会者的广泛关注。约瑟夫·鲁宾(Joseph Lubin)、杰弗里·威尔克(Jeffrey Wilcke)以及加文·伍德(Gavin Wood)也加入以太坊团队，成为以太坊的联合创始人。

　　以太坊的底层开发工作于 2014 年初通过瑞士公司 Ethereum Switzerland GmbH(EthSuisse)开始，首席技术官加文·伍德完成了技术文档——以太坊黄皮书，并详细阐述了如何利用以太坊虚拟机执行区块链上的智能合约。同年晚些时候，以太坊团队决定举行以太坊网络的原生代币 Ether 的首次代币发行(ICO)，为项目开发筹措资金。随后，一个名为以太坊基金会的非营利组织于 2014 年 7 月 6 日在瑞士楚格注册成立，作为以太坊项目的管理组织。在 2014 年 7 月 22 日至 9 月 2 日期间，团队通过出售 ETH 筹集了超过 31 000 BTC，价值高达 1800 万美元。虽然也有不少人质疑其安全性和可扩展性，但以太坊的众筹活动还是取得了成功。

　　有趣的是，尽管 ETH 在 2014 年就开始发售，但以太坊区块链直到 2015 年 7 月 30 日才真正上线，这意味着 ETH 购买者必须等待近一年的时间才能转移或者使用它们的 ETH。作为概念验证系列的一部分，以太坊基金会在 2014 年和 2015 年的 18 个月内开发了几个代号为以太坊的原型。"Olympic"是最后一个原型和公开测试版预发布版本，该网络为用户提供了 25 000 ETH 的漏洞赏金，用于对以太坊区块链进行压力测试。2015 年 7 月 30 日，"Frontier"标志着以太坊平台正式启动，以太坊创建了它的"创世区块"。创世区块包含 8893 笔交易，将不同数量的 ETH 分配到不同的地址，并获得 5 ETH 的区块奖励。

　　共识机制是区块链网络最核心的内容，以太坊在设计之初就决定采用 PoS 共识，但由于当时 PoS 共识尚不成熟，以太坊在上线之初仍然选择采用 PoW 共识，并为自己设定了逐步转向 PoS 共识的发展路径，包括 Frontier(前沿)、Homestead(家园)、Metropolis(大都会)、Serenity(宁静)四个阶段。前三个阶段是以太坊的 1.0 时期，基于 PoW 的共识机制；最后一个阶段是以太坊 2.0 时期，将会从 PoW 最终升级为 PoS 共识机制(见表 9-1)。

表 9-1　以太坊演化大事记

时间	事　件	区块高度	以太币价格 (USD/ETH)
2013-11-27	以太坊创始人 Vitalik Buterin 发布以太坊初版白皮书，标志着以太坊项目的启动	—	—
2014-04-01	Gavin Wood 发布以太坊黄皮书，这是第一个关于以太坊技术层面的详细草案，首次将以太坊虚拟机(EVM)等技术规格化	—	—
2014-07-22 至 2014-09-02	为期 42 天的创世纪预售，活动期间可以用比特币来购买以太币，共募集到三万余 BTC，折合约 1843 万美元	—	—

续表一

时间	事　　件	区块高度	以太币价格 (USD/ETH)
2015 - 07 - 30	首次发布正式的以太坊网络，标志着以太坊区块链开始正式运营，进入 Frontier 阶段	0	—
2015 - 09 - 07	进行名为 Frontier Thawing 的升级，引入难度炸弹机制	200 000	$1.24
2016 - 03 - 14	发布 Homestead 版本，优化了智能合约并提供了图形界面的钱包 Mist，大大提高了系统的易用性	1 150 000	$12.50
2016 - 06	在以太坊运营的众筹项目 The DAO 被黑客利用代码漏洞攻击，盗走约 360 万枚以太币，占当时以太币总量的 5%，从而引发关于以太坊分叉的大讨论	—	$13.91
2016 - 07 - 20	以太坊实施名为 DAO Fork 的硬分叉，追回损失的以太币，但从此以太坊分裂成 ETC 和 ETH 两条链	1 920 000	$12.54
2016 - 09 至 2016 - 11	以太坊网络遭遇 DoS 攻击，网络被大量未完成交易堵塞，为此在 10 月 18 日和 11 月 22 日分别进行名为 Tangerine Whistle 和 Spurious Dragon 的两次硬分叉，彻底解决了这类攻击问题	2 463 000～ 2 675 000	$12.50～ $9.84
2017 - 03 - 01	企业以太坊联盟(EEA)宣布成立，旨在创建企业级区块链解决方案，制定相关行业标准	—	$17.27
2017 - 10 - 16	进行名为 Byzantium 的硬分叉，对智能合约、操作码等底层设施进行更新，并将难度炸弹推迟一年，还将区块挖矿奖励从 5 以太币降至 3 以太币。这标志着以太坊进入第三阶段 Metropolis	4 370 000	$334.23
2019 - 02 - 28	进行名为 Constantinople 的硬分叉，再次推迟难度炸弹 12 个月，并将区块奖励减至 2 个以太币	7 280 000	$136.29
2019 - 12 - 08	激活 Istanbul 硬分叉，主要目的在于提升系统性能和优化操作码	9 069 000	$151.06

时 间	事 件	区块高度	以太币价格 （USD/ETH）
2020 - 01 - 02	启动 Muir Glacier 硬分叉，再度推迟难度炸弹以降低区块生成时间	9 200 000	$ 127.18
2021 - 04 - 15	推出 Berlin 更新，优化了特定 EVM 操作的 gas 成本，并支持多种交易类型	12 244 000	$ 2454
2021 - 12 - 09	启动 Arrow Glacier 硬分叉，将难度炸弹推迟数月	13 773 000	$ 4111
2022 - 01 - 30	启动 Gray Glacier 硬分叉，再次将难度炸弹推迟 3 个月	15 050 000	$ 1069

（资料来源：ETHEREUM）

1. Frontier 前沿

2015 年 7 月 30 日，以太坊创世区块（Ethereum Genesis）的生成和加载标志着 Frontier 阶段的开始，这是以太坊项目第一个 Live 版本。创世区块中包含的 8893 笔交易是对 2014 年参与众筹的交易地址和以太坊基金会地址的支付。Frontier 是一个比较粗糙的测试版本，仅仅是面向技术人员和开发者提供了一个能够正常运行、可测试各种分布式应用的区块链网络，它能够实现的主要功能就是 PoW 挖矿和限制性交易。矿工涌入以太坊网络挖矿以获得每个新块 5ETH 的奖励，大大提高了以太坊网络的全网算力和抗攻击能力。另外，以太坊在这一阶段还上线了一个叫作"金丝雀（Canary Contracts）"的合约来提醒和阻止网络中出现的错误操作或者无效交易，这种中心化的保护机制有助于维护以太坊早期网络的稳定。

2. Homestead 家园

2016 年 3 月 14 日，以太坊在区块高度 1 150 000 的位置进行了一次硬分叉，开启了以太坊发展的第二个阶段。Homestead 可以算作是以太坊发布的第一个正式版本，与之前的 Frontier 不能兼容，因此所有节点都必须在分叉前完成版本升级以保持与主链数据的一致。Homestead 对协议进行了优化，为之后的升级奠定了基础，并加快了交易速度。这一阶段的以太坊网络已经能够平稳运行，因此去除了金丝雀合约。此外，Homestead 引入了包含图形界面的 Mist 钱包，普通用户从此也可以方便地使用以太坊。2016 年 4 月，以太坊启动了著名的 The DAO 项目的众筹，在 28 天之内筹集到超过 3400 万美元的资金，成为历史上最大的众筹活动之一。遗憾的是，The DAO 的开发人员在没有仔细审核的情况下就将其部署在以太坊网络上，这导致攻击者利用 The DAO 项目的漏洞盗取了价值 5000 万美元的 ETH。虽然以太坊通过在区块高度 1 920 000 的位置进行硬分叉挽回了 The DAO 用户的损失，但这次事件引发了加密社区关于以太坊是否应该执行有争议的"硬分叉"以重新分配受影响资金的辩论，不可调和的分歧导致网络彻底分裂为两个区块链。那些不认可分叉的用户坚持留在原链上，成为以太坊经典（ETC）。在此之后，以太坊在 2016 年第四季度又分叉了两次，以应对其他攻击。

3. Metropolis 大都会

按照以太坊的规划，Metroplis 阶段的主要任务是对以太坊网络进行优化，以便系统能够顺利地在下一阶段从 PoW 共识机制向 PoS 机制过渡，这主要通过代号为拜占庭（Byzantium）和君士坦丁堡（Constantinople）的两次重大技术升级实现。Metroplis 阶段计划实现的重大性能提升包括：零知识证明（Zero-Knowledge Succint Non-Interactive Argument of Knowledge，zk-Snarks）、PoS 共识机制早期实施、智能合约灵活性和稳定性，以及抽象账户。2017 年 10 月 16 日，拜占庭计划在区块高度 4 370 000 处被激活，完成硬分叉，主要解决了匿名交易的隐私问题，降低了开发者开发难度，增强了钱包的安全性等；2019 年 2 月 28 日，几经推迟的君士坦丁堡硬分叉在区块高度 7 280 000 处被触发，主要对智能合约执行性能优化，为合约更新时提供更廉价的存储，为状态通道等二层网络扩容方案做铺垫。拜占庭和君士坦丁堡两次硬分叉，成功将以太坊网络从 Homestead 稳定送入 Metropolis。

值得注意的是，这两次硬分叉中都包括了延迟引爆"难度炸弹（Difficulty Bomb）"的内容。难度炸弹是以太坊设定的特殊机制，会在以太坊区块链达到一定高度后启动，从而使以太坊挖矿难度迅速上升至矿工无法从 PoW 挖矿中获益的程度，从而推动共识机制从 PoW 切换至 PoS。为避免社区分裂，难度炸弹开启后 PoW 和 PoS 的合并必须在短时间内完成；若无法完成合并，团队只能选择暂停并推迟难度炸弹。拜占庭升级和君士坦丁堡升级分别将难度炸弹开启的时间推迟了 233 万和 142 万个区块。

4. Serenity 宁静

以太坊的最后发展阶段是所谓的以太坊 2.0 时代，彼时以太坊将完全采用 PoS 共识机制，进入功能完善、稳定的"宁静"时期。按照以太坊的规划，2019 年 12 月 8 日进行的伊斯坦布尔（Istanbul）升级是以太坊从 Metropolis 迈向 Serenity 的重要节点。发生在 9 069 000 区块高度的硬分叉大幅提高了以太坊网络的交易处理速度，降低了部分操作码的成本，提高了以太坊和 Zcash 以及其他基于 Equihash 的工作量证明类的加密货币的互操作性，以及基于零知识证明隐私技术（如 SNARK 和 STARK）解决方案的可扩展性。这次硬分叉之后，以太坊网络进行了两次重要升级，分别是 2021 年 4 月 14 日实施的"柏林（Berlin）"和 8 月 5 日的"伦敦（London）"，区块高度分别为 12 244 000 和 12 965 000；并且分别通过 2020 年 1 月 2 日的"缪尔冰川（Muir Glacier）"、2021 年 12 月 9 日的"箭冰川（Arrow Glacier）"以及 2022 年 1 月 30 日的"灰色冰川（Gray Glacier）"多次延迟难度炸弹开启时间。

与此同时进行的以太坊 2.0 建设也被设计为从 Phase 0 到 Phase 3 共四个阶段。Phase 0 于 2020 年 12 月 1 日启动，创建了一条全新的基于 PoS 共识机制的"信标链（Beacon Chain）"，用户可使用钱包参与 Staking 挖矿获取收益。随后在 Phase 1 到 Phase 3 中将逐步以分片链的形式进行拓展、合并和持续优化。

9.2 技术框架与运行机制

9.2.1　以太坊的技术框架

以太坊是一个通过在 P2P 网络上运行智能合约，从而实现去中心化应用的区块链平台。它最先开创了在区块链中引入智能合约的先河，在以比特币为代表的区块链 1.0 技术框架基础上，创造性地引入了诸多全新的技术机制，首次达成了区块链系统的图灵完备性，从而可以在区块链上上传和运行应用程序，实现了智能合约的功能。以太坊涉及了包括密码学、数据处理、P2P 网络、虚拟机、共识与挖矿、账户交易模型等多方面在内的专业内容，在技术上的架构具有相当强的专业性。总体来看，以太坊的技术框架大致可以分为应用交互层、核心层和基础层三层；细分的话则自而上又可以分为数据层、网络层、共识层、激励层、智能合约层和应用层共六级（见图 9-2）。

1. 数据层

数据层是最底层的技术，也是其他一切技术的基础。数据层主要有两方面功能：一是实现相关数据的储存；二是保证相关账户及交易的实现与安全。

以太坊的数据储存功能主要依赖于 MPT 树（Merkle Patricia Trie）。MPT 是默克尔树（Merkle）和帕特里夏树（Patricia）的组合缩写，它是一种加密认证的数据结构，在默克尔树和帕特里夏树的基础上经过改良后融合了两者的优点，实现了对以太坊用户的账户状态、交易信息等重要数据的组织与管理（见图 9-3）。

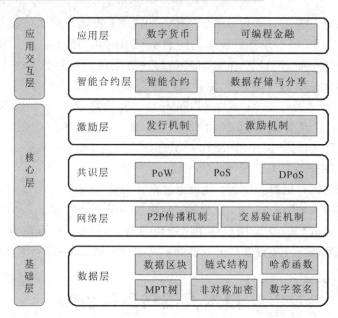

图 9 - 2   以太坊的技术框架

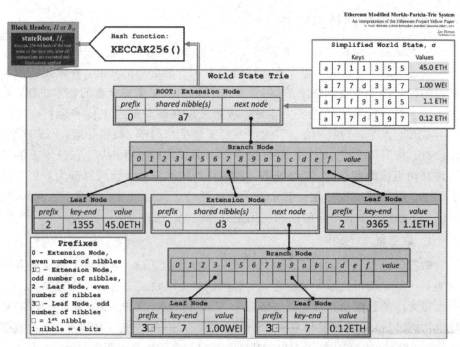

（资料来源：Lee Thomas，Visual interpretation of Ethereum Yellow Paper）

图 9 - 3   Merkle Patricia Trie

相较于单纯的默克尔树和帕特里夏树来说，MPT 树在数据查询和安全性方面更具优势：MPT 树优化了前缀树的查询路径，将路径中相同的部分提取出来作为一条共同路径，从而降低了树的高度，提高了查询效率；而且 MPT 树的节点与节点之间不再采用原本的内存指针联系方式，而是采用了 Hash 值的方式，提高了恶意篡改节点值的难度，保障了数据的安全性。以太坊的数据储存主要通过区块的方式和链式结构来实现，并以 Level DB 的方式实现了数据的持久化。Level DB 是一种高效的键值对数据库，它基于二进制键值，目前可以支持十亿级别的数据量。以太坊共包括了三个 Level DB 数据库：Block DB、State DB 和 Extras DB，分别负责保存区块的主体内容、账户状态数据和收据信息。

以太坊账号和交易的相关内容主要是基于数字签名、哈希函数以及非对称加密技术等多种密码学算法，从而保证交易即使是在去中心化的情境下也能够安全顺利地开展。

2. 网络层

以太坊的网络层构架主要目的在于实现网络节点的连接与通信，因此也被称为"点对点（P2P）技术"，这是一种没有中心服务器，仅仅依靠用户群体之间相互交换信息便可实现互联互通的网络体系。基于 P2P 协议的区块链网络可以在各个节点之间传输交易信息和区块数据，各个网络节点平等自治、扁平分布，不存在任何具有中心化特征的权威节点和层级结构，每一个用户端既是一个独立节点，同时又具备服务器功能，均可以路由发现、广播交易、广播区块、开发新节点等。以太坊的 P2P 协议主要是基于传输控制协议（Transmission Control Protocol，TCP）来实现的，在这个区块链网络中，每一个节点都时刻监听着网络中广播的数据。每当接收到邻居节点发送过来的新区块和新交易时，第一步便是去验证这些区块和交易是否真实有效，具体包括对于区块中的工作量以及交易中的数字签名等内容进行验证，只有验证通过的区块和交易才会被处理和转发，从而有效防止了无效数据的继续传播。而正是由于以太坊使用了基于 P2P 协议的区块链技术，整个区块链网络没有中心节点，任意两个节点之间可以直接连接进行交易，在任何时刻也都可以自由选择加入或退出网络，从而实现了数字类金融资产交易的功能。

3. 共识层

共识层的主要功能是实现全网所有节点对的交易和数据达成一致，制定区块链的货币获取机制。所谓共识机制，是指区块链事务达成分布式共识的算法。在 P2P 网络下，整个网络总是在不同程度上存在着延迟，所以各个节点接收到信息的时间节点也不尽相同，为此区块链网络需要设计一种机制让节点对在差不多同一时间内发生的事务的先后顺序达成共识,这就是所谓的共识机制。以太坊设计采取了两种共识机制:在以太坊成立初期采用工作量证明机制(Proof of Work,PoW),而待整个区块链网络中的以太币充分流通分散以后,则转而采取运算速度更快、没有资源消耗的权益证明机制(Proof of Stake,PoS),这样的安排有效避免了直接采用 PoS 机制可能导致的期初权益分配不公现象(见图 9 - 4)。

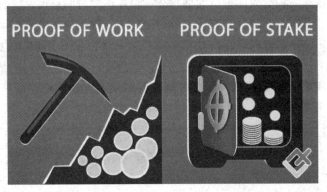

(资料来源:liteforex)

图 9 - 4　POW 证明机制和 POS 证明机制

具体来说,PoW 机制是通过工作结果来证明完成了相应的工作,矿工获得多少货币取决于他挖矿所贡献的有效工作,而这个工作便是利用计算机进行 Block Hash 计算(一种基于哈希函数的工作量证明算法)。每个单一节点通过不断地更换随机数来寻找合适的哈希值,当某一个节点最先计算出正确的哈希值,它所打包的块如果通过了其他共识节点的验证,则会被加入到区块链中。由于计算时间主要取决于计算机进行哈希运算的速度,因此理论上来说当某一节点拥有全网 n% 的算力时,它便有 n/100 的概率找到 Block Hash,也就是说计算机的性能越强,矿工获得货币奖励的概率就越大。比特币便是采用了 PoW 证明机制,要求只有完成了一定工作量并提供了证明的节点才可以生成区块。每个网络节点都会利用它所具有的算力资源进行哈希运算从而争取区块记账权,而只要全网可信节点所控制的算力资源超过 51%,便可保证整个比特币区块链网络是安全的。

但是随着技术的进步与发展,比特币的挖矿设备也越发专业化。当前比特币挖矿主要采用 ASIC 芯片组装的专业矿机来进行,这种芯片尺寸小、能耗低,但是算力却异常强悍,普通用户的计算机设备根本无法与之抗衡,因此普通用户根本无法挖到比特币,这导致了比特币出现挖矿中心化的问题。为了应对这种情景，以太坊在比特币的 POW 算法机制基础之上，创造性地开创了 Ethash 共识算法。Ethash 算法的挖矿效率基本与 CPU 无关，而主要取决于内存和带宽。从本质上来看，Ethash 共识算法依然属于工作量证明机制，它只是在原先的基础上在挖矿时加入了内存访问要求，因为 ASIC 芯片虽然算力强劲但是对内存的访问能力不足，从而保证了以太坊具有完全的去中心化特质，同时也确保即使是轻客户端也能对区块进行快速有效的验证。

不同于工作量证明机制，权益证明机制则是一种对货币所有权的证明。PoS 机制基于参与者目前所持有的数字货币的数量和时间，会对利益进行统一的分配(类似于支付利息的概念)。PoS 机制引入了"币龄"的概念：以以太坊为例，每一个以太币每天产生 1 币龄，如果某个用户持有 10 个以太币，持币时间为 30 天，此时他的账户币龄即为 300。而如果用户发现一个新的区块，那么他的币龄就会被清空，且用户每清空 365 个币龄，就会从新区块中获得 0.05 个以太币作为补偿(可以理解为年化利率为 5%)。PoS 作为一种升级版的共识机制，它在实际应用中确实可以在一定程度上降低挖矿出块的时间，且不耗费资源，PoS 机制的去中心化程度高，整个网络的安全性也有保障，这在金融领域中具有十分广泛的应用前景。目前，以太坊正逐渐从 PoW 机制向 PoS 机制。

4. 激励层

激励层主要是为了解决以太币的发行和分配问题，以太坊作为一个运行智能合约的去中心化平台，开发者可以通过以太虚拟机 EVM 来开发各种去中心化应用。以太坊的 EVM 功能十分强大且具有"图灵完备性"，可以实现循环语句的运行。为了避免运行循环语句可能导致的代码指数型爆炸和无限循环，以太坊的设计师们引入了 Gas(汽油)的概念：EVM 所运行的每一条程序指令都需要消耗一定量的"资源"，即 Gas，根据指令的复杂程度不同，其所消耗的 Gas 值也不同。此时只需要给程序设置一个消耗 Gas 的数量上限，就可以避免程序进入无限运行的死循环。通俗地讲，就好比有一辆失控的汽车，只会无止境地向前走，此时唯一能限制汽车走多远的因素就是油箱容量，因为只有当汽油耗尽汽车才会停下来。同时以太坊还设置了每个区块所包含的所有程序消耗 Gas 的上限，避免一个区块中包含的程序过多。

以太币的定义正是以太坊平台运行所消耗的资源，即在以太坊平台上发送交易、运行程序和智能合约时都需要向矿工支付一定数量的以太币。现实中汽油不是免费的，在以太坊平台上也是如此，需要支付以太币去购买 Gas。每一个程序需花费多少以太币来购买一单位 Gas 被称作 Gas Price(汽油价格)，而运行该程序所支付的以太币数量＝消耗的 Gas 数量×Gas 价格。一般来说，支付的 Gas 价格越高，交易也就会越快被矿工打包。目前以太币可以通过矿工挖矿来获得，每一个区块包含的奖励有：

- 固定奖励（这个数值从最开始的 5ETH 降到了现在的 2ETH）；
- 区块内所有程序的 Gas 花费总和；
- 如果这个区块包含了叔块（Uncle Block），那么每包含一个叔块可以得到固定奖励的 1/32。

5. 智能合约层

智能合约可以理解为以数字形式定义的一种承诺，包括合约的各个参与方执行合约所需要的协议，并规定了履行合约应尽的责任与义务。在区块链环境中，智能合约是一种用算法和程序来编制合同条款、部署在区块链上且可以按照既定的规则自动执行的数字化协议。智能合约部署在区块链的某个单独区块上，当输入外部事件和数据时，合约便会根据他所预设的响应条件和执行规则，输出相应的结果，并记录在这个区块上。

一般来说，智能合约首先由创建者使用以太坊所兼容的 Silidity 或 Serpent 语言来编写，之后再将此合约部署并广播到整个区块链网络当中，最后当满足一定的触发机制时合约被以太虚拟机自动执行。智能合约最大的优势就在于它的运行完全依赖于程序和算法，而不再依赖于主观人为的仲裁和执行合同。从本质上来看，智能合约也是一段程序，但不同于传统的 IT 程序，智能合约因为是在区块链上运行的，所以它具有数据透明、不可篡改、永久运行的特点：智能合约中所有数据的处理都是公开透明的，任何一方的参与者都可以查看相应的代码和数据；智能合约的代码和数据输出也都是不可篡改的，所以可以有效避免被其他节点恶意修改的风险；同时因为支持智能合约运行的区块链网络节点数量繁多，即便部分节点失效也不会影响合约的运行，所以从理论上来讲智能合约的可靠性近乎永久，甚至超过传统的纸质合同。因为区块链实现了去中心化的储存功能，而智能合约也在此基础上实现了去中心化的计算功能。

智能合约一般有值和状态两个属性，分别用 If-Then 和 What-If 代码语句预设了合约的生效条件和触发机制。合约经过多方协商、各自签署后，随着用户所发起的交易提交至区块链网络，并经过 P2P 网络传播、矿工检验等一系列程序后，储存在特定的区块内，并会将合约接口、合约地址等信息返还给合约参与者，用户可以借此来调用合约以达成特定目的。因为区块链预设了激励机制，矿工也乐意贡献自身的算力来帮助验证交易。矿工收到创建合约或调用交易的相关信息后，便会在本地沙箱执行环境（如以太虚拟机）执行相应的合约代码，合约代码根据相关的检验信息自动判断当前情境是否符合触发合约的条件。验证有效后，交易会被打包进入新的数据区块，再经过共识机制认证后连接到区块链主链，更新开始生效(见图 9 - 5)。

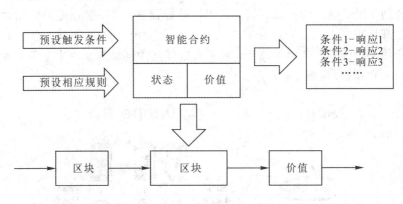

图 9 - 5　以太坊智能合约运行过程

以太坊主要通过以太虚拟机(EVM)来运行智能合约，它提供了一种图灵完备的脚本语言，任何人都可以在此基础上创建合约，自由制定合约的生效条件、交易方式、运行规则等要素。比特币网络作为一种具备点对点支付功能的加密数字货币系统，其区块链技术却仅仅局限于分布式的数据储存平台，而不具备图灵完备性，不支持相对复杂的编程语言，自然也就无法支持智能合约等应用的开发，这就无形中限制了比特币区块链网络进一步开发应用的前景。作为区块链 2.0 的代表，以太坊和以太币支持公开透明、不可修改、确保执行的智能合约，并且在此基础上可以开发出去中心化的应用，突破了比特币区块链网络的局限性，极大地拓展了区块链技术的应用前景和灵活性。

以太坊起始于一个创世状态(Genesis)，随着交易的不断进行，以太坊世界的状态也在不断改变，最终形成了以太坊世界的权威状态。以太坊的核心操作对象是账户，并可以进一步分为外部账户和合约账户：外部账户同一般的区块链虚拟货币账户相类似，同时又具备创建、执行智能合约的功能；合约账户则是由外部账户创建而来的，既包含货币余额状态也包括合约储存状态。这两种账户都有与之相关联的账户状态和地址，也都可以用来储存以太币；区别在于外部账户由用户私钥控制，没有代码与之相关联；而合约账户则是由合约代码控制，有与之相关联的代码。

6. 应用层

比特币平台在应用层面主要就是基于比特币的数字货币交易，而以太坊除了基于以太币的数字货币交易功能之外，还支持去中心化应用(Decentralized Application，Dapp)。去中心化应用是指运行在分布式网络上，参与者的信息被安全保护(也可能是匿名的)，通过不同的网络节点进行去中心化操作的应用。从以太坊角度来说，它是一个交易协议，可以根据区块链上设定的条件来执行合约。用最通俗的方式来讲，以太坊就好比一个"去中心化的应用商店"，任何人都可以在上面发布不受审查的去中心化应用。Dapp 不同于我们日常生活中所使用的微信、美团等 App，它不需要任何中间商来运作和管理，直接连通供应商和用户（见图 9 - 6）。

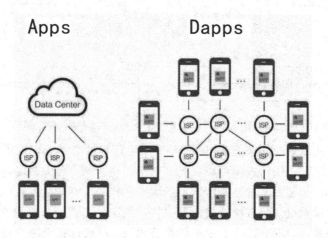

图 9 - 6　中心化应用与去中心化应用

　　一般来说，以太坊的应用主要可以分为三种类型：第一类是金融应用，用户通过交易以太币的方式参与和管理合约，并利用全网分布式的计算机节点网络来广播数据，具体应用包括子货币、金融衍生品、对冲合约、储蓄钱包、遗嘱，甚至包括雇佣合约等；第二类是半金融应用，也就是把以太币和一些区块链以外的信息所结合从而达成特定的目的，比如一个去中心化的依据天气条件自动赔付的农作物保险应用，农民通过购买这种金融衍生产品，当发生旱涝灾害时，会自动得到相应的赔付。第三类则是非金融应用，比如在线投票和去中心化治理。

9.2.2　以太坊的运行机制

1. 产生机制

　　作为"区块链 2.0"版本，以太坊也有其专属的加密数字货币——以太币。当前阶段以太币的产生与发行机制同比特币一样，都是通过挖矿来实现的，矿工通过运算挖出新的区块，进而获得一定数量的以太币作为奖励。在这个过程中，矿工会使用计算机进行反复计算，对以太坊区块的数据进行哈希运算，最先算出结果的矿工将获得特定数目的以太币奖励，并在全网广播区块。这在本质上同比特币一样，都是采用了一种工作量证明机制，不过以太坊是在原有机制的基础上，创造性地开发了名为 Ethash 的工作量证明方法，通过控制出块的难度阈值来控制矿工们计算出哈希值的时间，从而将出块时间控制为 15 秒。

以太坊的挖矿过程具体可以描述为：

（1）在每个节点找到该节点的最后有效区块，并将该区块的内容输入，计算其哈希值；

（2）检查新生成区块的时间戳、内容、工作是否有效；

（3）将该节点第一个区块的状态更新为上一个区块的状态；

（4）检测所有交易，如果有错误则返回该节点区块的原始状态；

（5）如果所有交易成功，则修改最后交易的状态，并向矿工支付区块奖励；

（6）检查最新区块与最初区块状态是否相同，如果相同则新区块产生，如果不同则返回该节点区块的原始状态。

为了保证不同节点始终以一个固定的速度产生以太币，以太坊通过一个特定的算法来计算起始区块后每一个区块的产生难度，如果当前区块的产出速度快于上一个区块，则相应增加当前区块的计算难度。具体做法是：每次产生新区块时，必须通过工作量证明列举该区块的所有可能性，因而验证新区块的难度越来越大，新区块产出的时间也就越来越长。反之，如果新区块产出的速度要慢于以往区块产出的速度，此时则通过降低工作量证明的难度，加快新区块产出速度。一般来说，新区块的产生速度总是在动态变化，且基本保持在每 15 秒产生一个新区块的水平。

比特币的出块时间被设定为 10 分钟，相对较长的出块时间就导致一些区块链的临时分叉由于并没有被接到主链上，从而最终被主链抛弃。这其实在一定程度上造成了算力的浪费，因为这些被丢弃的临时分叉区块也都是矿工耗费巨额算力才得出的结果，从而无形中影响了矿工参与挖矿的积极性。针对比特币存在的这一缺陷，尽管以太坊缩短了出块时间，将出块时间锁定为 15 秒，但这样依旧会带来很多区块链临时分叉，造成算力资源的浪费。于是为了解决这一难题，以太坊的设计师们别出心裁地引入了幽灵协议和叔块奖励机制。

幽灵协议（Greedy Heaviest Observed Subtree protocol，Ghost）的引入主要是为了解决以太坊快速出块导致的区块作废率高的问题和安全性隐患。由于网速等各方面因素的制约，一个区块从被挖出到全网传播也需要一定时间，我们假设矿工 A 挖了一个区块并将它广播至全网，而就在这段时间内矿工 B 碰巧挖出来了另外一个区块，那么 B 耗费大量算力所挖出的这个区块实则是无效的，无法对整个区块链网络作出任何贡献，B 自然也就无法获得相应的挖矿奖励。如果我们继续深入思考，便会发现这里其实在更深层次上还存在一个货币发行中心化的问题：如果 A 矿池拥有全网 40% 的算力而 B 矿池只占有全网 5％的算力，那么也可以说 A 有 60％的概率可能产生作废区块，而 B 产生作废区块的概率高达 95％，这也就意味着 A 矿池仅仅因为占据更多的算力资源份额而效率更高，A 在整个加密数字货币发行体系中也就占据了更核心的地位，无形中这就损害了区块链去中心化的特性，这无疑与区块链以及加密数字货币的设计初衷背道而驰（见图 9－7）。

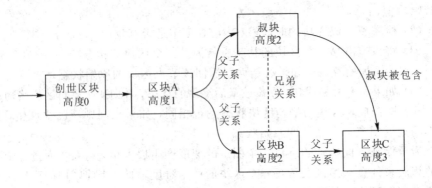

图 9－7　叔块与幽灵协议

以太坊引入了叔块的概念，叔块在幽灵协议中被定义为当前区块的前 2 至 7 层区块的直接字块，这些区块由于矿工的产出或传播速度相对较慢而没有被接入以太坊区块主链，但是之后却被主链发现并接入区块，如果叔块在后续的区块链中通过相应的字段被收入主链，那么叔块的矿工们也会得到一定比例的以太币作为奖励；反之，如果没有被后续区块收入，那么依旧会被抛弃，进而成为孤儿块。叔块与幽灵协议的设计引入一方面减少了算力浪费的问题，因为以太坊出块效率很高、出块时间相当短，因而催生了许多孤块和分叉链，而叔块通过将之前的孤块再度接入主链区块进而提升了整个区块的安全性；另一方面叔块的奖励机制可以在一定程度上缓解以太币矿池过于集中的问题，避免大算力矿池从源头上控制大量以太币的发行流通，提升安全性的同时也进一步强化了以太币去中心化的特质。

2. 交易支付机制

相较于比特币，以太坊与之最大的不同点就是将区块链的应用场景从单纯的数字货币应用拓展到了更深的层次，其核心就在于智能合约的引入。以太坊提供了具有图灵完备性的脚本语言和运算环境，允许每一个人、每一个节点在以太坊网络上利用这种编程语言来编制相应的智能合约。当该合约编制完成后，就会形成一个自动代理，区块收到特定的交易就会执行相应的程序，完成进一步的交易，而在这个过程中以太币则发挥着购买燃料（Gas）的作用，成为合约执行的支付媒介。在以太坊智能合约执行的过程中，每一个执行操作都需要在以太坊的各个区块网络节点上进行操作,从而达到去中心化的目的,但是这种执行操作也需要耗费一定的成本,比如算力和储存空间的消耗,所以要对矿工们进行一定程度上的补偿才能驱使矿工们去处理交易。因此智能合约的交易方需要花费以太币来购买燃料,吸引矿工们验证、处理交易,驱动智能合约的执行(见图9-8)。

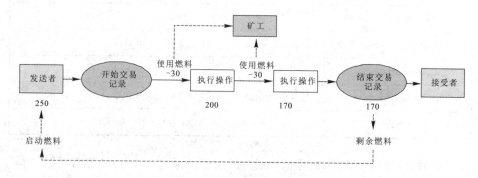

图9-8 以太坊的工作原理

比特币的交易依赖于账户,该账户本质上就是一对公、私钥,借助密钥算法,通过电子签名来完成整个交易。以太坊的消息和交易在某种程度上类似于比特币交易,但又存在不同之处:第一,比特币的交易信息只能通过外部创建,而以太币除了可以通过外部创建,还可以通过合约创建;第二,以太坊的交易信息是可以选择包含数据在内的;第三,如果以太坊消息的接收者是合约账户,就意味着以太坊的交易包含了一个函数的概念。如果以太坊用户A向以太坊用户(合约)B发起交易,交易信息包含A账户信息、A账户私钥签名、B账户信息、发生交易的具体信息,还有为了防止锁死的限制阈值信息和交易成本费用信息。无论交易是否成功,交易成本费用都不会退回。如果A创建合约,那么合约有相对应的消息格式,合约地址由随机数和校验数组成。

以太坊的区块链体系,每次交易信息的产生,都要遍历该网络内所有节点,经过节点对交易区块的时间戳、内容、工作证明进行检验,再加上五个第三方私钥的签字证明,本次交易才能被认定为交易成功。成功之后会产生新的区块,链接到已有的区块链网络中。

3. 发行机制

作为以太坊区块网络独有的加密数字资产,以太币实际上一直扮演着双重角色:一方面为各种数字资产交易提供流动性,另一方面也是提供了一种支付交易费用的机制与手段(即以太虚拟机进行计算的燃料费用)。为了避免日后在计数时引发混乱,以太币也事先设计了一套面额度量体系。以太币的最小面值单位被称作"Wei",最大面值单位是 ether,具体换算如表9-2所示。

表 9 - 2　以太币价值单位

单位	Wei 价值	Wei 值
Wei	1wei	1
Kwei(babbage)	10^3 wei	1 000
Mwei(lovelace)	10^6 wei	1 000 000
Gwei(shannon)	10^9 wei	1 000 000 000
Microether(szabo)	10^{12} wei	1 000 000 000 000
Milliether(finney)	10^{15} wei	1 000 000 000 000 000
ether	10^{18} wei	1 000 000 000 000 000 000

　　类似于我们生活中人民币的"元""角""分"的概念，或者是"比特币"和"聪"的概念，以太坊的这一套面额度量体系有望在不远的将来正式投入使用。按照理想的设定，未来"以太(ether)"主要被应用于普通交易，而"芬尼(finney)"主要用于微交易，"萨博(szabo)"和"伟(wei)"则只用于费用和协议实施的相关讨论。

　　以太币的发行模式一般遵循如下规律：

　　(1) 事先举办发售活动，按照每 1 枚 BTC(比特币)约合 1337～2000 枚以太币的价格发售以太币，接受包括比特币在内的一些其他密码学货币资产的形式向以太坊组织注资，且早期购买者会享受较大的折扣优惠。通过发售以太币所得的 BTC 资产将全部用来支付开发者的工资和悬赏，以及投入相关的密码学货币生态系统项目。

　　(2) $0.099X$(X 代表以太币的发售总量)将被分配给比特币融资或其他的确定性融资成功之前参与开发的早期贡献者，另外 $0.099X$ 将分配给长期研究项目。

　　(3) 自以太坊上线起，每年都会有 $0.26X$ 的以太币被矿工挖出。这意味着每年挖出的以太币数量是发行总量的 0.26 倍。

　　据此我们可以计算出，以太币的发行总量 $Y = X + 0.099X + 0.099X + 0.26X \times n$($n$ 为以太坊上线年数)，所以说不同于比特币每四年发行数量减半、发行总量大概在 2100 万枚的总量限制，以太币从理论上来看是没有总量上限的。从长远的角度来看，以太币所采取的这种永久线性增长模式有效规避了比特币财富过于集中的问题。因为长期来看以太币的货币供给增长率趋近于零，所以说以太坊赋予了当前以及未来人们以平等的机会去获取以太币的机会，且保持了对获取和持有以太币的相应激励。考虑到随着时间的流逝，用户因为粗心（比如把以太币发送到私钥已丢失的地址中）和死亡（比如持币人生前没有把私钥告诉他人）等因素每年都会造成一定数量的货币遗失，如果我们把货币遗失率定义为每年遗失的货币量比每年货币供应量（货币遗失率＝每年遗失的货币量/每年货币供应量），且假定这个比率固定不变，那么最终流通中的货币供应量会稳定在一个固定的值上，且流通中的货币供应总量＝每年货币发行量/遗失率。

以太坊每年都会发行固定数量的货币，这就意味着以太币总量增长的速率其实是逐年递减的，从而使得以太币天生具有抗击通胀的功能属性。我们预计大约在 2140 年前后比特币会停止发行，而此时每年以太币丢失的速度将与其发行的速度相平衡，从而实现了一种动态条件下的准稳定状态，以太币不会继续增多，现存以太币数量基本上维持不变。如果未来经济进一步扩张，人们对于以太币的需求量持续上涨，此时价格会进入通缩机制，而这对于以太坊来说却没有太大影响，因为理论上以太币是可以无限细分的。

4. 挖矿去中心化

无论是比特币还是以太币，其设计的初衷都是构建一种完全去中心化的加密数字资产，然而在实际应用过程中，却总是在不同程度上存在一种挖矿发币中心化的趋势。以比特币为例，比特币挖矿的算法本质上是让矿工成千上万次地去尝试轻微改动区块头，直到最终某个节点的改动版本的哈希值小于目标设定值，此时矿工就可以获得相应的区块奖励。但是比特币的这种挖矿算法容易遭到两种形式的中心化攻击：第一，专门为了适应比特币挖矿生态系统而设计的 ASIC 集成电路芯片，这种芯片造价高昂，在比特币挖矿方面具有超高的效率且能耗还很低，这也就意味着比特币挖矿也需要巨额资本参与才能获得显著收益，而普通矿工节点获得的收益只会微乎其微；第二，如果大部分比特币矿工实际上已经不再依赖本地区块完成验证，转而靠中心化的矿池提供区块头，这也会间接导致比特币挖矿越来越呈现中心化的倾向。

为了应对这一问题，以太坊设计了全新的挖矿算法：为每 1000 个随机数随机生成唯一哈希值，从而试图利用足够宽的计算域来去除专业硬件的优势。当然这样的算法安排虽不会使中心化矿池的收益完全为零，但至少在一定程度上削弱了它对普通用户节点的绝对优势。在以太坊区块上，单个用户节点使用他们的笔记本电脑或台式机就可以近乎免费地完成一定量的挖矿行为，不过当超过了 100％的 CPU 使用率后，之后进行更多的挖矿行为就需要支付相应的电费和硬件设施成本了。在这种算法设计下，只需要将中心化挖矿的收益保持在一定的界限以下，那么即使有 ASIC 存在，普通矿工依然有生存空间。同时，以太坊的挖矿算法要求挖矿时必须访问整个区块链，这就迫使矿工们不得不去储存每一个完成的区块或验证每一笔交易，此时中心化的矿池相较于分布式去中心化的 P2P 矿池就失去了绝对优势，从而鼓励更多的用户选择轻客户端从事挖矿，抵御了中心化的风险。

9.3 以太币的现状与前景

从 2014 年 7 月 22 日以太坊正式开启众筹以来，数年间以太坊和以太币点燃了无数投资者、开发人员和企业的热情，尽管仍旧存在争议，但是以太坊生态确实越来越趋于完善，以太币也在知名度、认可度以及应用层面不断发展。

9.3.1 以太币的现状

1. 发行

以太币首次于 2014 年 7 月 22 日至 2014 年 9 月 26 日展开了为期 42 天的预售，当时累计通过 ICO 共收到约 31 529 枚以太币，折合约 18 338 053 美元，换算后以太币总预售数量约为 60 108 506.26 枚。根据上文所提到的算法，每年有 1563 万枚左右的以太币被矿工挖出来（见图 9 - 9）。

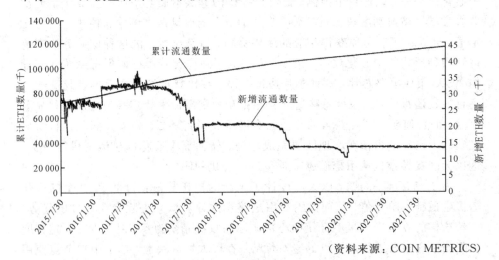

（资料来源：COIN METRICS）

图 9 - 9　以太币供应规模

2015 年 7 月 30 日，以太坊第一个版本前沿（Frontier）正式发布，创世区块共发行了约 7200 万枚以太币，之后每年大约挖矿产生 1872 万枚以太币，发行总量无上限。而随着以太坊逐步向 PoS 证明机制转变以及 EIP - 1559 协议（一个对以太坊交易费用分配模式加以改良的提案）的实施，预计未来以太币每年的新发行数量会进一步减少。

2. 用户

以太币钱包地址数量反映了这种数字货币的整体市场接受程度。Coin Metrics 的数据显示，以太币钱包地址数量从 2017 年开始显著增长，截至 2021 年 7 月 9 日，现存约 6009 万个钱包地址，一共储存了迄今为止所发行流通的 11 665 万余枚以太币。同时，以太币钱包活跃地址数（网络中某一天进行交易的发送和接收地址数）也从 2018 年开始稳步上升，当前基本维持在 60 万左右。

同比特币一样，以太币的分布也非常集中。数据显示，钱包余额超过 1ETH 的地址在所有以太坊地址中仅仅占了 2.09%，但是这些账户控制的以太币数量却超过了发行总量的 98%。反之，超过 51% 的钱包中存放的以太币数量不足 0.001ETH，仅占以太币总发行量的 0.09%。从数据上来看，以太坊的中心化程度甚至要高于比特币，不过剔除了智能合约应用的影响之后，其发行权益的平均分布程度基本上和比特币持平（见图 9-10）。

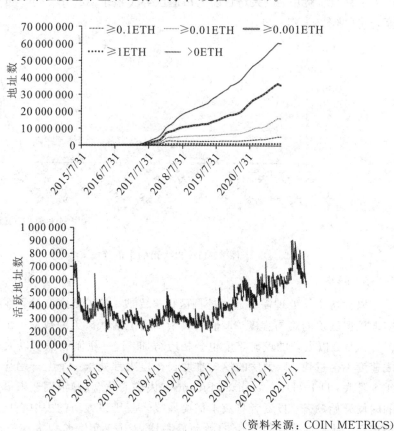

（资料来源：COIN METRICS）

图 9-10　以太坊地址数与活跃地址数变化

3. 交易

以太币最早于 2015 年 8 月 8 日展开交易，最初的公开交易价格定价为 1ETH：1.19999 美元。而截至 2021 年 7 月 12 日，历经将近六年的发展，以太币兑美元的汇率已经达到 1ETH：2157.74USD 上下，涨幅达到了惊人的 1798 倍。目前，Binance（币安）、Huobi Global（火币）、Coinbase Exchange、FTX、KuCoin 等平台都支持以太币交易。

4. 市值

截至 2021 年 7 月，以太币已经是仅次于比特币的全球市值第二加密数字资产，其总市值超过 2497 亿美元。2021 年 5 月，以太币总市值一度超过 4800 亿美元，随后又迅速回落。可以看出，以太币的总市值曲线与流通市值曲线高度重合，这也说明以太币自由流通比相对较高，该种货币具有较强的流动性。作为一种数字货币，以太坊目前的市值已经超过了 Netflix、可口可乐以及耐克等公司（见图 9-11）。

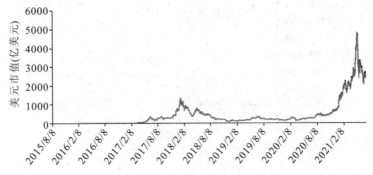

（资料来源：COIN METRICS）

图 9-11 以太币的市值规模

5. 网络

以太坊交易处理需要通过挖掘区块来完成，挖矿难度衡量了在以太坊区块链上挖掘区块的难易程度，该值取决于网络上活跃矿工的数量。如果矿工算力提升，那么以太坊的挖矿难度也会相应增加，这一机制确保了以太坊区块的生成速度不会过快。以太坊的挖矿难度长久以来都处于一个上升趋势，但在 2020 年 8 月底，DeFi（Decentralized Finance，去中心化金融）浪潮迎来最后一波高峰的时候开始飙升。投资者将数十亿美元投入基于以太坊的去中心化交易所和货币市场，导致以太坊网络上的活动量激增，2021 年 5 月以太坊挖矿难度一度突破 8000T 大关。而随着之后以太币价格的回落，挖矿难度也相应进入下行阶段(见图9-12)。

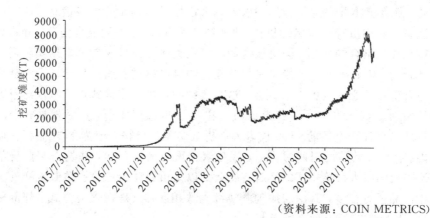

(资料来源:COIN METRICS)

图9-12 以太坊挖矿难度

9.3.2 以太币的前景

我们在前面曾经提过,以太坊在实际应用层面主要分为三类:金融应用、半金融应用和非金融应用。以太坊作为升级版的区块链技术应用,它在继承区块链1.0也就是比特币原有优势的基础上,又增加了许多独创性的技术设计,弥补了比特币在设计方面的诸多缺陷。同时我们也要清晰地看到,以太坊当前仍旧只是小部分人在使用,尚未在我们的日常生活中全面普及,而且它在技术层面也有缺陷,依旧有很大的潜在风险。

1. 以太坊的应用前景

1) 令牌系统

链上令牌系统有多种不同类型的应用形式,比如一些代表美元或黄金资产的子货币、公司股票、智能资产、优惠券甚至是一些积分奖励系统,它们都具有去中心化运行、安全、不可造伪的特性。在以太坊区块平台上运行令牌系统其实是相当容易的,只需要设定一个带有如下操作功能的数据库就可以实现:从A账户减去X单位资产并把X单位资产加到B账户上面。操作执行应当满足两个前提条件:一是A账户在执行交易操作之前应当至少保有X单位的相关资产;二是交易行为被账户A所批准。当我们把这个逻辑操作与条件信息打包到一个区块链系统合约中,就构建了一个令牌系统。

2) 金融衍生产品和价值稳定货币

这其实是以太坊智能合约最普遍的应用,也是最容易实现的部分。构建金融合约最主要的难题与挑战在于大部分合约都需要引入一个外部的价格发布机制。比如，我们想要构建一个用来对冲以太币相对于美元价格波动的智能合约，那么就需要在这个合约中引入以太币相对于美元的价格信息。最简单的方法就是利用由某一特定的机构（比如纳斯达克）所维护的数据信息，并将该信息持续提供给合约使用，同时该合约的设定也保证该机构能够根据实际需要来更新合约，比如提供一个接口使得其他合约可以通过发送消息给该合约从而获取包含价格信息在内的诸多回复。这个合约的具体工作模式如下：合约甲方向合约输入 1000 枚以太币，乙方也相应输入 1000 枚以太币，然后根据相关的外部价格信息计算出当前 1000 枚以太币折合的美元价格，记为 X 并储存在储存器内。待事先约定的时间过去后，甲乙双方重新激活合约，并发送当前价值折合 X 美元的以太币给甲方，然后将剩余的以太币返还给乙方。类似这样的金融衍生产品还有很多，其深层原理其实都大致相同，只是在表现方式、外部标的信息、执行方式等方面有所差异。

这类智能合约其实在密码学商业领域具有很好的应用前景，数字加密资产固然给人们带来了极大的便利与安全保障，但也常常因为其价格的剧烈波动而被人们诟病，而且当前尚没有一个完美的方案可以用来解决加密数字资产价格不稳定的问题。一些数字货币选择在发行时以某种资产作为背书，即发行者在创造发行该种数字资产时，他们也有权利按照一定的既定价格对这种资产进行发行和赎回。用户在线下每提供一单位的特定资产（比如美元、黄金、石油等）给发行者，便可以相应得到对应单位数量的加密数字货币，且发行者承诺未来任何持币者返还一单位数字货币时，还可以得到对应单位的标的资产作为补偿。这种发行机制从本质上看也只是把原来存在的非密码学资产"升级"为一种全新的密码学资产，但仍未脱离原先标的资产的本源，也不具有完全意义上的去中心化特质。在实际应用场景中，有时候数字货币的发行者并不一定完全值得信赖，或者是在金融危机的冲击下银行体系相当动荡脆弱，这都会对加密数字资产的价格稳定性以及口碑造成毁灭性的打击。

基于以太坊区块链的金融衍生工具提供了一种完美的解决方案，这里不再需要提供储备资产的单独发行者，取而代之的是一群认定该种加密数字资产价格会上涨的投机者，由他们组成了一个去中心化的市场。不同于发行者，投机者在这笔交易中其实是没有权利来讨价还价的，原因就在于一开始他们的储备资产就被锁定冻结在合约当中了。当然我们也应当注意，这种衍生工具合约也并非完全意义上的去中心化，因为仍然需要一个提供外部价格信息的数据源，不过这依旧在降低基础设施门槛和降低潜在的欺诈风险层面作出了巨大贡献。

3) 去中心化储存和云计算

我们日常生活中所熟知的一些网络存储应用比如百度网盘等，它们在本质上仍是一种中心化的存储结构，用户把文件上传至网盘进行备份，即所有用户的文件集中存储在相应机构的中心存储设备上，并且用户须支付一定的费用。而基于以太坊区块链网络则可以引入去中心化存储的概念，也就是说用户把文件上传到以太坊区块链网络上后，文件通过默克尔树结构分化成加密文件碎片，这些加密文件碎片会分多次随机存储到不同的网络节点上，使得每一个节点都可以看到它存储的文件，但是却不能解密文件内容，或者说即使解密了文件内容，也没有办法得到全部文件。采用这种分布式的去中心化存储方式，大幅降低了网络文件的存储成本。当基于以太坊的去中心化存储生态环境构建起来以后，节点用户也可以将自己的硬盘或者未利用的网络空间出租，从而获得相应的收益（见图9-13）。

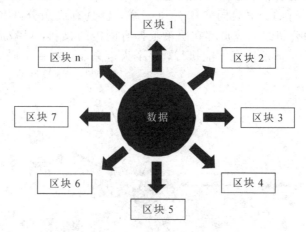

图9-13　去中心化储存

以太坊去中心化存储功能的原理可以大致概括为：首先，某个用户需要将拟上传的数据分成小块，对每一块数据加密从而保护数据的隐私，并在此基础上构建一个默克尔树；然后，通过构建特定的合约规则，证明该用户对这些数据碎片的所有权；最后，当该用户在未来某个时间想要重新下载他的文件时，他可以通过微支付通道协议来恢复文件（比如规定对1KB的文件收取多少单位的以太币）。

依托以太虚拟机技术，我们同样可以创建一个可验证的计算环境，允许用户邀请他人开展计算，并选择性地检验在某些随机检查点上计算是否被正确完成。这也就意味着，任何一个以太坊区块链节点用户都可以利用自己手中的笔记本电脑、台式机或专用服务器参与云计算。为了防止一些恶意节点运用欺骗的手段牟取不正当利益，我们可以设计一些类似于现场检查或者安全保证金的制度来保障云计算系统是完全可信任的。依托于这样的技术，以太坊实现了全球算力资源的共享，以较低的成本调用了可观的算力资源，同时也使得一些节点参与者可以利用自身设备的额外算力赚取到额外收益。未来，以太坊云计算在基因算法等领域有着巨大的应用潜力。

4）去中心化自治组织

去中心化自治组织（Decentralized Autonomous Organization，DAO）通常被定义为一个拥有一定数量的成员或股东的虚拟实体，成员们会集体决定组织如何配置资金或修改代码。组织内部有多种资金分配方式，比如发布悬赏、支付工资或者内部货币激励（见图9-14）。DAO 实际上就是通过密码学和区块链技术，复制了传统的公司或者非营利组织在法律意义上的构成并强制执行该种机制。去中心化的自治组织可以有许多不同的衍生形式，比如一个去中心化运行的公司，同实体公司一样，也具有股东分红和股份交易机制，且所有的公司组织成员都在决策上拥有同等的权利，增减成员时要经过67％以上成员个体的同意才能执行，每个人也只能拥有一个成员资格。

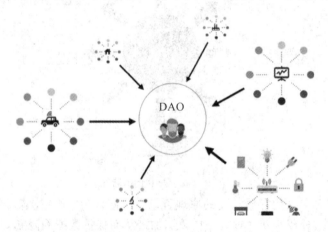

图9-14 去中心化自治组织

5）储蓄钱包

我们日常所使用的电子钱包，例如微信钱包、支付宝余额等，虽然在资金安全方面已经相当可靠，但仍旧会有一些人担心其私钥（密码）有可能会被黑客盗走或者忘记，抑或是钱包运行的中心化平台破产导致资金无法提出。数字货币钱包发生类似于私钥被攻击从而被盗走货币财产的情况并不罕见，甚至可以说时有发生，对用户的资金安全和使用体验都造成了很不好的影响。而依赖于以太坊的去中心化储蓄钱包则彻底打消了这一疑虑。

我们可以假设这样一个应用场景：Andy 想要确保他自身资金的安全，于是把他所拥有的以太币全部放在一个和 Kevin 签订的合约中。合约规定 Andy

每天最多可以单独提取 1% 的资金，Kevin 每天也可以提取 1% 的资金，不过 Andy 可以随时通过私钥创建一个交易来取消 Kevin 的提取权限。同时，如果 Andy 和 Kevin 一起，那么他们就可以随时提取任意数量的资金。这样设置的目的在于，对于 Andy 来说，每天提取 1% 的以太币资金已经足够日常使用了，而如果因为一些特殊的交易事件 Andy 需要提取更多的资金，那么他可以联系 Kevin 一起提取，从而保证了对资金的所有权；而如果 Andy 的私钥被盗，那么他可以选择立即联系 Kevin 把资金转移到一个新的合约里面去，从而保障了自身的以太币资产安全性不受侵害；如果 Andy 不小心忘记或者弄丢了私钥，他可以通过 Kevin 慢慢把钱提取出来；而一旦 Kevin 表现出恶意，那么 Andy 也可以随时关掉 Kevin 的提款权限。

2. 以太坊的潜在风险

1）储存空间和算力浪费的风险

只要是有关区块链的讨论，扩展性始终都是一个被人们津津乐道的话题，这也是区块链从设计之初就一直被诟病的地方。以比特币为例，比特币网络的每一个节点都要占用一定的储存空间，随着交易的频繁开展，它所占用的空间也会越来越大。截至本书写作时，比特币全节点的区块链大小约为 412 GB，且以每小时 1 MB 的速度还在不断增长。如果用比特币网络来处理像商业银行那样频繁的交易业务，则其区块增长速度会更快，从而导致每年都会有用户节点因为储存空间的限制而成为废弃节点。

同样，以太坊也面临着类似的问题且有可能更为严重，因为以太坊不同于比特币只具有普通加密数字货币的功能，在以太坊的区块链网络之上还可以运行各种去中心化应用，所以其增长速度可能更快，全节点所占用的储存空间也会更大。

不仅如此，大区块链也有可能带来中心化的风险：假设当前区块链的大小已经增长到 100 TB，那么可能出现的结果就是只有极少数的大商家会去运行全节点，而常规用户则只是运行轻节点，这就存在全节点合伙欺诈谋取利益的风险（比如大商家利用全节点优势，更改区块奖励额外向自己支付以太币），而轻节点由于信息不全面可能无法立刻检验到这种欺诈行为。即便是有可信的诚实节点发现了这一问题并立刻向全网广播，但由于这中间难以避免存在的时间差，也可能造成难以挽回的严重后果。

针对这个问题，以太坊也采取了别出心裁的设计：它选择储存交易状态，而非像比特币那样储存自诞生之日起的全部历史交易信息。首先，根据区块链的基础算法，为了保证整个交易历史数据的透明性，区块链上的每个节点都会保留所有历史交易信息。但是为了保障每笔交易的完整状态，在算法设计上会把处于中间状态的算法写入到区块中去。以一个被验证的节点为基础，通过验证协议，就可以验证其他节点信息是否完整准确，如果发现有异常节点，也可以通过基础节点来验证该节点的区块信息是否真实有效；其次，面对通过不完整区块节点发起的攻击，由于区块不完整所以不能马上判断出该区块是否可信。所以对此以太坊提出了如下解决方案——由质疑反馈协议来进行处理。不完整的区块会触发质疑反馈协议，该协议将无法确定的节点更改为不可信状态，直到有其他节点信息与不可信状态节点相一致时，才能将这个节点更改为信任节点。

但是随着以太坊的用户越来越多，交易越来越频繁，它所占据的储存空间也会越来越大，而且这还是在当前基于以太坊平台的交易与应用并非十分普及的前提下。如果未来以太坊在应用层面进一步普及，比如利用它来处理我国五大国有商业银行 20 000tps 级别的交易量，那么以太坊区块的增长速度有望达到每三秒 2MB，这样算下来每年新增的储存空间占用就达 15TB，这已经远远超过了普通个人用户的计算机存储空间，普通个人 PC 端已经无法满足以太坊增长的诉求。

而且随着全网用户节点越来越多，每次交易达成后广播到全网的时滞也会越发显现出来，不同区域可能因为信息传递延迟而引发一系列的交易混乱；另外由于以太坊的交易开展、应用执行都需要全网其他节点的认证才能顺利进行，因此随着网络节点的增多，验证的问题可能会愈加麻烦，这也就无形中影响了以太坊和以太币在交易和应用层面的及时性。同时伴随着大量新节点加入，运行以太坊的电力成本、网络成本也越来越无法忽视。即便是基于区块链 2.0 的以太坊选择使用轻区块模式，但依旧没有彻底解决这方面的问题，因为从本质上来看这属于区块链网络体系在设计层面的固有缺陷。所以我们不得不承认，如果想要达到完全的去中心化，实际上还是需要更多的算力配置。

2）监管风险

我国于 2017 年 9 月正式出台了《关于防范代币发行融资风险的公告》，公告指出：目前所有存在于市场上的数字货币或者说是虚拟货币，均不是由政府作为主体而发行推出的，因此它们不具有政府背书的货币属性，原则上也就不能作为货币在社会上流通使用。

对于以太坊和以太币而言，它同我国现行的法律法规有可能存在潜在冲突的地方主要有：① 以太币的法律主体地位并不明确，而且未来也很难纳入我国法律所规定描述的货币范畴；② 以太币的法偿性难以实现，尤其是它在一些法律层面的定位与概念同我国的实际情况相差甚远，很难适用于我国货币流通法偿性方面的实际情况；③ 以太币同我国的一些反洗钱、反恐怖融资、反非法集资等方面的要求可能会有所冲突。因为以太坊具有匿名性，它的技术设定也偏灵活，无法彻底纳入我国的货币监管范围，可能在多个领域滋生违法犯罪行为，与我国现行的货币政策监督体系背道而驰。

3）匿名性与透明性边界不清晰

以太坊和以太币具有匿名性，具体体现为和以太坊相关的所有交易行为都发生在两个账号之间，且交易私钥基本上无法被破译，因而除了实际参与交易的双方，其他人作为第三方很难得知交易进行的具体条件与状况。

但与此同时我们也应当认识到，这种匿名性又是相对而言的，因为以太坊的所有交易信息与记录都储存在区块内，在这个全网公开的账簿中我们可以通过特殊的技术手段，利用某个账户过去一段时间的交易时点、金额关联等信息，通过几次分叉得出交易账号的关联信息，这对交易双方的隐私都有可能造成巨大的暴露风险。所以说我们必须清楚地意识到，以太坊所谓的匿名性也只是一种相对的匿名性，我们在实际交易使用的过程中仍然要在匿名性与透明性之间作出权衡与取舍。

4）技术安全风险

作为一种基于区块链技术的加密数字资产，以太坊最基本的特性就是在储存、交易、流通等方面都要具有安全性保障。然而从以太坊和以太币诞生之日起，在数年的发展历程中也一直经历着络绎不绝的攻击，攻击范围和目标涵盖矿池、钱包、合约、交易所乃至公链底层平台等各个领域，这也导致很多人对以太坊的安全性有所担忧。

不可否认以太坊等加密数字货币具有很强的安全性，但是我们也应该注意到：数字货币对一笔交易的确认要有全网 51％ 及以上的节点共同记账时才能达成，这也就意味着如果有人掌握了超过全网 51％ 的节点那么他就可以轻易地改变交易记录。同时，由于数字货币处在一个面向所有参与者的公开网络平台上，因此传统的物理防火墙形式以及防范网络攻击的手段将不再适用于 PC 端，这也就对以太坊和区块链在数据恢复等方面提出了更高的技术要求。而且数字货币是基于密码学中的椭圆曲线数字签名算法，采用了复杂的加密手段来保证安全。然而随着信息科学技术的发展，加密算法也存在被破译的可能性。

在安全技术层面，以太坊平台曾发生过著名的 The DAO 事件，当时一举震惊了全世界的加密数字货币爱好者，并引发了人们对于区块链以及去中心化数字资产本质的大讨论。DAO 也就是我们前文所提到的去中心化自治组织，The DAO 则是对这个理念的具体应用之一，是德国一家初创公司 Slock.it 所运营的一个开源项目，也是一个基于以太坊区块链平台的迄今为止世界上最大的众筹项目，其存在的目的在于让所有持有 The DAO 代币的参与者都能以投票的方式共同决定被投资项目，即通过代码运行的智能合约来实现整个社区的完全自治化。The DAO 在本质上其实是一个风险投资基金，他通过以太坊平台募集世界各地的资金，然后将其锁定在一个智能合约当中。每一个参与了集资的投资者都可以按照其出资份额获得相应的 The DAO 代币作为持股的象征，同时获得了投票表决、检查审查的相关权利。The DAO 于 2016 年 5 月 28 日完成众筹，当时一共募集了 1150 万枚以太币，折合现实资产约 1.49 亿美元。而在 6 月 17 日那天，The DAO 由于其智能合约中存在的设计漏洞而遭到黑客的攻击，从而导致约 360 万枚以太币被洗劫一空（约合 6000 万美元），引发了业内的广泛关注。黑客利用 The DAO 合约中存在的"递归调用"漏洞对其算法展开攻击，通过在单个交易过程中多次支付以太币，将 The DAO 项目众筹的 360 多万枚以太币转移到了黑客自己所创建的子合约中。如果不进行任何措施放任其延续发展，那么按照合约规则黑客可以在 27 天以后全部提取这些以太币。

为了防止事态进一步恶化，以 Vitalik 为首的以太坊创始官方提出了三种解决方案，即实施硬分叉、软分叉或者不进行任何作为。硬分叉（Hardfork）是一种回滚式交易，通过修改区块链合约中的共识协议，从而把区块链中的数据恢复到过去某个时间节点，简单来说可以理解为"时光倒流"，让以太坊社区所有相关交易都回到被盗之前的状态，但是这样的结果便是更新协议的新节点与未更新协议的旧节点对于所产生的区块各自互不认可；软分叉（Softfork）则是指通过修改区块链中的共识协议从而实现对新生成区块中数据的限制，即通过更新网络状态封锁来自黑客的地址所发出的任何以太币交易指令，限制黑客转出他所盗取的以太币，达到暂时冻结其账户的目的。实施软分叉的话，更新协议的新节点所产生的区块会被所有节点认可，而未更新协议的旧节点所产生的区块则不一定获得所有节点的认可。

经过以太坊社区全网用户投票，开发团队决定先对黑客盗取以太币的交易记录进行软分叉，从区块高度 1 760 000 处开始把任何与 The DAO 和子合约相关的交易都认定为无效，然后升级挖矿代码，矿工升级代码后再进行挖矿就会使黑客的本次攻击无效化，之后再通过一次硬分叉将全部被盗以太币找回。然而，无论是实施软分叉还是硬分叉，都会引发人们对于以太坊开发者的质疑，认为开发者在客观上存在滥用"专业垄断"行为，同时也在客观上冲击了人们对于 The DAO 项目以及开发者的信任，甚至长久来看会对整个以太坊生态系统产生不可逆转的影响。

实际上，对于黑客攻击 The DAO 这一事件，究竟是将其定性为"代码套利"还是法律意义上的"盗窃行为"，目前在业界还存在很大的争议。因为 The DAO 的设计主旨就是创建一个不可伪造、不可篡改的程序代码并由全体参与者自主支配运行，在这个过程中使用以太币来兑换 The DAO 代币。从这个定义来看，黑客的行为充其量只能算是合理利用代码漏洞进行套利行为。但如果我们排除所谓的"代码至上"和"去中心化"理念，黑客的动机以及行为结果确实对他人的切身利益产生了侵害，属于无可辩解的盗窃行为，必将受到法律的制裁。

同样充满争议的还有以太坊团队所提出的分叉处理措施，无论是通过硬分叉将黑客攻击造成的不公平交易取消从而实现结果上的正义，还是通过软分叉来追回损失的以太币从而达成"代码正义"和"程序正义"，都难以达成一个让所有人都满意的结果。通过硬分叉来回滚时间线和交易线无疑是对以太坊和区块链长久以来所坚持的去中心化理念的重大背离；而软分叉则在一定程度上类似于"黑客行为"，如果这种做法成为常态，那是否意味着以后区块链的开发者都可以利用自身的专业技术优势来侵害公众利益呢？但是如果选择不作为，这无疑就是放任恶意行为野蛮生长，彻底侵害投资人的切身利益，以太坊平台的声誉也将受到毁灭性的打击。

从这个事件中我们其实也可以得出一些启示，事实上当前以太坊和区块链技术依旧还有很多不成熟的地方，还尚处于测试阶段。尽管目前比特币、以太坊等主流区块链的底层平台尚且安全，还未遭受任何有效的攻击，当前出现的一些安全漏洞只是在应用层面，但是基于 PoW 共识机制的区块链前期参与节点有限而后期算力相对集中，这都是很容易招致攻击的风险点。

本 章 小 结

综上所述，以太坊和以太币作为一种升级版的加密数字资产，设计初衷仅仅是作为一种高度通用的语言来实现诸如区块链上合约、提现限制、金融衍生合约、赌博等功能，其本身在设计之初是不支持任何应用的。但是由于以太坊具备图灵完备的编程语言，所以理论上就可以针对不同类型的交易和应用去创建各种类型的合约。依托于去中心储存、云计算、去中心化市场预测等功能与应用，以太坊有足够的潜力从根本上改变整个计算行业的构架与效率，并为其他 P2P 协议提供有力的经济层面支撑，这也是以太坊相对于其他单纯的加密数字货币的优势所在，它注定可以走得更远。而且基于以太坊任意转化状态的这一概念，以太坊从设计之初就是开放式的，未来一定会在基础层面为各种金融或非金融合约提供技术支持。

思考与练习

1. 针对比特币在设计层面上的一些缺陷，以太坊做了哪些方面的改进与提升？

2. 如何理解工作量证明机制（PoW）和权益证明机制（PoS）？两者有何异同？

3. 智能合约在以太坊区块链上是如何运行的？

4. 以太坊针对挖矿中心化的问题做出了哪些创新？

5. The DAO 事件的发生对以后以太坊的发展可能产生哪些影响？

延伸阅读材料

[1] BRIAN P E, TANAYA M. What the Attack on the DAO Means for Banks[EB/OL]. www. americanbanker. com，June 17，2016.

[2] EDAN Y. Why the Wrong Response to The DAO Attack Could Kill Ethereum[EB/OL]. www. coindesk. com，June 20，2016.

[3] WOOD G. Ethereum：A secure decentralised generalised transaction ledger homestead. http://gavwood. com/paper. pdf.

[4] 杨涛，王斌. 去中心化金融与区块链[J]. 金融博览，2016，(6)：18 - 19.

[5] 王永红. 数字货币技术实现框架构想[J]. 中国金融，2016，(8)：14 - 16.

第十章　Tether/泰达币

华盛顿的印钞速度远低于 Tether 和其他垃圾币的发行速度。中央银行的资产与其负债相匹配，对于超过中央银行资产负债表中储备的每一美元货币，都有资产、外汇储备、黄金或国库资产……但就 Tether 而言，没有任何支持，即使 70% 也不是真的。

——"末日博士"鲁比尼(Nouriel Roubini)，著名经济学家、美国纽约大学斯特恩学院经济系教授

你可以在几点上同意鲁比尼的观点，但他对加密货币的批评就像是在批评一个博士生，而加密货币可能只相当于三、四年级的学生，还需要成熟。

——诺沃格拉茨(Mike Novogratz)，Galaxy Digital Holdings 创始人

比特币提出的"点对点电子现金系统"方案最初被认为是可能取代传统支付体系的颠覆式创新，将成为去中心化的全球性数字货币，但最终更多地被人们当作一种投资工具或价值储存手段。相反，在设计理念上没有展现出太多雄心壮志的泰达币(Tether 或 USDT)，用去中心化的方式解决了加密货币领域的一些痛点，成为了"最具货币气质"的数字货币方案。从 2015 年 Tether 项目正式发布以来，泰达币已逐渐替代美元成为任何一家数字货币交易平台最主流的交易媒介。截至 2021 年 6 月底，泰达币的日成交金额高达 600 亿美元，位居所有加密货币之首。

10.1 泰达币的产生与发展

尼尔·梅塔等人在 *Bubble or Revolution：The Present and Future of Blockchain and Cryptocurrencies* 一书中写道："比特币的目标是成为一种投资工具，以太坊的目标是成为一个 App 平台，但另一类加密数字货币(如稳定

币)的目标只是成为一个常规的支付系统。"不过，这更像是结果而不是初衷。第一代稳定币的雏形——万事达币(Mastercoin，现在称为 Omni)，也是泰达币的前身 Realcoin 的基础，实际上并非一开始就以常规支付系统作为开发目标。

10.1.1 加密世界对稳定币的需求

比特币自 2009 年上线以来，其价格累计上涨了数十万倍，但也经历了多次超 50% 的下跌，在一天之内波动 10% 的情况也并不罕见。剧烈的波动性加强了比特币的投机属性，虽然给了一些炒币者短期获利的机会，但也阻碍了加密货币在现实世界的应用。

对加密货币的用户而言，如果不能确定自己持有的数字资产具有稳定购买力，那么他们永远都不会以该数字资产作为货币，替换掉原有的稳价币种。首先，不具有价格稳定性的加密货币无法作为商品的价值尺度和交换媒介，难以承担货币的支付职能。试想当一个人准备使用比特币购买一件商品时可能会犹豫：或许只要稍微等一段时间就可以花更少的比特币购买到这件商品。其次，不具有价格稳定性的加密货币不能作为主要的价值储存工具，也不能作为避险资产，因为人们将面临不必要的波动风险。最后加密货币社区也需要具有稳定价值的代币。通证(Token，也称为令牌)经济与区块链的结合可以推动自治社群的建立，社区中激励机制则有赖于价值相对稳定的代币。若代币的币值在市场上波动剧烈，将极大地影响社区内通证的流通，造成社区活跃性的流失。

对金融中介而言，加密货币过高的波动性也是令人头痛的问题。我们在前面已经介绍过，比特币从 2009 年上线以后经历了一段时间的冷淡期，直到 2010 年 7 月 MT. Gox 交易所成立之后才开始逐渐活跃起来。MT. Gox 交易所上线后的一年里，比特币交易价格由 0.07 美元/BTC 上涨至 14 美元/BTC。因此，如果说比特币是有内在价值的，那么毫无疑问，交易所推动了比特币的价值发现过程。但是，过高的波动性对加密货币交易所的安全性也造成很大的威胁：由于交易所在办理加密货币的存取款业务和汇兑业务时本质上充当了交易对手的角色，存在一定的风险敞口，一旦加密资产价格发生剧烈波动引起挤兑风潮，交易所很容易因无法兑付而陷入困境。2013 年的一项研究显示，40 家比特币交易所中有 18 家都因为存款到期无法兑付或其他问题而倒闭。除此之外，在以加密货币为交易媒介的信贷市场上，由于汇率波动过大，涉及未来结算的合约都将需要提前收取大额保费以便规避风险，这将使得整个系统变得十分低效。

可以看出，不论是用户、社区，还是市场，都急需一个币值相对稳定的加密货币，一方面规避波动性带来的不必要的风险，另一方面也可以作为加密资产投资的入口，建立起沟通法币与链上资产的桥梁。

10.1.2　早期山寨币的尝试与教训

比特币市值大幅上涨，让人们看到了加密数字货币的广阔天地，但由于其价格的剧烈波动又为加密世界的美好前景蒙上了一层阴影。在这种情况下，一些类似的加密数字货币方案（如莱特币、点点币、无限币、夸克币、泽塔币等），即所谓的"山寨币"，纷纷上线。山寨币虽然在很多方面都借鉴了比特币，但也都有自己的特点、挖矿算法以及区块链，并尝试弥补比特币的种种不足。例如，莱特币在比特币代码的基础上，针对交易确认太慢、总量上限偏低等问题，以及工作量证明中的加密算法进行了修改；点点币取消了供应上限，设定了固定 1% 的通胀率，而且其"挖矿"过程更为节能高效。山寨币对整个加密货币世界做出了一些探索和贡献，但也产生了一些新的问题。早期的模仿者大都和比特币一样使用 SHA-256 算法，但不像比特币那样拥有完整的生态圈，因此在 51% 算力攻击面前显得十分脆弱。使用改进的 Scrypt 算法的山寨币一开始还能够正常运作，但在 Scrypt 矿机问世后最终也难逃消亡的命运。

这些失败的案例打击了加密爱好者的信心，同时也揭露了一个事实，即：有 PoW 的地方就有"矿霸"，就存在算力攻击的可能性。工作量证明机制是否可靠，并不仅仅在于其使用的加密算法是否牢固，更多的是需要一个完善的社区和完整的生态圈来维护公平的环境。在这一点上，哪怕是比特币也不能例外。2014 年，GHash.io 在控制了比特币网络总哈希能力的 55% 后，主动承诺绝不发动 51% 攻击并将其哈希能力削减至 40% 以下，这才挽救了比特币世界濒临瓦解的信心。因此，在比特币已经成为主流加密资产、占据了绝大多数市场份额和用户群体的情况下，想要另起炉灶开发基于新算法和新区块链的数字货币都是极难成功的，哪怕新的币种可能具有更高的价值稳定性。

使用山寨币解决加密货币价值稳定性的另一个问题是：在错误的时间与比特币展开竞争将阻碍整个加密货币世界的发展。在第一轮山寨币疯狂发行的 2011 至 2013 年间，比特币流通市值最高也不过 100 亿美元；虽然在加密货币圈内已经占据绝对主导地位，但距离其完成"取代传统支付体系"的雄伟计划还有相当远的距离。此时，山寨币的大肆发行和陆续失败向世界传递出许多关于加密资产的负面信号，也分散了币圈人士的精力。稳定币和 ICO（Initial Coin Offering）的发明人、Mastercoin 的创始人威利特（JR Willett）是最早认识到这一问题的币圈人士，他指出"替代的块链在经济上与比特币竞争，混淆了我们传达给世界的信息，并冲淡了我们的努力成果。不管如何精心构思它们的规则，这些障碍都会妨碍比特币和山寨币被接纳的势头。"

10.1.3 从 Mastercoin 到 Tether

第一代山寨币的失败表明：在整个加密货币事业还处于起步阶段之时，试图通过创造一个与已经获得一定认可度和具备一定先发优势的比特币完全不同的币种，来彻底解决比特币的种种不足，可能并不会取得预期效果。由此，威利特(JR Willett)产生了"不改变比特币协议的基础，将现存的比特币网络作为一个底层协议使用，并在其基础上搭建新的协议层"的想法，并在 2012 年 1 月 6 日发布了 Mastercoin 的第一个草案，即"第二代比特币白皮书"。威利特认为："比特币之上的新协议层将增加比特币的价值，让我们的精力和努力更加聚焦，增强我们向世界传达的信息。新协议层仍然允许个人和团队发布新规则下的新货币，但任何成功的尝试都会加强底层比特币协议的价值，让比特币更成功。"

在 2013 年 Mastercoin vs.1.1 版本的说明书中，威利特进一步描述了这个新协议层(见图 10-1)："1. 它将修补被广泛认可的比特币的接纳的两个最大的障碍：不稳定性和不安全性；2. 它将在财务上使整个比特币社区获益，包括那些不使用这个新协议的人；3. 它可以为在新协议层上开发软件的个人或企业提供初始资金，并维持资金来支付对软件的维护费用；4. 它会为早期的参与者提供丰厚的奖励，奖励的多寡取决于该新协议层的成功程度。"

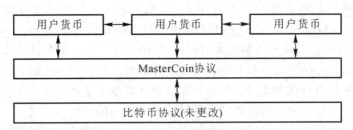

图 10-1 协议层关系示意图

新协议层与比特币及其他衍生货币的关系如图所示。所有的交易都被记录在比特币的区块链里面，但是更高层的协议赋予一些交易额外的意义。在描述 Mastercoin 与比特币之间的关系时，一个常见的类比是：比特币就像是底层的 TCP/IP 协议，而 Mastercoin 是应用层的 HTTP 协议。

用户在 Mastercoin 网络上可以进行很多操作，其中最有吸引力的是"抵押物支持的自定义资产（Escrow-backed User Currency）"，即：用户可以基于抵押的 Mastercoin 创建自己的货币，并且使该货币锚定链外资产或者货币（例如美元、欧元、黄金、石油等），以及通过简单的规则和去中心的交易平台去交换彼此持有的新货币。图 10 - 2 以 Goldcoins 为例来说明如何实现币值的稳定性。假设发行人在 Mastercoin 网络中创造了 Goldcoins，希望其能够锚定黄金价值，发行人需要抵押一定的 Mastercoin 设立代管基金，用来在 Goldcoins 的需求激增和暴跌时调节 Goldcoins 的供给来使其锚定黄金价值：当市场上 Goldcoins 太少（价格过高）时，代管基金卖出新的 Goldcoins，买进 Mastercoins；当市场上 Goldcoins 太多（价格过低）时，代管基金买入并销毁过多的 Goldcoins，卖出 Mastercoins。我们可以看到，Mastercoin 协议模拟了中央银行的角色，不过其中并没有一个中心化的人或者机构来执行买卖操作，而是利用一个基于"激进度""延迟天数""最小规模"等参数的自动化平衡机制，也就是智能合约的雏形。

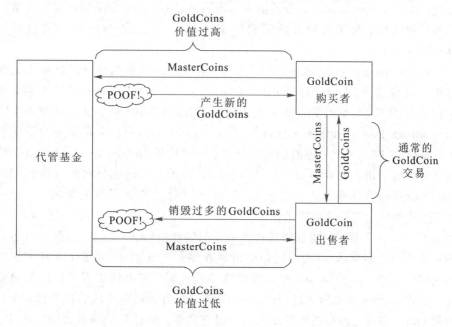

图 10 - 2 Mastercoin 稳定机制示意图

建立在比特币之上的 Mastercoin 协议具有两方面优势：一方面，Mastercoin 能利用比特币网络从它的普及率和它高水平的挖矿算力中得到高度的安全性；另一方面，使得在比特币和 Mastercoin 之间建立新协议变得更简单，并且在将来可能会有其他建立在区块链上的协议出现。正是由于这些优势，Mastercoin 得到了广泛关注。在 2013 年 7 月 31 日正式启动后的一个月内，项目共募集到了 5120 BTC，在当时价值 50 万美元，几乎超出了所有人的预料。许多创新型公司以自己的方式使用 Mastercoin 协议来推动公司的业务，其中值得注意的例子包括 MaidSafe 和 Tether。

MaidSafe 是苏格兰的一家初创公司，发起了一个硬盘驱动器存储互换项目，使用户可以与需要放置文件的其他人交换其额外的存储空间。MaidSafe 计划在 Mastercoin 网络上发行子币 Safecoin，用以交易储存空间，并计划通过众筹 Mastercoin 来募集资金，这在当时是一个非常大胆的想法。2014 年 4 月，MaidSafe 在短短 5 小时里就募集了价值 700 万美元的 Mastercoin。遗憾的是当时 Mastercoin 仍然非常小众，变现能力很弱，其价格在交易过后迅速跳水，最终 MaidSafe 实际筹集的资金仅相当于 550 万美元。美证监会随后也发文警告投资者，虚拟货币投资有风险需谨慎。MaidSafe 事件很大程度上影响了 Mastercoin 的声誉，反映出"抵押物支持的自定义资产"和"代管基金"机制的局限性，即：当 Mastercoin 自身价值发生剧烈波动时，难以保障用户自定义资产的价值稳定性。为了重塑其品牌和声誉，Mastercoin 在 2015 年正式更名为 Omni Layer。

在 Mastercoin 或者 Omni 上的另一个重要应用就是如今最具影响力的稳定币项目泰达币（Tether）。Tether 的前身是一家名为"Realcoin"的公司，于 2014 年 7 月成立，联合创始人为克雷格·塞拉斯（Craig Sellars）、布罗克·皮尔斯（Brock Pierce）和雷夫·柯林斯（Reeve Collins）三位加密货币圈的资深人士。2014 年 10 月 6 日，他们的第一个代币通过使用 Omni Layer Protocol 协议在比特币区块链上完成发布。2014 年 11 月 20 日，时任该公司首席执行官的 Reeve Collins 宣布项目正在更名为"Tether"，并且启动了私人测试，支持美元、欧元和日元三种法定货币锚定。

Tether 的目标是：将加密货币的不受限制性质（无需受信任的第三方中介即可在用户之间发送）与法币的稳定价值相结合，通过 100% 锚定维持与法币间的固定汇率。由于 Mastercoin 的代管基金机制没有办法实现币值的绝对稳定，因此 Tether 的创始人选择由 Tether 自己来负责保障币值的稳定性，仅仅使用 Omni 协议与底层的比特币区块链建立联系。根据 Tether 的说法，每当它发行新的 USDT 代币时，都会为其储备分配相同数量的美元，从而确保 USDT 得到现金和现金等价物的充分支持；每个交易对都是 100% 由法定货币支持，并且可以在任何时候兑换且不会面临汇率风险。

2015 年 2 月，Tether 正式发布 USDT。同月，香港比特币交易所 Bitfinex 宣布支持 USDT 交易。在 2017 年之前，Tether 的接受度并不理想。2016 年年底，USDT 的总市值不足 1000 万美元，24 小时滚动交易额仅 250 万美元。

2017 年 4 月，Tether 遭遇了不小的困难，其设在台湾地区的 3 个银行账号遭到封禁，同时富国银行也切断了 Bitfinex 的银行业务。在被切断银行业务期间，Tether 首次打破了与美元的 1:1 挂钩，以 10% 的折扣进行交易。由于公众对 Tether 的信任危机也达到了一个高点，2017 年 9 月首次公布审计报告（由纽约会计事务所 Friedman LLP 进行），确认截至 2017 年 9 月 15 日，Tether 拥有相应的 4.43 亿美元的储备金作为支撑（这一数字与 USDT 的市值规模完全一致），解除了信任危机。由于信任危机解除，再加上 2017 年比特币的牛市行情，USDT 的市值规模和交易额在 2017 年下半年出现了明显提升，在 2017 年年底分别超过 13 亿美元和 16 亿美元。

10.1.4 三种 USDT

除了比特币之外，USDT 后来更新为适用于以太坊、EOS、Tron、Algorand 和 OMG 区块链。目前最主要的三种 USDT 分别是：基于 Omni 协议建立在比特币网络上的代币 USDT-Omni、建立在以太坊上的 ERC20 代币 USDT-ERC20、基于波场网络中的 TRC20 协议的代币 USDT-TRC20。

2018 年初，以太坊网络爆红，区块链上的智能合约应用迅速普及，Tether 推出了基于以太坊的代币 USDT-ERC20。与 USDT-Omni 不同，USDT-ERC20 存储在以太坊地址上，每次转账需要消耗以太坊的 Gas，但手续费有所下降，转账速度明显提升，得到市场的广泛接受。Tether 将更多的精力和财力投入到更高效的以太坊 ERC20 上，大幅增加了 USDT-ERC20 的发行量，主流交易所也开始转向支持 USDT-ERC20。根据 COIN METRICS 统计，2019 年年初，Omni 几乎是唯一一个 Tether 发行 USDT 的网络，占到 2019 年第一季度 USDT 转移价值的 98%；但到 2019 年第三季度时，以太坊的转让价值已经超过了 Omni。

2019 年 3 月，波场（TRON）宣布与 Tether 合作，将利用智能合约在波场网络中发行与美元 1:1 锚定的 USDT，使用 TRC20 协议。4 月，Tether 宣布在波场上发行了基于 TRC-20 协议的 USDT-TRC20。USDT-TRC20 发行时承诺完全公开透明，秒级到账，特别是转账不收取手续费是 USDT-TRC20 的一个亮点。和 USDT-ERC20 一样，USDT-TRC20 发行之后很快就得到市场的青睐，发行量和交易额增长迅猛。2020 年第一个季度波场网络上的 USDT 转账价值超过了 Omni，并且在 2020 年 12 月 4 日单日转账价值超过了 USDT-ERC20。2021 年 4 月 16 日，USDT-TRC20 的市值规模一度达到 239 亿美元，首次超越 USDT-ERC20 的 234 亿美元（见图 10-3）。

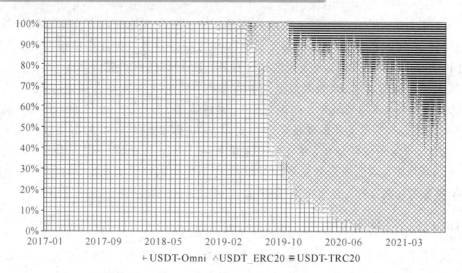

（资料来源：COIN METRICS）

图 10 - 3　三种 USDT 转移价值占比

那么到底何种 USDT 最好呢？目前来看，三种类型的 USDT 各有特色。表 10 - 1 对三者的差异进行了总结，被大多数人接受的观点可能是：基于比特币网络的 USDT-Omni 安全性最高，基于波场的 USDT-TRC20 在速度和手续费上最具吸引力，而基于以太坊的 USDT-ERC20 虽然目前仍是最主流的稳定币，但在与 USDT-TRC20 的竞争中差距已经越来越小。

表 10 - 1　三种 USDT 的特点

三种 USDT	USDT-Omni	USDT-ERC20	USDT-TRC20
地址样式	数字 1 或 3 开头	数字 0x 开头	大写字母 T 开头
使用网络	比特币网络	以太坊网络	波场网络
拥堵情况	偶尔拥堵	经常拥堵	暂时基本不拥堵
日常转账速度	慢(0.6～2 小时)	中等(几分钟到十分钟)	快(几秒钟到几分钟)
手续费	最高(转账手续费和 BTC 一致，平台提现收 2～20USDT)	一般(转账手续费与 ETH 一致，平台提现收 1～5USDT)	无(转账 0 手续费，平台提现可能收少量手续费)
安全性	最高	高	低于前两者
使用建议	大额低频	中等额度	小额高频

（资料来源：加密货币论坛）

专栏 10-1

"末日博士"vs 加密货币

鲁里埃尔·鲁比尼(Nouriel Roubini)是国际宏观经济学领域的著名学者,现任美国纽约大学斯特恩学院经济系教授,他也是 Roubini Global Economics(RGE)的创始人之一。RGE 被《商业周刊》《福布斯》《华尔街日报》以及《经济学人》评为最好的经济学网站之一。鲁比尼有着"末日博士"之称,他因在 2007 年美国次贷危机爆发前一年半准确预测到了此次危机的爆发而名噪一时,又因为次贷危机完全按照他所写下的《金融灾难的十二个步骤》演变而成为红遍全球的预言大师。

鲁比尼对加密货币一贯报以非常负面的看法,认为加密货币都是诈骗。2021 年 2 月,鲁比尼接受了 Coindesk 的 Lawrence Lewitinn、Christine Lee 和 Emily Parker 的采访,他直言不讳地告诉记者"Tether 是一家'犯罪企业'"。他还预测,Tether 即将消亡,呼吁美国证券交易委员会调查埃隆马斯克的比特币推文,并声称央行数字货币将意味着加密货币的终结。艾米·卡斯特(Amy Castor)在他的博客中整理了这次采访内容,以下是对部分问答的翻译:

Lee:对某些人来说,关于比特币的描述已经从一种支付手段转变为一种价值储存手段,机构和上市公司正逐渐认可这一观点,因此我们看到比特币创下了历史新高。你如何看待这种机构和企业对比特币的兴趣,周一特斯拉 15 亿美元的比特币投资是否突显了这一点?

鲁比尼:正如你所说的,比特币和加密货币不是一种支付方式。它不是一种货币,不是一个记账单位,不是一种可扩展的支付方式。现在,人们说这是一种资产。但是想一想什么是资产?股票、债券和房地产等资产可以为您提供收入或用途,它们会给您带来资本收益。黄金不会给你带来收入,但它有其他用途——工业活动和珠宝,因此具有一定的价值,它曾经被用作支付手段。就比特币而言,它没有任何用处,不产生任何效用。这就是为什么我认为比特币和所有其他垃圾币一样,价值为零。实际上,考虑到能源和环境成本的占用,如果对加密货币征收碳税,这些资产的价值将为负值。这是一个投机泡沫,基于推高抛售、欺骗、洗牌交易和 Tether 操纵,这是一个彻头彻尾的骗局。

⋯⋯

对于像 Elon Musk 这样的人来说,他知道自己可以影响市场。他首先将个人头寸置于比特币上,然后说特斯拉被投资了,而特斯拉还没有赚钱。这也是不负责任的，是市场操纵（注：在 Telsa 宣布购买价值 15 亿美元之前，马斯克在推特上发布了关于 BTC 的推文，推高了价格）。SEC 应该关注那些对市场有影响、操纵资产价格的人，这也是犯罪行为。Tether 是一个犯罪企业，一群鲸鱼和内部人士日复一日地操纵比特币和其他垃圾币的价格，这是事实。

Lewitinn：鲁比尼博士，当然，总有一缕阳光。关于 Tether 的问题是，我们早就知道它完全由美元支持，大约为 70%。多年来，人们一直对其支持存在疑问，然而它的交易价格仍与美元持平。可以想象，他们至少在一段时间内拥有足够的资产来保持与美元挂钩。哪怕 Tether 出现小规模的挤兑，加密货币又有多少是需要真正担忧的呢？

鲁比尼：首先，我们不知道它是否有 70% 的支持。他们的律师说 70%，但在没有进行独立第三方审计之前，这什么也说明不了。我们也知道他们正在以指数级的速度发行新的 Tether。仅过去一年就有大约 250 亿。过去几周里每周都发行了 10 亿，看起来他们越来越绝望。这是一个典型的庞氏骗局，你通过发行越来越多的东西来维持某种东西的价值。

Lewitinn：这与现在华盛顿发行美元钞票有什么不同？

鲁比尼：华盛顿的印钞速度远低于 Tether 和其他垃圾币发行法定货币的速度。如果您查看它的图表，Tether 的情况是指数级的。其次，中央银行，如果你知道的话，它们的资产与其负债相匹配。对于超过中央银行资产负债表中储备的每一美元货币，都有资产、外汇储备、黄金或国库资产。因此，认为法定货币不受任何支持的想法是完全错误的。如果您查看任何中央银行的资产负债表，就会发现有资产也有负债。实际上，大多数时候都有正的净资产。但就 Tether 而言，没有任何支持。同样，即使 70% 也不是真的。

而且我们知道，每一个基于非全额支持和非全额抵押的固定汇率最终都会崩溃。整个货币历史上，每一个没有支持的固定汇率都崩溃了，这只是时间问题。触发因素将是对 Tether 和 Bitfinex 的起诉，可能就是今年的某个时间，因为我们知道正在进行调查。

Parker：让我们暂时转向央行数字货币。我们知道中国在这方面的发展非常迅速。您认为美元仍将是世界储备货币吗？

鲁比尼：我认为中国人会继续前进，瑞典银行将继续前进，欧洲中央银行将继续前进。直到现在，美国都处于落后状态，但他们意识到中国有一个主宰全球金融体系的计划，这是他们的电子商务、私人支付系统平台（如支付宝和微信支付），以及数字人民币。全世界范围内逐步淘汰现金只是时间问题，如果美国想要保持美元作为主要全球储备货币的地位，将不得不转向电子美元。

　　问题在于，当中央银行谈论中央银行数字货币时，人们却只对加密货币世界感到兴奋。CBDC 与区块链或加密无关，它将是中心化的，获得许可，并将基于一堆受信任的权威验证交易。作为一种支付系统，它将占据主导地位，不仅是战胜没有支付服务的加密货币，还包括任何数字化的私人支付系统，从信用卡到银行存款，从支付宝到微信支付，再到 Venmo 到 Square 到 PayPal 等等。因为 CBDC 会很便宜，而且是即时清算和结算的。这将是一个支配任何形式的资金系统。如果要引入中央银行货币，任何形式的私人数字支付系统都将被挤出，首当其冲的就是没有任何支付服务的加密货币。

　　Lee：鲁比尼博士，听起来您认为比特币背后的技术至少是健全的，世界各地的政府和中央银行都会采用它。如果是这样，隐私会怎样？你还提到负利率成为常态，能谈谈吗？

　　鲁比尼：首先，我说的是技术的反面。央行数字货币不会基于区块链。他们将是私人的，而不是公共的；它们将是中心化的，而不是去中心化的；他们将获得许可，而不是未经许可；他们所依靠的中央银行和私人银行是交易的可信验证者，而不是不可信的。所以这项技术不会是区块链，它不会是加密货币。这就是我的观点。

　　其次，拥有央行数字货币的优势在于（支持负利率）。目前，如果出现非常严重的经济衰退，央行不能对政策利率采取非常消极的态度，这就是他们必须实施量化宽松的原因。因为如果利率低于 75 个基点，或者名义利率为零，人们就会将超额准备金转为现金（就起不到刺激作用）。但是，如果逐步淘汰现金，那么人们就别无选择，只能以数字形式保留您的资金。这样，在严重衰退或萧条中，负政策利率可能会下降到负一、负二、负三、负四、负五，无论你希望它是什么。因此，如果发生这种情况，并且出现足够严重的衰退，央行数字货币将能够以更多的负政策利率实施更大的宽松货币政策。这就是我们要走的方向。

　　Lee：有什么事情会改变你对比特币的看法吗？

　　鲁比尼：到目前为止，没有。正如他们所说，它不是一个记账单位，不是一种付款方式，也不是一种稳定的价值储存手段。通过工作量证明，每秒只可以获得五笔交易。如果它被用作支付手段，就会出现通货紧缩，因为从长远来看，它的数量是有限的。如果你想创造一种真正作为支付手段的数字货币，它的增长速度必须是名义 GDP 的增长速度，这样需求就可以通过与名义 GDP 一样多的供给来满足，这意味着通胀目标加上经济的增长。否则，商品和服务的每个价格都会出现永久性通货紧缩。因此，即使从这个角度来看，它也存在根本性的缺陷。

10.2 泰达币的设计框架与应用场景

虽然 Tether 在不同区块链网络上发行了不同的 USDT，但其设计理念都是一致的，即：创造一种由法定货币支持的数字通证，为个人和组织提供一种稳健的和去中心化的价值交换工具，同时使用人们所熟悉的记账单位。这里以最初发布的基于比特币网络的 USDT-Omni 为例，介绍泰达币的设计框架和应用场景。

根据《Tether 白皮书》，所有的泰达币最初通过 Omni 协议层在比特币区块链上发行，作为加密货币的代币存在。进入流通环节的每一单位泰达币都将获得 1∶1 的储备支持（即 1USDT＝1 美元），储备形式是 Tether 香港公司以存款形式持有的法定货币。根据 Tether 的服务条款，泰达币可以兑换成基础的法定货币，或者如果持有人愿意的话也可以兑换成对应价值的比特币。在泰达币发行之后，它可以像比特币或其他加密货币一样用于转账、储存或者消费。

10.2.1 技术堆栈与过程

1. 技术堆栈

如图 10-4 所示，泰达币的技术堆栈为由比特币底层区块链、Omni 协议层、Tether 服务构成的三层架构。

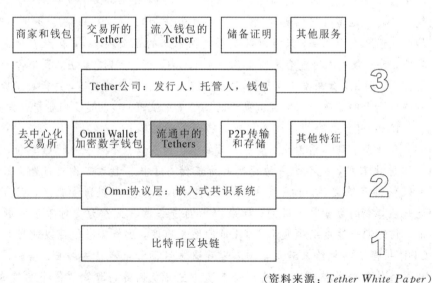

（资料来源：*Tether White Paper*）

图 10-4　泰达币的技术堆栈

第一层是比特币区块链。比特币 0.9 版本引入支持了一种新的操作符 OP_RETURN，目的是允许开发者在交易输出上附加 40 个字节自定义的非交易数据。因此，Tether 交易信息可通过嵌入式共识系统 Omni，作为元数据嵌入到比特币区块链中。

第二层是 Omni 协议层。Omni 作为一种比特币区块链之上的一种基础性技术，可以实现的功能包括：第一，授予（发行）和撤销（销毁）嵌入到比特币区块链中的元数据所表示的数字令牌，在本例中就是与法币挂钩的数字令牌——泰达币。第二，通过 Omnichest. info 和 Omnicore API 跟踪和报告泰达币的流通情况（在 Omni 中，ID ♯31 表示 USDT）。第三，允许用户交易和储存泰达币或其他资产（数字令牌），并且具有如下特性：① 点对点的、伪匿名的（pseudo-anonymous）、加密安全的交易环境；② 可使用 Omni Wallet 这一开源的、基于浏览器的加密数字钱包；③ 支持多重签名和离线冷钱包的系统。

第三层是 Tether 公司，该业务实体将主要负责：① 接受法定货币存款并发行对应数量的泰达币；② 发送法定货币取款指令并销毁相应数量的泰达币；③ 托管作为流通中泰达币储备资产的所有法定货币；④ 公开报告储备证明和其他审计结果；⑤ 启动和管理对现有比特币/区块链钱包、交易所、商家的整合工作；⑥ 运作网络钱包（Tether. to），使用户能够方便地发送、接受、存储以及转换泰达币。

可以看出，Tether 的技术框架是比较清晰简洁的。它充分利用了比特币区块链的开源、加密安全、使用分布式账本技术，并没有再造一个公有链，而是利用 Omni 把交易信息保存到比特币区块链上。Tether 公司以一个实体承担了第三层的角色，来保障泰达币的发行、回收和币值稳定性。由于用户必须信任作为储备资产集中托管人的 Tether 公司，泰达币的体系并不是完全去中心化的。

2. 资金流动过程

如图 10-5 所示，泰达币的生命周期可以分为五个阶段。

第一阶段，用户将法定货币存入 Tether Limited 指定的银行账户。

第二阶段，Tether Limited 为用户生成账户，并向账户中存入泰达币。这一过程即是泰达币的发行过程，向用户发行的泰达币数量等于用户存入的法定货币金额（例如，存入 1 万美元则发行 1 万 USDT）。

第三阶段，用户使用泰达币进行事务处理。用户可以通过 P2P 开源、伪匿名，以及基于比特币的平台来转账、交易和存储。

第四阶段，用户将泰达币存入 Tether Limited，用作提取法定货币。

第五阶段，Tether Limited 销毁客户存入的泰达币，并将法定货币发送到用户的银行账户。

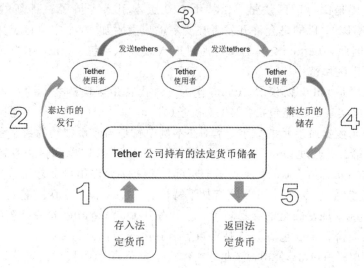

（资料来源：*Tether White Paper*）

图 10 - 5　泰达币的生命周期

一旦泰达币进入流通领域，它就可以在任何企业或个人之间自由转移。因此，除了可以从 Tether Limited 处兑换泰达币之外，用户也可以在交易所或者其他用户那里获得上述过程之外的泰达币。但需要注意的是，Tether Limited 是唯一能够使泰达币进入流通（发行）或退出流通（销毁）的参与主体，这是维持 Tether 系统足额偿付能力的主要机制。

3. 储备证明过程

在加密货币发展的过程中，"偿付能力证明（Proof of Solvency）""储备证明（Proof of Reserves）""实时透明度（Real-Time Tranparency）"以及其他类似问题受到越来越多的关注。对于稳定币而言，更是如此。

在 Tether 之前，完成上述证明的思路大都是对交易所或数字钱包进行审计，但事实证明这样是不可靠的。例如我们前面提到的，在 2013 年之前就有 18 家比特币交易所因存款到期无法兑付或其他问题而倒闭。黑客攻击、管理不善，甚至彻头彻尾的欺诈层出不穷，使得再精明的客户也难以完全消除风险。除此之外，交易所为了展示偿付能力，必须时刻保持相当数量的法定货币储备，这在 Tether 看来也是非常低效的做法。

Tether 在白皮书中非常自信地指出，"现有的交易所和钱包审计不足以保证托管机构或交易所具有全额偿付能力。虽然利用诸如'默克尔树'等方法对交易所审计流程进行的优化有很大价值，但主要缺陷仍然存在。"为此，Tether

针对其发行和销毁泰达币的机制,设计了一套新的储备证明方法,能够相当简单地证明流通中的泰达币数量总是由等量法定货币储备所支持。审计过程如下:

(1) 所有的泰达币都是由 Tether Limited 通过 Omni 协议层发行。Omni 在比特币区块链之上运行,因此所有发行、销毁、现存泰达币数量,以及历史交易记录都完整地记录在比特币区块链上,都可以通过 Omnichest. info 提供的工具进行公开审计[①]。定义 USDT_issue 为泰达币的发行总量,定义 USDT_redeem 为泰达币赎回(销毁)的总量,定义 USDT 为处于流通状态的泰达币数量,那么在任意时点都满足如下恒等式:$USDT = USDT\_issue - USDT\_redeem$。因此,我们只需要检查 http://omnichest. info/lookupsp. aspx?sp=31 中的"Total Property Tokens"是否等于 USDT,就完成了对泰达币代币的公开审计。

(2) Tether Limited 有一个银行账户专门用于接收用户存入的法定货币或发送法定货币给用户。定义 USD_depo 为存入法币总量,定义 USD_withd 为发出法币总量,定义 USD 为账户的美元余额,那么这个法币账户在任意时点都应满足如下恒等式:$USD = USD\_depo - USDT\_withd$。

(3) 由于发行的泰达币总是以等值的法定货币作担保,那么结合上述代币和法币的审计流程,可得到 Tether 系统的"偿付能力等式(Solvency Equation)":

$$USDT = USD$$

如前所述,利用比特币区块链上所记录的不可篡改的信息即可证实 USDT 的数量。而 USD 的可证明性依赖于如下两个过程:第一,Tether 将在官网的"透明度"页面上实时公布银行账户余额;第二,专业的第三方审计师将定期核实、前述并公布 Tether Limited 银行账户的资产负债表及转账记录(见图 10-6)。

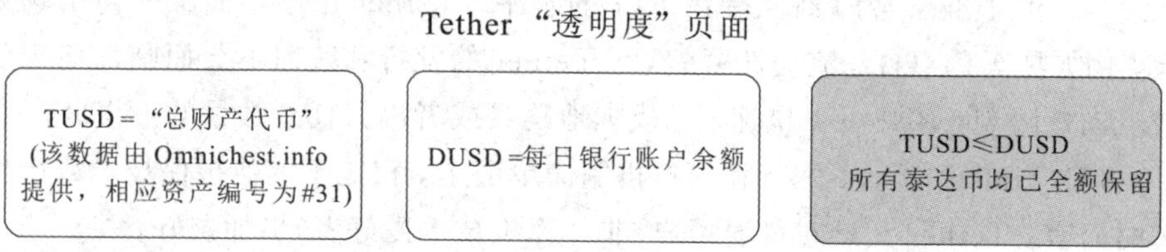

Tether "透明度"页面

> TUSD = "总财产代币"
> (该数据由 Omnichest.info
> 提供,相应资产编号为#31)

> DUSD =每日银行账户余额

> TUSD≤DUSD
> 所有泰达币均已全额保留

(资料来源:*Tether White Paper*)

图 10-6 Tether 官网"透密度"页面示意图

[①] USDT 在 Omni 的资产编号为#31,可通过如下链接访问:http://omnichest. info/lookupsp. aspx?sp=31。

上述技术堆栈和过程的描述可能略显繁琐,我们简单总结为如下三点:

第一,Tether 系统是基于比特币网络的一个三层架构,所以交易数据都经由 Omni 协议层记录在不可篡改的比特币区块链上;

第二,Tether Limited 作为一个链外实体负责泰达币的发行和赎回(销毁),始终按照 1:1 的固定汇率执行;

第三,要核实 Tether 的储备情况只需要核对区块链上记录的泰达币流通量是否小于等于 Tether Limited 银行账户中的法定货币总量,其中区块链上的信息是实施公开可访问的,银行账户信息会主动披露并定期做第三方审计。

10.2.2 特色与应用场景

1. 优势与弱点

与其他挂钩法币的加密货币相比,Tether 的实现机制具有以下特点:

(1) Tether 运行在完善的、去中心化的比特币区块链之上,而不是其他欠完善的山寨币区块链或其他中心化的私有数据库之上。因此,Tether 可以像比特币一样,在点对点的、伪匿名的、去中心化的、加密安全的环境中使用,也可以像比特币一样轻松地与商家、交易所、钱包等进行集成。

(2) Tether 继承了 Omni Layer 协议的属性和优势,包括:去中心化交易所、基于浏览器和开源、钱包加密等;也拥有和比特币相同的透明度、可信度、多方安全性以及报告功能。

(3) Tether Limited 采用简单而有效的方法进行储备证明,大大降低了作为储备资产托管人的"交易对手风险(Counterparty Risk)"。

(4) 由于准备金时刻保持在 1:1 的水平,Tether 也不会面临任何市场风险,例如黑天鹅事件、流动性紧缩等。Tether 的发行和赎回不会面临任何定价或流动性限制,用户可以快速、低成本地购买或者出售任意数量的 USDT。

(5) Tether 的 1:1 发行和储备机制简单明了,相比于其他担保技术或衍生策略而言,Tether 无疑对普通用户(非计算机技术爱好者)更加友好。

当然,Tether 的弱点也是显而易见的。尽管流通中的泰达币是以去中心化数字货币的形式存在,但 Tether Limited 必须作为储备资产的集中托管人,这就不可避免地带来了中心化系统的惯有问题。首先业务实体 Tether Limited 可能会破产。Tether 在白皮书中指出,即使 Tether Limited 破产也不会影响客户资金的安全性,客户仍然可以赎回所有的泰达币。不过 Tether 对此可能过于乐观，因为一旦 Tether Limited 面临破产，就会导致恐慌性赎回浪潮，这将引发第二个问题，合作银行会面临挤兑和破产风险。客观地讲，银行破产风险不是 Tether 特有的，所有金融系统的用户都面临这一风险。Tether 的第三个风险点在于：合作银行可能会冻结储备金或封禁账号。2014 年，Tether 在台湾地区开设的 3 个银行账户就遭到封禁，富国银行也切断了 Tether 的主要交易所 Bitfinex 的银行业务，这使得 USDT 与美元的汇率一度脱离了 1∶1 关系。

2. 应用场景

Tether 在白皮书中介绍了泰达币在比特币/区块链生态系统和全球其他消费者中的主要应用场景，他们认为交易所、个人和商户将是 Tether 系统的主要受益人。适用于所有组别的好处包括：将比特币的点对点属性附加到其他资产类别上、币值波动小、记账单位为人们所熟悉、能够将链外资产迁移至区块链之上等。针对不同的组别，还有各种额外的适用性和好处。

对加密资产交易所而言，使用传统金融系统接受法币存取款可能是比较复杂的。交易所可能需要花费较大的成本才能找到合适的服务银行，平台需要与没有 API 的银行进行整合，需要与银行协调合规要求和安全制度，并建立信任关系。在这个过程中可能会遇到政策风险或监管障碍。此外，在某些业务场景下传统的金融系统比较昂贵且缓慢，例如现行的国际电汇结算需要 3 到 7 天才能完成，以及货币兑换点差较大等。相比之下，Tether 系统中交易所可以摆脱上述困扰。交易所如果接受泰达币的存取款、交易和储藏，就不需要建立庞大的法币资产储备，亦不用担心汇率波动导致的额外风险。以泰达币作为中介，交易所可以轻松添加更多的法定货币交易对。除此之外，交易所可以将更多的精力集中到通过多重签名、冷热钱包以及其他加密手段来保障客户的数据安全，而不必过多地担忧交易对手风险或兑付问题。

对个人而言，泰达币的介入不会带来其他困扰，任何可以用比特币做的事情现在都可以使用泰达币完成。这意味着一方面使用泰达币交易和使用比特币交易一样是点对点、伪匿名的；另一方面，泰达币也可以参与到任何基于比特币区块链的拓展应用。由于泰达币灵活的发行和赎回机制，场内场外的套利交易将有效地将泰达币的币值维持在相当稳定的水平，这一特性使泰达币成为加密投资者的避风港：在高波动时期，他们可以将投资组合存放在 Tether 中，而无须完全兑现美元，也不必把过多的法币存放在交易所，这就在很大程度上规避了汇率风险和交易对手风险。除此之外，Tether 提供了一种通过区块链在地区、国家甚至大陆之间交易美元等价物的简单方法，无须依赖效率低下而收费昂贵的中介机构。

对商户而言，使用泰达币可以让他们更加专注于业务本身，而不是与支付相关的事务。商户可以获得更好的隐私保护，简化货币兑换流程，减少交易费用，以及基于加密稳定币的特性开发新的服务等。

10.3 泰达币的现状与前景

Tether 不是第一个稳定币项目，也不是最后一个，但绝对是迄今为止最成功的一个。Tether 在 Omni、Ethereum、Tron、BscScan、algo 等公链上运行，在超过 150 家加密资产交易所交易。泰达币的流通市值规模在所有加密货币中排名第三，仅次于比特币和以太坊；而在单日成交量这一指标上已经远远超过了比特币，甚至超过了全球通用的收付款平台 PayPal 的交易量。与泰达币巨大的成功形成鲜明对比的是，关于它的争论、非议以及忧虑也从未停止，甚至有愈演愈烈之势。

10.3.1 泰达币的现状

1. 流通

总量方面，从 2014 年 10 月 6 日第一个 USDT 通过 Omni Layer 协议在比特币区块链上发布以来，泰达币一直雄踞稳定币流通规模榜首，从未被任何竞争对手超越。2017 年 12 月 23 日，第一个竞争对手 SideShift AI 上线首次发行 500 万美元的 SAI 币，此时泰达币已经同时部署在比特币区块链和以太坊区块链上，USDT-Omni 和 USDT-ERC20 的合计市值超过 13 亿美元。2020 年下半年，随着 DeFi(Decentralized Finance，去中心化金融)活跃度的迅速攀升，更多的稳定币方案参与到竞争当中，USDC、BUSD、DAI、PAX 等稳定币的流通规模也出现大幅增长。截至 2021 年 6 月底，八种主流稳定币(USDT、BUSD、DAI、GUSD、HUSD、PAX、USDC、USDK)的合计规模为 1054.88 亿美元；其中 USDT(包括 USDT-Omni、USDT-ERC20、USDT-TRC20)市值为 642.6 亿美元，占比接近 61%；远超排名第二、占比 23.4% 的 USDC (见 10 - 7)。

1—USDT；2—USDC；3—BUSD；4—DAI；5—PAX.

（资料来源：COIN METRICS）

图 10-7　主流稳定币流通市值对比

结构方面，泰达币发行的主要场所表现出从比特币区块链向以太坊区块链，再向波场区块链转移的特征。在 2018 年之前，USDT-Omni 的市值规模稳居第一，并在 2018 年 8 月达到峰值，约 30.3 亿美元。2018 年 10 月 15 日 USDT 大幅脱钩美元价格，在随后的 10 天里 Tether 回收并销毁了 5 亿枚 USDT，并在 25 亿美元上下的规模上维持了近一年的时间。2019 年 Tether 在 Omni 上再次销毁 3.7 亿泰达币，这一举措使得 USDT-ERC20 的市值规模正式超过 USDT-Omni。2021 年 4 月，波场区块链上流通的 USDT-TRC20 市值规模反超以太坊上的 USDT-ERC20，成为彼时最大规模的稳定币币种。截至 2021 年 6 月底，USDT-Omni、USDT-ERC20 和 USDT-TRC20 的市值规模分别为 13.35 亿美元、309.19 亿美元和 320.08 亿美元（见图 10-8）。

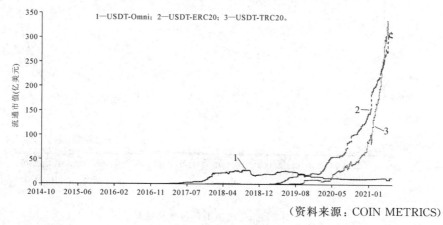

1—USDT-Omni；2—USDT-ERC20；3—USDT-TRC20.

（资料来源：COIN METRICS）

图 10-8　泰达币流通市值

2. 用户

截至 2021 年 6 月底，泰达币的持币地址数(记录在比特币区块链、以太坊区块链以及波场区块链浏览器上的非零地址数)为 8 316 662 个，其中：USDT-Omni 的持币地址数为 390 915 个，USDT-ERC20 的持币地址数为 3 239 505 个，USDT-TRC20 的持币地址数为 4 688 242 个。总体上，泰达币持币地址数仍然处在指数式增长当中。

值得注意的几点是：① 由于同一用户可拥有多个持币地址，因此实际使用泰达币的用户数量可能并没有 831 万之多。② 截至目前泰达币的持币地址数要远远低于比特币的持币地址数(比特币的持币地址超过 3800 万个)。这可能是由于比特币的持有者多是 HODL，即持有等待升值；而泰达币作为稳定币，主要充当交易媒介，其地址数实质上反映了加密货币圈的活跃市场参与者的数量。③ 和比特币一样，"小钱包"(持币市值较小的地址)数量众多。根据 COIN METRICS 的统计，接近 40% 的地址持有泰达币价值不足 1 USDT；持有超过 1000 USDT 的地址数占比为 4.5%，而持有超过 100 万 USDT 的地址数仅占 0.04%。不过，在比特币世界中，持有市值超过 100 万美元(近似 100 万 USDT)的比特币地址数有 7.8 万个，占比约为 0.2%。这似乎反映出在大额价值储藏和持币信心方面，作为稳定币的泰达币并不比价值波动巨大的比特币占优势。④ 在 2021 年 4 月加密资产价格触顶之后，泰达币的持币地址数有所下降，尤其是持币数量较多的地址数显著减少(见图 10-9)。

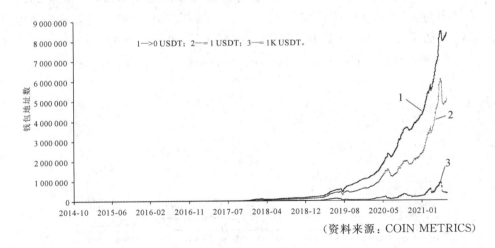

(资料来源：COIN METRICS)

图 10-9　泰达币钱包地址数量

3. 交易

在加密资产交易所中，泰达币的使用极其广泛，几乎可以和所有加密资产、法定货币组成交易对。据 CoinMarketCap 统计，早在 2019 年 2 月 24 日，USDT 的 24 小时成交额就突破了 100 亿美元，2021 年 5 月 19 日，USDT24 小时成交额高达 2790.67 亿美元。此外，泰达币的 24 小时成交额/总市值的币值常年维持在 1 以上，最高甚至超过 21 倍，这也反映出其交易的活跃性（见图 10－10）。

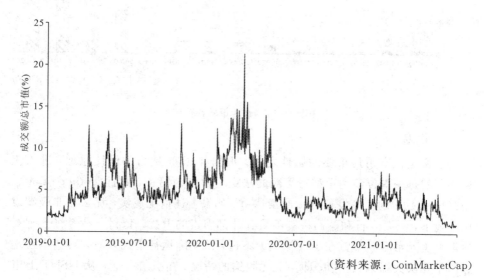

（资料来源：CoinMarketCap）

图 10－10　泰达币 24H 成交额/总市值

不过，需要注意的是：CoinMarketCap 以及很多其他的统计机构使用的交易额指标是未经调整的交易额，仅仅简单将所有交易所在过去 24 小时内报告的该加密资产的总现货交易额相加得到，其中存在较大的泡沫。风险投资与科技公司 CoVenture 在 2019 年发布的一份报告显示，有许多大型加密货币交易所都存在一定的交易量操纵行为，"当交易者以相同的价格发出买入和卖出的订单而不改变基础资产的所有权时，交易所就会使用机器人程序来对这些订单进行自动化处理，从而人为地增加了交易量。最终，营造出一种流动性很强的假象。"我们将 CoinMarketCap 统计的 2021 年上半年每日交易额相加，得到未经调整的泰达币加总交易额为 208 139 亿美元，而 COIN METRICS 在消除交易噪声和某些特定的虚假交易之后，得到的调整后链上转移价值为 17 213 亿美元（见图 10－11）。

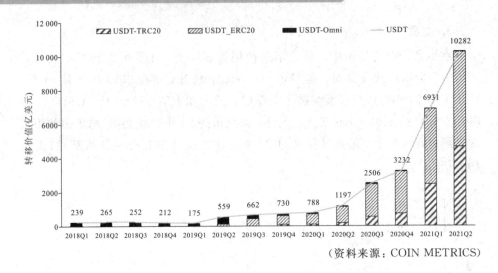

（资料来源：COIN METRICS）

图 10 − 11　泰达币转移价值

4. 汇率

汇率是稳定币最重要的属性之一。根据 Tether 项目的设计原理，进入流通环节的每一单位泰达币都有等额的法定货币作为储备，而且 Tether Limited 始终按照 1∶1 的汇率发行和赎回泰达币。如果上述情况属实，那么在非极端市场环境下，只要发行和赎回机制不受到外部因素的干扰，套利交易者将会把泰达币兑美元汇率牢牢钉在 1∶1 附近。不过，从实际运行情况来看，泰达币还是经历了几次大幅偏离 1∶1，即与美元脱钩的情况。在折价一侧，从 USDT 上市到 2016 年上半年之间，USDT 兑美元汇率长期低于 1，并在 2015 年 6 月达到 0.8237；2017 年 5 月、2018 年 10 月和 11 月也出现过超 5% 的折价。在溢价一侧，2016 年 1 月和 2017 年 12 月均出现过 10% 以上的溢价。不过在 2019 年下半年之后，USDT 兑美元汇率基本维持在 1∶1，偏离度较小（见图 10 − 12）。

当 USDT 与美元脱钩严重时，USDT 兑美元汇率波动率也会出现大幅上升。那么，USDT 汇率的折溢价或波动率主要受哪些因素影响呢？首先是 USDT 的流通量。当 USDT 的流通数量较少时，市场过浅是导致币值难以稳定的最大问题。我们可以看到，在 2018 年之前 USDT 兑美元汇率的波动率较大，但 2018 年之后随着 USDT-ERC20 发行量的快速增加，波动率出现系统性下降。同样，在 2019 年，随着 USDT-TRC20 的发布和泰达币流通总量的急剧上升，USDT 兑美元汇率的波动率再下一个台阶（见图 10 − 13）。其次是其他加密资产价格，尤其是比特币价格。比特币价格的大幅上涨或者下跌，都会引起

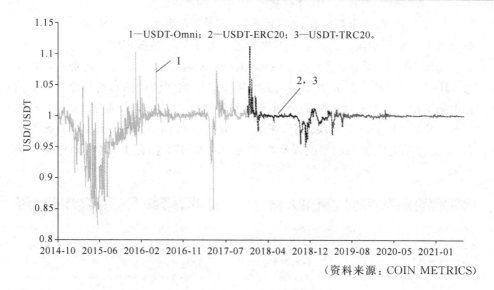

（资料来源：COIN METRICS）

图 10-12　泰达币兑美元汇率

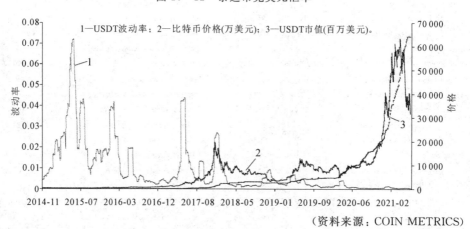

（资料来源：COIN METRICS）

图 10-13　泰达币兑美元汇率 30 日滚动波动率

USDT 场内需求的快速变化，增大汇率波动和折溢价幅度，这在 2017 年 12 月、2018 年 12 月以及 2020 年 3 月等都有突出表现。第三是场外干扰因素对 USDT 供给端的影响。例如，2017 年 4 月，Tether Limited 设在台湾地区的 3 个银行账号遭到封禁，主要交易场所 Bitfinex 的银行业务也被富国银行切断，这使得 USDT 兑美元汇率出现大幅折价和升波。

5. 透明度

由于 Tether 项目并没有 100% 去中心化，为了使用户信任作为储备资产集中托管人的 Tether Limited，项目在"透明度"方面做了两项承诺：一是在官网公布资产负债情况，二是不定期进行第三方审计并披露审计报告。

如图 10 - 14 所示，官网的 Transparency 页面展示了 Tether 的资产负债情况。其中，资产端主要由用户存入法定货币的存款和公司的自有资金构成，前者占据了绝大多数；负债端是公司授权和发行的泰达币，分布在 Omni、Eth、Tron、EOS、Liquid 等区块链上。Excess of Assets over Liabilities 项目余额大于 0，意味从公司披露的情况来看所有发行的 USDT 都有 100％法币储备作为支撑。

USD₮		EUR₮	
Total Assets	$62,672,584,127.60	Total Assets	€40,001,800.00
Liabilities (USD₮ in Circulation on Omni)		Liabilities (EUR₮ in Circulation on Omni)	
Total Authorized	$1,335,000,000.00	Total Authorized	€1,610.54
Less: Authorized but not issued	- $368,260,339.30	Less: Authorized but not issued	- €166.55
Less: Quarantined USD₮	- $32,303,805.00	Less: Quarantined EUR₮	- €0.00
Liabilities (USD₮ in Circulation on Eth)		Liabilities (EUR₮ in Circulation on Eth)	
Total Authorized	$30,910,401,959.97	Total Authorized	€50,000,050.00
Less: Authorized but not issued	- $794,611,819.60	Less: Authorized but not issued	- €10,000,064.98
Liabilities (USD₮ in Circulation on Tron)		Liabilities (EUR₮ in Circulation on Tron)	
Total Authorized	$31,993,553,636.55	Total Authorized	€0.00
Less: Authorized but not issued	- $946,368,392.00	Less: Authorized but not issued	- €0.00
Liabilities (USD₮ in Circulation on EOS)		Liabilities (EUR₮ in Circulation on EOS)	
Total Authorized	$100,251,000.50	Total Authorized	€0.00
Less: Authorized but not issued	- $473.56	Less: Authorized but not issued	- €0.00
Liabilities (USD₮ in Circulation on Liquid)		Liabilities (EUR₮ in Circulation on Liquid)	
Total Authorized	$36,561,000.00	Total Authorized	€0.00
Less: Authorized but not issued	- $0.00	Less: Authorized but not issued	- €0.00
Liabilities (USD₮ in Circulation on Algorand)		Liabilities (EUR₮ in Circulation on Algorand)	
Total Authorized	$94,000,019.79	Total Authorized	€0.00
Less: Authorized but not issued	- $0.00	Less: Authorized but not issued	- €0.00
Liabilities (USD₮ in Circulation on SLP)		Liabilities (EUR₮ in Circulation on SLP)	
Total Authorized	$6,000,899.85	Total Authorized	€0.00
Less: Authorized but not issued	- $1.08	Less: Authorized but not issued	- €0.00
Liabilities (USD₮ in Circulation on Solana)		Liabilities (EUR₮ in Circulation on Solana)	
Total Authorized	$190,000,004.21	Total Authorized	€0.00
Less: Authorized but not issued	- $14,000,002.32	Less: Authorized but not issued	- €0.00
Total Liabilities	$62,510,223,687.98	Total Liabilities	€40,001,429.00
Excess of Assets over Liabilities	$162,360,439.61	Excess of Assets over Liabilities	€370.99

（资料来源：www.tether.to）

图 10 - 14　Tether 官网 Tranparecy 页面截图

截至目前，Tether 一共披露了 4 次第三方储备审查报告（不完全是由会计师事务所出具的审计报告）：

2017 年 9 月，Tether 首次公布由美国纽约会计事务所 Friedman LLP 签署的审计报告，确认截至 2017 年 9 月 15 日，Tether 拥有相应的 4.43 亿美元的储备金作为支撑。

2018 年 6 月，在一片质疑声中，Tether 第二次公布了储备审查报告，确认截至 2018 年 6 月 1 日，Tether 拥有相应的 25 亿美元的储备金。不过，这次审查是由律师事务所 Freeh，Sporkin & Sullivan(FSS)进行的，FSS 对 Tether 公司进行审查时采用的方法与公认审计准则有些不同。

2018 年 11 月，Tether 宣布与巴哈马 Deltec Bank 建立合作关系。随后，Deltec Bank 出具了 Tether Limited 拥有 18.3 亿美元的资产证明，以表明后者发行的 USDT 拥有足额储备。

2021 年 4 月，Tether 提供了由 Moore Cayman 签署的审计报告（Moore Cayman 是世界上最大的会计网络之一 Moore Global 的成员）。这份报告显示，截至 2021 年 3 月 31 日，Tether 的总资产为 41 017 565 708 美元；总负债为 40 868 295 798 美元，其中由发行数字代币产生的负债为 40 855 204 950 美元。Tether 称"这一由独立会计师给出的证明再次证实了我们长期以来的立场，即所有 Tether 代币都由 Tether 的储备完全支持。"

10.3.2　泰达币的前景

我们可以很肯定地说：到目前为止，泰达币是加密货币世界里最成功的项目之一，它是使用范围最广的稳定币品种，它背后的 Tether Limited 也成为加密货币领域中资产规模最大的企业之一。可以看到，泰达币的发展历程并不是一帆风顺的，它更像是一艘快艇疾驰在波浪滔天的海面上，时不时让人为之捏一把冷汗。泰达币的确安然度过了一些危机，但很多问题仍然没有得到真正的解决。

1. 难以摆脱的金融欺诈恶名

一路走来，关于 Tether 公司和 USDT 的负面新闻从来就没有中断过，有一些质疑甚至伴随着 USDT 规模的扩大不减反增。

金融诈骗是最近几年出现的对 Tether 最严厉的指责。2017 年 2 月 8 日，一个名为 Bitfinex'ed 的作者在 medium.com 上发布了一篇名为《Bitfinex 不想听到的录音》("The Audio Recordings Bitfinex doesnot Want to Hear")的文章。在文章收录的录音中，Tether 公司一名高管菲利普·波特(Philip Potter)承认交易所 Bitfinex 持有 Tether 的股票，而波特的个人履历显示他同时也是 Bitfinex 的首席策略官，这意味着两家公司之间存在一些非常不合适的关联①。此外，录音中还透露了 Tether 曾"考虑"在 Biftinex 上进行虚假交易来提高交易量，以及讨论利用空壳公司在台湾地区的银行设立公司账户来转账，做一些"躲躲藏藏的事情(cat and mouse tricks)"。这次录音事件在加密货币圈内造成了很大的冲击，可能也是 2017 年 4 月 Tether 公司因"财务虚假"问题被封禁 3 个银行账号，以及后续会计师事务所 Friedman LLP 中止与 Tether 和 Bitfinex 合作的导火索之一。

另一件涉嫌重大违规和金融欺诈的是 Tether 的储备金被非法秘密挪用的事件。2019 年 4 月，纽约总检察长办公室(New York Attorney General office, NYAG)发表声明称，加密资产交易所 Bitfinex 损失 8.5 亿美元后，秘密使用 Tether 的储备金弥补亏空。纽约总检察长莱蒂西亚·詹姆斯(Letitia James)声称，"Bitfinex 已经从 Tether 的储备金中获得了至少 7 亿美元。这些交易也未向投资者披露，将 Tether 的现金储备视为 Bitfinex 的企业融资基金，并被 Bitfinex 用来应对庞大的、未公开的亏损和无法处理的客户提款。"这一事件直接导致 USDT 兑美元汇率下跌至 0.97。纽约检方针对 Bitfinex、Tether 及其母公司 iFinex 的调查一直持续到 2021 年 2 月，最终达成和解。纽约州总检察长认为 Bitfinex 和 Tether 这两家公司已经弥补了高达 8.5 亿美元的亏损，但需要每个季度向监管机构报告自己的储备金情况，同时支付 1850 万美元罚款，并停止在纽约州的交易活动，以保护投资者免受欺诈性的虚拟或加密货币交易平台的影响。不过，市场人士认为，iFinex 可能仍会受到其他州检察长，甚至是美国司法部的审查。

📖 专栏 10 − 2

加密货币，难再"泰达"：稳定币霸主不稳定，币圈再添恐慌情绪
Cryptocurrencies, UnTethered：A stablecoin is branded anything but, adding to jitters in crypto-markets

2021 年 2 月 27 日《经济学人》杂志(*The Economists*)在"财经板块"刊登了一篇关于 Tether 的短文。该文讨论了美国监管机构调查泰达币的事件，反映

---

① 2017 年 11 月披露的"天堂文件(Paradise Papers)"也显示，Bitfinex 公司的菲利普·波特(Philip Potter)和首席财务官吉安卡洛·德瓦西尼(Giancarlo Devasini)在 2014 年前往英属维京群岛设立了 Tether Holdings Limited 公司。随后，Bitfinex 和 Tether 公司发言人不得不承认，两家公司的首席执行官都是 Jan Ludovicus van der Velde，且共享高管团队成员。

出财经界对泰达币的普遍担忧。微信公众号"经济学人高端学习号"对该文进行了精译，译文如下：

一次正常的回调，还是加密货币已现崩盘迹象？2月21日，以特斯拉为首的几家大公司和投资者表态正式加持加密货币后，比特币再创新高，突破了58 000美元，与年初价格相比已经翻倍。然而，没过两天，比特币价格开启跳水模式，超跌五分之一（之后略有回升），跌得比特币死忠粉全找不到北了。暴跌的原因之一：特斯拉的老板、比特币吹鼓手埃隆·马斯克突然放风称比特币的价格"有点高不胜寒"。而币圈重要环节Tether（泰达公司）被美国监管机构盯上的消息，更难让死忠粉淡定了。

泰达币是一款所谓的稳定币，流通量超过340亿枚。长期以来，泰达公司即泰达币的发行公司一直宣称泰达币由美元背书，一泰达币可兑换一美元。与法币挂钩的好处之一据称是波动性较低，而相比之下，比特币价格暴涨暴跌，疯狂之名，妇孺皆知。另外一个好处是，稳定币使得加密货币和普通货币之间的流通更加容易。

虽然泰达公司声称泰达币就是数字货币中的美元，但一直饱受质疑。批评者称泰达币一比一锚定美元的说法很不靠谱。他们怀疑有人利用泰达币来操纵比特币——特别是在Bitfinex交易平台上。泰达公司的某些所有者也是Bitfinex虚拟货币交易平台的所有者。一项学术研究发现，凡通过泰达币买入的行为均发生于"市场下挫之时，随后比特币价格就会大幅上涨"。与之相关的另一个担忧是泰达币所有者对泰达币发行量的控制程度。比特币可供"挖掘"的数量是固定的，而泰达币却可以随意发行，这使得稳定币的幕后操盘手拥有类似央行的印币权了。

越来越多的猫腻，促使调查人员不断深挖。纽约总检察长莱蒂西亚·詹姆斯花了两年时间，揭开了泰达公司很不透明的运营状况及其与Bitfinex平台暧昧不清的关系。2月23日，她宣布这两家公司存在"欺诈行为"，对它们做出1850万美元的罚款决定，并责令它们停止在纽约州的交易活动。Bitfinex平台和泰达公司均表示"不承认存在任何不当行为"。

詹姆斯检察长给出的控诉书证实他们有罪。她表示，泰达公司所谓的"与美元挂钩"纯属谎言，自泰达终止与外部审计机构的合作之后，其单方面给出的"储备金报告"看起来不过是一场骗局：调查结果显示，验资资金是审计当日早晨才到账的，随后部分资金很快被转去别处。另外一个疑点是，Bitfinex对第三方支付机构环节数亿美元去向不明一事闪烁其词，遮遮掩掩。这家为Bitfinex提供支付服务的第三方机构据称位于巴拿马。詹姆斯检察长指责Bitfinex

在回应资金去向时做了虚假陈述，谎称知道所有资金的去处。作为和解协议的部分条件，Bitfinex 和泰达公司同意定期提交强制性报告。

如此一来，币圈里那一块暗不见底，却异常庞大的隐秘角落也将射入一束光线来。虽然泰达币远不如比特币那样家喻户晓，但其影响力已经显著增大。最近的一项研究发现，包括币安（Binance）、币在（Bit-z）和 Hitbtc 等在内的数字加密货币交易所均使用泰达币进行交易（相比之下，规模较小但更透明的 Coinbase 交易所更多使用美元、欧元和英镑进行交易；Coinbase 即将正式上市）。

据其分析，某个选定的 24 小时时间段内，在所有加密货币交易平台上进行的比特币交易中，超过三分之二是经由泰达币进行的。换言之，泰达币所占份额可远不止"一丁点儿"。事实上，其增发速度之疯狂令人咋舌，据报道称，泰达公司曾在一天之内就向市场上注入了数亿枚泰达币，催生了诸多笑料。有这样一个爆红的表情图片：一辆标有泰达 LOGO 的装甲车呼啸而过，钞票从开着的后门滚滚落下。

纽约州的调查报告，连同其他调查结果，要求监管打击不透明交易的高涨呼声，叠加近期市场的飘摇动荡，很有可能会让那些在 14 亿美元之巨的加密货币市场上玩命的赌徒们坐寝难安。正如摩根大通银行的策略师们在最近的一份风险说明中所示："如有任何事件影响到国内外投资者使用泰达币的意愿，那么最有可能出现的结果将是：更大范围内的加密货币市场遭受严重的流动性冲击。"对许多人来说，剔除泰达币之后的市场可怕到不敢想象。

2. 操纵比特币价格的质疑

对 Tether 和泰达币的另一项质疑是操纵比特币交易价格，影响加密货币市场。2018 年 1 月 24 日，一份名为"The Tether Report"的匿名报告指出，"在 2017 年 3 月 29 日—2018 年 1 月 4 日 USDT 进行的 91 次增发之间，48.7% 的 BTC 价格大涨均发生在 USDT 发行之后的 2 小时内同时"。作者认为 Tether 会根据市场情况自行印发 USDT，而且 Bitfinex 的充值/提现数据也非常可疑。作者指出，如果上述"推断"属实，那么比特币价格将迎来 30%～80% 的下跌。该报告一时间引爆了整个区块链社区，比特币价格也在短短十来天内下跌了近 40%。

除了加密货币社区内的质疑外，2018 年 6 月在 *Social Science Research Network*（SSRN）上发表的一篇严肃的学术研究论文，同样指出泰达币操纵比特币价格的问题。这篇文章出自得克萨斯州州立大学金融学教授约翰·格里芬（John Griffin）和俄亥俄州州立大学金融学教授阿明·夏姆斯（Amin Shams），他们使用 2017 年 3 月到 2018 年 3 月的区块链和市场数据，通过多种严谨的方法，从不同的角度研究了比特币价格和泰达币发行量之间的关系。

该研究主要检验了关于泰达币的两个替代性假设：泰达币是需求驱动的，还是供应驱动的？如果是前者，那么泰达币的发行和价格反映了自然市场需求，如果是后者，那么 Tether(也指 Bitfinex)可能不顾现金投资者的需求而自行发行 USDT，超额的 USDT 将进一步推动比特币价格上涨。通过使用一系列降低区块链复杂性的算法收集和分析泰达币和比特币区块链数据，他们发现交易所 Bitfinex 中"泰达币-比特币"的交易对上有一个"大玩家"，他(她)与超过一半的交易相关。为了检验这个"大玩家"究竟是用现金兑换泰达币然后购买比特币，还是凭空发行泰达币后购买比特币，作者检验了月末(End of Month, EoM)异常回报。如果是凭空发行泰达币，Bitfinex 可能不得不在月末清算其比特币储备，以应对月末的银行对账单。研究发现，在泰达币发行强劲的月份，有显著的−6％的 EoM 异常回报，而在不发行泰达币的月份则没有 EoM 异常回报。此外，作者还发现在泰达币大量发行的月份，Bitfinex 的储备钱包的余额会在 EoM 之前的几天内显著减少，这种模式在任何其他交易所的储备钱包中都不存在。总而言之，这篇学术论文的结论支持了两个推断：第一，Bitfinex 和 Tether 有很大的操纵比特币价格的嫌疑；第二，可能存在凭空发行泰达币的情况，换言之，某些时点上泰达币并不是 100％获得储备支持的。

 专栏 10-3

比特币真的没有被 Tether 操纵吗？
Is Bitcoin Really Untethered?

2018 年 6 月首次发表在 SSRN 的学术论文《比特币真的没有被 Tether 操纵吗？》("Is Bitcoin Really Untethered?")可能是迄今为止对数字货币最有分量的抨击性学术研究。这篇文章出自知名金融学者 John Griffin 和 Amin Shams，并收录至金融学顶级期刊 *Journal of Finance* 2020 年第 4 期中。以下是对该文引言(Introduction)部分的翻译：

创新、过度投机和可疑行为往往密切相关。虽然导致价格极端上涨甚至出现"泡沫"的原因可能是合法的发明、技术创新或商业机会，但往往会被过度演绎。特别是，金融泡沫的产生通常伴随着一种信念，即：将资产出售给另一个投机者就可轻松获得快速收益。或许是因为更加关注投机活动而不是可验证的基本面，泡沫历来就与各种形式的错误信息和欺诈有关。例如，在 1719 年至 1720 年的密西西比泡沫中，人们对创收资产的潜力、股票价格支撑，以及没有完全由黄金储备支持的纸币的分配进行了虚假宣传(Dale, 2004; Kindleberger & Aliber, 2011)。正如我们在第一节中讨论的，大量证据表明：诸如 1840 年代铁路泡沫、1920 年代互联网泡沫、2008 年金融危机等重大资产泡沫，都涉及错误信息、虚假会计、价格操纵、勾结和欺诈，而且其形式非常复杂。

加密货币在短短几年内从 0 增长到了超过 3000 亿美元的市值，非常符合泡沫的特征——围绕创新技术的极端投机。对许多人来说，比特币和其他加密货币提供了一个不受银行和政府干预的匿名、去中心化金融系统的承诺。比特币的产生与 2008 年至 2009 年的金融危机有关，那时人们越来越不满意政府的救市，并对大型银行失去信心。在这种情况下，一个具有独立可验证交易的去中心化分布式账本的承诺就具有巨大的吸引力，特别是当人们担忧集中清算系统可能遭受外部黑客攻击和内部操纵的时候。具有讽刺意味的是，新的大型实体已经获得了对加密货币世界中绝大多数业务的集中控制权，例如处理大多数交易的集中化交易所和能够像中央银行一样控制货币供应的稳定硬币发行商。这些中心化的实体在很大程度上不属于金融监管机构的职权范围，并只提供有限的透明度。此外，基于数字稳定货币而非法定货币的运营，进一步放松了这些实体建立合法法定银行关系的需要。在不受监管的交易所，特别是跨数字货币交易所进行交易，可能会使加密货币易受赌博和操纵的影响。

在本研究中，我们考察了最大的稳定币——Tether 对比特币和其他加密货币价格的影响。Tether 据称由美元储备支持，并允许在没有银行联系的情况下进行类似美元的交易，而由于很多加密资产交易所无法与银行建立合法的业务联系，这使得用 Tether 交易比特币的数量比使用美元还多。尽管博客圈和媒体中的一些人对支持 Tether 的美元储备表示怀疑，但交易所在很大程度上无视这种担忧，并在交易中广泛使用 Tether。

为了弄清楚 2017 年加密货币市场繁荣背后的驱动力，我们研究了 Tether 的两个主要替代假设：Tether 是"拉动"（需求驱动）还是"推动"（供应驱动）。根据拉动假设，Tether 是由投资者的合法需求驱动的，他们使用 Tether 作为交换媒介将其法币资本输入加密世界，因为它是具有美元"挂钩"稳定性的数字货币。在这种情况下，Tether 的价格影响反映了自然市场需求。

或者，在"推动"假设下，无论现金投资者的需求如何，Bitfinex 都会发行 Tether，其额外供应可能会导致并非真正由资本流通推动的比特币价格上涨。在这种情况下，Tether 的创造者有几个潜在的动机。首先，如果像大多数早期加密货币使用者或交易所一样，Tether 创造者持有大量比特币，那么他们可以从加密货币价格的上涨中获利。其次，Tether 的合谋供应创造了操纵加密货币的机会——当价格下跌时，Tether 创造者可以将大量的 Tether 转换为比特币，以推高比特币价格，然后在价格影响较小的场所将一些比特币卖出换回美元，以补充 Tether 的储备。最后，如果加密货币价格暴跌，那么 Tether 的创造者实际上拥有一项拒绝赎回 Tether 的看跌期权，或者伴装遇到"黑客"或储备不足使得与 Tether 相关的美元消失。"推"和"拉"的假设有着不同的可检验的表现，我们可以利用强大的区块链数据对其展开研究。

我们通过使用一系列降低区块链复杂性的算法收集和分析 Tether 和比特币区块链数据来开始我们的研究。特别是，由于记录在区块链上的交易历史的半透明性质，我们能够使用计算机科学中开发的算法的变体来聚类相关的比特币钱包组，然后通过识别每个组内的某些成员钱包并跟踪市场主要参与者之间的代币流动来标记大型集群。

图 1 描绘了从 2014 年 10 月 6 日到 2018 年 3 月 31 日，Tether 区块链上主要市场参与者之间 Tether 的总流量。节点的大小与每个节点的货币流入和流出之和成正比，边的粗细与流量的大小成正比，所有的流量运动都是顺时针的。Tether 被授权，转移到 Bitfinex，然后慢慢分发到其他基于 Tether 的交易所，主要是 Poloniex 和 Bittrex。从图上可以看到，几乎没有 Tether 返回

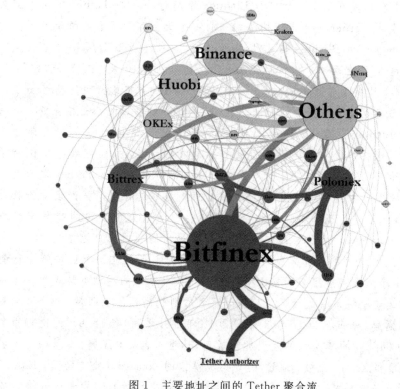

图 1 主要地址之间的 Tether 聚合流

到 Tether 的发行者进行赎回，而 Tether 可以兑换美元的主要交易所 Kraken 仅占交易的一小部分。Tether 也流出到其他交易所和实体，随着时间的推移，它作为一种交换媒介变得越来越普遍。

该图显示了从 Tether 创世区块到 2018 年 3 月 31 日主要交易所和市场参与者之间 Tether 的总流量。通过 Omni Layer 上代号为♯31 的资产转移来收集 Tether 的交易。交易所身份是从 Tether 富豪榜中获取的。边的粗细与两个节点之间的流量大小成正比，节点大小与每个节点的总流入和流出量成正比。节点内流量不在统计范围之内。流动的方向由边缘的曲率显示，Tether 从发送者到接收者顺时针移动。

对更大的比特币区块链上的货币流动的类似分析表明，2017 年大部分时间里三个主要 Tether 交易所（Bitfinex、Poloniex 和 Bittrex）也促进了大量的比特币在三者之间跨交易所流动。此外，我们发现比特币区块链上的跨交易所比特币流动与 Tether 区块链上的 Tether 流动高度匹配。这个结果独立地验证了我们对交易身份进行分类的算法，并捕获了 Tether 对比特币的直接兑换。此外，我们发现一个大玩家与 Bitfinex 中超过一半的 Tether 比特币交易相关，这表明 Tether 进入市场的分配来自一个大玩家，而不是由众多不同的投资者将现金带到 Bitfinex 购买 Tether。

我们检查了上面确定的货币流动，以了解 Tether 是被"推"还是"拉"，以及 Tether 对比特币价格的影响（如果有的话）。首先，在比特币价格经历了一段时间下跌之后，Tether 从 Bitfinex 流向 Poloniex 和 Bittrex；相应的，比特币被送回 Bitfinex。其次，当从 Bitfinex 到 Poloniex 和 Bittrex 的每小时净流量为正时，比特币价格在接下来的三个小时内会上涨，从而导致持有比特币的个体获得可预测的高回报。价格影响出现在比特币下跌和 Tether 发行之后的时期，也就是系统中有超额 Tether 发行的时候。这种现象强烈表明价格效应是由 Tether 发行驱动的。此外，价格影响与一家大型公司的交易密切相关，而与 Poloniex、Bittrex 或其他 Tether 交易所的其他账户无关。

为了测度观察到的价格影响的总规模，我们重点关注两个区块链上比特币 Tether 净流量滞后组合的前 1% 小时。这 95 个小时的观测点呈现出一个特征：在其之前比特币有最大的负回报，而之后则是高额的正回报。这 1% 的观测点可以解释（分布在 2017 年 3 月到 2018 年 3 月之间）与 58.8% 的比特币复合回报和 64.5% 的其他六种大型加密货币（达世币、以太经典、以太坊、莱特币、门罗币和 Zcash）回报。通过 10 000 次模拟的 bootstrap 检验表明，Bitfinex 上这种行为不是随机发生的，并且对其他 Tether 交易所的流量进行的类似安慰剂分析发现基本不存在这种影响。

对 Bitfinex 上最大的单一玩家的进一步分析表明，在 2017 年 3 月 1 日到 2018 年 3 月 31 日期间，与该玩家相关的 Tether 滞后流量最高的 1%、5% 和 10% 的小时里比特币价格上涨了 55%、67.2% 和 79.2%。流向任何其他 Tether 交易所的流量不存在这种模式。此外，模拟结果表明，这些模式极不可能是偶然的——这个大型参与者或实体要么表现出敏锐的市场时机捕捉能力，要么对比特币产生了极大的价格影响，而这在其他小型交易者的总流量中是没有观察到的。这位玩家的此类交易也足以在负回报之后引发比特币价格在统计上和经济上的强劲逆转。

希望稳定和推高资产价格的投资者可能会关注某些价格阈值，将其作为锚点或者价格下限，其想法是如果他们展示出某一价格是下限，那么就可以诱使其他交易者买入。有趣的是，从 Bitfinex 购买比特币的数量会在价格略低于 500 的整数倍时大幅增加。这种模式仅出现在 Tether 发行之后，且是由单个大账户所操作的。在其他交易所没有观察到类似现象。为了说明因果关系，我们以 Tether 在圆形阈值截止点处的不连续性作为工具，发现 Tether 是导致比特币正收益的原因。

上面观察到的模式与一个大玩家在 Bitfinex 用现金购买 Tether 然后将其换成比特币，或者在没有现金备份的情况下发行 Tether 并通过 Bitfinex 分发以换取比特币的情况一致。如果 Tether 被分发到其他加密货币交易所，而不是应现金投资者的要求而发行，那么它可能并不总是得到完全支持。因此，为了显示全部储备，Bitfinex 可能不得不清算其比特币储备以支持其月末 (EoM) 银行对账单。有趣的是，我们发现在 Tether 发行强劲的月份出现了 6% 的显著负 EoM 异常回报，而在不发行 Tether 的月份没有异常回报。由于这些模式主要由少数具有大量 Tether 发行量的 EoM 驱动，我们进一步测试，发现 EoM 效应在最大加密货币的价值加权指数中更强，并且也存在于公开的月中余额表中。此外，Bitfinex 在区块链数据上的储备钱包在 Tether 大量发行的 EoM 之前的几天内显示出大量显著的余额减少，这种模式在任何其他交易所的储备钱包中都不存在。

我们的结果大体上与 Tether 无担保发行并推向市场一致，这可能对资产价格产生通货膨胀影响。虽然其他测试没有涉及储备支持，但 EoM 模式与"拉动"假设不一致，因为它们表明缺乏美元储备。尽管如此，我们通过测试 Tether 的流量是否与其投资者需求的代理变量相关，即 Tether 相对于美元的溢价，进一步检验了"拉动"假设。我们发现几乎没有证据支持这种基于需求的假设。但请注意，基于需求的代理变量可能包含噪声。总之，虽然我们预计Tether 有一些合法需求来源，但它们似乎并没有主导数据中观察到的 Tether流动模式。

总体而言，我们的论文展示了结合计算机科学和金融方法，特别是聚类算法和资本流动分析的有用性，以了解中心化货币实体在加密货币世界中的影响。之前的研究表明，宏观经济因素、股票市场、货币或商品的风险敞口都不能解释加密货币的价格(Liu & Tsyvinski，2018)。我们发现 Tether 流动可以在很大程度上解释比特币的价格。我们的发现与成熟投资者可能从泡沫中获利的证据基本一致(Brunnermeier & Nagel，2004)，但更具体地揭示了关于潜在恶意活动和泡沫交叉点的经验证据。尽管加密货币相对较新，但交易所内部和交易所之间的交易机制相当复杂(Partnoy，2009)，并可能夹杂着大玩家的影响力。这种复杂性也意味着我们可以从区块链数据中学到的东西是有限的，为了进一步了解加密货币市场，当然还需要额外的研究。由于我们的研究结果表明比特币价格受少数参与者的影响，这意味着比特币并没有为更复杂的金融工具(例如交易所交易基金或衍生品)奠定坚实的基础。要使加密货币市场成为公平金融交易的可靠媒介，可能需要在许多场所的适当监管框架内进行市场监督。

3. 中心化发行机制的弊端

我们已经清楚，泰达币的发行机制是中心化的，其背后是 Tether Limited这一商业实体。从设计和运营来看，中心化的设定相对而言是低成本的，但对用户而言可能会在其他方面付出更高的代价。

(1) 法定货币储备比例的变化。在最初的白皮书中，Tether 承诺"发行的泰达币总是以等值的法定货币作担保"，并提出了"偿付能力等式"：USDT＝USD，但在实际运行中则变了模样。在 2019 年 4 月，美国纽约发起的对 Tether和 Bitfinex 的调查中，Tether 母公司 iFinex 的总法律顾问斯图尔特·霍格纳(Stuart Hoegner)承认，只有约 74％的 USDT 由现金及现金等价物支撑。很明显，USDT 不再 100％由法定货币储备支持，甚至不是 100％由现金及现金等价物支持。虽然有部分市场人士认为，使 USDT 保持锚定兑换比率最重要的因素是可兑换性和流动性，但这毕竟有违泰达币的设计初衷，而且 Tether 对这一变化始终秘而不宣。在 2021 年披露的审计报告里，泰达币的储备情况进一步发生了变化。如图 10-15 所示，Tether 的储备资产中有 75.85％为现金、现金等价物、其他短期存款和商业票据。看起来储备比例相比之前的 74％略有提升，但这是包含了其他短期存款和商业票据的数据；其中，其他短期存款占比 24.2%（总储备资产的 18.36%），商业票据占比 65.39%（总储备资产的 49.6%），现金及等价物占比仅为 10.41%（总储备资产的 7.89%），这足以令投资者担忧了。

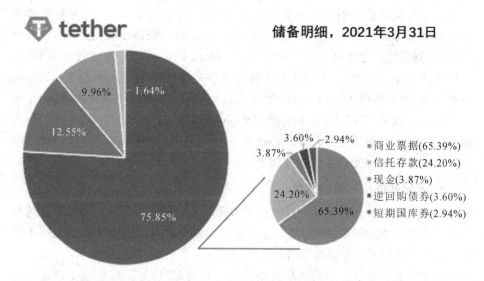

（资料来源：Tether）

图 10-15　Tether 储备资产结构

（2）发行与储备的透明度堪忧。NYAG 在对 Tether 和 Bitfinex 进行调查时发现，在 2017 年之前 Tether 在世界任何地方都没有银行业务，当时在一段时间内以 1 美元/枚流通的泰达币完全没有储备支撑，这与 Tether 的表述相反。随后，人们还陆续发现了一些资金转移方面的问题。例如，一些网络资料显示：Tether 在 2017 年面对持续不断的关于该公司是否实际持有充足资金的质疑时曾发布了一份现金储备"自我核查"报告，但报告中所指的现金是在报告发布日才存入公司的；2018 年 11 月 Tether 公布了另一份现金储备核查报告，但在第二天就将储备中的数亿美元从 Tether 的银行账户转移到了 Bitfinex 的账户。此外，Tether 在审计方面的可信性也备受市场诟病。例如，Tether 在 2018 年 6 月公布了由 FSS 出具的资产证明报告，宣称其加密货币有足够的美元储备作支撑。但市场认为该报告不是由会计师事务所出具的正式审计报告，其内容也无法证明 USDT 一直都是安全的，或者它现在完全有美元的背书。

（3）中心化机构的操作风险。Tether 在发行 USDT 的过程中还出现过令人啼笑皆非的操作错误。据区块链媒体 CCN 的消息，2019 年 7 月 14 日，Tether 由于人为失误导致一小时内两次增发共计 50.5 亿枚 USDT，4 分钟后立马又在波场链上分两次全部销毁，然后 Tether 又在同一条链上增发了 5000 万枚 USDT。据报道，导致这个失误的原因是 Tether 团队原本正在将代币从 Omni 层移动到 Tron 区块链，但由于有人操作失误把小数点的位置放错了，原本应该发行的 5000 万枚 USDT 变成了 50 亿枚 USDT。虽然 Bitfinex 和 Tether 的首席技术官保罗·阿尔多诺（Paolo Ardoino）解释说，他们在这笔意外代币可能扰乱全球加密市场之前就立即销毁了它们，但这次意外也揭示了中心化的数字代币发行机构可能存在的操作风险。

4. 来自其他稳定币的竞争

泰达币是第一代稳定币，以中心化的发币机构将法定货币代币化，搭建起法定货币与加密货币的桥梁。在泰达币出现之后，稳定币的设计机制又经历了几次迭代，出现了一系列竞争者。

短期来看，对泰达币构成最大竞争威胁的是 USDC。USDC 也是锚定美元的稳定币，由 Circle 基于 CENTRE 架构开发。USDC 与泰达币一样，也采用了中心化的发行管理机制，但它更强调治理和监督。USDC 的创始成员 Circle 和 Coinbase 实现了监管合规，而且 USDC 所采用的 CENTRE 架构类似于数字资产界的"国际金融体系"，它为全球的交易所、钱包以及交易者提供了稳定、合规的交流生态，达到 CENTRE 要求的加密交易所或机构方可加入，并接受 CENTRE 统一监管。在透明度方面，致同会计师事务所（Grant Thornton，全球六大跨国会计师事务所公司之一）会对 Circle 进行定期审计，每月公开报告 Circle 所发行 USDC 的财务状况。目前，USDC 可以在 Poloniex、Binance、OKEx 和 Bitfinex 等交易所以及去中心化交易所（如 Uniswap）上购买和交易，市值超过 250 亿美元，成为仅次于泰达币的第二大稳定币。

长期来看，泰达币最终的竞争对手可能是那些真正去中心化的稳定币。泰达币的中心化架构与区块链和数字货币终究是不相容的，对于信奉去中心化理念的加密数字货币圈而言，技术应该能够在没有人类干预的情况下运行，其未来由用户决定，而不是依靠一小部分人的诚信。目前，已经走在去中心化道路上的稳定币包括如下几类：一是以 MakerDAO 的 DAI 为代表的去中心化稳定代币，其由分散的自治组织通过软件协议管理，以其他加密货币组合为抵押来发行新的 DAI，实现了与美元的软挂钩。二是以 AMPL、

YAM 为代表的无抵押算法稳定代币，它们无需使用抵押品，而是通过算法和机制来调节，不过这一类代币目前的价格还远谈不上稳定。第三类是以 BAC (BASIS CASH) 为代表的算法稳定币，它把挖矿和弹性货币供应结合在一起，协议中包括了 BASIS CASH、BASIS SHARE 和 BASIS BOND 三种代币；后两者的设计目的是根据市场和算法推动 BASIS CASH 的价格始终与 1 美元锚定。加密数字货币社区对 BASIS 给予了较高的期待，认为它可能会成为未来 DeFi 领域的中流砥柱。

本 章 小 结

在加密数字货币社区中，人们把 Tether 戏称为"币圈央妈"或"加密世界里的美联储"，这足以证明 Tether 和 USDT 的影响力。Tether 的成功耐人寻味，它既不是设计最精巧、算法最先进、理念最超前的稳定币解决方案，也不是储备最透明、币值最稳定的一个，而且还常常背负着欺诈与操纵的恶名，但它却在加密货币市场中扮演着不可替代的角色。加密货币爱好者对 Tether 的感情也是很复杂：一方面，在最初比特币已经丧失成为"货币"的可能性、迫切需要一种价格相对稳定的加密货币方案时，是 Tether 承担这一重任，并推动了整个加密货币世界继续向前；另一方面，Tether 以中心化的发行机制实现了币值的相对稳定，并大获成功，这对许多信奉去信任、去中心化的人来说又是难以接受的。

Tether 的成功或许还说明一个事实："信任第三方"并不是魔鬼。在人类社会漫长的发展历程当中，趋于中心化的经济和社会架构是一种自然选择，中心化设计在很大程度上能够提供一种简便的、低成本且高效率的解决方案。可以肯定的是，Tether 和泰达币一定不是实现加密货币稳定性的最终方案；但就目前来看，加密数字货币想要实现完全去中心化还有很长的路要走。

思 考 与 练 习

1. 泰达币是如何实现与美元挂钩的？
2. 泰达币的优势和弱点是什么？
3. 简述泰达币的技术堆栈。
4. 如何看待算法稳定币对泰达币的威胁和挑战？
5. 比较中心化与去中心化的稳定币发行机制。

延伸阅读材料

[1] MasterCoin V1.1版完整说明书中文版. https：//www.8btc.com/article/2994.

[2] Tether White Paper. https：//tether.to/wp-content/uploads/2016/06/TetherWhitePaper.pdf.

[3] GRIFFIN J M，SHAMS A . Is Bitcoin Really Untethered?. The Journal of Finance，2020，75(4)：1913 - 1964.

[4] KRISTOUFEK L. Tethered，or Untethered? On the interplay between stablecoins and major cryptoassets[J]. Finance Research Letters，2021，43：101991.

第十一章 Libra/天秤币

我们的世界真正需要一套可靠的数字货币和金融基础设施，两者结合起来必须能兑现"货币互联网"的承诺。

——Libra 白皮书

由于加密数字资产缺少价值支撑，其价格受市场情绪驱动而表现出巨大的振幅，因而无法承担货币职能。为了解决这一根本性缺陷，稳定币放弃了去中心化的设计，主动挂钩法币，以求获得稳定的币值和更多的信任。在所有稳定币中，由互联网社交平台脸书公司(Facebook)提出的 Libra 无疑是最引人注目的方案之一。最为神奇的是，作为一个从未实际落地运行的稳定币方案，关于Libra 进展的任何消息都能在数字货币世界掀起舆论热潮。

11.1 Libra的产生

2019 年 6 月 18 日，巨无霸社交平台脸书主导的加密货币 Libra 的上线，展示了私人机构联合发行、挂钩一篮子货币稳定币值的数字货币方案，给数字货币的进一步发展和完善提供了新的思路。同时脸书在《Libra 白皮书》中宣告了自己的雄心：建立"一套简单的、无国界的货币和为数十亿人服务的金融基础设施"。由此 Libra 成为当时全球金融界最为瞩目的话题。

11.1.1 超主权货币构想与实践

Libra 之所以受到广泛关注，其中一个原因就是它引发了对货币领域重大问题的讨论。有观点认为，Libra 是人类向全球统一货币形态演进的一次尝试。

早在第二次世界大战前后，英、美两国都提出了各自的国际代币体系方案，分别是"凯恩斯方案"和"怀特方案"①，二者的目的都是扩大和稳定国际多边贸易和清算，均隐含了超主权货币的思想，不过都未得到实施。1944 年建立的布雷顿森林体系是一种美元与黄金挂钩的国际货币体系，它确立了美元的全球储备货币地位。但 1960 年提出的"特里芬难题"认为，布雷顿森林体系是不稳定的，以挂钩黄金的美元作为国际货币存在维持币值稳定与扩大美元发行之间的冲突。20 世纪 60 年代以后世界经济发展，国际贸易与金融往来日益频繁，美国海外战争军费支出大增，美元发行量大幅增加，导致美元与黄金脱钩，布雷顿森林体系崩溃。自此，国际货币体系迈向了信用货币阶段。

在新的阶段，几乎所有人都认同货币的本质是信用，而信用的最高等级是主权信用。但是，国与国是不同的，主权信用也不是均质等量的。信用货币的价值会起伏波动，这给国际贸易、海外投资和储备资产带来了汇率风险。正因如此，自从黄金汇兑本位制破裂之后，国际货币体系一直在寻找强势的主权货币作为其支撑点，在最近的半个世纪里表现为不断向美元这一单一主权货币靠拢。为了消除单一主权信用货币作为储备货币的内在缺陷，国际货币体系一直试图创造一种与主权国家脱钩，并能保持币值长期稳定的国际储备货币。

基于传统技术条件尝试的超主权货币包括 1944 年布雷顿森林会议期间英国财政大臣凯恩斯提出的世界货币"Bancor"以及 20 世纪 60 年代末出现美元危机时，国际货币基金组织(IMF)试图在主权货币基础上，推出与主要国家货币挂钩的超主权世界货币 SDR。但由于难以得到拥有一票否决权的美国的支持，SDR 只成为了政府间的一种补充性质的官方储备资产。

罗伯特·蒙代尔(Robert A. Mundell)提出的"最优货币区(Optimal Currency Areas，OCA)"理论是超主权货币最伟大的理论探索之一。该理论认为如果某个地区内的生产要素(劳动力和资本)能够自由流动，就可以采用单一货币，或者在区域内采用固定汇率且货币具有无限可兑换性。对于最优货币区域成立的条件，除了蒙代尔提到的要素流动性强之外，其他学者还提出了经济开放度较高、产品具有多样性、通货膨胀具有相似性、金融市场一体化等条件。最优货币区理论是欧元得以诞生的重要理论基础。1999 年，欧洲经济货币联盟建立，联盟国家实行统一的货币政策。2002 年 7 月起，由欧洲中央银行(European

---

① "凯恩斯方案"即国际清算同盟计划，由国际清算联盟发行一种国际货币 Bancor，供各国中央银行或财政部之间结算使用。Bancor 与黄金之间比值固定，各国货币再与 Bancor 建立固定汇率，后者的调整需要经过国际清算联盟的允许。从本质上看，Bancor 等同于黄金，各国可以用黄金换取 Bancor，但是不能用 Bancor 换取黄金。"怀特方案"即国际稳定基金计划，建议设立一个国际稳定基金，由各国用黄金、本国货币缴纳。基金发行以 Unita 国际货币作为计量单位，Unita 可以兑换成黄金，也可以在各国之间转移。同样，各国货币与 Unita 的比值要固定，未经基金组织同意不得变动。

Central Bank，ECB)发行的欧元成为欧元区的合法货币，在大部分欧盟国家以及摩纳哥、圣马力诺等多个非欧盟国家正式流通。欧元在发展过程中也遭遇了许多波折，一定程度上未能完全实现设立欧元的初衷：一方面，欧元并没有弥合东西欧国家的经济差距，伴随货币的资源流动甚至加剧了国与国之间的经济差距；另一方面，由于欧元区国家财政政策的不一致性，部分使用欧元的国家过度举债导致主权债务危机在欧元区范围内广泛传播，2011 年的欧洲债务危机就是最典型的案例。

尽管欧元存在各种各样的问题，但仍然称得上是超主权货币构想的伟大实践。除此之外，学者们还提出过其他形式的超主权货币，例如伊萨贝尔·马托斯·Y·拉戈(Isabelle Mateos Y Lago)在 2009 年建议由国际组织发行一种不与任何一个国家经济挂钩的新型货币，杰弗里·A·罗森维格(Jeffrey A. Rosensweig)建议建立单一全球货币(Single Global Currency，SGC)，蒙代尔在 2012 年主张建立一种由美元、欧元和日元(或人民币)组成的货币联盟，组成一个 DEY 货币作为国际货币，并且联合货币政策理事会确定该地区的货币政策。这些均停留在设想阶段而未能付诸实践。

11.1.2　Libra 的提出

2019 年 6 月 18 日，全球最大的互联网社交平台 Facebook 旗下的全球数字加密货币 Libra 官方网站正式上线，并发布了 Libra 白皮书。Facebook 的联合创始人、CEO 马克·扎克伯格(Mark Elliot Zuckerberg)将其描述为"为全球数十亿人提供简单无国界的数字加密货币和金融基础设施服务的区块链平台"，这一设想在传统互联网、区块链以及金融领域引起巨大轰动，并引发激烈讨论。

Libra 格外引人瞩目的原因主要有三个方面：一是 Libra 由 Facebook 牵头，并且联合了数十家包括线上支付、电信运营商、电商平台、流媒体音乐平台、线上奢侈品平台等领域的头部公司。他们在全球范围内拥有数十亿客户群体，使得 Libra 自诞生起就有清晰的推广路径和应用潜力。二是 Libra 计划构建独立的金融基础设施，以联盟链的形式搭建分布式对等网络，致力于摆脱传统银行、第三方支付机构，构建一个覆盖全球各个角落的点对点、端对端的交易和转账平台。三是 Libra 计划以一篮子法定货币为支撑，初始的货币篮子设计与 IMF 的 SDR 类似，包括 50% 的美元、18% 的欧元、14% 的日元、11% 的英镑以及 7% 的新加坡元。这些特征使得 Libra 具有明显的超主权数字货币意味。

从白皮书来看，Facebook 提出 Libra 的主要动机是提供更普惠、更便捷的金融服务。Facebook 指出，随着互联网和移动宽带的高速发展，现在几乎只需要一部手机就能接触到各式各样低成本的便捷服务，与此同时，全球仍然有 17 亿人没有银行账户，无法享受便捷的金融服务；Libra 的诞生是为了让全球所有人，不论贫富，只要有一部智能手机，就能使用方便快捷、成本低廉且安全可靠的金融服务。《Libra 白皮书》也明确提出：Libra 的使命是建立一套简单的、无国界的货币和为数十亿人服务的金融基础设施；要用区块链技术朝着更低成本、更易进入、联系更紧密的全球金融系统迈进，打造一种全球性的"数字原生货币"，兑现"货币互联网"的承诺，面向全球提供服务，使在全球范围内转移资金就像发送短信或分享照片一样轻松、划算甚至更安全。

不过，真正推动 Libra 产生的原因是多方面的。从外界环境看，自 2009 年比特币诞生以来，成千上万的数字货币品种如雨后春笋般涌现，一方面积累了大量相关技术经验，而且完成了数字货币概念的大规模普及和舆论准备；另一方面相近或重复的各种加密数字货币从诞生到消亡证明了进行类似的发币意义不大，想要超越比特币就不得不采取不同的设计思路。从内部来看，Facebook 提出，Libra 是其利用沉淀数据，为拓宽业务结构、寻找新的利润增长点而进行的大胆尝试。在经历了十多年的快速发展后，Facebook 业务结构单一，多次暴露出的数据安全和隐私问题，使得其可持续发展能力被市场质疑。为提高数据价值，改变业务结构，Facebook 从 2011 年就开始探索支付和电子商务领域，而区块链技术的快速发展，使其有望基于海量数据打造"社交＋支付"的生态闭环。

11.2 Libra的设计框架与应用场景

据《Libra 白皮书》称，为具备全球性、自主性、无主权的特征，同时成为可为全球数十亿人服务、门槛低、应用性强的数字货币，Libra 创造了一种新的机制，它以区块链技术为基础，用一篮子货币作为价值储备，使其成为一种价格稳定、自由流动、无国界的数字货币。同时，Libra 协会成员此前拥有数十亿的用户基础以及广泛的应用场景，使得 Libra 有可能被普及、推广，并成为被全球用户接受的支付工具，帮助发展中国家实现普惠金融。为了实现无国界数字稳定币目标，Libra 依赖一个由多元化的独立成员构成的监管实体和一个全新的货币发行流通网络。

11.2.1 Libra 协会

Libra 协会负责 Libra 的发行和监管，它是一个去中心化治理的非营利性成员制组织，独立于现有政府和商业集团，总部设立在对区块链技术持开放性态度的瑞士日内瓦。协会的主要职能包括治理和储备管理两大方面。在治理方面，协会负责协调 Libra 网络中各个验证者节点的利益，促进各节点达成共识，以定义和制定 Libra 网络的技术路线图，使 Libra 区块链健康运行；在储备管理方面，协会将管理储备资产，在保值的基础上将资金分配给具有社会影响力的事业，为实现普惠金融的目标提供支持。

1. Libra 协会成员构成

Libra 协会的成员包括分布在不同地理区域的各种企业、非营利组织、多边组织和学术机构，成员们共同负责协会章程定稿。按照最初的设想，Facebook只是协会中的一员，负责正式网络发布前的构建和运营服务，其领导地位将持续至 2019 年年末，正式网络发布之后 Libra 将由协会进行管理。

Libra 协会初始成员有 28 家（见图 11-1），但在首次理事会召开之前，支付巨头 Paypal、Mastercard、Visa、Stripe、Mercado Pago，电商巨头 eBay 以及互联网酒店预订服务平台 Booking Holdings 共 7 家公司由于各种压力相继退出。Libra 计划将协会的创始人成员规模扩大至 100 家，它们将成为 Libra 区块链的验证者节点（Validator Nodes），需要运行服务器维护 Libra 区块链网络。按照 Libra 早期的许可链（联盟链）设计规则，验证者节点需要经过内部权限许可才能进入，如撤除节点则需要经过所有成员投票；后期将转变为非许可链（公链），符合技术要求的任何实体都可以运行验证者节点。

（资料来源：Libra 官网）

图 11-1 Libra 协会初始成员

2. Libra 协会组织架构

依照去中心化治理模式，Libra 将由协会进行管理，其中协会理事会为拥有治理核心权力的机构。除了作为治理机构的协会理事会之外，Libra 还设有作为监督机构的协会董事会、作为咨询机构的社会影响力咨询委员会（SIAB）以及执行团队。理事会由各成员指派一名代表构成，对董事会、执行团队和社会影响力咨询委员会的成员进行选举。从各个机构的职责来说，理事会类似公司制的股东大会，董事会类似公司制的董事会，执行团队类似公司制的董事长和职业经理人。但与中心化治理的公司不同，其核心机构理事会中每位成员的决策权相差不大，且足够分散，未来还可以自由进出，使其去中心化治理属性大大增强。

（1）Libra 协会理事会。理事会为 Libra 项目的核心治理机构，负责项目治理、制定战略和规则等。理事会成员的主要职责包括：对 Libra 协会董事会成员和常务董事的任命和罢免、撤除创始人（仅适用于通过持有 Libra 投资代币加入网络的验证者节点）、设立由部分成员组成的委员会并向他们分配/授予任何权限（需要绝对多数投票通过的决策权限除外）、设定董事的薪酬、批准协会的预算、代表协会发布建议、与 Libra 协议开发者合作升级或更换协议、代表 Libra 协会董事会否决或作出决策、激活 Libra 协议中部署给验证者的功能、通过理事会投票来触发实现该功能的智能合约、对 Libra 协会指导原则进行修改（须绝对多数投票通过）等。为了防止投票权集中掌握在一方之手，理事会成员由 Libra 协会每个创始人指派一名代表组成，每投资 1000 万美元即可在理事会享有一票表决权，但单个创始人的表决权被限制为理事会中的 1 票或总票数的 1%（以较大者为准）；若创始人持有的 Libra 投资代币或 Libra 价值能够使其获得超过上述上限的投票权，则他们应将超出的投票权交由 Libra 协会董事会进行分配。为了防止网络中的不活跃验证者节点数量增长到可能危及共识协议有效性的水平，如果任何成员节点连续 10 天未参与共识算法，那么他们就可能会被 Libra 协会自动移出理事会。2019 年 10 月 15 日，Libra 官方推特表示，21 家 Libra 协会初始成员签署了 Libra 协会章程，Libra 协会理事会正式成立。

（2）Libra 协会董事会。设立 Libra 协会董事会的目的是为协会执行团队提供运营指导，它是代表 Libra 协会理事会的监督机构。按照规定，董事会成员数量应不少于 5 名，不超过 19 名，确切数量由理事会确定。董事会的职责权限是理事会授予的，除了那些需要绝对多数投票来确定的决策权限外，Libra 理事会可以向董事会授予其拥有的任何权限。董事会的基本职责和权限包括：

制定理事会会议议程、预先审理 Libra 协会的预算并提交理事会审批决策、批准 Libra 协会社会影响力咨询委员会的资助或筹资建议、接收 Libra 协会执行团队关于 Libra 生态系统状态和进展的季度更新并确定要在这些状态和进展报告中讨论的主题和提供的信息等。2019 年 10 月 15 日，Libra 协会成员通过理事会投票选举产生 5 位董事会成员，分别是：Kiva 提名的马修·戴维（Malthew Davi）、Pay U 提名的帕特里克·埃利斯（Partrick Ellis）、Andreessen Horowitz 提名的凯蒂·豪恩（Katie Haun）、Calibra 提名的大卫·马库斯（David Marcus）、Xapo Holdings 提名的瓦茨·卡萨雷斯（Wences Casares）。

（3）Libra 协会社会影响力咨询委员会。Libra 协会社会影响力咨询委员会是代表 Libra 协会理事会的咨询机构，由具有社会影响力的合作伙伴（SIP）领导。这些伙伴包括非营利组织、多边组织和学术机构。Libra 协会社会影响力咨询委员会由 5～7 名成员组成，不过这个数量可以由理事会进行调整。委员会成员包括 Libra 协会的常务董事、由理事会选举产生的 SIP 和学术机构代表。社会影响力咨询委员会的职责和权限包括：制定 Libra 协会社会影响力咨询委员会长期战略规划、完善资助资金和社会影响力投资的分配相关标准、将 Libra 协会社会影响力咨询委员会商定的资助和筹资建议提交给 Libra 协会董事会审批、制定新的社会影响力举措、邀请其他 SIP 加入协会等。

（4）Libra 协会执行团队。执行团队由常务董事（MD）负责领导和招募组建，负责 Libra 网络的日常运作。任何理事会成员都可以推荐常务董事候选人，但最终由理事会选举产生，正常任期为 3 年。常务董事及其执行团队的权力源于理事会的授权。常务董事的初步职责包括：Libra 网络管理、Libra 储备管理、筹资和招募创始人、激励措施和分红管理、预算和行政等。Libra 协会执行团队的职责包括：维护和促进 Libra 网络的健康发展、Libra 储备的运作、采取激励措施促进 Libra 网络使用人数的增长等。2019 年 10 月 15 日，协会成员投票任命的 Libra 执行团队成员包括：常务董事兼首席运营官伯特兰·佩雷斯（Bertrand Perez）、事业发展部负责人库尔特·赫默克（Kurt Hemecker）、政策与传播负责人但丁·迪帕特（Dante Disparte）。

3. Libra 协会入会标准

想要加入 Libra 协会和运行验证者节点的组织需要满足一定的技术要求，例如有足够大的服务器空间，够快的专用高速网络，以及适当的技术人员配备等。如果想要以协会创始人身份来运行验证者节点，除了技术上需要满足可扩展性、低延迟、即时性和安全性的要求以外，还需要满足协会的评估标准。

对企业而言，必须满足下列标准中的至少两项：① 市值超过 10 亿美元或应收款结余超过 5 亿美元；② 每年在多个国家/地区为超过 2000 万人提供服务；③ 品牌具有可持续性，被第三方行业协会或媒体公司评为行业百强领导者(比如《财富》杂志的"500 强")。新兴行业的企业入会标准有所放宽，例如：加密货币投资者管理资产(AUM)超过 10 亿美元，通过安全审计的区块链基础设施公司为客户托管或保管至少 1 亿美元资产。总体而言，作为 Libra 协会创始人的企业必须能够对网络的成功作出有意义的贡献。

具有社会影响力的合作伙伴如果要成为创始人，必须满足下列标准中的至少三项：① 与 Libra 的使命一致，愿意使用区块链等创新方法，且有持续 5 年以上的扶贫工作记录，包括已经在实施的或计划实施的数字普惠金融举措；② 具有全球影响力，目前开展业务的国家/地区数量以及所服务的人数达到一定数量，或已经深入目标市场，为无法或很难享受银行服务的关键人群解决这一问题；③ 具有公信力，美国伙伴须在慈善导航(Charity Navigator)等排名前100，世界其他地方的伙伴须具有资金来源的多样性和可信度以及经证明的社会影响力；④ 具有一定规模，年度运营预算超过 5000 万美元。

学术机构如果要成为创始人，必须是 QS 世界大学排名或 CS 专业排名榜单前 100 名的高校。

11.2.2 Libra 的货币机制

Libra 希望能够创造集世界上最佳货币的特征于一体的数字货币，满足稳定性、低通货膨胀率、全球普遍接受和可互换性的条件。

1. Libra 的储备机制

Libra 以真实资产储备(即"Libra 储备")作为担保来发行 Libra，储备是 Libra 内在价值的体现，保证 Libra 拥有相对稳定的价格和低通货膨胀率。Libra 储备由一系列稳定且具有良好信誉的中央银行发行的现金和政府货币证券构成，因此，Libra 的价值与一篮子资产挂钩，而非盯住单一货币。

Libra 储备资产的特征可以概括为：一篮子、低风险、兼顾保本和增值、高流动性。储备一篮子资产意味着 Libra 不押注于任何单一经济体，避免了单一经济体的政治和经济风险导致储备资产价值大幅波动的风险。其低风险主要体现为 Libra 的储备资产必须是来自于低通胀经济体，且由高度稳定的政府发行的资产。在兼顾保本和增值方面，Libra 吸取了其他稳定币的经验教训，不追求完全以法定货币作为储备，而是以现金和政府债券作为储备，储备篮子的资产结构和配比将由 Libra 协会决定。储备产生的利息将首先用于支付协会的运营开支，包括为生态系统的成长与发展投资、资助非政府组织，以及为工程研究提供资金等。支付这些费用后，剩余的一部分收益将用于向获得 Libra 投资代币的早期投资者（主要为协会创始人）支付初始投资的分红。在流动性方面，除了现金储备提供的绝对流动性以外，Libra 协会依靠由政府发行且在流动性市场交易的短期债券来保证 Libra 储备的流动性。

Libra 储备中的资产将由分布在全球各地且具有投资级信用评价的托管机构持有，托管机构需确保储备资产安全、有较高的可审计性和透明度、避免集中保管储备的风险以及实现较高的运作效率。

2. Libra 的发行机制

《Libra 白皮书》表示，Libra 是 100％储备发行的数字货币，即每个 Libra 都能在 Libra 储备池中兑换相应的实际资产。要发行新的 Libra 或销毁已有的 Libra，需要按照 1:1 的比例向 Libra 储备中转入法定货币，或者取出相应的法定货币或资产。Libra 将采用授权经销商的模式进行 Libra 与储备的兑换，用户不会直接接触到储备，而是通过各授权经销商（通常为全球受监管的加密货币交易所）进行法币和 Libra 的双向互动，Libra 协会根据授权经销商的需求来"制造"和"销毁"Libra。另外，Libra 不会有自己的货币政策，而是沿用篮子所代表的货币的中央银行政策。所以，Libra 通过 100％储备金的方式，使得 Libra 的价格能够相对稳定，不会出现高通货膨胀，同时也避免出现类似超发、滥发等影响货币价值的手段，而 Libra 也不会从中赚取铸币税利益。

3. Libra 的价格机制

Libra 和全球主要法定货币都有一个汇率，这个汇率也是相对比较稳定的，但会有一定的波动。法币价格的波动一方面来自 Libra 储备资产价值和价格的变化，另一方面来自其他法定货币本身的价格波动。由于 Libra 并不与某个法币价格挂钩，且背后的储备是各种法币资产的组合，所以如果某一法币（如人民币）的汇率发生变动且该法币也在 Libra 储备中有份额，则 Libra 与该法币的兑换比例会受上述两种机制的综合影响。

11.2.3　Libra 的技术安排

Libra 项目能够引起世界范围内的关注与热烈讨论，虽然与主要发起方 Facebook 有很大关系，但 Libra 背后的技术机制也有许多值得探讨之处。

1. 总体架构

由于技术限制以及对相关安全的考虑，Libra 的最初版本采用的是许可链架构，即只有获得许可的成员才能够运行验证者节点。不过，《Libra 白皮书》

已经规划了从许可链逐步转变为公链的路径。按照规划，Libra 将逐步进行网络开放，使新的成员能够进入网络、持有网络权益（通过持有 Libra1.0 投资代币），并通过在网络中运行验证者节点，为共识和治理作出贡献。Libra 计划在 5 年后逐渐由许可网络转向非许可网络，成为真正开放、符合用户利益的公链。届时，Libra 区块链将从依赖 Libra 投资代币的所有权来运行验证者节点和进行治理投票转变为依赖 Libra 的所有权来进行这些活动（即权益证明机制），治理流程和措施也将转为链上投票执行。

在最初的设计架构中，Libra 网络主要包括两类实体：验证者节点和客户端。验证者节点可以认为是一般区块链语境中的复制状态机（Replica），由不同的实际人员或业务机构来运行维护，共同组成 Libra 网络。验证者会负责处理交易、相互通信以达成共识，同时维护最终的账本记录。客户端是与用户直接交互的程序实体。与验证者节点不同，客户端不直接参与共识而是接受用户的指令，并将相关指令处理后发送给对应的验证者节点，可主要分为写（如发送交易）和读（如查询账本）两大类操作。

2. 设计亮点

虽然在 Libra 项目发布时区块链技术已经不属于新生事物，开发者甚至可以利用成熟的开发框架或工具轻松地开发出一个属于自己的区块链系统，但 Libra 项目与传统的区块链数字货币仍有一些不同，尤其是在底层账本结构、共识算法、智能合约设计以及隐私保护机制方面具有显著创新。

（1）底层分布式账本结构。尽管 Libra 被普遍认为是一个区块链项目，而且在其官网和文档中也不乏"blockchain"字眼，但根据 Libra 的技术文档，其在设计底层账本时并没有采用狭义上的"区块＋链"的组织结构，从技术语言上更应被归为分布式账本。Libra 仍然利用梅克尔树（Merkle tree）来组织账本数据结构，但将整个账本分为账本历史、账本状态、事件、账本信息与签名等。当然，随着 Libra 系统的不断使用，账本总容量也不可避免地会不断增加，《Libra 白皮书》表示未来可能会设计资源租赁等机制来解决这个问题。

（2）LibraBFT 共识算法。Libra 设计了新的拜占庭容错共识算法，具有 1/3 的容错性，可避免双花攻击问题，且具备吞吐量高、稳定性较强的特点。LibraBFT 基于拜占庭容错共识 HofStuff，并做了若干修改。HofStuff 在传统拜占庭容错共识的基础上，采用了类似链式的结构，以获得投票支持的块/交易作为共识的结果。另外，HofStuff 共识提高了主节点作恶（主节点向其他节点发送篡改的数据或故意不发送某些数据）、宕机等失效情况的处理效率。和 Tendermint 类似，HofStuff 对正常处理流程与主节点失效和需要视图切换的两种处理过程进行了统一化处理，可以降低视图切换时的节点间通信次数（从 2k 次降低到 k+2 次），提高系统应对攻击的能力；同时，切换视图前可以不依赖超时条件，而根据网络的实际延迟来进行共识流程。

（3）智能合约语言 Move。在智能合约的实现方面，Libra 并没有沿用目前许多区块链的惯用做法，例如基于以太坊虚拟机（Ethereum Virtual Machine，EVM）进行修改，或者基于彼时大热的 WebAssembly 设计合约开发机制，而是为其智能合约的运行设计了新的编程语言 Move 和对应的编译工具以及虚拟机等。面向数字资产的 Move 编程语言的首要特性为资源（resource）。与以往在计算机中表示数据的"值"的概念不同，资源只能被转移、消耗而无法被复制。这种设计将会非常有利于数字资产在链上的开发，在编程语言层面杜绝了数字资产因合约代码漏洞而被恶意增发的情形。另外，与 Java、C 类似，Move 是一种静态类型语言，在编译时就会对类型进行严格的检查。因此，许多编写上的错误可以提前到代码编译时被发现，降低了在运行时出现崩溃的概率。Move 语言针对数字资产还进行了许多有针对性的设计，尽管其很多细节还有待完善，但仍被认为是 Libra 项目的创新之一。

（4）隐私保护。由于 Facebook 曾因数据泄露事件引发过争议，人们对 Libra 的个人隐私和信息安全格外关注。Libra 在隐私保护方面有专门的设计。在整体的设计上，用户在 Libra 网络上的所有信息由用户私有，与 Facebook 社交网络区分开。虽然如此，Libra 的使用仍然会强调其实名的特点，个人或组织将通过与真实身份关联的用户账户使用 Libra 区块链。为了保护个人数据的隐秘性，Libra 网络通过使用公开密钥实现身份验证，这个过程中无须暴露用户个人数据；交易时，用户遵循匿名原则，可持有一个或多个与其真实身份无关的地址，交易中不包含与用户真实身份相关的链接，只有与每次交易相关的数据（例如发送方和接收方的公开地址、时间戳和交易金额）会记录在案且公开可见。

3. 技术实现

Libra 是通过开发 Libra 核心层（Libra Core）这个开源软件来实现的。Libra 核心层采用 Rust 语言开发，遵循 Apache2.0 协议，将是第一个实现 Libra 区块链协议的开源软件，其中包括上文提到的验证者节点与客户端的功能。根据《Libra 白皮书》公布时透露的情况，Libra 核心层的主要模块将包括以下 6 个。

（1）准入控制（Admission Control）模块——Libra 的公共 API（应用程序接

口)接入点,接收客户端传来的 gRPC 请求。准入控制模块可被认为是验证者节点的对外接口,主要控制两种类型的客户端的请求进入:提交交易和获取最新账本状态。提交交易是将交易提交给相应的验证者,模块将检查签名是否有效、交易发送者余额是否充足等,并将检查结果返给客户端。获取最新账本状态主要是将查询最新数据的请求转发至存储模块进行查询。

(2) 内存池(Mempool)——缓存待执行模块处理的交易。内存池作为缓存池来保存和共享等待被执行的交易,当新的交易记录由客户端提交到验证者节点时,内存池一方面记录这个交易,另一方面将此交易数据在其他验证者节点之间传播共享。

(3) 共识(Consensus)组件——验证交易,打包区块。共识组件主动去内存池中组织一批 Ready 状态、等待被打包的交易,并打包成区块;区块被选举并提交后,共识组件主动删除内存池中被提交的交易。

(4) 虚拟机(Virtual Machine)——以编译好的 Move 语言程序的字节码来处理交易。Libra 的虚拟机名为 MoveVM,与以太坊虚拟机(EVM)类似,也是基于堆栈的虚拟机。MoreVM 为 Move 语言编译成的字节码程序提供了静态类型的最终执行环境。

(5) 执行(Execution)模块——执行已排序好的交易,生成新的账本状态结果。执行模块主要使用虚拟机 MoveVM 来具体处理交易的执行。除此之外,执行模块的任务还包括交易执行前的协调、为共识处理提供数据基础及在最终记录写入前在内存中维护共识的执行结果。

(6) 存储(Storage)模块——提供分布式账本的持久化存储以及内部运行所需要的数据存储。存储模块用来保存已达成共识的交易记录及其执行结果(新的账本状态),并且返回默克尔树的查询结果。Libra 使用 RocksDB 作为底层的存储引擎,并在其基础上封装实现了名为 LibraDB 的存储模块。LibraDB 将账本数据按照其逻辑功能分别存储,例如分为账本状态、交易记录等。

4. 交易执行流程

图 11-2 显示了 Libra 网络中交易生成、打包、执行、上链的完整的生命周期,可以看到上面介绍的模块是如何协同工作的:① 交易被用户使用钱包或者客户端提交到 Admission Control;② Admission Control 运行 VM,进行交易签名校验等前置校验,并过滤掉一些无效交易;③ 前置校验通过后,交易会被提交到 Mempool 中;④ 交易在 Mempool 中被设置为 Ready 状态,等待被打包进区块;⑤ 交易被设置为 Ready 状态之后会被广播给其他验证节点;⑥ 验证者节点的 Consensus 组件从 Mempool 中获取一批 Ready 状态的交易,

用于创建区块；⑦ 新创建的区块被广播给其他验证者节点，并且选举区块；⑧ 在得到新的区块后提交到 Executor 组件执行；⑨ 新区块中的所有交易被提交给 Virtual Machine，VM 按顺序执行区块中的所有交易；⑩ 提交被共识选举胜出的区块；⑪ 广播被共识选举胜出的区块；⑫ 存储胜出的区块中所有被确认的交易以及每个地址对应的最终状态。

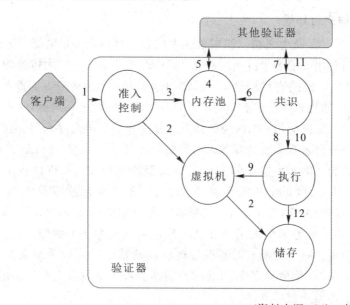

（资料来源：Libra 技术白皮书）

图 11 - 2　Libra 交易执行流程

11.2.4　应用场景

1. 跨境支付场景

跨境支付是 Libra 愿景中最希望达成的功能。《Libra 白皮书》中介绍道，"Libra 的使命是建立一套简单的、无国界的货币和为数十亿人服务的金融基础设施。""如今由于受到成本、可靠性和汇款流畅性方面的影响，迫切需要金融服务的人往往获得的金融服务不足或会受到限制。"就区块链技术本身而言，实时清结算功能能够轻松解决现有跨境支付体系流程烦冗、费用高昂且无法为基础设施落后地区服务的问题。相比其他区块链数字货币产品，Libra 在跨境交易和汇款方面具有更加突出的优势。Libra 项目的主要发起方 Facebook 公司在全球社交软件中占统治地位，其开发的 Facebook 是全球最受欢迎的网络社交平台，Facebook Messenger 和旗下的 Whatsapp 是全球上百个国家和地区使用率第一的通信软件。凭借数十亿的跨国界用户基础[①]，Facebook 能够非常便捷地推广 Libra 跨境支付。在白皮书发布后不久，Libra 就已经着手开发 Novi 数字钱包以协助提供 Libra 的发送、支付以及存储服务，而且 Facebook 计划在 Facebook Messenger 和 Whatsapp 中部署数字钱包，从而使全球用户可以在 App 内进行 Libra 转账。

2. 其他支付场景

Libra 项目在诞生之初就积累了强大的合作伙伴资源，电商、支付、出行、音乐等跟消费相关的场景巨头纷纷加入 Libra 协会。这些巨大体量的公司能够为 Libra 提供广阔的支付场景，可以推出以 Libra 定价的商品与服务，或支持 Libra 支付的通道，并根据汇率随时计算支付金额。此外，基于 Libra 区块链可以开发各种区块链应用，如区块链游戏、社交平台、电商平台等。在这些去中心化应用中包含着众多支付场景，都需要数字货币来支撑，所以 Libra 将会自然而然地成为 Libra 生态中的支付工具乃至价值尺度。根据白皮书中提到的 Libra 激励计划，Libra 可能会被作为奖励派发给愿意接受 Libra 的商家。Facebook 的创始人及 CEO 马克·艾略特·扎克伯格（Mark Elliot Zuckerberg）表示，希望 Libra 能够为个人用户和企业提供更多的服务，例如一键支付账单、扫二维码购买咖啡，或者不需要携带现金或地铁卡就可以乘坐公共交通工具等。这意味着，在他的计划中，Libra 将有机会在一定程度上替代法定货币，广泛地应用于各类支付场景。

3. 金融服务

除了汇款与支付这两个最基础的功能，Libra 作为金融基础设施，围绕它将会延伸出众多的金融服务，这些服务将开发在 Libra 区块链上，由 Libra 作为这些服务的基础货币。用户，尤其是以往无法承担高费用金融服务的人群，将可以获得各种 Libra 本位的金融增值服务，如理财服务、借贷服务、众筹服务等，从而降低金融服务的门槛。Libra 协会计划允许非托管钱包直接访问 Libra 网络，这将让全球众多无法享受银行服务或仅能享受有限银行服务的人群受益，有效促进金融普惠。此外，Libra 协会还计划开发区块链上的数字身份，这意味着 Libra 的用户未来可以基于自己的 Libra 身份参与 Libra 生态中的金融服务，创建自己的 Libra 征信数据。Libra 征信数据不仅能应用于加密世界，还有望为传统金融赋能，帮助用户获得银行信贷等传统金融服务。

---

① 根据社交媒体服务商 Hootsuite 2022 年 1 月的统计数据，Facebook 的月度活跃用户达到 29.1 亿，Whatsapp 的月度活跃用户约为 20 亿，Facebook Messenger 的月度活跃用户约为 9.88 亿。

11.3 Libra的发展历程

11.3.1　从 Libra 1.0 到 Libra 2.0

Libra 试图建立一个盯住一篮子货币的超主权数字稳定币,这一宏大愿景在极大鼓舞了加密数字货币世界的同时也引起了各国货币监管机构的忧虑和警觉。在 Libra 项目公布仅几个小时后,法国经济和财政部部长布鲁诺·勒梅尔(Bruno Le Maire)就对 Libra 可能成为"主权货币"进行了警告;澳大利亚央行行长菲利普·洛威(Philip Lowe)表示,Facebook 的 Libra 提案并不是一个可靠的商业案例,在获得采用之前还有很多问题需要解决;英国央行行长马克·卡尼(Mark Carney)也表示,Facebook 的加密项目需要面临"最高标准的监管"。在美国国内,参议院银行委员会则呼吁 Facebook 出席一个关于该公司创建虚拟货币野心的听证会。重重压力之下,Libra 协会的创始成员 PayPal 宣布退出 Libra 项目。随后,由于美国政府监管机构持续审查该项计划,三大支付巨头 Mastercard、Visa、Stripe 以及美国电商巨头 eBay 也陆续退出 Libra 协会。

Libra 最终不得不向现实妥协,于 2020 年 4 月 16 日发布了第二版白皮书(Libra 2.0)。第二版白皮书对 Libra 支付系统设计方面做了四项重大更改,以解决此前引起特别关注的监管问题。其主要的变化包括以下几个方面:

(1) 除了盯住一篮子货币的稳定币 Libra Coin 以外,Libra 还将提供单币种稳定币,例如盯住美元的 LibraUSD、盯住欧元的 LibraEUR、盯住英镑的 LibraGBP 等。每一个单币种稳定币都会得到储备金的完全支持,储备金包括现金或现金等价物以及以该法定货币计价的、非常短期的政府证券。在获得一国货币监管机构许可的情况下,该国公民就能直接使用本国货币访问相应的、与该货币锚定的 Libra 稳定币。

(2) 通过稳定合规的框架提高 Libra 支付系统的安全性。Libra 协会吸收了监管机构的反馈意见,表示会持续开发一个满足金融合规性和全网范围风险管理的框架,并制定反洗钱(AML)、反恐怖主义融资(CFT)、制裁合规以及防止非法活动的标准。Libra 网络中的四类参与者(指定经销商、在金融行动特别工作组(FATF)成员司法管辖区中注册或获得许可的虚拟资产服务提供商、已完成由 Libra 协会批准的认证程序的虚拟资产服务提供商、其他商业实体或个人用户)在网络访问权限、交易额度限制等方面会受到不同程度的限制。

（3）放弃未来向无许可系统过渡的计划，但保留其主要经济特征，并通过市场驱动的、开放竞争性网络来实现。监管机构对无许可网络持谨慎态度，尤其担心未知参与者控制 Libra 系统并删除关键合规性规定的潜在风险。为此，Libra 放弃了向无许可公有链系统过渡的计划，但认为可以通过开放、透明和竞争激烈的网络服务和治理平台来复制无许可系统的关键经济属性，同时兼顾协会成员和验证人对许可系统的尽职调查职责。

（4）在 Libra 法币储备池的设计中引入强有力的保护措施。Libra 协会已经与监管机构就如何应对极端情况进行了建设性的讨论，尤其是储备金将如何在压力较大的情况下发挥作用以及能为 Libra 代币持有者提供哪些主张和保护措施。Libra 在储备金设计和结构中纳入了基于其他系统方法的策略，储备金将持有短期到期、低信用风险和高流动性的资产，还将维持资本缓冲。

从 1.0 到 2.0，Libra 希望将区块链技术引入支付系统以提高金融普惠性并改进跨境支付手段的目标并没有改变。Libra 2.0 引入的反洗钱、反恐怖融资等方面合规框架是金融活动应有之义，加强法币储备池管理也在预期之中。此次更新的最大转向在超主权货币定位上——Libra 2.0 尽管包含超主权货币计划 Libra Coin，但其重要性已显著下降。Libra 2.0 将由单一货币稳定币主导，超主权货币 Libra Coin 仅是补充。不仅如此，超主权货币 Libra Coin 的实现方式和应用场景也都与原先版本有明显不同。Libra 希望新版白皮书能为建立更广泛的公私合作伙伴关系打开大门，实现提高全球支付效率和扩大金融包容性的共同目标。

11.3.2 从 Libra 2.0 到 Diem

尽管 Libra 白皮书几经修改，在经济、政治、治理等各个方面都进行了简化，积极向监管靠拢，但项目仍然一直停留在纸面上。2020 年 12 月 1 日，Facebook 官网更新的信息显示，原本拟推出的超主权数字货币 Libra 更名为 Diem。

Libra 更名为 Diem 的主要动机是希望通过强调项目的独立性来重新获得监管部门的批准。Diem 协会首席执行官斯图尔特·利维（Stuart Levey）表示，此次更名是为了强调一个更简单、更完善的结构。"最初的名字与该项目的早期版本联系在一起，但监管机构对该项目的反应并不好。我们已经极大地改变了这一主张。"他解释道，Diem 在拉丁语中是"day"的意思，现在该项目的目标是推出单一美元支持的数字货币。

这次更名之后，Diem 与之前的 Libra 已经产生重大区别，无论是野心还是影响力方面都打了折扣。此前，Libra 的目标是做类似 SDR（特别提款权）的超主权数字货币，与日元、英镑、美元等一篮子货币挂钩；依托 Facebook 巨大的全球用户基数，Libra计划在全球范围内使用，成为服务数十亿人口的金融基础设施。但Libra的这一宏大愿景可能对全球货币体系和各国内部的金融体系产生重大影响，甚至会削弱包括美元在内的主权货币的领导力和影响力，这也是其迟迟难以通过监管审批的原因。更名之后，Diem放弃了挂钩其他货币，而是唯一锚定美元，由美元和美元资产储备支持。因此，Diem和USDT、USDC等稳定币类似，本质上仅仅是美元的数字形式载体，不仅不会动摇美元的地位，反而会在数字经济领域巩固美元的领导地位。

Diem将会在自主Diem区块链上运行，所有代币都会存放在一个名为"Novi"的数字货币钱包里。Diem的市值和流通量可能不会固定，Diem协会可以在Diem储备金增加时铸造代币，也能在储备金减少时销毁代币。与其他稳定币不同的是，Diem区块链和以太坊一样是可编程的，这意味着开发人员能在Diem网络上基于Move开发语言上创建自定义App。

11.3.3　Libra的谢幕

从Libra 1.0到Diem，历经数年的修改充分显示了Libra落地之难，在此期间已经有许多稳定币项目快速发展壮大，但Libra却一直停滞不前。Libra最初的全球稳定币设计思路和Facebook在互联网领域的强大影响力，使得监管机构对其格外谨慎。Diem将项目计划缩减为创建一种由美元1∶1支持的数字货币，并创建了一个系统来监控交易和审查货币服务机构，项目有了落地的可能性。2021年春天，团队对一小部分用户测试发行少量Diem货币，并试用Novi数字钱包的一个版本。斯图尔特·利维随后将Diem项目总部从瑞士迁往美国，并开始与受美国监管的银行Silvergate合作发行Diem货币，希望进一步安抚监管机构。尽管如此，美国监管机构对于Diem可能发生的大规模扩张仍然感到担忧。在做出各种努力仍得不到批准之后，Facebook终于决定放弃数字加密货币项目Diem，于2022年2月1日宣布将Diem的知识产权及其他与支付网络相关的资产出售给Silvergate Bank。轰轰烈烈的全球稳定币工程正式落下帷幕。

本 章 小 结

本章主要介绍了Libra的产生、设计框架以及发展历程。Libra雏形显现时轰动四方，其超前的私人联合发币模式、挂钩一篮子货币的币值稳定机制、先进的技术机制，给数字货币界注入了新鲜血液。从无国界的超主权货币到挂钩美元，从野心勃勃、令人生畏的 Libra，到逐渐朴实的 Diem，再到最终走下舞台，Libra 的发展历程引起了大众对于改造和创新货币的底线的讨论：货币发展规律是什么？什么是信用货币，信用货币从何而来，又应该建立在谁(什么样)的信用基础之上？实践证明，相比于加密和数字技术，这些关键问题的解决可能才是推动货币创新的关键。

思考与练习

1. Libra 为什么被视为超主权数字货币？
2. Libra 与其他加密稳定币的差异有哪些？
3. 谈谈 Libra 为何难以落地。

延伸阅读材料

[1] Diem White Paper. https：// wp. diem. com/en-US/wp-content/uploads/sites/23/2020/04/Libra_WhitePaperV2_April2020. pdf.

[2] 姚前. Libra2. 0 与数字美元. 第一财经网. 2020(https：// www. yicai. com/news/100624722. html).

[3] 邹传伟. Libra 货币篮子管理：一个理论分析. 财新网. https：// opinion. caixin. com/2020 - 02 - 07/101512609. html.

[4] 《比较》研究部. 读懂 Libra. 北京：中信出版集团，2019.

第十二章　e-CNY/数字人民币

> 从概念来讲，DC/EP 是一个双层的研发与试点项目计划，并不是一个支付产品……DC/EP 项目计划里可能包含着若干种可以尝试并推广的支付产品，这些产品最后被命名为 e-CNY，即数字人民币。
>
> ——周小川，中国金融学会会长、中国人民银行原行长

私人数字货币的快速发展在全球金融市场掀起了一波投机热潮，中国一度成为全球最大的加密数字资产交易市场之一。加之 ICO 泛滥带来的诸多问题，私人数字货币已经严重干扰了我国金融市场的运行秩序，并对国家货币主权产生了潜在威胁。从 2013 年开始，中国人民银行屡次发文提示私人数字货币风险[①]，并加快了法定数字货币的研发进展。目前来看，中国是世界范围内较早开始探索法定数字货币的理论技术并进行研发实践的国家之一。

数字人民币的研发背景与目标

12.1.1　数字人民币的研发背景

中国人民银行（以下简称人民银行）于 2014 年成立法定数字货币研究小组，开始对发行框架、关键技术、发行流通环境及相关国际经验等进行专项研究。数字人民币研发的大背景是私人数字货币品种和规模的急剧扩张带来的隐忧，以及以区块链为代表的新一代信息技术带来的支付方式变革机遇。2016 年

---

① 2013 年，中国人民银行发布《关于防范比特币风险的通知》，2014 年要求各商业银行和支付机构关闭所有境内比特币平台交易账户，2017 年发布《关于防范代币发行融资风险的公告》等。相关规定明确指出私人数字货币即为代币，发行融资中使用的代币"不由货币当局发行，不具有法偿性与强制性等货币属性，不具有与货币等同的法律地位，不能也不应作为货币在市场上流通使用"。

1月20日，中国人民银行数字货币研讨会在北京召开，围绕国家数字货币、国家发行加密货币等专题进行了研讨。会议指出，"随着信息科技的发展以及移动互联网、可信可控云计算、终端安全存储、区块链等技术的演进，全球范围内支付方式发生了巨大的变化，数字货币的发展正在对中央银行的货币发行和货币政策带来新的机遇和挑战。"基于此，会议认为，"在我国当前经济新常态下，探索央行发行数字货币具有积极的现实意义和深远的历史意义。发行数字货币可以降低传统纸币发行、流通的高昂成本，提升经济交易活动的便利性和透明度，减少洗钱、逃漏税等违法犯罪行为，提升央行对货币供给和货币流通的控制力，更好地支持经济和社会发展，助力普惠金融的全面实现。未来，数字货币发行、流通体系的建立还有助于我国建设全新的金融基础设施，进一步完善我国支付体系，提升支付清算效率，推动经济提质增效升级。"

2021年7月16日，中国人民银行数字人民币研发工作组发布了《中国数字人民币的研发进展白皮书》（以下简称《白皮书》）。《白皮书》是官方首次面向国内和全球系统披露数字人民币研发情况，全面阐释了数字人民币体系的研发背景、目标愿景、设计框架及相关政策考虑。《白皮书》指出，随着网络技术和数字经济的蓬勃发展，社会公众对零售支付的便捷性、安全性、普惠性、隐私性等方面的需求日益提高。不少国家和地区的中央银行或货币当局紧密跟踪金融科技发展成果，积极探索法定货币的数字化形态，法定数字货币正从理论走向现实。《白皮书》结合新的时代背景，从经济社会发展对新零售支付基础设施的需求、现金货币与支付体系的演化进程、加密货币和全球稳定币的发展现状，以及其他主要经济体央行数字货币研发进展几个方面，对数字人民币的研发背景进行了高度概括。

（一）数字经济发展需要建设适应时代要求、安全普惠的新型零售支付基础设施。

当前，中国经济正在由高速增长阶段转向高质量发展阶段，以数字经济为代表的科技创新成为催生发展动能的重要驱动力。随着大数据、云计算、人工智能、区块链、物联网等数字科技快速发展，数字经济新模式与新业态层出不穷。新冠疫情发生以来，网上购物、线上办公、在线教育等数字工作生活形态更加活跃，数字经济覆盖面不断拓展，欠发达地区、边远地区人民群众线上金融服务需求日益旺盛。

近年来，中国电子支付尤其是移动支付快速发展，为社会公众提供了便捷高效的零售支付服务，在助力数字经济发展的同时也培育了公众数字支付习惯，提高了公众对技术和服务创新的需求。同时，经济社会要实现高质量发展，在客观上需要更为安全、通用、普惠的新型零售支付基础设施作为公共产品，进一步满足人民群众多样化的支付需求，并以此提升基础金融服务水平与效率，促进国内大循环畅通，为构建新发展格局提供有力支撑。

（二）现金的功能和使用环境正在发生深刻变化。

随着数字经济发展，我国现金使用率近期呈下降趋势。据 2019 年人民银行开展的中国支付日记账调查显示，手机支付的交易笔数、金额占比分别为 66％和 59％，现金交易笔数、金额分别为 23％和 16％，银行卡交易笔数、金额分别为 7％和 23％，46％的被调查者在调查期间未发生现金交易。同时也要看到，根据 2016 年末至 2020 年末统计数据，中国流通中现金（M0）余额分别为 6.83 万亿元、7.06 万亿元、7.32 万亿元、7.72 万亿元和 8.43 万亿元人民币，仍保持一定增长。特别是在金融服务覆盖不足的地方，公众对现金的依赖度依然较高。同时，现金管理成本较高，其设计、印制、调运、存取、鉴别、清分、回笼、销毁以及防伪反假等诸多环节耗费了大量人力、物力、财力。

（三）加密货币特别是全球性稳定币发展迅速。

自比特币问世以来，私营部门推出各种所谓加密货币。据不完全统计，目前有影响力的加密货币已达 1 万余种，总市值超 1.3 万亿美元。比特币等加密货币采用区块链和加密技术，宣称"去中心化""完全匿名"，但缺乏价值支撑、价格波动剧烈、交易效率低下、能源消耗巨大等限制导致其难以在日常经济活动中发挥货币职能。同时，加密货币多被用于投机，存在威胁金融安全和社会稳定的潜在风险，并成为洗钱等非法经济活动的支付工具。针对加密货币价格波动较大的缺陷，一些商业机构推出所谓"稳定币"，试图通过与主权货币或相关资产锚定来维持币值稳定。有的商业机构计划推出全球性稳定币，将给国际货币体系、支付清算体系、货币政策、跨境资本流动管理等带来诸多风险和挑战。

（四）国际社会高度关注并开展央行数字货币研发。

当前，各主要经济体均在积极考虑或推进央行数字货币研发。国际清算银行最新调查报告显示，65 个国家或经济体的中央银行中约 86％已开展数字货币研究，正在进行实验或概念验证的央行从 2019 年的 42％增加到 2020 年的 60％。据相关公开信息，美国、英国、法国、加拿大、瑞典、日本、俄罗斯、韩国、新加坡等国央行及欧央行近年来以各种形式公布了关于央行数字货币的考虑及计划，有的已开始甚至完成了初步测试。

——《中国数字人民币的研发进展白皮书》

12.1.2　数字人民币的目标愿景

由于中国人民银行高度重视数字货币发展对中央银行货币发行和货币政策带来的机遇与挑战，中国数字人民币的研究、开发和试点均领先于其他主要经济体，客观上已经形成先发优势，因此不可避免地引起了其他中央银行的忧虑，担心中国政府把对数字货币的发行权和控制权当成主权国家间竞争的"新战场"。尤其是 Libra 全球稳定币概念提出之后，人们对强势货币侵蚀弱势货币的担忧进一步加剧。但事实上，中国人民银行发行数字人民币并无侵蚀其他经济体货币主权的用意，更无意颠覆美元的"霸权"地位，而是作出了在前述时代背景下的必然抉择①。在《白皮书》中，官方明确表示："中国研发数字人民币体系旨在创建一种以满足数字经济条件下公众现金需求为目的、数字形式的新型人民币，配以支持零售支付领域可靠稳健、快速高效、持续创新、开放竞争的金融基础设施，支撑中国数字经济发展，提升普惠金融发展水平，提高货币及支付体系运行效率。"《白皮书》进一步将数字人民币的目标愿景表述如下：

一是丰富央行向社会公众提供的现金形态，满足公众对数字形态现金的需求，助力普惠金融。随着数字技术及电子支付发展，现金在零售支付领域使用日益减少，但央行作为公共部门有义务维持公众直接获取法定货币的渠道，并通过现金的数字化来保障数字经济条件下记账单位的统一性。数字人民币体系将进一步降低公众获得金融服务的门槛，保持对广泛群体和各种场景的法定货币供应。没有银行账户的社会公众可通过数字人民币钱包享受基础金融服务，短期来华的境外居民可在不开立中国内地银行账户情况下开立数字人民币钱包，满足在华日常支付需求。数字人民币"支付即结算"特性也有利于企业及有关方面在享受支付便利的同时，提高资金周转效率。

二是支持零售支付领域的公平、效率和安全。数字人民币将为公众提供一种新的通用支付方式，可提高支付工具多样性，有助于提升支付体系效率与安全。中国一直支持各种支付方式协调发展，数字人民币与一般电子支付工具处于不同维度，既互补也有差异。数字人民币基于 M0 定位，主要用于零售支付，以提升金融普惠水平为宗旨，借鉴电子支付技术和经验并对其形成有益补充。虽然支付功能相似，数字人民币和电子支付工具也存在一定差异：一是数字人民币是国家法定货币，是安全等级最高的资产。二是数字人民币具有价值特征，可在不依赖银行账户的前提下进行价值转移，并支持离线交易，具有"支付即结算"特性。三是数字人民币支持可控匿名，有利于保护个人隐私及用户信息安全。

---

① 在"2021清华五道口全球金融论坛"上，中国人民银行原行长周小川发表了以"数字货币和电子支付系统"为题的研究，澄清了关于数字人民币最具争议的三个误解：一是中国的数字货币要替代美元的储备货币地位和国际上支付货币的地位；二是把数字货币与人民币国际化密切挂钩；三是DC/EP和 e-CNY 想取代现在第三方支付的角色。

三是积极响应国际社会倡议，探索改善跨境支付。社会各界对数字人民币在实现跨境使用、促进人民币国际化等方面较为关注。跨境支付涉及货币主权、外汇管理政策、汇兑制度安排和监管合规要求等众多复杂问题，也是国际社会共同致力推动解决的难题。货币国际化是一个自然的市场选择过程，国际货币地位根本上由经济基本面以及货币金融市场的深度、效率、开放性等因素决定。数字人民币具备跨境使用的技术条件，但当前主要用于满足国内零售支付需要。未来，人民银行将积极响应二十国集团（G20）等国际组织关于改善跨境支付的倡议，研究央行数字货币在跨境领域的适用性。根据国内试点情况和国际社会需要，人民银行将在充分尊重双方货币主权、依法合规的前提下探索跨境支付试点，并遵循"无损""合规""互通"三项要求与有关货币当局和央行建立法定数字货币汇兑安排及监管合作机制，坚持双层运营、风险为本的管理要求和模块化设计原则，以满足各国监管及合规要求。

——《中国数字人民币的研发进展白皮书》

12.1.3　数字人民币的定义与内涵

《白皮书》将数字人民币定义为：人民银行发行的数字形式的法定货币，由指定运营机构参与运营，以广义账户体系为基础，支持银行账户松耦合功能，与实物人民币等价，具有价值特征和法偿性。《白皮书》进一步将数字人民币的内涵描述如下：

第一，数字人民币是央行发行的法定货币。一是数字人民币具备货币的价值尺度、交易媒介、价值贮藏等基本功能，与实物人民币一样是法定货币。二是数字人民币是法定货币的数字形式。从货币发展和改革历程看，货币形态随着科技进步、经济活动发展不断演变，实物、金属铸币、纸币均是相应历史时期发展进步的产物。数字人民币发行、流通管理机制与实物人民币一致，但以数字形式实现价值转移。三是数字人民币是央行对公众的负债，以国家信用为支撑，具有法偿性。

第二，数字人民币采取中心化管理、双层运营。数字人民币发行权属于国家，人民银行在数字人民币运营体系中处于中心地位，负责向作为指定运营机构的商业银行发行数字人民币并进行全生命周期管理，指定运营机构及相关商业机构负责向社会公众提供数字人民币兑换和流通服务。

第三，数字人民币主要定位于现金类支付凭证（M0），将与实物人民币长期并存。数字人民币与实物人民币都是央行对公众的负债，具有同等法律地位和经济价值。数字人民币将与实物人民币并行发行，人民银行会对二者共同统计、协同分析、统筹管理。国际经验表明，支付手段多样化是成熟经济体的基本特征和内在需要。中国作为地域广阔、人口众多、多民族融合、区域发展差异大的大国,社会环境以及居民的支付习惯、年龄结构、安全性需求等因素决定了实物人民币具有其他支付手段不可替代的优势。只要存在对实物人民币的需求,人民银行就不会停止实物人民币供应或以行政命令对其进行替换。

第四,数字人民币是一种零售型央行数字货币,主要用于满足国内零售支付需求。央行数字货币根据用户和用途不同可分为两类,一种是批发型央行数字货币,主要面向商业银行等机构类主体发行,多用于大额结算;另一种是零售型央行数字货币,面向公众发行并用于日常交易。各主要国家或经济体研发央行数字货币的重点各有不同,有的侧重批发交易,有的侧重零售系统效能的提高。数字人民币是一种面向社会公众发行的零售型央行数字货币,其推出将立足国内支付系统的现代化,充分满足公众日常支付需要,进一步提高零售支付系统效能,降低全社会零售支付成本。

第五,在未来的数字化零售支付体系中,数字人民币和指定运营机构的电子账户资金具有通用性,共同构成现金类支付工具。商业银行和持牌非银行支付机构在全面持续遵守合规(包括反洗钱、反恐怖融资)及风险监管要求,且获央行认可支持的情况下,可以参与数字人民币支付服务体系,并充分发挥现有支付等基础设施作用,为客户提供数字化零售支付服务。

——《中国数字人民币的研发进展白皮书》

上述内涵的第一条明确了数字人民币的根本属性是法定货币,形态是数字形式,价值基础是央行负债和国家信用。第二条阐明了数字人民币的运营和管理架构,将在现有银行体系基础设施上实施双层运营和中心化管理模式,显著区别于其他加密数字货币。第三条明确数字人民币定位于 M0,但目标并非取代实物货币,而是与实物货币长期共存,各自承担适当场景下的支付职能。第四条明确将数字人民币定位为零售型 CBDC,且主要应用于国内零售支付场景。第五条表明数字人民币的目标不是取代其他现金类电子支付工具,而是可以与其共存,或吸纳其参与数字人民币支付服务体系。概括来讲,数字人民币是聚焦国内、定位清晰、稳健可靠、开放包容的零售型 CBDC。

12.2 数字人民币的研发历程

从 2014 年至今,数字人民币的发展历程大致可以分为早期研究、正式研发、试点测试三个主要阶段。

12.2.1　早期研究阶段(2014—2016)

2014 年，中国人民银行组织专家成立专门的数字货币研究团队，启动央行发行法定数字货币相关研究工作。

2015 年，中国人民银行围绕《深化标准化工作改革方案》和"互联网＋"的重点领域，加强对数字货币、第三方支付等重点领域国际标准的跟踪参与；加强数字货币技术与标准研究，组织编写出版《移动金融关键技术与标准解读》；围绕重点金融立法项目和金融深化改革中需要解决的重大法律问题，加强金融法治专题性研究，完成《数字货币发行和使用中的法律问题及解决思路》《中央银行治理结构研究》等研究报告。这一一年里，人民银行以经济、便民和安全为原则，重点开展了数字货币发行总体框架、业务运行体系、数字货币发行形式、数字货币与纸币并存期安排等方面的研究，并组织对数字货币的技术与标准、法律、配套环境、影响、国际经验和评估等方面进行了研究，取得了阶段性成果。

2016 年，中国人民银行继续深入开展数字货币研究，论证现阶段发行法定数字货币的必要性；密切关注全球数字货币研究进展，积极开展数字货币国际交流；深化法定数字货币法律制度、发行流通体系、加密技术等研究；探索设计法定数字货币发行模式，深入研究相关问题；积极通过多种形式宣传和展示中国人民银行数字货币研究进展。在 1 月 20 日召开的数字货币研讨会上，中国人民银行进一步明确了央行发行数字货币的战略目标，指出央行数字货币研究团队将积极攻关数字货币的关键技术，研究数字货币的多场景应用，争取早日推出央行发行的数字货币。同年，中国人民银行数字货币研究所筹备组成立。《中国金融》2016 年第 17 期刊发了主题为"央行数字货币研究与探讨"的系列报告，包括中国人民银行副行长、科技司副司长兼中国人民银行数字货币研究所筹备组组长、清算总中心党委书记、支付结算司司长、条法司副司长等在内的央行官员以及中国人民银行数字货币研究项目组学者共发表了 17 篇关于数字货币的署名文章，详细探讨了中国法定数字货币的理论依据、原型构想、技术实现框架、使用环境、监管与法律、货币政策、数字票据交易平台等问题。同年 12 月，中国人民银行数字货币研究所正式成立，成为全球最早从事法定央行数字货币研发的官方机构，由中国人民银行数字货币研究所筹备组组长姚前担任所长。

2014 年至 2016 年间，在中国人民银行的主导下形成了第一阶段法定数字货币理论成果，搭建了中国第一代法定数字货币概念原型，提出了双层运营体系、M0定位、银行账户松耦合、可控匿名等数字人民币顶层设计和基本特征。

12.2.2 正式研发阶段(2017—2019)

在2017—2019年间，人民银行和参与研发机构以长期演进理念贯穿顶层设计及项目研发流程，经历开发测试、内部封闭验证和外部可控试点三大阶段，打造完善数字人民币App，完成兑换流通管理、互联互通、钱包生态三大主体功能建设。同时，围绕数字人民币研发框架，探索建立总体标准、业务操作标准、互联标准、钱包标准、安全标准、监管标准等较为完备的标准体系。

2017年，中国人民银行稳步推进央行数字货币研发，研究防范虚拟货币风险。人民银行深化央行数字货币发行和流通体系研究，积极探索并尝试应用央行数字货币相关各类信息技术，加强对各类虚拟货币的监测监管，积极研究以比特币为代表的虚拟货币和以互联网积分为代表的数字代币的监管框架，配合相关部门打击五行币、中央币等假借中央银行名义发行"数字货币"的行为。

2017年2月，中国人民银行数字货币研究所基于区块链的数字票据交易平台测试成功。在央行的部署下，上海票据交易所和数字货币研究所组织工商银行、中国银行等共同开展基于区块链的数字票据交易平台建设相关工作，推动数字票据交易平台实验性生产系统研发，采用"链上确认、线下结算"的方式进行结算。9月4日，中国人民银行、银监会和证监会等七部委联合发布了《关于防范代币发行融资风险的公告》。《公告》指出，代币发行融资是指融资主体通过代币的违规发售、流通，向投资者筹集比特币、以太币等所谓"虚拟货币"，本质上是一种未经批准非法公开融资的行为，涉嫌非法发售代币票券、非法发行证券以及非法集资、金融诈骗、传销等违法犯罪活动。央行通过这项举措禁止ICO和比特币国内交易，有意将属于支付体系的数字人民币项目与数字资产交易区分开来①。2017年底，国务院正式批准中国人民银行牵头各商业机构开展数字人民币研发工作，人民银行依据资产规模和市场份额居前、技术开发力量较强等标准，选择大型商业银行、电信运营商、互联网企业作为参

---

① 在2020年11月27日北京大学数字金融研究中心举办的"数字金融创新与经济发展新格局"系列研讨会上，中国人民银行原行长周小川指出："当时已经意识到一定不要把属于支付体系的数字人民币DC/EP和数字资产交易混在一起，所以，2017年人民银行停止了ICO(Initial Coin Offering，仿照IPO命名)和比特币的国内交易。"

与研发机构。中国人民银行积极参与了支付体系相关国际规则的制定。央行参与国际组织关于数字货币、加密资产等问题的研究和基于中国支付服务市场的集中度分析研究；参与国际组织关于金融科技对市场结构和金融稳定影响的研究工作，不断提升在国际支付结算领域的话语权。2017 年 11 月 12 日，中国人民银行原副行长易纲赴瑞士巴塞尔出席 BIS 行长例会，主要讨论了央行数字货币和货币政策实施、全球外部失衡、国际银行业未来挑战等议题。此后，易纲副行长分别赴德国法兰克福、法国巴黎出席欧央行政策沟通会议与第五届巴黎论坛。

2018 年，中国人民银行继续有序推进央行数字货币研发工作，防范虚拟代币风险。中国人民银行密切跟踪央行数字货币研究国际动态，积极参加国际交流；稳妥有序组织商业机构共同开展具备数字货币特征的电子支付工具研发工作，并取得阶段性进展；加强对各类虚拟代币的监测监管，积极研究相关监管框架；处置有关单位接受虚拟代币支付的行为，配合相关部门打击"大唐币"等以虚拟货币为名进行非法集资的违法犯罪行为；加强金融信息技术规划与标准化建设，金融标准化工作再上新台阶；建立法定数字货币、绿色金融、金融 IT 基础设施等专项工作组，推进相关领域金融标准的编制。

2018 年 1 月 25 日，数据票据交易平台实验性生产系统成功上线试运行，工商银行、中国银行、浦发银行和杭州银行在数字票据交易平台实验性生产系统顺利完成基于区块链技术的数字票据签发、承兑、贴现和转贴现业务。实验性生产系统的成功上线试运行实现了数字票据的突破性进展，结合区块链技术前沿和票据业务实际情况对前期数字票据交易平台原型系统进行了全方位的改造和完善，对于票据市场发展具有里程碑意义。3 月 9 日，时任央行行长的周小川在十三届全国人大一次会议的记者会上正式指出中国人民银行正在研发法定数字货币，并首次透露研究项目的名称为"数字货币与电子支付（Digital Currency/Electronic Payment，DC/EP）。3 月 28 日，中国人民银行召开 2018 年全国货币金银工作电视电话会议，指出要扎实推进央行数字货币研发，开展对各类虚拟货币的整顿清理，密切与相关部门的沟通、协作，大力整治现金流通领域的乱象。9 月，由南京市人民政府、南京大学、江苏银行、中国人民银行南京分行、中国人民银行数字货币研究所五方合作共建的"南京金融科技研究创新中心"和"中国央行数字货币研究所（南京）应用示范基地"正式揭牌成立，重点研发数字货币加密算法和区块链底层核心技术，完成央行数字货币研究所布置的数字货币关键技术研究。与此同时，数字货币研究所下属单位深圳金融科技研究院成立，其定位为金融科技与法定数字货币的高端研发与测评中心、科技成果孵化中心、科技交流合作中心以及金融科技人才培养中心。

2019 年，中国人民银行稳步推进法定数字货币研发工作。在坚持双层运营、M0 定位、可控匿名的前提下，会同参研机构基本完成法定数字货币顶层设计、标准制定、功能研发、联调测试、试点准备等工作；扎实开展数字货币研究工作，密切跟踪数字货币国际前沿信息，加强相关动态的分析研判；加强对民间数字货币的监测和研究，组织对天秤币等稳定币的设计机制、可能产生的影响及应对措施等问题进行深入研究，积极应对民间数字货币的挑战；继续加强与国际清算银行(BIS)的合作，研究全球金融体系的新挑战、新机遇和新风险，就金融科技、央行数字货币等金融创新和热点问题及时交流经验。

2019 年 3 月，数字货币研究所联合苏州市有关单位设立长三角金融科技有限公司，主要聚焦区块链、密码学等金融科技前沿方向，承接法定数字货币基础设施的建设和稳定运行，承担法定数字货币的关键技术攻关和试点场景支持、配套研发与测试工作。8 月 2 日，中国人民银行召开 2019 年下半年工作电视会议，要求加快推进我国法定数字货币(DC/EP)研发的步伐，跟踪研究国内外虚拟货币发展趋势，继续加强互联网金融风险整治。9 月 5 日的《中国日报》报道，DC/EP 的"闭环测试"已经开始，测试中会模拟某些支付方案并涉及一些商业和非政府机构，这标志着数字人民币系统的设计与研发工作已经基本完成。

12.2.3 试点测试阶段(2020 年至今)

2019 年年底以来，人民银行遵循稳步、安全、可控、创新、实用原则，分阶段有序开展数字人民币试点测试，以检验理论可靠性、系统稳定性、功能可用性、流程便捷性、场景适用性和风险可控性。数字人民币研发试点地区的选择综合考虑了国家重大发展战略、区域协调发展战略以及各地产业和经济特点等因素，目前的试点省市基本涵盖长三角、珠三角、京津冀、中部、西部、东北、西北等不同地区，有利于试验评估数字人民币在我国不同区域的应用前景。

2020 年 4 月 17 日，央行数字货币研究所表示，DC/EP 已经进入测试阶段，第一阶段先行在深圳、苏州、雄安、成都，以及 2022 北京冬奥会场景进行内部封闭试点测试，以不断优化和完善功能。5 月起，中国人民银行先后与滴滴出行、美团、哔哩哔哩、京东数科等公司达成战略合作协议。8 月 3 日，央行 2020 年下半年工作电视会议指出，上半年"法定数字货币封闭试点顺利启动"，下半年将"积极稳妥推进法定数字货币研发"。试点测试的同时，数字人民币的法律地位也不断清晰，在2020年10月23日发布的《中华人民共和国中国人民银行法(修订草案征求意见稿)》中，第十九条加入了"人民币包括实物形式和数字形式"这一条文，这意味着数字人民币的法偿性得到保障。同年11月，试点第二批城市公布，增加了上海、海南、长沙、西安、青岛、大连6个新城市，形成"10+1"试点格局，即10个城市+1个冬奥会场景。中国人民银行在2021年4月13日召开的第一季度金融统计数据新闻发布会上介绍，过去的一年里累计举行了8轮数字人民币测试活动，有超过120万人参与。

2022年3月1日，中国人民银行召开数字人民币研发试点工作座谈会，总结前期研发试点工作情况，安排部署下阶段工作。会议认为，数字人民币已在批发零售、餐饮文旅、政务缴费等领域形成一批涵盖线上线下、可复制可推广的应用模式。2022北京冬奥会、冬残奥会场景等重大试点项目圆满成功，参与试点的用户、商户、交易规模稳步增长，市场反响良好。会议决定有序扩大试点范围，增加天津市、重庆市、广东省广州市、福建省福州市和厦门市以及浙江省承办亚运会的6个城市(杭州、宁波、温州、湖州、绍兴、金华)作为试点地区；北京市和河北省张家口市在2022北京冬奥会、冬残奥会场景试点结束后转为试点地区。

在2022年7月13日国务院新闻办公室举行的新闻发布会上，人民银行介绍，2022年上半年人民银行继续按照"十四五"规划要求，扎实稳妥推进数字人民币试点测试，截至5月31日，15个省市的试点地区通过数字人民币累计交易量大约是2.64亿笔，金额大约是830亿人民币，支持数字人民币支付的商户门店数量达到456.7万个。

12.3　数字人民币的架构、运行机制与特性

由于数字人民币目前尚在研发测试环节，中国人民银行并没有完整披露数字人民币的技术细节，因此，现有关于数字人民币设计框架和技术方案的文献大多是借鉴早期研究中提出的概念原型和一些公开的碎片化资料。中国人民银行数字货币研究所原所长姚前依据中国人民银行法定数字货币原型系统一期建设的成果，在《中央银行数字货币原型系统实验研究》一文中介绍了中央银行发行法定数字货币的模式和体系，包括关键要素、运行机制、原型系统总体架构、系统架构和技术架构等方面内容。该原型系统是数字人民币后续开发和试

点试验的基础①。本节主要基于上述文献介绍数字人民币的总体框架、系统架构和运行机制，并参考《白皮书》讨论数字人民币的设计特性。

12.3.1 数字人民币的总体框架

从本书第六章我们已经了解到，BIS 将 CBDC 的基本架构分为单层架构（直接 CBDC）和双层架构（间接 CBDC 和混合 CBDC）两大类，数字人民币的基本架构可以归类为双层架构中的混合 CBDC 模式，原型系统将其称为"中央银行-商业银行二元模式"（以下简称二元模式）。现行的纸币发行流通模式即为典型的二元模式：中央银行将货币发行至商业银行业务库，商业银行向公众提供纸币存取服务，并与中央银行一起维护货币发行流通体系。与纸币发行流通模式类似，数字人民币原型系统的二元模式下，中央银行负责数字货币的发行和验证监测，商业银行从中央银行申请到数字货币后，面向公众提供数字货币流通服务和应用生态服务。数字人民币采用二元模式主要出于以下几方面考量：

第一，巩固中央银行对数字人民币发行的中心化管理地位；

第二，避免颠覆现有货币发行流通体系，防范金融脱媒风险；

第三，充分利用现有商业银行体系的基础设施、技术及人才储备。

在原型系统的二元模式下，数字人民币的发行流通体系的运行可以分为 3 层。第 1 层参与主体包括中央银行和商业银行，涉及数字人民币发行、回笼以及在商业银行之间的转移；第 2 层是商业银行与个人或企业用户的货币存取，即数字人民币在商业银行业务库和个人或企业数字钱包之间的转移；第 3 层是个人或企业之间的货币流通，即数字人民币在个人或企业数字钱包之间的转移。

《白皮书》对数字人民币的发行流通体系（《白皮书》中称之为"双层运营模式"）做了更进一步的阐释：第一，人民银行负责数字人民币的发行、注销、跨机构互联互通和钱包生态管理，同时审慎选择在资本和技术等方面具备一定条件的商业银行作为指定运营机构，牵头提供数字人民币兑换服务；第二，指定运营机构在人民银行的额度管理下，根据客户身份识别强度为其开立不同类别的数字人民币钱包，进行数字人民币兑出兑回服务；第三，指定运营机构与相关商业机构一起，承担数字人民币的流通服务并负责零售环节管理，实现数字

---

① 需要注意的是，《中央银行数字货币原型系统实验研究》中介绍的原型系统主要是数字人民币整个发行流通体系中的第 1 层，即从中央银行到商业银行的闭环，这是系统最核心和最基础的部分。与用户相关的部分（如数字钱包）在《白皮书》中有简要介绍。

人民币安全高效运行，包括支付产品设计创新、系统开发、场景拓展、市场推广、业务处理及运维等服务(见图 12-1)。

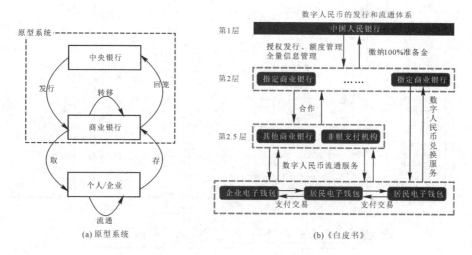

图 12-1　数字人民币的二元模式/双层运营模式

数字人民币原型系统的核心要素为"一币、两库、三中心"。"一币"指数字人民币，为央行担保并签名发行的代表具体金额的加密数字串。"两库"指央行的发行库和商业银行的银行库，同时还包括在流通市场上个人或单位用户使用的数字钱包。"三中心"指的是认证中心、登记中心和大数据分析中心，其中认证中心负责对央行数字货币机构及用户身份信息进行集中管理，它是系统安全的基础组件，也是可控匿名设计的重要环节；登记中心负责对发行、转移、回笼全过程进行登记，分布式账本服务保证央行与商业银行的数字人民币权属信息一致；大数据分析中心承担 KYC、AML、支付行为分析、监管调控指标分析等职能。

12.3.2　数字人民币的系统架构

原型系统在遵循中央银行-商业银行二元模式的基础上，针对中央银行到商业银行这一层的发行、转移和回笼的闭环运行机制进行整体规划设计。

1. 总体架构

如图 12-2 所示，数字人民币的总体架构包括中央银行数字货币原型系统、中央银行会计核算测试系统、参与原型实验的商业银行行内系统以及作为数字人民币转移场景的数字票据交易平台。

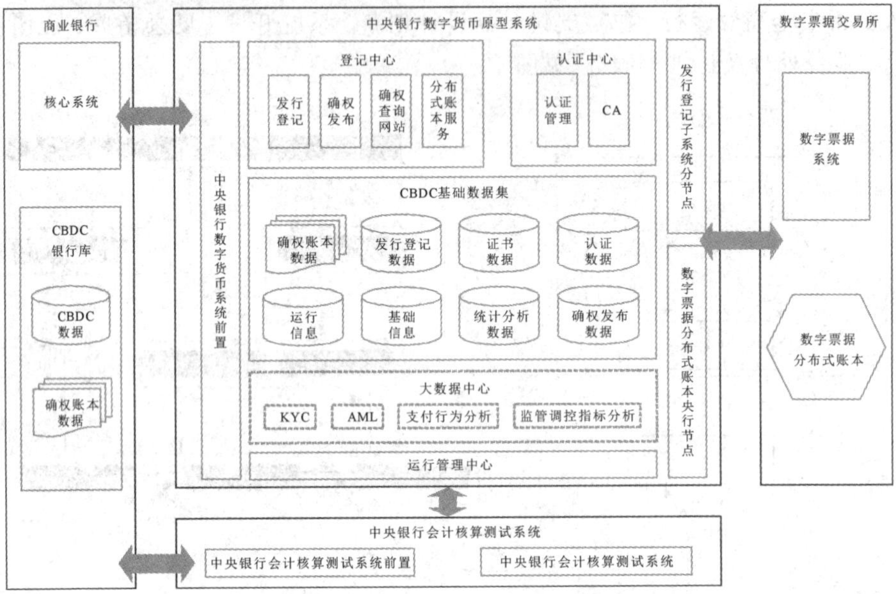

（资料来源：姚前，《中央银行数字货币原型系统实验研究》）

图 12-2　原型系统总体架构

中央银行数字货币原型系统是数字人民币体系的核心组件，由登记中心、认证中心、大数据分析中心、CBDC 基础数据集、运行管理系统、中央银行数字货币系统前置、发行登记子系统分节点以及数字票据分布式账本央行节点组成，它们各自的功能如下：

（1）登记中心主要记录数字货币的发行情况、权属信息，并完成数字货币发行、转移、回笼全过程登记；

（2）认证中心对数字人民币用户身份信息进行集中管理，是系统安全的基础组件和实现可控匿名的关键环节，主要功能包括认证管理和 CA 管理两部分；

（3）大数据分析中心是风险控制和业务管控的基础，主要功能包括 KYC、AML、支付行为分析、监管调控分析等；

（4）CBDC 基础数据集维护数字人民币的全部数据资源，为发行登记、数据分析等提供支撑；

（5）运行管理系统提供系统运营过程中的配置、管理、监控等功能；

（6）中央银行数字货币系统前置是商业银行接入央行数字货币原型系统的入口，提供商业银行核心业务系统与原型系统间的信息转发服务，主要功能包

括报文的接收、转发、签名、验签等;

(7) 发行登记子系统分节点是数字票据交易所接入央行数字货币原型系统的入口,主要处理数字货币交易确认、与数字票据系统分布式账本的央行节点通信等任务;

(8) 数字票据分布式账本央行节点是原型系统在数字票据分布式账本的前置节点,发布 CBDC 智能合约,实现数字票据交易 DVP(Delivery Versus Payment,券款兑付)。

中央银行会计核算测试系统包括系统前置和测试系统两部分,通过与原型系统对接和交互实现数字人民币的发行和回笼。商业银行行内系统与数字票据交易所均是原型系统实验的重要参与方,前者通过改造核心系统建立商业银行业务库以保存数字人民币,并与中央银行共同组建分布式账本登记货币权属信息;后者在数字票据交易所的数字票据分布式账本中加入央行节点,实现数字人民币与数字票据基于分布式账本的 DVP 交易。

2. 系统架构

按照上述总体架构,中国人民银行设计了满足原型系统实验要求的系统架构。系统架构主要确定了各方系统的接口和业务流程,并对各系统的功能组件进行了分配(见图 12-3)。

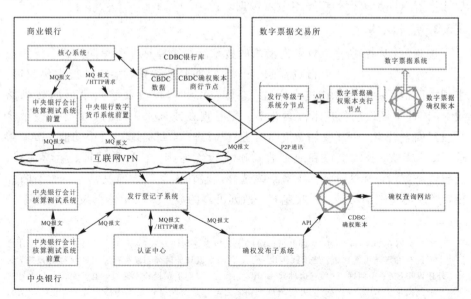

(资料来源:姚前,《中央银行数字货币原型系统实验研究》)

图 12-3 原型系统的系统架构

以数字人民币发行为例，系统架构的运行过程如下。

首先，商业银行核心系统发起请领数字货币的请求。商业银行核心系统向中央银行数字货币系统前置发起请领数字货币的 MQ(Message Queue)报文或 HTTP 请求。中央银行数字货币系统前置通过 VPN 向中央银行发行登记子系统转发报文，后者开始处理数字货币的发行业务。

其次，中央银行通过中央银行会计核算测试系统扣减存款准备金。发行登记子系统向中央银行会计核算测试系统前置发送扣减商业银行存款保证金的报文，该前置进一步将请求报文转发至中央银行会计核算测试系统。中央银行会计核算测试系统完成商业银行存款保证金扣减后，将存款保证金变化情况返回给商业银行端的中央银行会计核算测试系统前置，并进一步转发给商业银行核心系统；与此同时，也将存款保证金扣款成功的报文发送给央行端的中央银行会计核算测试系统前置，并进一步通知发行登记子系统。

最后，中央银行发行子系统完成数字货币的发行、发送和权属登记。中央银行发行登记子系统生产发行数字货币，通过中央银行数字货币系统前置发送至商业银行核心系统，并存放在商业银行银行库中。发行登记子系统通知确权发布子系统数字货币发行的权属信息，后者将脱敏后的数据发布在数字货币分布式账本上。确权查询网站读取分布式账本数据用于确权查询，商业银行的确权账本节点同步央行确权账本节点数据。

3. 技术架构

按照《白皮书》所述，数字人民币的技术路线选择是一个长期演进、持续迭代、动态升级的过程，以市场需求为导向定期开展评估，持续进行优化改进。中国人民银行一直秉持"技术中立"态度，并没有预设数字人民币的技术路线[1]，因此早期设想的技术方案并不一定是现在或未来采用的，数字人民币将"坚持'安全普惠、创新易用、长期演进'设计理念，综合考虑货币功能、市场需求、供应模式、技术支撑和成本收益确定设计原则，在货币特征、运营模式、钱包生态建设、合规责任、技术路线选择、监管体系等方面反复论证、不断优化，形成适合中国国情、开放包容、稳健可靠的数字人民币体系设计方案"。

---

[1] 参考穆长春在 2019 年 8 月 10 日中国金融四十人伊春论坛的发言："再讲一下技术路线。刚才邵主任说有可能是用区块链。这里我再说一下，在原来设计的时候，曾经有过用区块链的设想，另外还设想过'一币两库三中心'这种架构。但实际上，我们不预设技术路线，也就是说，在央行这一层我们是技术中立的……从央行角度来讲，无论你是区块链还是集中账户体系，是电子支付还是所谓的移动货币，你采取任何一种技术路线，央行都可以适应。当然，你的技术路线要符合我们的门槛……从央行角度来讲，我们从来没有预设过技术路线，并不一定是区块链，任何技术路线都是可以的，我们可以称它为长期演进技术。"

2016 年发表的"央行数字货币研究与探讨"系列报告之一——《数字货币技术实现框架》指出，要实现数字货币"四可三不可"①的主要特性，可依托安全技术、交易技术、可信保障技术这三个方面的 11 项技术构建数字货币的核心技术体系。安全技术分为基础安全技术、数据安全技术和交易安全技术三个层面；数字货币交易技术主要包括在线交易技术与离线交易技术两个方面，实现数字货币的在线交易与离线交易功能；可信保障技术为数字货币的发行、流通、交易提供安全、可信的应用环境（见图 12 - 4）。

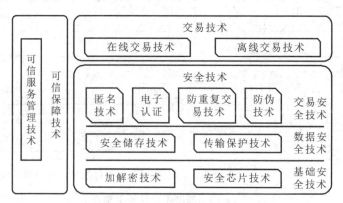

（资料来源：王永红，《数字货币技术实现框架》）

图 12 - 4　数字货币核心技术体系

《中央银行数字货币原型系统实验研究》显示，原型系统内部各子系统采用 J2EE 分层技术方案，CBDC 分布式账本部分采用 Python、C＋＋以及智能合约编程语言进行开发，软件设计采用松耦合、分层设计的原则，包含接入层、接口层、服务层、资源层等 4 层。接入层主要包括中央银行数字货币系统前置及发行登记子节点，可通过 J2EE 标准的 WEB 应用对外提供 UI 功能访问服务，也可以对外以 MQ 报文的方式提供 API 接口。接口层的核心应用主要包括 WebUI、MQ 消息代理；分布式账本应用主要包括 P2P 通信接口、Json-rpc 和 Web Service 接口等，为分布式账本节点之间的通信提供接口，以及为访问分布式账本提供 API 接口。服务层以服务的形式提供业务逻辑的封装实现，包括资源接入服务、基础服务组件、业务服务组件这 3 部分，具体实现采用开源 RPC 框架或其他技术。资源层主要涉及数据库、缓存、消息队列、文件存储等技术（见图 12 - 5）。

---

① "四可三不可"指的是数字货币应具备可流通性、可存储性、可离线交易性、可控匿名性、不可伪造性、不可重复交易性、不可抵赖性七个特性。

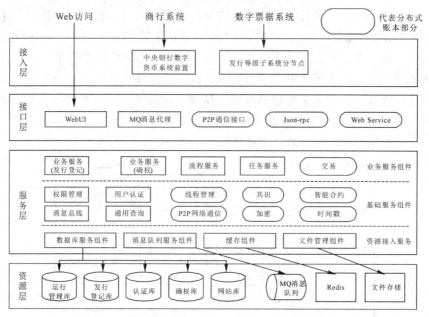

(资料来源：姚前，《中央银行数字货币原型系统实验研究》)

图 12-5　原型系统的技术架构

《白皮书》表示，进入研发和测试阶段的数字人民币系统综合了集中式与分布式架构的特点，形成稳态与敏态双模共存、集中式与分布式融合发展的混合技术架构，通过采用分布式、平台化设计，增强系统韧性和可扩展性；综合应用可信计算、软硬件一体化专用加密等技术，确保系统可靠性和稳健性；通过开展多层次安全体系建设，设计多点多活数据中心解决方案，保障城市级容灾能力和业务连续性。中国人民银行数字货币研究所所长穆长春在 2021 年 7 月16 日媒体吹风会介绍，数字人民币支付体系的交易层采用了中心化架构，所有跨机构交易均通过央行端进行价值转移，以支持高并发、低延迟地实现公众直接持有央行债权；同时，设计了基于加密字符串的数字人民币表达式，保留了安全性、防双花、不可伪造等特点，还可以加载与货币相关功能的智能合约。数字人民币支付体系的发行会基于联盟链技术构建了统一分布式账本，央行作为可信机构通过应用程序编程接口将交易数据上链，保证数据真实准确，运营机构可进行跨机构对账、账本集体维护、多点备份。

12.3.3　数字人民币的运行机制

1. 数字人民币的表达

《白皮书》指出，"数字人民币采用可变面额设计，以加密币串形式实现价值转移",这意味着数字人民币的表达方式基本遵循了中央银行数字货币原型系统的设计方案。在原型系统中,央行数字货币在形式上就是一串经过加密的字符串,这与比特币等加密数字货币有相似之处。但是,原型系统希望解决抽象、概念化的 Token 无法具体表达实际货币应有属性的局限性,要将发行方、发行金额、流通要求、时间约束,甚至智能合约等信息纳入数字货币的表达,并探索支持可扩展性的加密形态央行数字货币表达式。出于这些考虑,形式化模型表达为

$$EXP_{CBDC} = Sign(Crypto(ATTR))$$
$$ATTR \in \{id, value, owner, issuer, ExtSet\}$$

其中,EXP_{CBDC} 代表央行数字货币表达式;ATTR 代表表达式包含的属性集合,包括用户标识 id、所有者信息 owner、发行方信息 issuer、可扩展属性集合 ExtSet;Crypto 代表对属性集合元素进行加密运算;Sign 代表对表达式进行签名运算。

原型系统根据央行数字货币的目标,围绕商业银行从发行、转移到回笼的闭环应用出发,充分考虑到稳定性和扩展性的要求,对表达式的一般结构进行了设计,其基本构成包括编号、金额、所有者和发行者签名。金额代表数字人民币的面额,按可变面额设计,不设定面额上限,下限为最小颗粒度 0.01 元。应用扩展字段和可编程脚本字段可将央行数字货币的应用扩展功能和可编程功能纳入其中。应用扩展字段通过可变长数据表达格式实现多个应用属性扩展存储,在其下一层还可以通过参数字段对应用属性提供进一步可配置能力。原型系统还预留了可变长数据供可编程脚本使用,以使数字人民币灵活适应未来广泛的应用场景需求(见图 12-6)。

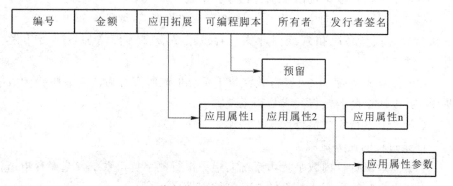

(资料来源:姚前,《中央银行数字货币原型系统实验研究》)

图 12-6 数字人民币表达式结构

2. 发行回笼机制

原型系统设计了商业银行存款准备金与央行数字货币兑换机制，以实现数字货币的发行与回笼。对央行数字货币而言，发行指的是中央银行生产数字货币并将其发送至商业银行银行库的过程；回笼指的是商业银行向中央银行缴存数字货币，并由中央银行将其作废的过程。为了保证央行数字货币的发行和回笼不改变货币发行总量，在发行阶段，原型系统扣减商业银行存款准备金后等额发行央行数字货币；在回笼阶段，央行作废数字货币后等额增加商业银行存款准备金。这一过程将由原型系统对接中央银行会计核算系统来完成（见图12-7）。

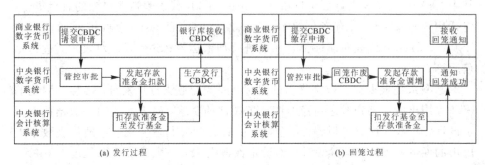

(a) 发行过程　　　　　　　　　(b) 回笼过程

（资料来源：姚前，《中央银行数字货币原型系统实验研究》）

图12-7　央行数字货币的发行与回笼过程

发行过程的业务流程为：

（1）商业银行行内数字货币系统向中央银行数字货币系统发起请领申请；

（2）中央银行数字货币系统进行管控审批；

（3）审批通过后向中央银行会计核算系统发起存款准备金扣款指令，中央银行会计核算系统扣减该商业银行存款准备金并等额增加数字货币发行基金；

（4）扣款成功后，中央银行数字货币系统生产所有者为该商业银行的数字货币，并发送至商业银行数字货币系统；

（5）商业银行完成银行库入库操作。

回笼过程的业务流程为：

（1）商业银行行内数字货币系统向中央银行数字货币系统发起缴存申请；

（2）中央银行数字货币系统进行管控审批；

（3）审批通过后，中央银行数字货币系统先将缴存的数字货币作废，然后向中央银行会计核算系统发起存款准备金调增指令；

（4）中央银行会计核算系统扣减数字货币发行基金，同时等额增加该商业银行存款准备金；

（5）完成后，中央银行数字货币系统通知商业银行回笼成功。

3. 转移机制

数字人民币以加密币串形式实现价值转移，与比特币的 UXTO 机制较为类似。原型系统将某次转移中的央行数字货币分为来源币和去向币两种，前者是转移之前的央行数字货币，后者是转移之后的央行数字货币，而转移就是作废来源币、生产并发送去向币的过程。

央行数字货币的转移可以分为三种模式：直接转移、合并转移、拆分转移。如图 12-8 所示，直接转移是用户 A 将 CBDC 字串 1 发送给用户 B。转移过程中，字串 1 被销毁的同时产生所有者标识为用户 B 的字串 2，字串 2 的金额与字串 1 相等。合并转移是用户 B 将字串 2 和字串 3 一起转移给用户 C。转移过程中，字串 2 和字串 3 被销毁的同时产生金额等于字串 2、3 之且所有者标识为用户 C 的字串 4。在合并转移过程中，来源币的数量可以是任意个。拆分转移是用户 C 将字串 4 的部分金额转移给用户 D。转移过程中，字串 4 被销毁，同时按照需要转移的金额产生所有者标识为 D 的字串 5，剩余金额产生所有者为 C 的字串 6。在拆分转移中，去向币的数量和权属可以是任意的。

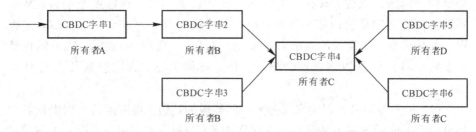

（资料来源：姚前，《中央银行数字货币原型系统实验研究》）

图 12-8 央行数字货币的转移类型

原型系统中，商业银行之间转移央行数字货币表现为 CBDC 字串通过中央银行数字货币系统进行转换并传递的过程。商业银行 A 数字货币系统将待转移的央行数字货币发送至中央银行数字货币系统。中央银行数字货币系统首先将来源币作废，然后按转移金额生成所有者为商业银行 B 的去向币。如果转移后还有余额，则还要生成所有者为商业银行 A 的去向币，然后将去向币分别发送给对应的商业银行（见图 12-9）。

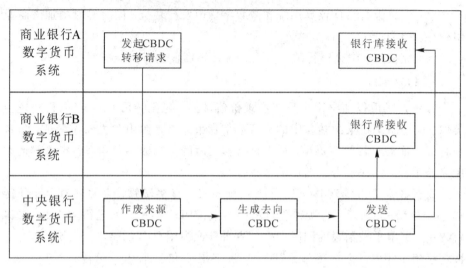

（资料来源：姚前，《中央银行数字货币原型系统实验研究》）

图 12-9 央行数字货币的转移过程

4. 数字钱包

数字钱包是数字人民币的载体和触达用户的媒介。在数字人民币中心化管理、统一认知、实现防伪的前提下，人民银行和指定运营机构及社会各相关机构一起按照共建、共有、共享原则建设数字人民币钱包生态平台，从不同维度构建不同类型的数字钱包，最终形成满足用户多主体、多层次、多类别、多形态差异化需求的数字人民币钱包矩阵。《白皮书》表示，数字钱包将按照客户身份信息识别强度、开立主体、载体类型、权限归属等进行种类细分。

（1）按照客户身份识别强度分为不同等级的钱包。指定运营机构根据客户身份识别强度对数字人民币钱包进行分类管理，根据实名强弱程度赋予各类钱包不同的单笔、单日交易及余额限额。最低权限钱包不要求提供身份信息，以体现匿名设计原则。用户在默认情况下开立的是最低权限的匿名钱包，可根据需要自主升级为高权限的实名钱包。目前上线的数字人民币（试点版）App 中，个人数字人民币钱包按身份识别强度主要分为四档（见表 12-1）：Ⅰ 类钱包实名程度最高，需现场核验申请人身份信息，验证有效身份证件、手机号及本人境内银行账户信息，可绑定本人境内银行账户，支持个人数字人民币钱包内数字人民币与绑定账户存款的互转；Ⅱ 类钱包实名程度较高，可远程开立，需验证身份证件、手机号及本人境内银行账户等信息，支持个人数字人民币钱包内数字人民币与绑定存款的互转；Ⅲ类钱包实名程度较弱，可远程开立，需验证身份证件、手机号等信息，无须绑定银行账户；Ⅳ类钱包为非实名钱包，可远程开立，仅验证手机号码即可，无须绑定银行账户。另外，目前交通银行还提供针对外籍人士的非实名钱包。

表 12 - 1　按身份识别强度分类的个人数字人民币钱包类型

单位：元

数字钱包分类	Ⅰ类钱包	Ⅱ类钱包	Ⅲ类钱包	Ⅳ类钱包	Ⅴ类钱包（交通银行）
钱包属性	实名钱包	实名钱包	实名钱包	非实名钱包	非实名钱包
认证方式	银行面签人脸识别身份证件手机号银行账户	远程认证人脸识别身份证件手机号银行账户	远程认证人脸识别身份证件手机号	远程认证手机号/邮箱	远程认证手机号/邮箱
开户数量限制	一人同一机构限一个	一人同一机构限一个	一人同一机构限一个	一手机号/邮箱同一机构限一个	一手机号(含境外手机号)/邮箱同一机构限一个
绑定账户	绑定一类本人银行借记卡	绑定一类本人银行借记卡	不可绑定任何账号	不可绑定任何账号	不可绑定任何账号
余额上限	无	50 万	2 万	1 万	1000
单笔限额	无	5 万	5000	2000	500
日累计限额	无	10 万	1 万	5000	1000
年累计限额	无	无	无	5 万	1 万

（资料来源：网络公开信息）

（2）按照开立主体分为个人钱包和对公钱包。自然人和个体工商户可以开立个人钱包，按照相应客户身份识别强度采用分类交易和余额限额管理；法人和非法人机构可开立对公钱包，并按照临柜开立还是远程开立确定交易和余额限额，钱包功能可依据用户需求定制。

（3）按照载体分为软钱包和硬钱包。软钱包基于移动支付 App、软件开发工具包(SDK)、应用程序接口(API)等为用户提供服务。硬钱包基于安全芯片等技术实现数字人民币相关功能，依托 IC 卡、手机终端、可穿戴设备、物联网设备等为用户提供服务。软硬钱包结合可以丰富钱包生态体系，满足不同人群的需求。

(4) 按照权限归属分为母钱包和子钱包。钱包持有主体可将主要的钱包设为母钱包，并可在母钱包下开设若干子钱包。个人可通过子钱包实现限额支付、条件支付和个人隐私保护等功能；企业和机构可通过子钱包来实现资金归集及分发、财务管理等特定功能。

12.3.4 数字人民币的设计特性

前述内容从总体框架、系统架构和运行机制几个方面勾勒出数字人民币的大致画像，但许多设计细节仍然在开发和测试中不断迭代优化。在正式落地应用之前，我们可能难以掌握数字人民币的全部设计细节，但《白皮书》将数字人民币的设计中需要考虑的特性进行了归纳，这些特征将引领数字人民币的后续开发。

(1) 兼具账户和价值特征。数字人民币兼容基于账户(Account-based)、基于准账户(Quasi-account-based)和基于价值(Value-based)三种方式，采用可变面额设计，以加密币串形式实现价值转移。

(2) 不计付利息。数字人民币定位于 M0，与同属 M0 范畴的实物人民币一致，不对其计付利息。

(3) 低成本。与实物人民币管理方式一致，人民银行不向指定运营机构收取兑换流通服务费用，指定运营机构也不向个人客户收取数字人民币的兑出、兑回服务费。

(4) 支付即结算。从结算最终性的角度看，数字人民币与银行账户松耦合，基于数字人民币钱包进行资金转移，可实现支付即结算。

(5) 匿名性(可控匿名)。数字人民币遵循"小额匿名、大额依法可溯"的原则，高度重视个人信息与隐私保护，充分考虑现有电子支付体系下业务风险特征及信息处理逻辑，满足公众对小额匿名支付服务需求。同时，防范数字人民币被用于电信诈骗、网络赌博、洗钱、逃税等违法犯罪行为，确保相关交易遵守反洗钱、反恐怖融资等要求。数字人民币体系收集的交易信息少于传统电子支付模式，除法律法规有明确规定外，不提供给第三方或其他政府部门。人民银行内部对数字人民币相关信息设置"防火墙"，通过专人管理、业务隔离、分级授权、岗位制衡、内部审计等制度安排，严格落实信息安全及隐私保护管理，禁止任意查询、使用。

（6）安全性。数字人民币综合使用数字证书体系、数字签名、安全加密存储等技术，实现不可重复花费、不可非法复制伪造、交易不可篡改及抗抵赖等特性，并已初步建成多层次安全防护体系，保障数字人民币全生命周期安全和风险可控

（7）可编程性。数字人民币通过加载不影响货币功能的智能合约实现可编程性，使数字人民币在确保安全与合规的前提下，可根据交易双方商定的条件、规则进行自动支付交易，促进业务模式创新。

——《中国数字人民币的研发进展白皮书》

本 章 小 结

新一轮科技革命和产业变革推动诸多数字场景的涌现，让数字经济成为大势所趋，这对更高效的零售支付模式提出新的要求，全球范围内越来越多国家和地区的中央银行积极探索法定货币的数字化形态。从 2014 年中国人民银行成立法定数字货币研究小组，到数字货币与电子支付（DC/EP）研发与试点项目正式启动，再到数字人民币（e-CNY）产品的推出和推广，中国人民银行和数字人民币无疑走在了世界前列。在法定数字货币当前仍在研究探索阶段、没有先例和成功经验可以借鉴的情况下，中国人民银行创造性地提出了中心化管理、双层运营数字人民币解决方案，并在数百万个应用场景下进行大规模试点测试，验证了数字人民币业务技术设计的合理性及系统稳定性、产品易用性和场景适用性。研发并推行数字人民币不仅能够推动金融业数字化转型，普遍惠及大众，对增强金融稳定性、跨境支付结算便利性，以及在一定程度上推进人民币国际化都具有重大意义。

思 考 与 练 习

1. 简述数字人民币项目的研发背景和目标愿景。
2. 简述数字人民币的研发历程。
3. 结合 BIS 的 CBDC 金字塔模型，解读数字人民币的设计框架。
4. 如何理解数字人民币兼具账户和价值特征？
5. 简述数字货币的二元模式或双层运营体系。
6. 简述数字钱包的类型。

延伸阅读材料

[1] 中国人民银行数字人民币研发工作组. 中国数字人民币的研发进展白皮书. 2021.

[2] 姚前. 中央银行数字货币原型系统实验研究. 软件学报，2018(9)：2716 - 2732.

[3] 姚前. 法定数字货币的经济效应分析：理论与实证. 国际金融研究，2019，(1)：1006 - 1029.

[4] 王永红. 数字货币技术实现框架. 中国金融，2016(17)：15 - 17.

[5] 艾瑞咨询. 中国数字人民币发展研究报告. 2021.

[6] 头豹研究院. 数字货币简报：中国数字人民币核心技术探析. 2022.

第十三章 加密数字资产交易所

简单地讲，大多数加密货币交易所跟纽交所或者纳斯达克没有任何共同之处。虽然一些投资者意识到了这一点，但更多人错误地认为它们是诚信的，甚至将加密货币长期存放在这些交易所。相反，交易所辜负了投资人的信任，通过猖獗甚至显而易见的虚假交易来推销自己，因为它们很难被关闭或被监管——毕竟，清算和结算发生在不易审计的比特币和以太网链路上。

——尼克·卡特（Nic Carter），Coin Metrics 联合创始人，Castle Island Ventures 合伙人，Coindesk 专栏作者

加密数字资产交易所是伴随加密货币蓬勃发展的另一产业。由于加密数字资产交易所不需要在任何中央机构注册，所以我们很难确定交易所的确切数量。不过在本书写作之时，加密货币数据服务商 CoinMarketCap 跟踪的加密数字资产交易所已接近 400 家，其中 304 家现货交易所的 24 小时成交金额合计超过 1500 亿美元。据公开数据和测算，加密数字资产交易所在 2021 年的年度利润合计可能超过了 100 亿美元。加密数字货币和交易所的关系可能有些类似"鸡与蛋"的关系：虽然我们确定比特币等数字货币诞生之后才有了数字资产交易所，但数字货币的价值很大程度上必须依靠交易所来呈现。正如有些人所认为的，"黄金之所以有价值，是因为世界上存在着一个全球黄金市场"。

加密数字资产交易所的产生与发展

简单来说，加密数字资产交易所就是交易加密数字资产的场所，通常都是在线交易平台。在加密数字资产交易所中，交易对象是加密数字资产，包括我们常说的数字货币、加密数字代币、加密数字衍生品等。交易者可以使用法定货币买卖加密数字资产（法币交易），亦可以使用加密货币（或代币）来交易其他加密数字资产（币币交易）。在这些交易中，交易所提供的服务、扮演的角色存

在很大的差异,既可以扮演中间人来撮合交易,也可以作为交易对手参与货币兑换,还可以作为柜台在买卖双方之间提供点对点交易服务。这些交易对象、业务种类、服务类型随着加密数字货币和交易所的发展而不断迭代、丰富。

13.1.1 加密数字资产交易所的产生

人们一般习惯把 MT. Gox 看作第一家真正意义上的加密数字资产交易所,因为它一度承担了早期比特币交易量的 80% 之多。不过,在 MT. Gox 之前,还短暂地存在过一个名为 BitcoinMarket 的交易平台,它可能是世界上最早的加密数字资产交易所(见图 13 - 1)。

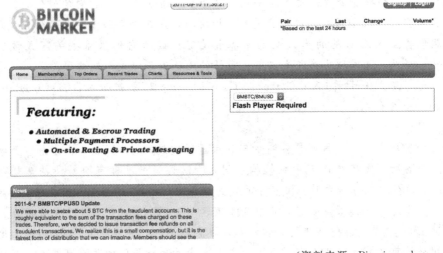

(资料来源:Bitcoinmarket. com)

图 13 - 1　BitcoinMarket 的网页截图

在比特币上线以后、交易所诞生之前,获得比特币的方法只有两种:一是自己挖矿获得比特币奖励,二是通过 Bitcointalk 等论坛寻找交易对手,进行点对点交易。在那些日子里,由于全网算力非常有限,比特币爱好者开采比特币的难度还是比较低的,但获得它仍然需要一些技术知识。点对点交易也存在一些风险,但风险没有今天这么高,因为那时的比特币几乎"一文不值"。归根结底,当时对于比特币的价值还没有达成广泛的共识。2010 年 1 月 15 日,Bitcointalk 论坛上一个名为"dwdollar"的用户发帖称他正在建立一个交易所,一个人们能够相互买卖比特币的真正的市场,他写道:"我正在尝试创建一个将比特币视为商品的市场。人们能够用比特币兑换美元,并且估算比特币的价值。理论上,这将建立一个实时汇率,因此我们都将知道比特币的实时美元价值。"

2010 年 3 月 17 日，Bitcoinmarket.com 上线。网站接受 Paypal 作为支付渠道，买家通过 PayPal 向另一位用户发送美元来购买比特币，而 BitcoinMarket 托管卖家的比特币，直到卖家收到钱后再将比特币发送至买家的钱包地址。作为匆忙上线的第一个加密货币交易平台，BitcoinMarket 早期漏洞百出，经常需要根据 Bitcointalk 论坛成员的反馈修补漏洞。不过，由于允许使用 Paypal，新用户不断涌入 BitcoinMarket，推动比特币价格创出历史新高（网站上线之初 BTC 价格约为 0.003 美元，之后曾一度达到 44 美元）。随着比特币数量和价格的增长，人们对比特币的兴趣有所提升，但骗子的数量也在增加。在发生一系列欺诈交易之后，Paypal 于 2011 年 6 月 4 日从交易所下架，BitcoinMarket 剩下的日子也屈指可数了。

接替 BitcoinMarket 的就是后来臭名昭著的 MT.Gox，它在比特币的崛起中发挥了关键作用。2011 年 7 月 18 日，杰德·麦卡勒布（Jed McCaleb）在 Bitcointalk 上宣布，他改写了 mtgox.com，可用于比特币交易。麦卡勒布认为，与 BitcoinMarket 相比，MT.Gox"始终在线、自动化、网站速度更快，而且在专用托管上界面更友好"。由于 Paypal 是当时为数不多的可以轻松集成的法币入口之一，MT.Gox 也使用 Paypal 来支付法币，自然也遇到了与 BitcoinMarket 相同的问题。好在麦卡勒布不断完善网站，比特币核心开发者加文·安德烈森（Gavin Andresen）创建的比特币"水龙头"也带来更多的参与者，MT.Gox 的流动性与日俱增。

在运行该交易所八个月后，麦卡勒布于 2011 年 3 月 6 日发布了一份公告，标题为"MT.Gox 正在更换所有者"。不久，MT.Gox 被出售给日本的 Tibanne Co.，由马克·卡佩勒斯（Mark Karpelese）负责经营。在后者的管理下，虽然公司内部运营并不很顺利，也经常受到黑客攻击，但 MT.Gox 依然迅速扩张。到 2013 年，MT.Gox 已成为世界上最大的比特币交易所，交易量占比特币交易总量的 70%。

2014 年 2 月 7 日，MT.Gox 突然宣布暂停所有比特币提币服务，交易所在声明中称"系统出现了漏洞，不解决这个漏洞的话，交易细节有可能会被篡改，比如，在没有比特币转账的情况下，系统中可能会显示用户将比特币转入了电子钱包。"同月 24 日，卡佩勒斯在社交媒体上宣布辞去比特币基金会董事会成员职务，次日 MT.Gox 暂停了所有交易活动，之后该交易所完全下线。有泄露的内部文件称，MT.Gox 被黑客盗取了 744 408 枚比特币，导致其资不抵债；更糟糕的是，此次黑客事件其实预谋已久，但是交易所多年来却毫无察觉。2 月 28 日，MT.Gox 在东京申请破产保护，之后又于 3 月 9 日在美国申请了破产保护。这个曾经世界上最大的加密货币交易所轰然倒塌，不复存在。

这次事件引发了比特币市场的剧烈震荡。比特币价格应声"跳水",在一个月内下跌超过 36%;同时,大量 MT. Gox 用户既感到愤怒又感到束手无策,开始了艰辛的维权之路。一时间,人们对于比特币和交易所的信任降至冰点,对区块链宣传的去中心化概念产生怀疑,整个行业阴云密布。

13.1.2 加密数字资产交易所的发展

在经历了 MT. Gox 事件之后,加密资产交易所的发展也被动进入到新的阶段。在现有的文献资料中,研究者习惯以 2017 年和 2020 年为界,对 MT. Gox 之后的加密资产交易所发展阶段进行划分,主要的依据是 2017 年 ICO(首次代币发行)爆发引起的"币币交易"热潮极大地改变了交易所的生态,以及 2020 年的 DeFi(去中心化金融)和 DEX(去中心化交易所)热潮重新唤起了加密货币圈对去中心化的狂热追求。除此之外,全球最大的加密资产交易所之一 Coinbase 于 2021 年 4 月登录美国纳斯达克股票交易所,也是加密资产交易所发展史上的重要里程碑。下面就上述几个重要的发展阶段进行简要介绍。

1. 替代、安全与合规

在 MT. Gox 最后的日子里,交易所的竞争格局已开始悄然发生变化,BTCChina、Bitstamp、OKCoin、Huobi 等平台的交易量迅速崛起。2013 年 11 月,中国最大的比特币交易平台——BTCChina 的比特币周交易量超过了长期雄踞世界第一的 MT. Gox,一跃成为世界上最大的数字货币交易平台。MT. Gox 事件之后,中国的加密数字资产交易所通过免交易手续费和服务创新等策略,快速成为了全球交易量最大的市场,2013 年才成立的 OKCoin 和 Huobi 也快速成为全球范围内的头部交易平台。2014 年 5 月,Huobi 的交易量超越了 BTCChina,成为新的世界第一平台。

有技术专家认为,导致 MT. Gox 被黑客击破的原因可能是比特币提现环节的签名被黑客篡改并先于正常的请求进入比特币网络,而且在平台请求重复提现。同时,人们也发现存储在热钱包之中的比特币也很容易被黑客盗取。因此,安全性成为 MT. Gox 事件之后各个交易平台最为关注的地方。Bitstamp 把确保客户个人数据安全作为其首要任务,它在其热钱包中实施了多重签名(Multi-Sig)技术,并且只在热钱包中保留很小一部分加密资产,而将大多数资产安全地离线存储在冷存储系统中。Huobi 上线了断路器机制,一旦发现可能使交易者面临风险的巨幅波动,该机制将停止一切清算活动。Coinbase 也进行了一系列提升安全等级的改进,例如,提出地址拆分优化方案,允许用户将自己的密钥分成几块,分别保存在不同的地方;定期进行资产整理,将资产拆分打散,分散大额地址的安全风险;Coinbase 还在 2014 年 7 月推出 Vault 钱包,提供企业银行账户中常见的安全功能。

这一阶段的另一个关键词是合规。主流加密货币交易所已经意识到合规和监管的重要性，并开始尝试改变这种状况，寻求拥抱监管，积极进行合规化，这也是部分交易所能够在币圈震荡中生存下来的重要原因。以头部交易所Bistamp 和 Coinbase 为例。2011 年成立之初，Bitstamp 就开始着手建立合规框架，即使是在加密领域还没有任何形式的监管时，该框架就已经在合规性方面站稳了脚跟。2013 年 9 月，Bitstamp 开始要求账户持有人通过其护照复印件和家庭住址的正式记录来验证其身份。2014 年 11 月，Bitstamp 将支付巨头 PayPal 的首席合规官 Jean-Baptiste Graftieaux 纳入麾下，以帮助其在最大限度地符合监管要求的情况下拓展业务。2015 年，在美国纽约比特币监管条例出台之后，Bitstamp 积极申请 Bitlicense，这与 Bitfinex 等平台拒绝申请许可形成了鲜明对比。2012 成立的 Coinbase 公司也是如此，它于 2013 年在美国金融犯罪执法网络局注册为货币服务企业，积极在监管之下和合规范围内开展业务。在其 C 轮融资中，Coinbase 因其在合规方面的努力，获得了来自纽交所、USAA 银行等机构的注资。2015 年 1 月 Coinbase 创建的美国第一家持有正规牌照的比特币交易所正式开张，在纽约、加州等美国一半的州获得许可。关于 Coinbase 合规性的一个有趣插曲是：在 2017 年 Coinbase 的 D 轮融资路演中，一张幻灯片不当地表示"比特币的好处之一是可以逃避国际制裁"，此举导致 Coinbase 与硅谷银行分道扬镳，当时的首席合规官马汀·涅加德里克（Martine Niejadlik）也因此被解雇。由此也可以看出，合规已经成为加密资产交易所最重要的属性之一。

2. ICO 热潮与币币交易

2017 年兴起的 ICO（Initial Coin Offering）热潮是推动加密资产交易所生态巨变的另一重要节点。ICO 是一种为加密数字货币/区块链项目筹措资金的常用方式，早期参与者可以从中获得初始产生的加密数字货币作为回报。前面我们已经介绍过最早的 ICO 项目之一——Mastercoin，它在 2013 年 8 月募集到 5120 BTC，当时价值超过 50 万美元。在 2017 年之前，著名的 ICO 项目还包括 NXT、Ethereum、Factom、Lisk、The DAO 等，其中 Ethereum 对加密数字货币领域的影响最大。

2013 年，维塔利克·布特林（Vitalik Buterin）发布了《以太坊白皮书》初版，他的想法在全球区块链社区获得了热烈的反响。随后，英国计算机程序员加文·伍德（Gavin Wood）在《以太坊黄皮书》中证明了布特林开发的系统实现的可能性，并描述了系统运行的基本原理。他们和以太坊团队的第一批成员一起发起了众筹，为项目的开发筹集了 1800 万美元。2015 年 7 月 30 日，他们推出了以太坊加密货币协议的第一个版本 Frontier，随后在 Kraken 交易所上线 ETH。2015 年 11 月 19 日，著名的 ERC20 协议正式发布，它是建立在以太坊网络之上的智能合约。以太坊和 ERC20 带来了许多进步，将区块链应用拓展到价值交换的可编程性，大大降低了区块链创业的门槛，并且极大地简化、加速了区块链项目的全球融资流程。有了这套标准，发行代币变得极其简单，只要有一定的 ETH 余额，就可以创造和发送新的代币。ICO 热潮极大地增加了 ETH 的需求，成千上万的项目选择用 ETH 进行融资以快速推高 ETH 价格，这又进一步反过来吸引更多的人基于 ETH 和 ERC20 发行新的代币。这轮 ICO 热潮一直持续到 2018 年年中，累计融资规模超过 200 亿美元。

随着 ICO 项目百花齐放，加密数字资产交易所的数量也迅速增加，其中最具代表性的就是币安（Binance）。2017 年 7 月，加拿大华人赵长鹏携团队创办了"币安"。从 2017 年 7 月 14 日交易所正式上线，到成为全球交易量排名第一的加密数字资产交易所，币安只用了五个月左右的时间。币安的成功与它的三个重要特点有关：第一，币安是首个不接受法币，仅接受数字货币的"币币交易"交易所。在 2017 年中国人民银行、中央网信办等七部委叫停代币发行融资活动的特殊背景下，币安的币币交易模式一定程度上规避了监管问题。第二，币安推出了原生平台币 BNB，允许持有和使用 BNB 支付的交易者抵扣一定的交易手续费，同时承诺交易所会将 20% 的季度利润以 BNB 的形式销毁，从而推动了 BNB 价格的稳定上涨，与用户共享币安的发展收益。第三，币安上架了最多的长尾 ICO 资产，拥有最多的交易对（在本书写作之时，币安可交易超过 300 种数字货币和接近 1200 个交易对），这可能是 2017 年至 2018 年 ICO 热潮中最具竞争优势的一点。

3. 去中心金融与去中心化交易所

如果说比特币提出的点对点支付体系是加密世界去中心化的第一个伟大尝试，那么去中心化金融（Decentralized Finance，DeFi）无疑是另一次重大突破，而且有着更为宏大的理想。2018 年，Dharma Labs 创始人布伦丹·福斯特（Brendan Forster）首次提出 DeFi 的概念。在这一崭新的金融生态中，不仅仅是交易和支付，包括金融资产质押、贷款等金融活动也能够基于区块链技术和智能合约开展；人们可以彻底摆脱第三方中介机构（银行、基金管理人等），高效地获取金融服务，并且数据也会上链以保障完全的透明和公开。

实际上，在 2018 年 DeFi 概念正式诞生之前，加密世界已经有了一些尝试，包括去中心化的稳定币、去中心化的商业银行、去中心化的交易所等。

MakerDAO 是建立在以太坊区块链上最早的去中心化自治组织之一和智能合约系统，启动于 2014 年。2017 年 11 月，MakerDAO 发布了去中心化稳定币 DAI 的第一个版本。DAI 与稳定币 Tether 不同，不依靠中心化的机构来发行和维持汇率稳定；用户通过 MakerDAO 智能合约质押一定的数字资产（一般是 ETH），然后借出相同价值的稳定币 DAI，系统则用动态的目标利率去调节 DAI 的价格。在第一版 DAI 里，DAI 兑美元的汇率维持在 1∶1 左右浮动。尽管 DAI 在上市初期价格并不算稳定，但其去中心化、公开审计、完全透明、链上可查等特点还是吸引了大量用户，成为许多交易所中的计价货币，也是许多去中心化应用上默认使用的稳定支付手段。

在此之后，以太坊上又出现了借贷类项目 ETHLend（后更名为 Aave）、Compound 等一系列模拟传统金融业务的 DeFi 项目。2020 年 6 月，基于以太坊的 DeFi 项目 Compound Finance 开启了通证奖励的模式，即所谓的"流动性挖矿"：向项目应用提供或借出数字资产贷款的用户可以获得 COMP 通证（Token）奖励，用于在项目治理中投票或是在交易所进行自由交易。COMP 通证价格一度涨至 300 美元以上，这激励了大量用户使用 Compound 的服务，也推动了 2020 年爆发 DeFi 热潮。

DeFi 生态的另一重要成员就是去中心化交易所（Decentralized Exchange，DEX）。在早期阶段，去中心化交易所开发者希望模拟中心化交易所的订单簿机制，但因计算量太大且速度缓慢无法使用。0x 在 2017 年开始部署一种基于链上交易的解决方案，用户可以在链下平台（如 Twitter）发布订单，然后再通过 0x 在链上结算。不过这种方式被证明是低效的，很快就被取代。2018 年 8 月，Bancor 提出了构建自动化做市商（Automatic Market Maker，AMM）的思路，通过设置一个流动性资产池来充当用户的交易对手，基于某种恒定函数和特定算法来确定交易价格，这无疑是一个非常大胆且有创意的想法。2018 年 11 月，基于 AMM 的 Uniswap 上线，并凭借其简洁的恒定乘积函数，以雷霆之势席卷整个 DeFi 领域。2020 年夏天，DeFi 的热潮推动 DEX 的数量和交易量激增，Uniswap 的交易量远远超过了其他 DEX 竞争对手，有时甚至超过了头部中心化交易所 Coinbase。到 2020 年 12 月时，DEX 的单月交易额达到了 192 亿美元，相比上年同期增长 115 倍。衡量 DeFi 领域发展的核心指标——TVL（总锁仓价值，Total Value Locked）在 2020 年也增长了 24 倍之多，其中 DEX 就占据了半壁江山。

4. Coinbase 登录纳斯达克

2021 年 4 月 14 日，全球最大的加密数字资产交易商之一 Coinbase 成功在美国纳斯达克全球精选市场上市交易，股票代码为"COIN"，成为加密数字资产交易所中的首家上市公司。据 Coinbase 提交给美国证券交易委员会（SEC）的一份 S-1 报告称，截至 Coinbase 有 4300 万经核实的用户，每月平均有 280 万笔交易；2020 年公司实现总收入 34 亿美元，净收入 3.22 亿美元，其中交易费用占其净收入的 96％。Coinbase 上市参考价为每股 250 美元，对应市值为 653 亿美元；上市首日开盘上涨逾 52.4％，冲破 1100 亿美元后又迅速缩水，最终收涨 31.31％。这次 IPO 跻身历史上规模最大的科技股 IPO 之一，与 Facebook 在 2012 年 IPO 时及 Airbnb 在 2020 年 IPO 时的估值相当。

Coinbase 的上市具有里程碑意义。一方面，它标志着加密数字资产交易所的合规化程度能够达到主流金融市场认可的水平。全球领先的比特币 ATM 运营商 CoinFlip 的首席执行官本·韦斯（Ben Weiss）在接受彭博采访时表示，Coinbase 上市的最大意义在于，它证明了加密货币行业的合法性。美国风险投资家布拉德利·图斯克（Bradley Tusk）在接受纽约时报采访时表示，Coinbase 的上市为一个长久以来萦绕于业界的问题提供了答案，即"加密货币是否真实存在"。另一方面，Coinbase 在纳斯达克上市正式向公众开放加密货币市场，也为机构投资者打开了一个投资门户，让他们无须购买加密货币就可以在加密货币市场获得风险敞口。

13.2 加密数字资产交易所的特征与分类

13.2.1 加密数字资产交易所的特征

我们已经了解了加密数字资产交易所的发展脉络，这里我们简单谈一谈加密数字资产交易所与传统交易所之间的异同。很显然，与传统交易所一样，加密数字资产交易所也是加密货币市场发展到一定阶段后的产物。在信用制度趋于成熟、社会化大生产对资本需求快速膨胀的时候，传统的证券、商品交易所就出现了。加密数字资产交易所与之类似，当加密社区、论坛难以满足数字货币的定价和交易需求时，有组织的交易所必然出现。经过较长时间的发展，目前加密资产交易所几乎和传统交易所一样，具备了完整的定价、交易、融资、风险管理等功能。那么，除了标的资产不同之外，加密资产交易所与传统交易所的差异还有哪些呢？

总体而言，加密数字资产交易所承担的职能更加多元化。除了履行必要的数据发布、信息披露、市场监督、风险管理职能之外，传统交易所在交易环节承担的主要职能是通过订单匹配引擎来撮合买卖双方的交易，而加密数字资产交易所发挥的作用远远超出了作为买卖双方之间交易平台的作用，覆盖了"贸易便利化"的所有方面。例如，Coinbase 提供的服务包括：上市审核、现货与衍生品交易撮合、做市商、存贷款、质押融资、登记、托管等，这些职能在传统金融领域需要由证券监管机构、交易所、银行、证券公司、证券登记结算机构、投资银行等多方共同协调完成。Binance、Huobi、OKEx 等交易所还可以扮演投资银行的角色，提供 IEO(承揽发行)服务；此外还包括发行平台币、提供流动性挖矿、组建矿池等。加密资产交易所的服务多元化既有积极的影响，也有负面的效果。一方面，这无疑增加了交易所在整个生态中的话语权和收入来源，一定程度上也降低了用户的交易成本；另一方面，职能的过度集中提高了监管的难度，增加了技术复杂性，这样也很可能会加大信用风险、道德风险、操作风险对市场的冲击。

具体来看，加密数字资产交易所在资产托管、交易清算、技术难度和监管力度方面与传统交易所的差异较大。首先，传统交易所通常需要依靠具备资质的商业银行等第三方机构来托管客户的资产，交易所不直接接触客户的资金，从而实现风险隔离的目的；而在加密数字资产交易中，客户资产要么托管给交易所(中心化交易所)，要么由用户自己保管(去中心化交易所)。其次，传统交易所的交易清算由第三方清算公司执行，一般会在交易结束一段时间后统一清算交割；加密数字资产交易所集成了清算功能，并且会在交易发生时进行实时结算。再者，加密数字资产交易所的技术难度要显著高于传统交易所。例如：绝大多数加密资产交易所都是 7×24 小时全天候运行，系统维护和升级难度更大；数字资产交易者不需要通过经纪人的交易席位就能够直接访问交易所，给交易所带来很大的流量压力；数字资产交易所在存储客户资产、应对客户存取款方面需要较强的安全性措施等。最后，加密资产交易所毕竟属于新兴事物，监管分歧和难度均较大。目前大多数国家和地区还处在摸索和观察阶段，相关法律法规尚不完善，监管水平和力度与传统交易所还存在较大差距。

13.2.2　加密数字资产交易所的分类

截至目前，全球范围内仍在运营的加密数字资产交易所有数百家之多，这些交易所的运行机制、交易品种、服务模式等存在很大的差异，这里尝试进行一个简单的分类。

1. 按交易所的设计机制分类

按照设计机制划分，加密数字资产交易所分为中心化加密资产交易所和去中心化加密资产交易所两大类。在中心化交易所中，用户将数字资产存放在交易所，由交易所集中保管和控制；交易时，用户向交易所发出指令，交易所进行撮合，并将成交结果返回给用户，在用户提款之前不涉及区块链上的资产转移。在去中心化交易所中，用户的数字资产存储在自己的钱包地址或智能合约中，由用户保管和控制；交易时，用户用私钥发起交易，交易所执行职能合约完成交易，资产在链上完成转移。由此可以看出，中心化交易所和去中心化交易所的差异集中体现在以下两个方面：第一，用户的数字资产是托管在交易所的资金池中还是存放在客户的钱包地址中；第二，交易是在中心化的服务器上完成还是在去中心化的区块链上完成。目前来看，以 Binnace、Coinbase、Huobi 等为代表的中心化交易所，因交易对丰富、成交速度快、交易深度大、流动性好、交易费用低等优势，受到更多用户的喜爱，仍然占据了加密数字资产交易所市场的绝大多数份额；以 Uniswap、PancakeSwap、MDEX 等为代表的去中心化交易所，在匿名性、安全性、透明性等方面具有显著优势，处在市场占有率快速提升的阶段。

2. 按交易所的业务类型分类

按照业务类型划分，加密数字资产交易所可以划分为现货交易所、衍生品交易所、借贷交易所三个主要类型。现货交易所是我们通常熟知的一类加密货币交易平台，用户可以按照市场价格或汇率在法币与加密数字资产、加密数字资产与加密数字资产之间进行买卖。现货交易所目前仍然是最主流的数字资产交易所。衍生品交易所主要交易加密衍生品，包括加密资产杠杆交易、加密资产期货合约（交割合约和永续合约）、加密资产期权合约以及杠杆代币（类似于传统金融领域内的 ETF）等。目前，Binance、OKEx、Bybit 等接近 40 个平台推出了衍生品交易，合约持仓量和交易量增长迅速。借贷交易所是最近兴起的一类交易平台，并随着 DeFi 的发展而迅速壮大。在借贷交易所，持有加密资产的用户可以在平台上按照约定利率出借加密资产给其他用户，或者通过将加密资产质押来借款。目前交易量比较大的借贷类平台包括 Compound、Aave 以及 Venus。

3. 按交易所的角色分类

按照在交易中扮演的角色分，加密数字资产交易所可以大致分为交易撮合平台、货币经纪平台和点对点交易柜台。交易撮合平台类似于传统的证券交易所，平台主要承担交易撮合职能。这类交易所是加密数字资产交易所中数量最多的一类，它的形式既可以是中心化的也可以是去中心化的，交易品种既可以是加密数字资产现货也可以是数字衍生品。货币经纪平台类似于机场的货币兑换点，允许客户以经纪人设定的价格（通常以市场价格加上小额溢价）买卖加密货币，交易发生在买方或卖方与经纪人之间，平台主要为客户匹配订单。点对点交易柜台类似于 OTC，主要为点对点直接交易提供服务。这类平台不使用固定的市场价格，买卖双方自行标价，平台帮助匹配买家和卖家，适合处理加密数字资产的大宗交易。需要注意的是，虽然可以进行这样的划分，但像 Binance、Coinbase 等一些大型加密数字资产交易所能够同时提供上述三种服务。

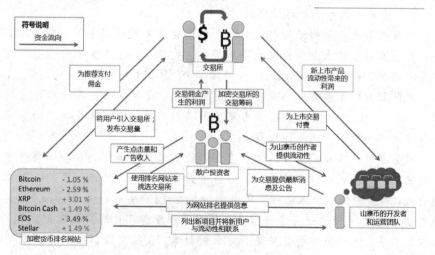

专栏 13-1

加密货币市场的黑暗面
The Dark Underbelly of Cryptocurrency Markets

尼克·卡特（Nic Cater）是 Coin Metrics 联合创始人、Castle Island Ventures 合伙人、Coindesk 专栏作者，曾任富达首位加密数字货币分析师。2018 年 9 月 3 日，尼克在 Medium 上发表了题目为"加密货币市场的黑暗面（The Dark Underbelly Of Cryptocurrency Markets）"的文章，这篇文章揭示了加密货币交易所、数字货币排名网站之间的利益关联和商业模式，批判了交易所和排名网站伪造交易量的问题。以下是对该文章的翻译：

在这篇文章中，我将讨论加密货币和加密货币市场繁荣背后的关键驱动因素，并解释为什么这一现象在短期内不会消亡。特别是，我会重点阐述加密货币排名网站为何会不加批判地将交易所的虚假交易量纳入其统计范围。

这个市场上的利益相关方主要包括交易所、山寨币/加密货币/分叉币的发行者，以及加密货币排名网站，它们勾结在一起从散户投资者身上榨取收益。不明真相的散户投资者不断注入的资本滋养了这个行业。虽然这也不是什么新鲜事儿，但我觉得有必要将其公之于众，以便散户投资者看清楚他们所参与游戏的本质。

下图总结了四个参与方之间的关系：

图中，带箭头的"价值线"表示资金流动或使用关系。例如，散户投资者使用排名网站上的排名信息。此图看起来有点费解，我会逐一进行解释。

一、交易所

在这个行业中有两类常见的交易所：一类是法币的入口，另一类是山寨币的赌场（先不谈点对点交易平台或去中心化交易所）。作为法币入口的交易所会受到监管，需要遵循客户身份识别（KYC）和反洗钱（AML）的制度，甚至会监视交易，它们就像拥有100%资产储备的银行一样。Coinbase和Gemini就属于这一类。这些交易所一般都会遵守规则，而且易于监管，所以本文不讨论它们。

我主要想说的是另一类交易所，也就是山寨币的赌场。它们一般都会注册在英属维尔京群岛、塞舌尔、马其他等地，面临极少的监管，而且有时候会为了躲避监管在不同辖区之间辗转，Binance就是这类交易所的一个代表。这类交易所往往对合规、KYC、AML、反洗钱或者报告之类的规范不屑一顾，一些甚至不借助法币进行交易，只使用BTC或者ETH。

实际上，这些交易所通常并不好用。在这个行业中最不可思议的是：人们只是习惯性地使用这些交易所，而没有人真正对"实用代币"以及它提供的资源感兴趣。普通投资者并不是这些交易所的目标用户。在合规的法币交易所购买BTC，在加密交易平台注册账号，发送BTC，浏览订单簿并进行交易，使用私钥和加密钱包，这些流程对大多普通投资者而言太过繁琐。相反，这些交易所的目标用户是那些想要在7×24小时营业的山寨币赌场进行短线投机的赌徒。当然，也有大额资金参与到这个市场中，但绝大多数参与者都是希望一夜暴富的散户交易者。这一点儿也不新鲜。

二、山寨币的开发和运营团队

交易所与山寨币的开发者、发行人之间存在着共生关系。一般而言，创造一种山寨币在技术上并没有太多挑战。这些年里，很多很多的山寨币都不过是自动分叉币生成器（forkgen）或随便一个ERC20生成器创造的。因此，山寨币团队面临的主要挑战不是技术，而是社交，或者可以委婉地称之为社区建设。当然，这无非指的是扩大山寨币的买家群体，并设法让现有的买家更加狂热地支持他们所选择的币种。

社区建设其实也就是营销的代名词，可以通过很多渠道实现，我会在另一篇文章中详细阐述这个话题。从山寨币开发者的角度来看，这是一个微妙的游戏，需要他们很好地拿捏住项目的创新程度（或者说得更直白一点，是营造创新的幻觉），使得投资者相信这个项目正朝着既定目标稳步向前。开发者们被鼓动着去大肆炒作合作关系、发布新版本、在社交媒体上持续更新目标和项目动态。每一次超预期的消息披露都是一种积极的暗示，股东投资者继续购买，并让他们确定之前的买入是合理的。

最令投资者兴奋的事情莫过于新币种上线交易所。由于交易所是流动性的聚集地，而且人们热衷于炒作新的交易对，因此当新的币种登录活跃交易所时很可能导致价格飙升。山寨币的开发和营销团队向交易所付费（或者说行贿）来促使他们的项目上线交易已经是一个公开的"秘密"。许多项目都会把上市开支作为一项固定预算，并通过预挖矿的收入来筹集这些费用。Binance 的商业模式就是以上市费用来压榨开发团队。那么，作为巨额上市费用的受益者，他们如何为自己辩解呢？很简单，只要做出他是流动性和活跃性最高交易平台的姿态就够了。

毕竟，发行人一般也是自己加密货币最大的持有人，他们从价格飙升中受益。通常，在 Binance 这样的平台上大规模上市交易，是内部人成功获利退出的良机。因此，山寨币开发者或发起人不介意支付大额上市费用（可能会花费数十万美元，一般用 BTC 支付），而且这个过程也会展示出他们资金流动性充裕的现象，这也符合交易所（尤其是那些二线交易所）的利益。

三、加密货币排名网站

现在到加密货币排名网站发挥作用的时候了，它们在行业中也占据了一席之地。表面上，它们为投资者提供了有用的服务，除了广告费之外也没有其他什么收入。但背地里情况却并非如此。加密货币排名网站处在割韭菜游戏的中心位置，是它们把散户投资者手中的钱引入了山寨币创造者和山寨币交易所运营商的口袋里。

加密货币排名网站的商业模式是怎样的呢？CoinMarketCap，CoinGecko，CoinRanking，Cryptoslate，CryptoCoinRankings，CoinCodex，CryptoCoinCharts 等网站主要靠出租广告位获利，在某些情况下也会插入交易所的链接，其中有一些网站也会为需要更可靠价格数据的高级交易者提供收费的 API 接口。很多排名网站都会插入交易所链接，充当活跃交易者和交易所之间的中介，这是一个颇为有利可图的业务。

有时候，排名网站一边接受交易所的横幅广告，一边还把自己的链接放到广告里面，来挣双份的收入。如果可以的话，这也是不小的收入来源。投资者前往排名网站获取可以交易特定币种（特别是没有什么流动性的小项目）的交易所链接。由于排名网站是交易所的入口，因此它们几乎可以捕获所有用户，并且轻松地将附属链接变现。CryptoCoinCharts 和 CoinCodex 的网站上有可以直接跳转至交易所的附属链接。一些聚合器甚至允许投资者直接在排名网站上交易加密货币。

排名网站不光是给交易所打广告。在 2017 年 4 月到 11 月期间访问过 CoinMarketCap 的人应该会记得，网站上挂着 BitConnect 的广告。BitConnect 是一个臭名昭著的庞氏骗局，它们给推荐链接的合作用户支付丰厚的报酬，然后依靠链接招徕的新用户维持运作。除了 BitConnect 之外，CoinMarketCap 还给许多其他的骗子项目打过广告。幸运的是，我本人和一个网名为"BCC Ponzi"的朋友把这些证据都记录并保存了下来。CoinMarketCap 还为 Bitpetite(是 BitConnect 的翻版)发布过带链接的横幅广告，获得不菲的收入。

通过将流量引导到一个现已不复存在的庞氏骗局，CoinMarketCap 获得了 6 位数的月收入。没错，这就是那个数百万用户和数十家基金公司所信赖的 CoinMarketCap。不仅如此，BitConnect 还凭借 CoinMarketCap 这些网站不加判断地发布的(虚假)交易数据，来大幅炒高 BCC 代币。当然，这些交易都是假的，背后什么也没有。绝大多数(95%＋)的 BCC 代币交易数据都是由 BitConnect 自己的"交易所"提供的。CoinMarketCap 不负责任地上线了 BCC 代币的交易数据，成为了 BitConnect 的帮凶。据我估计，散户投资者最终的损失可能高达 1 亿美元。因此，CoinMarketCap 这个最大和最受欢迎的聚合器，不仅通过给骗子项目打广告来获得广告费，而且还在广告中附加链接来引流变现。CoinMarketCap 最初是在长岛的一所公寓里创办的，由非专业人士运营，无法对交易所的流动性做出复杂判断。请原谅我的题外话，让我们接着聊手头上更重要的话题。

四、总结

那么，问题的症结在哪里？最主要的问题还是加密货币排名网站、交易所、发行人之间的勾结，特别是当涉及到交易量的问题时。他们之间相互勾结的基本套路是这样的：

• 山寨币发行人希望在高流动交易所上市，以便上市后能够顺利退出；

• 交易所希望将自己宣传为高流动性交易所，以便发行人更愿意支付上市费用；

• 山寨币赌场型交易所大多不受管制和监控，因此几乎可以逃脱任何罪名；

• 许多交易所会通过对倒交易来虚增交易量，以使看起来资金具有高度流动性；

• 排名网站通过推荐链接和广告谋利，但缺乏监控交易所的能力，会不加甄别地发布交易量数据；

• 伪造交易量的交易所在排名网站上的排名提升，成功营销了自己；

• 交易所利润、排名网站利润、发行人利润都是从散户投资者身上榨取的价值(虽然散户投资者可能短期获利)。

加密货币排名网站的失职是我写下这篇文章的主要原因，其他方面的问题都讨论得比较充分了。虽然作为法币入口的交易所正在向专业化方向发展，并致力于向监管层表明其诚信，但人们普遍认为山寨币赌场交易所存在很严重的问题。虽然我们知道随意改变排名网站的算法存在风险，特别是在移除韩国交易所价格之后，但大家可能低估了这些网站的业余程度。加密对冲基金的 LP 可能会惊恐地发现，许多基金都在避免直接使用 CoinMarketCap 数据，因为这些数据汇集了来自山寨币赌场故意捏造的数据。

因此，主要问题是从交易所中获得的明显虚构的数据被不加分辨地呈现出来。Sylvain Ribes 已经很好地揭示了虚假交易量。CryptoExchangeRanks 使用了一种创新的方法，将声称的交易量与其相对链上的流量进行比较，以找到特别严重的虚报者。

对于寻找可靠数据的投资者来说没有太多选择的余地，要么信任交易所，要么自己聚合数据，或使用更具区别性的数据源，如 Blockstream/ICE 这样的数据推送商。市场正在专业化发展，希望像 CoinMarketCap 这样的运营者将成为过去。

五、加密货币市场的未来

交易所、发币方、排名网站三者之间的问题是它们的利益紧紧捆绑在一起，而加密货币圈的用户还处在懵懂之中。在许多情况下，"交易所"是名不副实的，它们更像是 20 世纪 20 年代的投机商号、80 年代的电话推销室，或是 21 世纪早期不受监管的扑克网站，它们采用了部分准备金制度，或者允许一些特权玩家偷看其他人的底牌。

简单地讲，大多数加密货币交易所跟纽交所或者纳斯达克没有任何共同之处。虽然一些投资者意识到了这一点，但更多的人错误地认为它们是诚信的，甚至将加密货币长期存放在这些交易所。交易所辜负了投资人的信任，通过猖獗甚至显而易见的虚假交易来推销自己，因为它们很难被关闭或被监管——毕竟，清算和结算发生在不易审计的比特币和以太网链路上。

全球仍然需要 7×24 小时运营的山寨币赌场，所以这些阴暗处的交易所仍会存在；与此同时，投资者仍会使用业余排名网站获取有关交易所信息，交易所仍会伪装出更高的流动性来推销自己。如果这些交易所继续上市大肆伪装的骗子项目并让发行人套现离场，发行人将继续被激励去玩营销游戏并制造虚假的路线图来欺骗投资者。投资者应该对这些利益群体保持警惕，并在投资之前作出明智的决定。

原文链接：https://link.zhihu.com/? target=https%3A//medium.com/s/the-crypto-collection/a-glimpse-into-the-dark-underbelly-of-cryptocurrency-markets-d1690b761eaf

13.3 典型加密数字资产交易所介绍

从 2010 年第一家比特币交易平台诞生以来，加密数字资产交易所的数量在经历了一段时间的快速增长之后已经趋于稳定。从 BitcoinMarket 到 MT.GOX，从 Bitstamp 到 BTCChina，从 Huobi 到 Binance，现货交易所的头部玩家不断迭代更替。在本书写作之时，CoinMarketCap 跟踪的加密数字资产交易所超过 400 家，本节主要就最具特色的 Binance、Coinbace、Uniswap 进行简单介绍，其中 Binance 是全球加密现货和衍生品交易量最大、生态最完整的交易所，Coinbase 是全球首个上市的加密数字资产交易平台，Uniswap 是目前最受欢迎的去中心化交易平台。

13.3.1　Binance/币安

Binance(币安)是由赵长鹏领导的一群数字资产爱好者创建的专注区块链资产的交易平台，目前已经成长为全球交易规模最大的加密数字资产交易平台。它的白皮书显示，Binance 这个名字是由"Binary"和"Finance"两个单词融合而来的，意为数字科技与金融的融合。币安团队相信数字科技在未来会有长远的发展，区块链资产将成为金融主流，他们希望通过自己强大的技术与运营能力，打造一个安全、迅速、稳定、公平、透明、支持多语言、全球化、世界级的区块链资产交易平台。

币安成立于 2017 年，当时正逢比特币牛市，各类代币持续升温，市场对于区块链资产交易的需求出现爆发式增长。虽然加密数字资产交易所在那时已经经历了较长时期的发展，而且中国的 BTCChina、Huobi 等已经成为全球范围内最大的交易平台，但是币安创始团队认为，人们对区块链交易需求的增长，与交易的便捷、安全、公平之间存在着诸多的矛盾之处，例如：大多数交易平台的技术架构非常初级，无法快速稳定地处理高并发交易，系统效率、容错能力和安全性较低，平台的服务质量、用户体验普遍很差，而且国内的交易所很少有支持多国语言的交易平台，这与全球化的投资需求明显不符。为此，币安计划建立一个高性能，安全稳定，流动性充裕，支持多币种、多语言、全平台客户端的交易平台。币安的交易系统采用内存撮合技术，订单处理能力高达 140 万单/秒，可支持超 2000 万用户同时在线交易。币安采用了先进的多层、多集群系统架构，大幅提高了系统的性能、安全性、稳定性和扩展性。平台的最早版本支持中英双语，支持 Web 端浏览器、Andoid 客户端、IOS 客户端、H5 移动端浏览器等；可交易 BTC、ETH、LTC 等主流货币，但不支持法币交易。币安还基于以太坊发行了 ERC20 标准的平台代币 BNB(Binance Coin, 白皮书中最早称其为 BNC)，用于平台开发、运维、品牌建设以及应急储备等，这些代币每个季度会按照平台利润 20% 的同等金额进行销毁，以维持其币值。

2017 年 6 月，币安启动 ICO，并于 7 月 2 日完成 2 亿 BNB 的发行，募集到 1500 万美元的加密资产。7 月 14 日，币安网站正式上线，BNB 当天最低价为 0.0001BTC，约合 0.23 美元。2017 年 9 月 4 日，中国七部委联合发布《关于防范代币发行融资风险的公告》，在互联网金融风险专项整治工作框架下，指导地方政府清理整顿虚拟货币交易场所和 ICO 活动，随后要求关闭所有虚拟货币兑换人民币的集合竞价交易。这次监管导致中国的加密数字资产交易所大洗牌，Huobi、OKCoin 等交易平台紧急关停。由于币安最初就推行国际化战略(9 月 5 日币安在公告中披露其 82% 的用户来自海外)，并且仅接受币币交易，受到的监管影响最小，在这次震荡中吸收了大量来自 Huobi 和 OKCoin 的用户。10 月 8 日，币安宣布其注册用户数突破 100 万人。短短 1 个月后的 2018 年 1 月 10 日，币安宣布其全球注册用户超过 500 万人，币安用户以欧美用户为主，中国用户在其用户比例中占比不到 4%。

2018 年 3 月 26 日，币安将总部迁至马耳他，并设立办事处。4 月 26 日，币安与乌干达达成合作，在当地进行一系列投资，并于 6 月 29 日上线币安乌干达法币交易所(Binance Uganda)，尝试启动法币交易。5 月 31 日，币安成立 Binance Labs，打造"研究院＋孵化器＋生态基金"模式。8 月 1 日，币安对外宣布首个收购项目 Trust Wallet，计划将其作为币安的官方钱包。2019 年 1 月 28 日，币安发布公告宣布重启 Launchpad，将上线 BitTorrent(BTT)售卖项目，BTT 只能用 BNB、TRX 抢购，此举拉开了交易所 IEO 的序幕。1 月 31 日，币安宣布与以色列支付公司 Simplex 合作，用户可使用 Visa、Master Card 信用卡购买比特币、以太坊等加密货币。3 月 20 日，币安宣布在澳大利亚推出 "BinanceLite Australia"法币交易平台，能通过澳大利亚的 1300 多个服务站点为澳洲用户提供现金兑换比特币的服务。

此后，币安又陆续推出了去中心交易平台、杠杆交易合约、DeFi 综合指数永续合约、币安矿池等，至此，币安的生态系统已经初步建立起来(见图 13-2)。到 2020 年年底，币安的现货、衍生品交易双双问鼎全球第一，BNB 价格屡创年内新高。2021 年 4 月 16 日，币安宣布在第 15 次 BNB 季度销毁中(2021 年 1 月至 3 月)共计销毁 1 099 888 BNB,价值约合 595 314 380 美元。按照白皮书中所约定的 20% 利润用于销毁 BNB 来看,币安在 2021 年第一季度的利润将超过 30 亿美元。

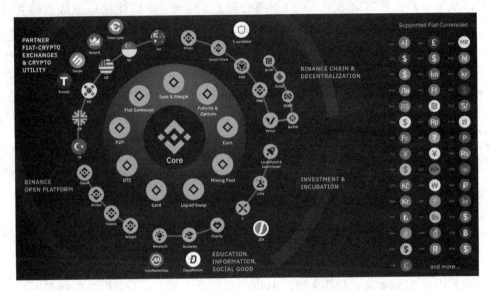

(资料来源:Binance)

图 13 - 2　Binance 生态系统

13.3.2　Coinbase

2021 年 4 月登陆美国纳斯达克市场的 Coinbase 是全球首家上市的加密数字资产交易所,也是头部加密数字资产交易所中比较有特色的一家。根据最新披露的 20Q1 的数据,Coinbase 的零售客户量达到 5600 万,月交易用户数达到 610 万;平台资产达到 2230 亿美元,占据加密货币市场 11.3% 的份额,其中 1220 亿美元来自机构客户;平台上的交易量达到 3350 亿美元,比 2020 年全年还要多 60%。按照排名网站 CoinMarketCap 的统计,Coinbase 的日交易量稳居全球前三,综合排名全球第二。

Coinbase 成立于 2012 年 5 月,由布莱恩·阿姆斯特朗(Brian Armstrong)与弗雷德·厄尔萨姆(Fred Ehrsam)在美国特拉华州共同创立。阿姆斯特朗和厄尔萨姆两人最初设想的是,Coinbase 将成为一个比特币市场,人们可以在这里购买加密货币。他们将 Coinbase 加入了 Y Combinator 创业孵化器项目,在一个只有 11 页的幻灯片中描绘了 Coinbase 最初的理想与愿景:"Coinbase 之于比特币，就好比 iTunes 之于 MP3"（见图 13-3）。

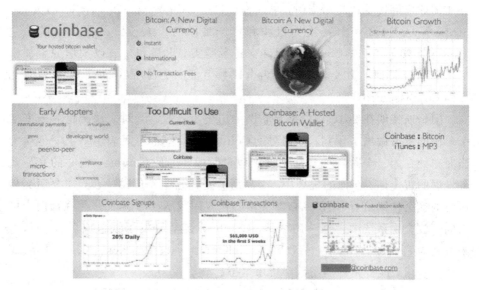

（资料来源：Coinbase）

图 13-3　Coinbase 在 Y Combinator 路演的幻灯片

从 Y Combinator 和其他投资者那里筹集了 60 万美元的种子资金后，公司进入快速发展阶段，并受到风险投资市场的持续青睐。2013 年 5 月，Coinbase 获得 500 万美元的 A 轮融资，成为当时加密货币领域金额最大的一次融资；2012 年 12 月 12 日，Coinbase 再次打破加密融资纪录，获得 Andreessen Horowitz 等公司 2500 万美元的 B 轮融资。2015 年 1 月 20 日，Coinbase 筹集到 7500 万美元的 C 轮融资，投资方包括纽约证券交易所母公司洲际交易所、金融服务开拓者 USAA 和西班牙超大银行 BBVA。2017 年 8 月 10 日，Coinbase 以 1 亿美元的 D 轮融资打破了另一项加密融资纪录，Dropbox、GitHub 和 Netflix 都参与其中。2018 年 10 月 30 日，Coinbase 在老虎环球基金领投的 E 轮融资中融资 3000 万美元，估值 80 亿美元。2021 年，Coinbase 在上市之前的估值大约为 770 亿美元；证券分析师给予的估值在 190 亿美元到 2300 亿美元不等，凸显了分析师对比特币和广泛的加密技术未来的不确定性。最终，4 月 14 日，Coinbase 的 IPO 价格对应市值为 653 亿美元。

业务方面，Coinbase 交易所正式成立的时间是 2015 年 1 月 26 日，与 Coinbase 现有的比特币交易服务面向入门级用户不同，当时整个交易所主要为 24 个国家和地区的机构投资者和专业个人投资者服务。在此之前，Coinbase

已经尝试了一些面向机构和商业的业务，例如，2013 年年底推出 PoS 应用，允许实体零售商接受比特币支付，早期客户包括 Overstock.com、Dell、Expedia、Stripe 等；2014 年 7 月推出为机构和资产雄厚的个人设计的更安全的钱包 Vault。2016 年 5 月，Coinbase 允许交易者购买、出售和持有以太坊原生加密货币 ETH，同时将其交易所改名为全球数字资产交易所（GDAX），也就是如今的 Coinbase Pro。

阿姆斯特朗在 2016 年根据互联网的历史发展规律，对区块链世界未来四个阶段的发展做出了预判，并编写了 Coinbase 总体规划（见表 13－1）。他认为当时正处在第二个阶段——基础设施建设阶段，也是 Coinbase 核心的交易业务发展的黄金期。在他的规划中，交易所只是构建生态的第一步，需要用交易所赚的钱去持续培育"用户入口""去中心化应用"等业务，从而最终在面向十亿人的开放金融系统中占据一席之地。Coinbase 随后开发了钱包应用 Toshi（后来改名为 Coinbase Wallet），收购了 Cipher Browse、Paradex、Xapo、Tagomi 等诸多公司，逐步完善加密数字货币生态。

表 13－1　阿姆斯特朗 2016 年对区块链世界的预测

阶段	互联网	数字货币	覆盖人数
1. 协议	TCP/IP、SMTP 等	Bitcoin、Ethereum 等	100 万人
2. 基础设施建设	互联网服务提供商、铺设光纤等	交易所、安全存储	1000 万人
3. 消费者界面	浏览器	用户控制的钱包	1 亿人
4. 去中心化应用	互联网 2.0	金融 2.0	10 亿人

（资料来源：Brian Armstrong, "The Coinbase Secret Master PlanCoinbase"）

2021 年，阿姆斯特朗重新修订了上述框架，进一步明确了 Coinbase 在加密货币发展中的位置，以及未来发展的三大支柱战略：第一，加密作为投资。加密投资仍然是 Coinbase 的核心业务，它是发展加密经济的基础，未来将着重于添加新资产、机构基础设施、国际扩张工作。第二，加密作为一种新的金融系统。Coinbase 将提供由现代加密基础设施支持的金融服务，包括 DeFi、支付、收益、借贷等。第三，加密作为应用平台。Coinbase 将在加密经济中对第三方产品的可发现性和可用性进行深入投资，并使加密既易于使用又易于购买（见图 13－4）。

战　略
我们的产品将如何达成最终目标

（资料来源：Brian Armstrong，"Our Mission，Strategy and Cultur"）

图 13-4　阿姆斯特朗 2021 年对 Coinbase 的战略定位

值得一提的是，Coinbase 平台上可交易的加密资产种类仅有 78 种，共 241 个交易对，相比 Binance 和 Huobi 要少得多，它之所以能够在加密数字资产交易所行业中占据重要位置，与其合规发展的思路有着密切关系。尽管 Coinbase 成立时间较早，但它并没有走野蛮生长的道路，而是在发展速度与合规之间选择了后者。Coinbase 拥有美国 50 个州的转账交易牌照（Money Transmitter License）和纽约州颁发的 BitLicense，在 33 个国家取得合法交易法币的许可，而且在产业链上下游也大规模申请和收购牌照。为了达到监管要求，Coinbase 无法提供大量币种交易，这在一定程度上限制了其收入增长的速度；同时，公司在法律、合规、产品和工程团队中投入大量资源，以确保其在业务实践不断发展的过程中遵守法律、法规和相关标准。从 2021 年 Coinbase 在美国纳斯达克上市的情况来看，它的合规经营战略赢得了主流金融世界的认可，这为 Coinbase 的长期发展奠定了坚实的基础。

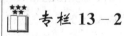 **专栏 13-2**

伟大的事物都是从卑微的起点开始
GreatThings Start from Humble Beginnings

2017 年，Coinbase 获得由 IVP（Insititutional Venture Partners）领投的 1 亿美元 D 轮融资。创始人布莱恩·阿姆斯特朗（Brian Armstrong）公布了五年前与第一批种子投资者之一的亚当·德雷伯（Addam Draper）的电子邮件，其中引用了一句著名的话："伟大的事物都是从卑微的起点开始"。这句话最早出自于 16 世纪英国著名的航海家和政治家弗朗西斯·德雷克(Fransis Drake)，原文为"Great things have small beginnings"，后来经常被成功企业(例如嘉实多 100 周年庆典上)或成功人士(例如著名企业家 Vishen Lakhiani、表演家 Michael Fassbender 等)用于总结其奋斗经历，亦被广泛用于激励年轻人和初创企业。

以下是布莱恩·阿姆斯特朗 2012 年 8 月 22 日回复种子投资人亚当·德雷伯邮件中的部分原文和翻译：

Great things start from humble beginnings. Most of what you see around you started as nothing more than a simple idea and a crude prototype. It'll take 5 to 10 years to turn it into an "overnight success", with dozens of setbacks and course corrections along the way. So pick something you're passionate about and get started.

伟大的事物都是从卑微的起点开始。你周围看到的大多数东西，一开始只是一个简单的想法和一个粗糙的原型。想要让它"一夜成名"，往往需要 5 到 10 年的时间，一路上要经历无数次挫折和过程修正。因此，选择你热衷的东西，现在就行动起来吧。

13.3.3 Uniswap

Uniswap 是去中心化交易所中的佼佼者。相比于中心化交易所，去中心化交易所仍然处于早期阶段，但其发展势头更迅猛，技术方案迭代更快，交易所之间的流动性迁移极度频繁，导致行业内竞争异常激烈。Uniswap 从 2018 年正式上线之后，很快就占据了 DEX 绝大部分市场份额，但在随后 Compound、YFI 等推出的流动性挖矿项目大放异彩之后，Uniswap 的大量流动性被 SushiSwap 等竞争对手捕获。为了应对竞争，Uniswap 后续又推出了 Uniswap V2 和 Uniswap V3 版本，重返 DEX 第一的位置。截至目前，CoinMarketCap 的统计数据显示，Uniswap V3 的交易量占据了全部 DEX 成交量的 25% 左右，交易规模排名第一；Uniswap V2 也在前十之列。

2016 至 2017 年，去中心化交易所的种子开始在加密世界萌芽，最早出现了两种去中心化解决方案：一种是利用智能合约模仿中心化交易所的订单簿机制，另一种是链下订单池＋链上结算的机制，但两者在实践中都存在很多问题。2016 年年底，以太坊创始人维塔利克·布特林(Vitalik Buterin)在社交平台 Reddit 上发表了一篇名为"Let's run on-chain decentralized exchanges the way we run prediction markets"的帖子，提议使用预测市场的机制来建立去中心化交易所，最早给出了使用恒定乘积公式实现自动做市商机制的想法。受此启发，Uniswap 的创始人海登·亚当姆斯（Hayden Adams）在 2017 年 11 月搭建了一个智能合约和网站来验证上述机制，并与卡利尔·卡普佐（Callil Capuozzo）、乌西埃尔·维尔奇斯（Uciel Vilchis）在次年 3 月开发出 Uniswap 的演示版本。随后，Uniswap 获得了以太坊基金会的 10 万美元资助，海登·亚当姆斯也奔走在各个场合积极推介 Uniswap。2018 年 11 月 2 日，Uniswap 公开宣布上线并部署到以太坊主网，推出第一个版本 Uniswap V1。

Uniswap V1 的最大特点就是自动做市商机制，核心原理是维塔利克·布特林的论文"Improving front running resistance of $x \times y = k$ market makers"中提到的恒定乘积公式"$x \times y = k$"。其中，x 是 ETH 储备，y 是代币储备，k 是一个常数。Uniswap 要求无论流动性池中的 ETH 和其他代币储备如何变化，k 必须是不变的，这就规定了每次交易中 ETH 和代币的兑换比例，也就是它们的相对价格。当然，只有当交易数量相对于流动性池中 ETH 和代币储备量比例较小时，价格才会足够稳定，换言之，这一机制要求流动性池中必须要有充足的加密数字资产储备作为支持。为了解决这个问题，Uniswap 允许任何人将加密资产存放在流动性池中，并以交易费用作为他们提供流动性的回报。Uniswap V1 的另一个特点是它吸引了套利者在 Uniswap 和中心化交易所之间进行套利交易，这使得 Uniswap 的价格非常接近大型交易所的价格。因此，Uniswap 本身可能不需要太大的交易量就能够充当价格预言机，把代币价格提供给智能合约。

Uniswap V1 推出后在风险投资市场和加密货币爱好者中大受欢迎。2019 年 4 月，Uniswap 以 500 万美元的前期估值从著名加密投资机构 Paradigm 那里募集到 182 万美元的种子基金。到 2019 年底，Uniswap 的总锁仓价值（TVL）达到 2910 万美元，并在 2020 年 1 月 31 日突破 5000 万美元。Uniswap V1 只是一个概念验证版本，仅支持 ERC20 和 ETH 的流动性池，这使得它对 ETH 价格非常敏感。2020 年 5 月 19 日，Uniswap V2 版本正式上线，启用了交叉兑换，通过降低 gas fees 以及减少滑点来改善执行价格。7 月 27 日，Uniswap 的 24 小时交易额突破 1 亿美元，并在 9 月 1 日刷新至 100 亿美元；平台的总锁仓价值也分别在 8 月 31 日和 9 月 3 日突破 10 亿美元和 20 亿美元。2020 年 8 月 7 日，海登·亚当姆斯在官网发文宣布 Uniswap 正式获得由 a16z 牵头的 1100 万美元 A 轮融资，其他投资者还包括 USV、Paradigm、Version One、Variant、Parafi Capital、SV Angel 和 A. Capital。

在 2020 年的 DeFi 热潮中，由于 Uniswap 没有发行自己的代币，使得它在与其他流动性挖矿项目的竞争中显得非常被动。2020 年 8 月 Sushiswap 克隆了开源项目 Uniswap，并推出流动性挖矿和流动性迁移两项计划，在一个月之内从 Uniswap 中带走了 13 亿美元的做市资金，使得 Uniswap 的 TVL 下降至 4.7 亿美元。9 月 17 日，Uniswap 宣布其协议治理代币 UNI 已在以太坊主网上发布，并于次日启动流动性挖矿计划。UNI 的发布扭转了竞争格局，流动性重新回归 Uniswap，到 2020 年 12 月 30 日，Uniswap 的 TVL 达到 22.2 亿美元。

2021 年 5 月 6 日，Uniswap 的第三个版本 V3 正式上线。相比前一个版本，Uniswap V3 提供了更加灵活、高效的自动做市商机制。在 V2 版本中，流动性沿着 $x \times y = k$ 的价格曲线均匀分布，流动性池中的大部分加密货币实际处在闲置状态；而在新版本协议当中，流动性提供者可以定制价格范围，以自己期望的价格来提供流动性。通过把流动性集中配置在某一价格区间，流动性提供者可以在获得与 V2 同等回报的情况下，减少总的资金投入，既能降低风险又能提高收益率；同时，对于平台而言，在当前的价格区间内也能获得更大的流动性支持。Uniswap V3 上线以后，短短几个月里便跃居去中心化交易所交易量的榜首。

专栏 13-3

Uniswap V3 的最佳做市方案

2021 年 6 月，来自哈佛大学的 4 位研究者 Michael Neuder、Rithvik Rao、Daniel J. Moroz 以及 David C. Parkes 在 arXiv 上发表了题目为 "Strategic Liquidity Provision in Uniswap V3" 的论文。论文探讨了 Uniswap V3 的流动性供应策略。研究发现：在风险中性和低风险情况下，比例重置分配策略几乎是最佳的，而在高风险情况下或对于风险极度厌恶的流动性提供者而言，最优的方案就是均匀重置分配。以下是对该文摘要和引言部分的翻译，部分内容参考了 www. readblocks. com：

摘要：Uniswap 是当前最大的去中心化数字资产交易所，而其最新的版本 Uniswap V3 允许流动性提供者(LP)将流动性分配到一个或多个资产价格区间，而不是整个价格范围。当资产市场价保持在该区间内时，流动性提供者(LP)获得的奖励与分配的流动性数量成正比。这引发了流动性提供策略的问题：当价格保持在区间内时，较小的间隔会导致流动性更集中，相应的回报也更大，但风险会更高。我们将这个问题形式化并研究了流动性提供者(LP)的三类策略：一是均匀分配，二是比例分配，三是最优(通过约束优化问题)分配。我们展示了基于以太坊历史价格数据的实验结果，这表明简单的流动性提供策略可产生接近最优的效用，在低风险的情况下，它要比 Uniswap V2 的流动性供给收益高出 200 多倍。

1. 引言

去中心化金融（DeFi）是加密货币和区块链生态系统中一个庞大且快速增长的领域，旨在使用在区块链（通常是以太坊）上执行的智能合约复制传统金融中介和工具并进行金融创新。从 2020 年"DeFi 之夏"的快速增长期开始，2020 年 5 月到 2021 年 5 月期间，进入 DeFi 协议的 TVL（总锁定价值）已从 8 亿美元快速增长到 800 亿美元。DeFi 旨在使用在区块链（通常是以太坊）上执行的智能合约，复制传统的金融中介机构和工具。

作为 DeFi 子领域的去中心化交易所（DEX），允许用户在没有可信中介的情况下交换不同类型的代币。而目前多数的去中心化交易所（包括 Uniswap）都属于恒定函数做市商（CFMM）类别。CFMM 不像传统交易所那样使用订单簿，而是使用自动做市商（AMM）来确定资产的价格。在 Uniswap V2 中，令牌对可以使用流动性池相互交换。允许的交易由储备曲线 $x \times y = k$ 决定，其中 x 和 y 表示流动性池中每种代币的数量，k 跨交易保持不变。流动性提供者将代币添加到流动性池中，供交易者进行互换，并通过交易者支付的费用获得回报。图中深色曲线显示了一个储备曲线的示例。为了用一定数量的 y 去交换一定数量的 x，交易者必须保持储备的乘积不变，即购买的 Δx 和支付的 Δy 必须满足 $y(x - \Delta x)(y + \Delta y) = k$。

该储备曲线还定义了以 y 计价的令牌 x 的有效价格，即 $p_x(x, y) = -\mathrm{d}y/\mathrm{d}x$。在 Uniswap V2 的曲线 $x \times y = k$ 下，我们有 $y = k/x \Rightarrow p_x(x, y) = k/x^2$。按照惯例，我们将 AMM 和流动性池对应的 $p_x(x, y)$ 作为 x 的价格，x 的价格相对于 y 波动。在 Uniswap V2 中，当交易者使用流动性执行交易时，流动性提供者会获得回报，每个交易都要支付 0.3% 的固定费用。每个流动性提供者在整个可能价格区间 $(0, \infty)$ 上提供流动性，并根据他们在池中的总流动性的比例获得奖励。

2021 年 5 月 3 日，Uniswap 的新协议——Uniswap V3 在以太坊主网上发布。Uniswap V3 对 Uniswap V2 的主要更新是增加了集中流动性。三周内，新协议累计 TVL 超过 12 亿美元，日均交易额为 16 亿美元。在 Uniswap V3 中，流动性提供者可以为任意数量的价格区间（称为头寸）提供流动性。当成交价格落在 $[p_a, p_b]$ 时，分配给这一价格区间的流动性可以从交易费用中获得回报。如果多个供应商在一个包含正确价格的区间内分配了流动性，每个供应商都会获得与其在该价格上拥有的流动性比例成比例的回报。图中浅色曲线展示了 Uniswap V2 的常数乘积曲线是如何移动到截距轴的 a 和 b 的，这是由头寸价格区间的上下限决定的。这个移位的曲线可以表示为：

$$y=k/x \Rightarrow p_x(x, y)=k/x^2$$

其中，截距 a 和 b 可以通过让 x 或 y 分别为零来计算。

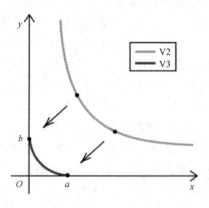

在 V3 价格区间提供集中流动性 $[p_a, p_b]$，导致了 Uniswap V2 曲线 $xy=k$ 的偏移，截轴分别移动至 a 和 b。截距通过设置 V3 曲线中 x 或 y 等于零来计算。

图　Uniswap V2 和 V3 的储备曲线

通过这种方式，Uniswap V3 支持流动性分配方面的多种策略。每个流动性提供者都有一个权衡空间，可以选择覆盖很多价格区间的大头寸、低收益策略，或者选择更加集中的小头寸、高风险（相对高收益）策略。此外，还有重新分配流动性的成本，因为流动性分配是必须包含在区块中的交易，因此会产生 gas 费用。这种成本必须考虑到流动性提供者的策略中。本文的贡献如下：

（1）形式化了策略性流动性供应问题和一系列流动性供应策略，我们称之为"重置流动性供应策略"（重置 LP 策略）；

（2）为流动性提供者提出了三类重置 LP 策略，我们称之为统一策略、比例策略和最优策略；

（3）分析计算重置 LP 策略的期望效用；

（4）基于以太坊历史价格数据生成的价格变化统计数据，求解最优重置 LP 策略；

（5）证明了比例分配对风险偏好型供应商最优，统一分配对风险规避型供应商最优；

（6）对最优重置 LP 策略进行回测，证明在适当条件下，策略化的流动性供应商将获得比采用 V2 策略多约 200 倍的投资回报。

1.1　相关研究

Uniswap V1 协议由 Adams 定义，随后由 Adams 等人定义 V2，最近由有越来越多的工作在研究 Uniswap V2 中的流动性提供激励措施。Angeris 等人对 Uniswap 以及更广泛的恒定函数自动做市商(CFMM)产品进行了研究，并提出了市场密切跟踪外部参考市场价格的条件。Angeris 和 Chitra 扩展了这条研究线，证明了更一般的恒定函数做市商激励参与者在外部市场上报告资产的真实价格，证明了它们作为价格预言者的价值。

Evans 证明，对于几何平均做市商(G3Ms)，被动流动性供应可以用来复制金融衍生品的收益和更积极的交易策略。Tassy 和 White、White 等用几何布朗运动价格过程分析了 CFMM 中流动性提供者的财富增长。Evans 等人将其扩展到更普遍的流动性提供者目标和扩散过程。

Aoyagi 研究了恒定产品市场的均衡流动性供应，并证明了在 Uniswap V2 环境下，当以对手的流动性供应作为参数时，策略流动性提供者可能有一个非单调的最佳响应。Angeris 等人将这一研究扩展到任意的 CFMM，并根据 CFMM 的曲线计算流动性提供者奖励的界限。

上述工作适用于 Uniswap V2 和 CFMM 的一般类别，但不适用于 Uniswap V3。Max 的一篇博客文章描述了 V3 的"被动再平衡"策略，旨在维持流动性提供者资产价值的 50%。我们的工作为 Uniswap V3 提供了更一般的流动性供应策略，并引入了马尔可夫模型来评估不同策略的预期效用。据我们所知，这是首次正式研究 Uniswap V3 的流动性提供策略。

1.2　文章结构

第 2 节介绍了 Uniswap V3 协议并介绍了流动性供应策略的概念。我们主要关注一类策略，称之为 τ-reset 策略。第 3 节给出了用于分析这类策略中某一策略的期望效用的马尔可夫模型。第 4 节给出了三种具体的流动性供给策略，包括最优的 τ-reset 策略。第 5 节给出了基于以太坊历史价格数据的实证结果。第 6 节提出了未来研究中有待解决的问题并进行了总结。

原文链接：https://arxiv.org/pdf/2106.12033.pdf.

本 章 小 结

加密数字资产交易所行业的发展速度令人惊叹。从无到有，再到登上加密领域食物链的顶端只用了短短 10 年时间。在这个过程中，我们看到了交易所合规性、安全性、专业性的持续改善，技术方案的快速迭代优化，以及服务水平的大幅提升。目前，加密数字资产交易所的行业格局已经比较明朗，在各个子领域都出现了一两个巨头，并且在细分领域开展错位竞争。例如，在中心化交易所领域，Coinbase 积极拥抱监管，接入主流金融领域，在合规化方向走得更远，Binance 选择扩大市场广度和深度，在产品形态、加密生态以及全球化布局上更加领先和全面，OKEx 则选择在加密衍生品方向深耕发展；在去中心化交易所领域，Uniswap 聚焦自动做市商机制，不断迭代新版本，而 Compound、Sushi 等在加密借贷、跨链等 DeFi 产品方面更有优势。

那么，加密数字资产交易所的未来会怎么样呢？Coin Metrics 认为，交易所"已经从基本的产品可行性问题，变成了全行业的竞争优势问题"。这意味着加密数字资产交易作为一股新崛起的商业力量将不得不与在位者展开竞争，也就是经典的"修昔底德陷阱"。另外一个值得警惕的问题是，目前的加密数字资产交易所同时扮演着交易所、经纪人、商业银行、投资银行、登记结算机构等众多角色，甚至还承担了部分发行职能，这与传统金融系统中分业监管的总体思路还存在很大分歧。加密数字资产交易所从一种金融创新走向成熟的过程中，可能还有很多未知的变数。

思考与练习

1. 加密数字资产交易所与传统交易所的区别有哪些？
2. 中心化交易所和去中心化交易所的异同有哪些？
3. 什么是恒定函数自动做市商？
4. 简述加密数字资产交易所的发展历程。
5. Coinbase 与其他中心化交易所的最大区别是什么？

延伸阅读材料

[1] Binance V1. 1 White Paper.
[2] BRIAN A. The Coinbase Secret Master PlanCoinbase. 2016.
[3] HAYDEN A. Uniswap Whitepaper. 2018.
[4] Uniswap team. Uniswap V3 Analytics. 2021.
[5] NEUDER M, RAO R, MOROZ D J, et al. Strategic Liquidity Provision in Uniswap V3. 2021.